Baden-Württembergische Portraits

Baden-Württembergische Portraits

Frauengestalten aus fünf Jahrhunderten

Herausgegeben von
Elisabeth Noelle-Neumann

Deutsche Verlags-Anstalt Stuttgart

Die Drucklegung dieses Buches
wurde durch freundliche Unterstützung
der Baden-Württembergischen Bank AG, Stuttgart,
gefördert.

Die Deutsche Bibliothek – CIP-Einheitsaufnahme

Baden-Württembergische Portraits:
Frauengestalten aus fünf Jahrhunderten/
hrsg. von Elisabeth Noelle-Neumann. -
Stuttgart: Deutsche Verlags-Anstalt, 2000
ISBN 3-421-05271-9

Typographische Gestaltung: Karl M. Nestele
Satz: Sabon Roman (QuarkXpress) im Verlag
Reproduktion: Hahn Medien, Kornwestheim
Druck: Aprinta, Wemding
Bindearbeiten, Sigloch, Künzelsau
Gedruckt auf chlor- und säurefreies, alterungsbeständiges
Kunstdruckpapier der Fa. Scheufelen, Lenningen
Printed in Germany
ISBN 3-421-05271-9

Inhalt

7 Elisabeth Noelle-Neumann
VORWORT

9 Gerd Wunder
SIBILLA EGEN

16 Lore Sporhan-Krempel
AGATHA STREICHER

23 Felix Berner
LISELOTTE VON DER PFALZ

31 Hartwig Schultz
SOPHIE VON LA ROCHE

37 Wolfgang Schmierer
KAROLINE KAULLA

42 Felix Berner
FRANZISKA VON HOHENHEIM

50 Gertrud Fiege
LUDOVIKE SIMANOWIZ

60 Hannelore Schlaffer
LUISE DUTTENHOFER

64 Sybil Wagener
KAROLINE VON GÜNDERRODE

75 Hans Schumann
KÖNIGIN KATHARINA VON WÜRTTEMBERG

90 Irmgard Müller-Willeke
STEPHANIE NAPOLEON

98 Elisabeth von Gleichenstein
MARIE ELLENRIEDER

110 Katja Frehland
ANNETTE VON DROSTE-HÜLSHOFF

122 Vera Vollmer
OTTILIE WILDERMUTH

128 Jetta Sachs-Collignon
KÖNIGIN OLGA VON WÜRTTEMBERG

137 Clemens Siebler
LUISE MARIE ELISABETH VON BADEN

145 Wolfgang Heger
MARGARETE STEIFF

150 Reinhard Hübsch
LOUISE ADOLPHA LE BEAU

162 Irene Ferchl
ISOLDE KURZ

168 Julia Scialpi
CLARA ZETKIN

177 Horst Ferdinand
PAULINE MAILHAC

187 Clemens Siebler
SOPHIE MARIE VICTORIA VON BADEN

192 Brigitte Baumstark
MARGARETHE HORMUTH-KALLMORGEN
JENNY FIKENTSCHER und

203 Wolfgang Bocks
MARIE BAUM

215 Horst Ferdinand
FRIEDA ELISE KWAST-HODAPP

224 Julia Fendesack
BERTA GEISSMAR

234 Renate Liessem-Breinlinger
MAY BELLINGHAUSEN

241 Alexander Schweickert
MARIE LUISE KASCHNITZ

247 Karin Kirsch
MIA SEGER

Anhang

255 Auswahlbibliographie
256 Bildnachweis
256 Quellennachweis

Vorwort

Nichts ist schöner, als Menschen, die man bewundert, aus Jahrhunderten um sich herum geistig zu versammeln. Das ist der Zauber, den jeder empfindet, der eine private Bibliothek – auch das ist eine solche Versammlung – betritt, eine Bibliothek der altmodischen Art, wie es sie noch am Anfang unseres Jahrhunderts in jedem Puppenhaus gab.

Einen solchen Zauber wird man empfinden, wenn man das Buch »Baden-Württembergische Portraits – Frauengestalten aus fünf Jahrhunderten« in die Hand nimmt. Vielleicht denkt man zuerst an eine Gemäldegalerie. Die große Zahl der Fürstinnen, Herzoginnen, Prinzessinnen in ihren steif-prächtigen Hofgewändern legt das nahe. Aber sobald man sich, durch die Schilderungen dieser Lebensschicksale verführt, auf die Damen von Adel einläßt, wird man gefesselt von den starken Charakteren, die einem hier entgegentreten.

Wenn man sich dann in der in dem Band versammelten Gesellschaft umschaut, erkennt man bald, daß es sich ja um viel mehr als nur um eine Adelsgesellschaft handelt. Da sind Ärztinnen, Malerinnen und Schriftstellerinnen, Unternehmerinnen, Wissenschaftlerinnen – und jede von ihnen, die man näher kennenlernt, fasziniert durch Eigenwilligkeit, Entschlossenheit, ihren Weg zu gehen, Stand zu halten, mit größten Widrigkeiten des Schicksals fertig zu werden, ihren Kindern beizustehen. Neben glücklichen Eheleuten gibt es schwer zu ertragende Ehen und mißgünstige Familienbeziehungen. Aber das ist das Besondere an dieser Versammlung von Frauen, unter die wir uns hier mischen: Es sind alles starke Frauen. Weil sie starke Frauen waren, blieben sie in der Erinnerung der Nachwelt, gelangten sie in dieses Buch.

Wir können sie nicht fragen, ob sie alle lieber Männer gewesen wären. Viele von ihnen mußten mit Männern leben, denen sie deutlich überlegen waren. Sehr bald könnten wir vergessen, was jede dieser Frauen, weil sie das Stereotyp, die Rolle der Frau durchbrachen, schon damals für die Befreiung der Frauen geleistet haben. Sehr bald könnten wir auch vergessen, was die letzten vier Generationen von Frauen, die die Emanzipation erkämpften, geleistet haben. Als Annette von Droste-Hülshoff von dem Honorar für ihren ersten Gedichtband ein kleines Weinberghaus am Rande von Meersburg ersteigern wollte, war sie die einzige, die zur Versteigerung erschien; kein Mann wollte sich in eine so demütigende Lage begeben, gegen eine Frau steigern zu müssen.

In diesem Fall war das wenigstens ein Glück. Die überragende Dichterin, deren Portrait man heute auf unseren Geldscheinen sieht, erhielt das Weinberghaus zum niedrigsten angesetzten Preis. Betritt man heute das kleine, in ein Museum zu ihrem Gedächtnis verwandelte Haus, so kann man an der Wand die Briefe ihrer Mutter lesen, in denen diese die Tochter beschimpft, weil sie sich nicht sittsam zu Hause auf dem Wasserschloß bei Münster im Kreis der Familie aufhält, sondern wagt, sich in dem im Jahr 900 erbauten Meersburger Schloß bei ihrem Schwager Laßberg mit dem Dichter Levin Schücking zu befreunden.

Während man in dieser Gesellschaft von bedeutenden Frauen herumgeht und Bekanntschaften schließt, wird man sich, wenn man eine Frau ist, bewußt, wie wir heute, von Fesseln befreit, leben dürfen.

Mancher wird sich umsehen in der eindrucksvollen Gesellschaft und nach denjenigen bedeutenden Frauen suchen, die ihm in Baden-Württemberg schon immer am meisten am Herzen lagen. Es ist wahr, der Kreis mußte – um den Band nicht zu sprengen – enger begrenzt bleiben, als der eine oder andere wünschen wird. So möge man den vorgestellten Kreis als eine Ehrung aller bedeutenden Frauen in unserem Land nehmen.

Es ist auch nicht ohne Bedacht, daß der Band die beiden alten deutschen Länder Baden und Württemberg zusammenschließt. Damit soll die Chance eröffnet werden, Frauen, die durch die getrennte Geschichte beider Landesteile über die Grenzen von Baden und Württemberg hinweg oft unbekannt blieben, zueinander zu führen.

Im übrigen zeigt das Beispiel der Annette von Droste-Hülshoff, daß es mit den Grenzen nicht so streng genommen wird. Frauen, die nicht in Baden oder Württemberg geboren wurden, aber durch ihr Lebenswerk dort Berühmtheit erlangten, sind zu Recht in dieser Gesellschaft zu finden; denn es sind Landschaft und Kultur Badens und Württembergs, die sie inspiriert haben. Um so lebendiger wird damit auch der Kontrast etwa zwischen der Münsterländerin Annette von Droste-Hülshoff, die vor allem in Meersburg ihr großes Werk vollbrachte, und so ausgeprägt schwäbischen Gestalten wie Margarete Steiff mit der weltweiten Berühmtheit ihres im Allgäu geborenen Teddy-Bären mit dem Knopf im Ohr.

Sind diese Frauen, denen wir hier begegnen, Vorbilder? Ich betrachte sie als Vorbilder. Für mich besteht darin sogar ein wichtiger Grund, diesen Band in die Hand zu nehmen. Unsere Zeit vernachlässigt die Bedeutung von Vorbildern. In unserem Jahrhundert, auch noch in den letzten Jahrzehnten, hat die Bedeutung der Vorbilder immer weiter abgenommen. Als 1985 in Westdeutschland vom Allensbacher Institut die Frage gestellt wurde: »Gibt es jemand, den Sie sehr bewundern, der für Sie ein Vorbild ist?«, antworteten 55 Prozent: »Nein, gibt es nicht.« Als die Frage 1999 wiederholt wurde, war die Zahl auf 68 Prozent angestiegen.

Ganz anders der Umgang mit Vorbildern in den USA. In einer prominenten Fernsehserie werden dort seit 1989 unter dem Titel »Person of the week« vorbildhafte Menschen vorgestellt. Mit den Mitteln der wissenschaftlichen Inhaltsanalyse wurde für einen Zeitraum von fünf Jahren untersucht, was die dominanten Werte dieser Vorbilder sind. Ergebnis: Selbstlosigkeit, Einfallskraft, sich aus eigener Leistung hocharbeiten. Sieht man sich unter den Frauen um, die man in diesem Band trifft, so erkennt man: Auch bei diesen bedeutenden Frauen sind es jene Eigenschaften, die vor allem beeindrucken.

Allensbach, im September 1999
Elisabeth Noelle-Neumann

Gerd Wunder

Sibilla Egen

um 1470–1538

Am 26. Mai 1976 beschloß der Gemeinderat von Schwäbisch Hall, dem Hause Am Markt 9 den Namen »Sibilla-Egen-Haus« zu verleihen. Vor dem Stadtbrand hatte an dieser Stelle, zwischen Schuppach und Fischmarkt, einer jener mittelalterlichen Adelstürme gestanden, die seit der Stauferzeit das Stadtbild beherrschten, zuletzt bewohnt von Angehörigen der Familie von Rinderbach. Hier befand sich die Trinkstube des Adels. In diesem Hause wohnte zur Reformationszeit Sibilla Egen, die letzte Vertreterin ihres Geschlechts in der Stadt Hall, eine Wohltäterin für Stadt und Land. Die erhaltenen Zeugnisse ihres Lebens lassen sie als bemerkenswerte Frau erscheinen.

Sibilla Egen hat sich zu der Zeit, als der Adel die politische Vormacht in der Reichsstadt verlor (1512), noch durchaus und bewußt zum Stadtadel bekannt. Der Mannesstamm der Haller Egen führt zurück auf eine Familie gleichen Wappens namens Hagedorn, die anscheinend durch Einheirat in die staufische Ministerialenfamilie Egen deren Namen übernommen hatte. Bezeichnend für diese Familien waren ihre Verbindungen zu anderen Städten. Sibillas Vater Hans Egen, der 1477 über 60 Jahre alt, also um 1415 geboren war, hatte 1442 seinen Haushalt in Hall eröffnet, war aber dann (1450) nach Dinkelsbühl gezogen, in die Heimatstadt seiner Mutter, in der auch einige Egen aus Hall gelebt hatten. Er war als langjähriger Ratsherr und Bürgermeister von Dinkelsbühl ein bedeutender und hochangesehener Städtepolitiker, vom Markgrafen Albrecht Achill geschätzt und von 1489 bis 1495 Bundesrat des Schwäbischen Bundes. Als ihm die Stadt Hall, die er häufig aufsuchte, für seine Hilfe bei politischen Auseinandersetzungen ein Geldgeschenk geben wollte (1487), wies er es ab: »Des Danksagens wär ohn Not, dann er erachte sich schuldig, demnach seine Eltern hierher kommen, er auch hie geboren wär.« Tatsächlich war auch sein Vater geborener Haller.

Bei der nächsten Gelegenheit erhielt seine Tochter zehn Gulden, »von Vaters wegen geschenkt, als er Hohenlohe und uns vertedingt hat«. Das ist die erste Erwähnung Sibillas, die spätestens 1471 als jüngste Tochter geboren wurde, denn ihre Mutter Barbara Langenmantel (aus Ulm) starb am 11. August 1471, wie ihr Grabdenkmal in der Georgskirche zu Dinkelsbühl bezeugt.

Was wissen wir von Sibilla Egens Lebenslauf? 1493 hat sie den jungen Hans von Rinderbach in Hall geheiratet, der am 14. Januar 1500 verstarb. Er kam schon 1491 in den Rat, als sein Oheim, der Stättmeister Mathis von Rinderbach, gestorben war, und er erwarb von den Geschwistern das Haus des Großvaters an der Schuppach, verkaufte aber 1499 »Häuser und Turm unterhalb des Fischmarkts« um 1000 Gulden. Sibilla stiftete 1501 den Zehnten an das »Reiche Almosen« unter der Bedingung: »So ir Sune Mathis von Rinderpach zu seinen Jarn und Tagen kompt, stet es der Nutzung halb zu ime.« Am Rand dieses Eintrags vermerkt der Schreiber: »nichtz darauß worden.« Denn Sibillas einziges Kind verstarb in früher Kindheit. Sibilla wohnte offenbar, wenn wir den Steuerlisten glauben können, bis 1507/08 in dem verkauften Haus, dann finden wir sie am Alten Schuhmarkt nahe dem Steinernen Steg.

Anton Hofmeister, Sibilla Egens zweiter Mann und Sohn des Bürgermeisters von Wimpfen, hatte 1507 in Leipzig studiert und wurde 1517 Bürger in Hall. Bald danach heiratete er Frau Sibilla, die rund 20 Jahre älter gewesen sein muß. Schon 1518 wurde er, wohl infolge dieser Heirat, in den Rat gewählt, in dem er rasch aufstieg; 1527 war er regierender Stättmeister, alternierend mit dem Nachbarn Michel Schletz. Beide setzten sich offen für die Reformation ein, besonders Hofmeister wurde ein Freund des Reformators Johannes Brenz. Brenz hat seine Schrift zum Bauernkrieg »Von Gehorsam der Underthon gegen irer Oberkeit« 1525 »meinem günstigen Herrn und Bruder in Jesu Christo« Anton Hofmeister gewidmet, später schreibt er ihm »Lieber Hofmeister«. Aber aufgrund der Instruktion des in der Mehrheit altgläubigen Rats hat sich Hofmeister weder in Speyer dem Protest noch in Augsburg der Bekenntnisschrift der Protestanten anschließen dürfen. Dennoch war die Reformation in Hall weitgehend durchgeführt, als Hofmeister am 20. August 1532 starb.

Frau Sibilla bewohnte nun als kinderlose Witwe ihr großes Haus. Sie hat Verwandte, vor allem die beiden Nichten Katharina und Magdalena Egen, bei sich aufgenommen. Nach längerem Krankenlager ist sie am 28. September 1538 in ihrem Haus gestorben, wohl an die 70 Jahre alt. Ihr Grabdenkmal in Lebensgröße steht an der Michaelskirche.

Frau Sibilla Egen war eine reiche Frau, und da ihr Reichtum sich gleichmäßig mehrte, auch während der 25 Jahre, die sie als Witwe zubrachte, wird man ihr wohl einen großen Anteil

Grabmal von Sibilla Egen in der Michaeliskirche in Schwäbisch Hall.

an der Verwaltung des Vermögens zuschreiben, mit dem sie nach der Heirat mit Hans von Rinderbach ihren Hausstand eröffnete. Die Steuerlisten geben folgende Zahlen:

1495	Hans von Rinderbach	3000 Gulden
1501	Hans von Rinderbechin	4000 Gulden
1511	Hans von Rinderbechin	4600 Gulden
1519	Antonius Hofmeister	5200 Gulden
1529	Antonius Hofmeister	5500 Gulden
1531	Anton Hofmeisterin	6000 Gulden
1537	Anton Hofmeisterin	6300 Gulden

Damit stand Frau Sibilla ihrem Vermögen nach an zweiter Stelle unter den reichen Bürgern von Hall, nur übertroffen von Hermann Büschler, der 9000 Gulden versteuerte, nach ihr folgte ihr Nachbar Philipp Schletz mit 5800 Gulden. Wie dieser Reichtum angelegt wurde, erfahren wir aus den Angaben bei zahlreichen Stiftungen. Das mittelalterliche Zinsverbot wurde in der Regel durch Rentenkauf umgangen. So besaß auch Frau Sibilla Teile der Zehnten von Büchelberg und Ziegelbronn, vier Bauern zu Winnental schuldeten ihr 64 Gulden, ihr gehörte ein Erbgut in Erlach (1514), sie erhielt die Abgaben eines Bauern in Großaltdorf und Eltershofen und besaß einen Hof in Hagenbach, dessen Inhaber Jörg Rudolf sie im Testament 1538 5 Gulden nachließ, »wenn er sich rechtschaffen halte«.

Aber schon um das Jahr 1500 kam der Zinskauf auf. Sibilla erbte von ihrem Bruder 1509 Zinsbriefe für 1000 Gulden, die in Rothenburg, und 1500 Gulden, die in Nürnberg zu vier Prozent angelegt waren. Sie erwarb 1513 vom Wundarzt Hans Grevenberger die Zinsbriefe für 500 Gulden, die er dem Kloster Murrhardt geliehen hatte, dazu kamen weitere Zinsbriefe der Propstei Ellwangen und des Klosters Gnadental, des Spitals in Hall und der Stadt Hall (600 Gulden 1532, 590 Gulden 1533). Frau Sibilla hat eigenhändig über ihre Einnahmen Buch geführt. In ihrem letzten Testament 1538 auf dem Totenbett gibt sie genau an, wer ihr Geld schulde, das unbedingt einzutreiben sei. Sie legt auch Wert darauf, daß Kapitalien, die zu vier Prozent angelegt waren, bei Ablauf des bisherigen Abkommens möglichst zu fünf Prozent verzinst werden sollen – der Zins war wegen größeren Geldbedarfs gestiegen. Nicht nur bei der öffentlichen Hand und bei Stiftungen, sondern auch gegenüber Privatleuten werden Beträge gegen Zins angelegt oder ausgegeben.

In ihrem Hause besitzt die reiche Frau nicht nur reichlich Leinwand, Schmuck, silberne und vergoldete Gefäße, sie hat auch Dinkel und Hafer eingelagert und läßt Flachs spinnen. Wie es sich für reiche Leute gehört, beteiligt sich Sibilla an wohltätigen und frommen Stiftungen, etwa für die Schuppachkapelle hinter ihrem Haus oder das Reiche Almosen, eine vom Rat verwaltete Stiftung, die Brotspenden, Armenschüsseln und andere für den Zweck der Armenpflege von Bürgern gestiftete Gaben umfaßte (in Hall seit 1494). Mit Hofmeister hat sie 1523 eine Armenschüssel gestiftet, das heißt eine regelmäßige Austeilung von Brot, Fleisch und Wein für Arme an bestimmten Festtagen.

Über ihre Gesinnung und ihr Wirken erfahren wir das meiste durch die große Egenstiftung. Sie begann mit dem Testament des ältesten Bruders Jeremias Egen, der an verschiedenen Universitäten studiert hatte, so 1468 in Leipzig, 1472 in Ingolstadt, noch 1487 in Tübingen, und wohl durch den Einfluß seines Vaters drei Pfründen erhalten hatte, den Elisabethaltar in der Georgskirche in Dinkelsbühl, den Leonhardaltar beim Siechenhaus daselbst und die Pfarre Creglingen. Aber der Bischof schalt ihn 1491 einen »faulen Kaplan«, da er auf Reisen war und von seinen Pfründen nur die Einnahmen einzog. Dennoch brachte es Jeremias Egen zum Lizentiaten des Geistlichen Rechts und Chorherrn in Eichstätt.

Er stiftete »horas de passione Dei« in der Haller Schuppachkirche und legte am 23. Juli 1509 mit seiner Schwester Sibilla den Grund zu einer großen Stiftung, die mit den Zinsbriefen von Rothenburg, Nürnberg und Hall finanziert wurde. Einleitend erinnerte er an Matthäus 6,10 in seiner Sprache: »Ihr sollte euch nicht Schätze machen uff dem Erdreich, die der Rost und die Schaben verzehren noch die Dieb ausgraben und stehlen mögen...« und versicherte, »daß es ein selig Amt ist der Kaufmannschaft und ein Nutzgeschäft des Gewinnes, so man umb die irdischen und zergänglichen Ding gewinnet und erobert die himmlischen ewigen Güter«. Gott gefällig ist vor allem die heilige Messe, »damit wir den ewigen freudenreichen Schatz erlangen mögen«. So stifteten die beiden Geschwister eine ewige Messe in der Schuppachkapelle Unser Lieben Frauen und Sankt Jörgen, »dem allmächtigen Gott zu Lob, der hochgeboren himmlischen Königin, Gottesgebärerin Jungfrau Maria und allen Gottes Heiligen, auch allem himmlischen Heere zu Ehren«. Darüber hinaus sollte »eine Mannsperson, die zum Studieren geschickt ist«, auf eine Universität gesandt werden. Nähere Einzelheiten sowie die Auswahl eines Anwärters behielten sich die Stifter vor. Das geschah dann in einem Zusatz vom gleichen Jahr. Jeremias wollte »einem, der von der ehrbaren Trinkstuben zu Hall ist«, jährlich 31 Gulden zuwenden, um 8 Jahre lang fleißig Jura zu studieren und ehrbarlich zu leben. Die Verfügung sollte lebenslang seine Schwester haben, dann ihre Nachkommen, dann der Rat.

Jeremias Egen starb noch 1509, so daß seine Schwester sich ihrer allein annehmen mußte. Doch der Wortlaut der Egenstiftung konnte nicht mehr eingehalten werden, als in Hall die Messe abgeschafft, die Reformation eingeführt und zudem der mittelalterliche Adel bis auf wenige Personen weggezogen war. Der Rat erhob deshalb Bedenken gegen den Wortlaut. Darauf setzte Sibilla Egen am 19. September 1531 eigenhändig ein neues Testament auf, in dem sie ihre Nachbarn, die »lieben Vettern und guten Freunde« Michel Schletz und Heinrich Schultheiß, zu Vollstreckern ernannte. Da es durch die Sünde unseres Allvaters Adam »einem jeden Menschen uffgesetzt und in der Erbsünde angeboren ist, wieder in die Element resolviert zu werden und zeitlich zu sterben«, und da »unser Erschöpfer, Erlöser und Seligmacher Jesus Christus, wahrer Gott und Mensch, die Pfort des Himmels öffnen« werde, »will auch [ich], dürstend zu dem ewigen Bronnen, williglich, so und wann der allmächtig Gott mich erfordert, sterben«. Daher verfügte sie »Gott dem Allmächtigen, seiner gebenedeiten und allerlobenswürdigsten Mutter Maria und der ganzen himmlischen Schar zu Ehren« über ihre irdischen Güter. Ihren Körper solle man neben ihrem Bruder, Herrn Jeremias Egen, in der Schuppachkapelle oder in der Michaeliskirche beisetzen.

Erst am Freitag, 2. Mai 1533, diktierte sie »in ihrer großen Stube mit heller, verständiger Stimme« ein weiteres Testament, das offenbar vom Notar in Form gebracht worden ist und die Einzelheiten festlegte. Hier fehlt die Berufung auf die Jungfrau Maria und die himmlischen Heerscharen. Sie hat sich »zu Herzen geführt, daß wir von unsern Hab und Gütern, so uns ein kleine Zeit von Gott dem Allmächtigen zu verwalten befohlen, ihm unserem Gott und Schöpfer Rechenschaft zu tun schuldig« sind. Damit diese Hab und Güter in »Gott gefällige Ausgab gewendet« werden, erweitert sie die bisherige Stiftung aus ihren frei eigenen Gütern durch, »wie ich dann ungezweifelt, Gott gefällige Mittel«, nämlich damit viele studieren können, fromme Jungfrauen und Witwen in Ehren erhalten, Handwerker vor Müßiggang bewahrt werden, »aus welchem allerhand Übel herfließen«, schwangere Frauen auf dem Lande Hilfe finden und Kranke unterstützt werden. Sie gibt dazu Zinsen in Höhe von über 145 Gulden, die aus den Zinsbriefen von Ellwangen, Gnadental und Hall stammen und nach Möglichkeit zu besserem Zinsfuß angelegt werden sollen.

Stiftungszweck ist 1. ein Stipendium von 31 Gulden jährlich (aus 620 Gulden Kapital) auf 8 Jahre für einen Studenten »aus der Gemein alhier«. Der Rat soll jedoch Vollmacht

»Hala. Hall in Schwaben« aus Matthäus Merians Topographia Sveviae (1643, nach einer Zeichnung von Leonhard Kern).

haben, »wo sich einer zu angezeigtem Studio ungeschickt und eines unordentlichen Wesens, auch gegen ihnen (den Ratsherrn) mit jede Zeit dankbarlich und gehorsamlich, wie dann billig, erzeigte«, ihm das Stipendium zu entziehen und es einem Würdigeren zu geben. 2. Drei fromme Jungfrauen, Gesellen oder Witwen, die sich ehrlich halten, sollen jährlich 12 Gulden zum Heiratsgut bekommen. 3. Jährlich sollen drei Knaben 8 Gulden erhalten, um ein Handwerk zu lernen, und wenn sie weniger bräuchten, solle der Rest des Geldes an Kleider und andere »notdürftige Ausgabe« gewendet werden. 4. Jährlich sollen zwei Hebammen 8 Gulden erhalten und in Bibersfeld oder Michelfeld sowie in Lorenzenzimmern Tag und Nacht Frauen in Kindsbanden mit Hilfe und Trost zur Verfügung stehen, nachdem sie von Beauftragten des Rats geprüft und vereidigt worden seien. 5. Aus dem Überschuß, der noch bleibe, solle Hausarmen, Kranken, alten, notdürftigen Leuten, Kindbetterinnen und dergleichen Armen in- und außerhalb der Stadt gegeben werden. Jährlich sollten etliche arme Leute »ziemliches Tuch« zu einem neuen Rock erhalten. Wer wegen langwieriger Krankheit, Feuersbrunst oder durch anderes widerwärtiges Glück in Not geraten sei, dem solle unverzinst Geld geliehen werden, bis ihre Sachen wieder besser würden – aber nicht solchen, die durch Spiel, Trinken, Prassen oder Müßiggang in Armut gekommen seien.

Versuchen wir, diese verschiedenen Stiftungstexte zu vergleichen, so ergeben sich mehrere Beobachtungen. Stehen Jeremias und Sibilla im Jahre 1509 noch ganz auf dem Boden der alten Kirche und leben in deren Vorstellungen ebenso wie in der mittelalterlichen Adelswelt, so hat sich das nach zwanzig bis fünfundzwanzig Jahren geändert. Daß Jeremias die Juristen bevorzugt, mag mit humanistischen Ideen zusammenhängen. Sibilla erwähnt noch 1531 die Gottesmutter und die himmlischen Heerscharen, die himmlische Hierarchie, nicht mehr die Heiligen. Aber 1533 spricht sie mit Rücksicht auf die Umwelt nur mehr von Gott dem Schöpfer. Allerdings zweifelt sie nicht, daß gute Werke Gott gefällig sind; die radikale Verdammung guter Werke durch einige Theologen hatte in Hall keinen Boden gefunden. Sie betont, daß wir nur Verwalter unserer Güter und Gott Rechenschaft schuldig sind. So mischen sich bei ihr überkommene Vorstellungen mit den Ideen der Reformatoren, kein Wunder, nachdem ihr zweiter Mann in einem so engen Verhältnis zum Reformator Brenz gestanden hatte. Dennoch trägt sie auf dem Grabmal den Rosenkranz am Handgelenk. Aber noch auffallender ist die Hinwendung zu sozialen Pflichten. Der adlige Vorbehalt von 1509 für Studenten ist weggefallen, einer aus der Gemeinde soll die Stiftung erhalten (und tatsächlich haben meist arme Bürgersöhne auf das Egenstipendium studiert).

War nun der humanistische Gedanke einer Studienstiftung damals auch für studierende Adlige naheliegend, wie Jeremias Egen beweist, so sind die Stiftungen für Handwerker, Jungfrauen und Witwen, Hebammen auf dem Lande und Kranke und Notleidende ganz allgemein etwas durchaus Neues. Gewiß mag auch hier der Einfluß des Reformators Brenz eine Rolle gespielt haben. Aber es gibt keine vergleichbare und ähnlich umfassende soziale Stiftung in Hall. Man kann geradezu sagen, daß die Stiftung der Frau Sibilla der Beginn des Sozialhaushalts der Reichsstadt ist. Über diese Stiftung hinaus erscheinen nämlich in den Rechnungen nun immer häufiger arme Kranke, Abgebrannte, Vertriebene, besonders auch Flüchtlinge zur Zeit der Kriege des 17. Jahrhunderts. Sie nehmen bald eine eigene Rubrik in den städtischen Rechnungen ein. Während die zahlreichen späteren Haller Familienstiftungen sich meist auf Studenten, bestenfalls Lateinschüler beschränken, fängt die Unterstützung von Handwerksburschen und Lehrlingen eindeutig mit Sibillas Stiftung an. Sehr nachdrücklich betont sie die Not der Kindbetterinnen auf dem Lande, ihre Hilflosigkeit bei Krankheit, den Tod ungetaufter Kinder. Man möchte fast annehmen, daß ihre eigene Erfahrung beim Tode ihres Söhnleins hier mitspricht.

Sibilla Egen war eine nüchterne, geschäftskundige und lebenserfahrene Frau. So schreibt sie in ihrem Testament von 1531, sie gebe den Testamentsvollstreckern Vollmacht für den Fall, daß Schmerz und Krankheit in der Todesstunde so groß seien, daß sie von ihrer Schaffnerei, »das ist den zeitlichen Gütern, darüber mich der allmächtig Gott ein Schaffnerin gesetzt«, Rechnung zu tun verhindert werde. In der großen Pergamenturkunde von 1533 bestimmt sie, wenn über kurz oder lang an dem Einkommen der Stiftung »ein Mangel eintreten könne, es wäre durch Kriegsläuff, Brunst, Rechtfertigung, Zehrung, Botenlohn (also Prozesse) und andere notdürftige Ausgaben, wie sich solches immer zutragen möchte«, so solle das doch gemeiner Stadt keinen Nachteil bringen, sondern aus ihrem übrigen Einkommen erstattet werden. Was sich die Stifterin freilich damals nicht vorstellen konnte, war die Tatsache, daß durch eine rasche Geldentwertung wie etwa die von 1923 alle solche Stiftungen sich in Nichts auflösen konnten.

In dem Zusatz zum Testament, den sie am 27. Februar und 13. April 1538, schon krank, dem Stadtschreiber Hermann Hoffmann diktierte, überwiegen ganz persönliche Vorstellungen. Ihren Geschwistern vermacht sie Andenken, so dem Bruder Hans, der Pfarrer in Oberteuringen ist, einen Schmuck mit Egenwappen, der Schwester Hilaria, Äbtissin in Neuburg, ein silbernes Kännlein. Auch die entfernteren Verwandten, die Schletz und Senft, erhalten ihre Gaben. Am meisten wendet sie ihren Nichten Katharina und Magdalena zu, die nach ihrem Tod im Hause bleiben dürfen und während der Abwicklung des Testaments Geld zur Zehrung und Haushaltung erhalten sollen. Sie bekommen auch die 100 Ellen Tuch, die sie hat weben lassen, und alles Garn und Flachs, das Sibilla hinterläßt.

Ihr besonderer Liebling ist Katharina. Ihr fällt das gesamte Zinngeschirr zu, die besten Lailacher, zwei Bettausstattungen, Tischtücher, die güldene Kette, der große Gürtel mit vergoldetem Silber, die »ingemachten Ding von Zukker und dergleichen«, von den drei Truhen in der oberen Kammer diejenige, welche sie auswählt, und dazu das hölzerne Jesuskindlein. Sie empfiehlt den Testamentsvollstreckern, daß sie sich »ihr Bäslein, Jungfrau Katharina, in Treue wollen befohlen sein lassen« und daß sie mit dem Inventieren nit zu hart sein und ihr lassen sollten, was sie in ihrer Gewalt hat. In ihrem Tisch liegen vier Kronen und ein Dukat. Davon sollen nach der Beerdigung der Pfarrer (Eisenmenger) und der Prediger (Brenz) je eine Krone erhalten. Auch der Arzt und der Apothekergesell sind nicht vergessen, auch nicht ihre früheren »Maiden«.

Ausführlich gedenkt Sibilla der Armen. Alles Korn, die alten Kleider und die einfachen Leintücher sollen den Armen gegeben werden. Zwei einfache Betten, aus denen man vier schmale machen kann, sollen die Pfleger des »Franzosenhauses« (des Siechenspitals) für ihre armen Patienten erhalten. Anstatt der früheren Bestimmung, daß man bis zum dreißigsten Tag (nach der Festsetzung der alten Rechtsbücher für die Hausgenossen) drei armen Menschen täglich zu essen geben soll, will sie, daß man nach ihrem Tod armen Menschen eine »ziemliche« Mahlzeit reichen soll.

Der Neffe Hans Egen, Hofmeister in Tettnang, Daniels Sohn, wollte zunächst das Testament anfechten, da der Stiftung zuviel und der Familie zuwenig zufiel, aber Sibilla hatte angeordnet, wer ihr Testament anfechte, erhalte gar nichts. So erklärte sich Hans Egen zufrieden und zahlte willig die Abzugssteuer für 884 Gulden, seine Schwester Maria Döner in Dinkelsbühl für 609 Gulden. Seine Schwester Katharina heiratete übrigens bald danach den Nachbarn Friedrich Schletz, dann Dr. Philipp Ehrer, und fand 1562 ihr Grab neben der Tante.

Nicht berücksichtigt wurde, vielleicht weil er ein Sohn des Hofmeisters war, Hans Egen aus Dinkelsbühl, Forstmeister in Schnaitheim, später Wirt in Heidenheim; von seiner Tochter, die der Verwandten zu Ehren Sibylla hieß, stammt übrigens Hölderlin ab. Die drei Häuser mit Turm und Hof fielen an Volk von Roßdorf, der sie der Stadt verkaufte. Der Rat hat die Häuser einem Seckler weiterverkauft, der in der alten Trinkstube der Geschlechter seinen Laden einrichtete. Es war der Gerbersohn Augustin Feyerabend, ein Vertreter des hochgekommenen Bürgertums, der später reich wurde und auch in den Rat kam. Aber schon vor dem Stadtbrand von 1728 erfuhr das alte Haus viele Umbauten, so daß der heutige Bau nicht einmal dem Umriß nach den alten Gebäudekomplex wiedergibt. Nach und nach kamen alle Adelshäuser auf der Nordseite des Marktplatzes in den Besitz ehemaliger Handwerkerfamilien.

Das Haller Mittelalter endete mit dem Tod des letzten großen Stättmeisters aus dem Adel, Michel Schletz (am 5. April 1549), und mit dem Tod seiner wohltätigen Base Sibilla Egen (am 23. September 1538). Beide haben sie zugleich den Grund für die Neuzeit gelegt, Schletz mit der Einführung der Reformation und dem Ankauf der Limpurg, Sibilla Egen mit ihrer großen gemeinnützigen Stiftung.

Lore Sporhan-Krempel

Agatha Streicher

um 1520–1581

Ein Reisender, der die Reichsstadt Ulm ungefähr um das Jahr 1560 besuchte, sah sich in einer Stadt von fast noch rein gotischem Charakter. Über enge Straßen neigten sich die schmalen getreppten Häuser, hochgezogen gleich den Säulen im Innern des Münsters. Alles atmete Einfachheit, hinter der man aber doch den Wohlstand spürte. Die Stadt hatte um die Mitte des 16. Jahrhunderts schon eine reiche und bewegte Geschichte hinter sich. Nicht nur der Handel lockte die Fremden in die Stadt, sie wurde auch mit Vorliebe als Tagungsort für Kreis- und Herrentage gewählt. Was sich in Ulms Mauern zutrug an Kämpfen, Freuden und Leiden wurde niedergelegt in den Protokollen und Aktenbänden, die heute im Stadtarchiv liegen.

In einem der Bände, dem »Ordnungsbuch« der Stadt Ulm findet sich unter der Rubrik der nicht von der Stadt bestellten Ärzte folgender Eintrag: »Jungfrau Agatha Streicherin hat eines erbarn Rats alter und neuer Ordnung zu halten gelobt auf Samstag, den 15. März anno 1561.«

Man stutzt. Eine Frau als öffentlich anerkannte Ärztin in der Mitte des 16. Jahrhunderts? Wie ging das zu? Wer war diese Agatha Streicher? Gibt es noch andere Hinweise auf sie außer diesem Eintrag im Ordnungsbuch? In der Tat finden sich noch einige Nachrichten über sie. Die einen berühren ihre ärztliche Tätigkeit, die andern zeigen die religiöse Umwelt Agathas, die zu den Anhängern des schlesischen Reformators Caspar Schwenckfeld gehörte.

Agatha Streichers Lebenszeit fällt in die Jahre zwischen 1520 und 1580. Für Ulm eine Zeit der Macht und des Glanzes nach außen und schwerer Glaubenskämpfe im Innern des städtischen Lebens. Hatte in der Donaustadt auch die Lutherische Lehre den Sieg davongetragen, so lebten neben den altgläubigen doch vor allem auch noch sektiererische Einflüsse in der Stadt.

Zwei Männer sind hier vor allem zu nennen, die in der ersten Hälfte des 16. Jahrhunderts auf das Ulmer religiöse Leben eingewirkt haben: Sebastian Franck und Caspar von Schwenckfeld. Beide Männer, die wegen ihrer religiösen Ansichten an andern Orten schon mancherlei Unbill hatten ausstehen müssen, fanden in Ulm dank der toleranten Einstellung des Rates und insbesondere des Bürgermeisters Bernhard Besserer eine Zuflucht. Franck kam 1533, Schwenckfeld zwei Jahre später in die Stadt. Beide führten ein untadeliges Leben. Daß sie mit ihren religiösen Anschauungen im Widerspruch zum offiziellen kirchlichen Leben Ulms, insbesondere zum Leiter der Ulmer Kirche, Martin Frecht, standen, ist Tragik und Schicksal, nicht nur persönlich, sondern auch sachlich. Die Schriften von Franck und Schwenckfeld erregten mehr und mehr den Unwillen der herrschenden protestantischen Orthodoxie, und beide Männer wurden von der offiziellen Theologie immer heftiger befehdet, so daß der Rat – weitherziger und menschlicher, möchte man sagen, als die theologischen Herren – ihnen das Ulmer Asyl nicht mehr offenhalten konnte. Franck mußte im Sommer 1539 – mit ehrenvollem Abschied – aus Ulm wegziehen. Schwenckfeld verließ ein Vierteljahr später, ebenfalls in allen Ehren, die Stadt.

Sebastian Franck gründete keine Gemeinde in Ulm. Anders Schwenckfeld. Der schlesische Edelmann kann in gewisser Hinsicht als ein Vorläufer seines Landsmannes Jakob Böhme und des Pietismus gelten. Er legte das Evangelium nach seiner Art aus und lehrte ein Christentum der Seele, das auf Äußerlichkeiten keinen Wert legte. Schwenckfeld gewann viele Anhänger, besonders in Württemberg. Sein Beschützer war der Freiherr Georg Ludwig von Freyberg der Ältere zu Justingen und Öpfingen. Auch in Ulm hatte der Reformator einflußreiche Freunde, u. a. den Bürgermeister Bernhard Besserer und dessen Schwiegersohn Walter Ehinger. Nach der Ausweisung aus Ulm fand Schwenckfeld Zuflucht bei dem Freyberger auf Justingen.

Die Streicher gehörten zu den treuesten Anhängern Schwenckfelds in Ulm. Sie waren alteingesessene Ulmer Bürger. Die reichste und angesehenste Familie in Ulm waren damals die Gienger, die Rockenburger genossen sehr hohes Ansehen, waren aber nicht mit demselben Reichtum gesegnet wie die Gienger. Die Streicher gehörten der oberen Schicht der zünftigen Familien an und hatten durch ihre Verwandtschaft mit den Rockenburg-Gienger ihre soziale Stellung bedeutend verbessert.

Agatha gilt gemeinhin als das jüngste Kind aus einer Ehe von Ulrich Rockenburger, Substitut an der Ulmer Kanzlei, und Elisabeth Gienger. Ihr Bruder war Hans Augustin Streicher, Doktor der Medizin; außerdem kennen wir noch eine Schwester Katharina. Eine nach 1580 genannte Helene Streicher dürfte die Nichte Agathas gewesen sein. Helena Streicher, die Mutter, ist wahrscheinlich um 1549 gestorben.

Bei den Mitgliedern der Familie Streicher scheint ein sehr waches religiöses Interesse vorhanden gewesen zu sein, das sie aber mehr auf die Seite der freieren Religionsgemeinschaften als zu den strenger gebundenen Religionsformen trieb. Vielleicht waren sie in den zwanziger Jahren des 16. Jahrhunderts sogar wiedertäuferisch gewesen. Später schlossen sie sich Schwenckfeld an, und ihr Haus wurde nach dem Wegzug des Reformators aus Ulm Mittelpunkt seiner dortigen Gemeinde. Schwenckfeld richtete mehrere seiner »Sendschreiben«, in denen er sich über religiöse Fragen verbreitete, an die Streicherinnen. Läßt sich nach dem Inhalt der Briefe auf die Empfänger schließen, so müssen die Streicherinnen kluge und nachdenkliche Frauen gewesen sein, die auch einem schwierigen theologischen Gedankengang folgen konnten. Unter den »Sonderlingen«, die ihres Glaubens wegen in den Jahren 1544/45 in Ulm vor die Religionsverordneten und Kirchenpfleger geladen wurden, waren auch die Geschwister Agathas, Dr. Hans Augustin Streicher, ihre ältere Schwester Katharina und ihre Base Juliana Rockenburger. Agatha selbst begegnet uns da noch nicht.

Augustin Streicher verheiratete sich im September 1560 in Geislingen/Steige, das zum Ulmischen Herrschaftsgebiet gehörte, mit Euphrosina Furtenbacher. Er hatte seine Haushaltung in Geislingen, scheint aber doch auch nach Ulm zum Praktizieren gekommen zu sein. Im Januar 1561 beschwerten sich nämlich die Doktoren Martin Neiffer und Friedrich Fuchs sowie die beiden Apotheker der Stadt beim Ulmer Rat gegen das Medizinieren des Dr. Augustin Streicher und seiner Schwestern in der Stadt als »Ärzte, so von ainem Rath nit sonderlich darzu bestöllt und die gewenlich ordnung im Steuerhaus nit geschworen haben«. Daraufhin beschloß der Rat, solche Kuren zu verbieten. Die Bitte Dr. Streichers, ihm das Praktizieren in der Stadt auch ohne Eid zu vergönnen, wurde abgeschlagen. Es wird dabei nicht ganz klar, ob

Streicher aus religiösen Gründen den Eid verweigerte oder ob er nicht schwören wollte, weil er laut solchem Eid keine selbstzubereiteten Arzneien verabreichen durfte. Daß dies letztere eher der Grund seiner Weigerung gewesen sein dürfte, darauf weist die endliche Vereinbarung des Rats mit Streicher hin: »...dass er allein mit denen der ordnung zu geleben schuldig sein soll, So er allhir Inn der Statt Inn sein Chur uffnimpt, was er aber usserhalb der Statt mit seiner Arzney uberal handele, darinnen sol er frey und unverbunden seyn.«

Agatha hingegen schwor den verlangten Eid. Sie mußte versprechen, daß sie »ainem Burgermaister, Ratt und gemainer Statt getreu und gewör sei, iren fromen werben und schaden warnen soll und wöll. Item ob sie von ainichen Burger oder Burgerin, Einwoner oder Einwonerin diser Statt, Reich oder Arm seiner Krankheit halben, ussgenommen in der Krankhait der Pestilenz, da die gemainlich hie regiert, gefordert wurd, das sie darin ungevärlich, willig, fleissig und unsewmlich erscheinen und dem selben kranken zu seiner Krankheit das best nutzest und getrewst nach irer besten verstandnus raten und helfen und sich deswegen an zimlicher belonung begnügen lassen söll und wöll...

Item das sie auch nymandt keinen Sirop oder Recept, dann die durch diser Statt geschworne Appoteker gemacht werden, geben...

Item, das sie auch kein Appoteker hie zu Ulm fur den andern nicht furdern, loben, noch schellten, noch auch die Lewt zu ainem fur den andern weder umb nutzet, gaub, Neid, Nass, fruntschafft, veintschafft, noch anderer sache willen nicht weisen, sondern ainem yeden sels ganz und kaufen lassen soll und wöll wa und wie In verlusst...«

Nachdem Agatha diesen Eid abgelegt hatte, durfte sie in der Stadt unverhindert und frei medizinieren, sofern sie nicht gegen ihre Verpflichtungen verstieß.

Woher hatte Agatha ihre ärztlichen Kenntnisse? Von einem regulären Studium der Medizin kann keine Rede sein, denn der Besuch der Universitäten war damals und noch lange nachher ausschließlich dem männlichen Geschlecht vorbehalten. Aber der Gedanke liegt nahe, daß Agatha ihr Wissen von ihrem Bruder, Dr. Augustin Streicher, hatte. Vielleicht hatte sie ihm zuerst nur geholfen, war seine »Assistentin« gewesen. Natürliche Neigung und Geschick trieben sie dann zu eigener Praxis. Heilkundige Frauen hat es zu allen Zeiten gegeben. Besonders in früheren Jahrhunderten findet man unter ihnen so manche verhinderte Ärztin. Diese aber mußten ihre Kuren heimlich, sozusagen unter der Hand machen. Zu ihnen gehörte Agatha nicht, denn sie übte eine öffentlich anerkannte Praxis als geschworene Ärztin aus. Ein solcher Fall dürfte im 16. Jahrhundert sehr selten gewesen sein. Man könnte sogar vermuten, daß noch ein anderer gewaltiger Lehrmeister im Hintergrund stünde: Paracelsus. Er hielt sich öfters in Süddeutschland, auch in Ulm auf, stand als »freier Christ« mit den Freunden von Franck und Schwenckfeld und diesen selbst in Verbindung, und seine ärztlichen Lehren waren vielleicht nicht ohne Einfluß auf Dr. Augustin Streicher geblieben.

Es war dem Rat zu Ulm sicherlich bekannt, daß Schwenckfeld nach seiner Ausweisung von Justingen aus öfters heimlich seine Ulmer Freunde besuchte und dann im Haus Streicher abstieg. Aber man unternahm nichts, weder gegen ihn selbst, noch gegen die Streicherinnen. Vom Tod des Reformators in Ulm dürfte der Rat jedoch nichts gewußt haben.

Schwenckfeld war schwer krank im Jahr 1561 auf Aufforderung Agathas nach Ulm gekommen. Sie hoffte, ihm mit ihrer ärztlichen Kunst helfen zu können. Die Streicherinnen hielten Schwenckfeld in ihrem Haus am Markt verborgen. Agatha tat, was sie konnte, um sein

Ulm aus der Vogelschau, um 1597. Die kolorierte Tuschezeichnung zeigt den Mauerring vor dem Bau der Bastionsbefestigung des 17. Jahrhunderts.

Leben zu erhalten, doch neigte es sich dem Ende zu. Schwenckfeld ahnte wohl, wie es um ihn stand. So lag ihm am Herzen, noch zu sagen und zu tun, was ihm notwendig schien. An manchen Tagen arbeitete er über sein Vermögen, so daß ihn Agatha und ihre Schwester Katharina flehentlich baten, sich zu schonen. An alle, die ihm lieb waren, sandte er noch Grüße und Botschaften. Auch Agatha erhielt einen Auftrag an ihren abwesenden Bruder Augustin. Schwenckfeld sagte zu ihr: »Agatha, gesegne mir deinen Bruder Augustin Streicher, er wirds wohl finden, man muß Guts für Bös tun, gib ihm das zum Gedächtnis.« Schwenckfeld starb im Dezember 1561 im Streicherschen Haus und wurde heimlich in dessen Keller begraben. Eine andere Version von Schwenckfelds Tod, wonach er bei dem Freyberger zu Öpfingen gestorben und auch dort begraben worden, ist ungenau und hat wenig Wahrscheinlichkeit für sich. Auf jeden Fall steht fest, daß Agatha Streicher als seine Anhängerin und Ärztin mit seinem Leben und Hinscheiden eng verbunden war.

Die Meinung, Schwenckfeld habe seine letzten Lebenstage im Haus Streicher verbracht und auch dort seine Ruhestätte gefunden, stützt sich in erster Linie auf eine Handschrift, die früher in der Berliner Staatsbibliothek lag und heute in der Westdeutschen Bibliothek in Marburg zu finden ist. Die Handschrift ist Bestandteil einer Sammelhandschrift und gehörte einstmals zur Bibliothek des Straßburger Gelehrten Daniel Sudermann. Die Sammelhandschrift enthält Schwenckfeldische Schriften aus verschiedenen Jahren und von verschiedenen Personen, enthält auch den Bericht über Schwenckfelds Tod. Manche Historiker glauben, diese Beschreibung sei von Agatha Streicher selbst verfaßt worden. Daran ist wohl auch kaum zu zweifeln.

Der Bericht ist sicherlich von jemandem verfaßt, der Augenzeuge der letzten Lebenszeit von Schwenckfeld war; der Inhalt gibt nicht nur eine medizinisch genaue Schilderung des leiblichen Krankheitsverlaufs, sondern ebenso auch dessen, was Schwenckfeld in diesen letzten Wochen und Tagen getan und gesagt. Gegen den Schluß hin steigert sich der Bericht zu fast dramatischer Spannung, wenn erzählt wird, wie Schwenckfeld im Fieber seine Feinde, die Ulmer Prädikanten an seinem Bett zu sehen glaubte, denen gegenüber er seine Lehre mit aller Leidenschaft verteidigte, doch nicht weniger auch seine immerwährende Bereitschaft zu friedlicher Zusammenarbeit ausdrückte, die sie zurückgestoßen hatten. Der Bericht wird wohl nicht lange nach Schwenckfelds Tod geschrieben worden sein, es ist noch viel lebendige Erinnerung und ehrfürchtiger Schmerz daraus zu lesen.

So heimlich alles, was sich in Schwenckfelds letzten Lebenstagen zugetragen, vor sich gegangen, irgendwie sickerte es doch durch, daß er in Ulm gestorben war. Ulmer Chroniken aus dem 18. Jahrhundert enthalten einige diesbezügliche Nachrichten.

Lange nach Schwenckfelds Tod blieb man noch duldsam in Ulm gegen seine Anhänger. Man wußte zwar wohl, daß das Streichersche Haus nach wie vor Mittelpunkt der Schwenckfeldischen Gemeinde war und in den Ratsprotokollen wird öfters nicht von den Schwenckfeldern, sondern von der »Streicherin Sekte« gesprochen. Durch Agathas Ruf als Ärztin kamen aber doch so viele einflußreiche Fremde in die Stadt, daß man Agatha nicht zu nahe treten wollte. Im Gegenteil, der Rat war sehr erfreut über diesen Besuch hoher Herrschaften. So ließ er im Jahre 1574 der Agatha Streicher sagen, man sei sehr damit einverstanden, daß sie den Bruder des Bischofs von Mainz in der Stadt in ihre Kur nehme. Man werde dann auch, wenn er komme, ihn mit dem Wein verehren. Es war Sitte, daß vornehme Fremde, die in die Stadt kamen, vom Rat als Gruß oder Gastgeschenk eine »Verehrung« erhielten. Sehr häufig bestand diese in Wein, unter Umständen verehrte man aber auch z. B. ein Faß Fische oder bei sehr prominenten Gästen einen mit Dukaten gefüllten Pokal.

Agatha selbst erhielt ebenfalls Wein als Verehrung von ihren dankbaren Patienten. So weiß man aus der Nachricht, der Bischof von Speyer habe ihr im Jahr 1580 Wein verehrt, daß der Kirchenfürst damals zu ihren Patienten zählte. Doch muß er schon Jahre zuvor ihren ärztlichen Rat gesucht haben, denn als anno 1572 der Superintendent Dr. Rabus – der ebenso streitbare Nachfolger Frechts in der Leitung der Ulmer Kirche – wegen der »Streicherin Sekte« beim Rat vorstellig wurde, erhielt er zur Antwort, er solle wieder anmahnen, wenn der Bischof von Speyer hinweg sei. Offenbar wollte man von Ratswegen während der Anwesenheit des Bischofs der Ärztin keine Unannehmlichkeiten machen.

Der Höhepunkt von Agathas ärztlicher Tätigkeit war ihr Ruf an das Krankenbett Kaiser Max II. nach Regensburg im September 1576. Der Kaiser litt schon seit vielen Jahren schwer am Zipperlein oder an der Gicht und kam sehr krank auf den Reichstag nach Regensburg. Seine Umgebung suchte Rat und Hilfe für sein Leiden. Da lobte der Landvogt von Schwaben, Georg Ilsung, dem Kaiser die Heilkunst von Agatha Streicher. Auch der ebenfalls anwesende Propst von Trient, Franz von Prinkenstein, stimmte ihm bei. Graf Günther von Schwarzburg rühmte, sie habe ihm vom Zipperlein geholfen, von derselben Krankheit, an welcher der Kaiser litt. Daraufhin ließ Max II. nach Ulm schreiben und um ihre Entsendung nach Regensburg bitten.

Zwei Eintragungen in den Ratsprotokollen der Stadt Ulm weisen auf diesen Besuch Agathas hin. Am 7. September 1576 heißt es: »Der R. Kays. Mjt. soll uff Ir Junkfraw Agatha Streicherin halben gethan gnedigst schreiben und begeren widerum underthenigst antwort volgen und Bey Ir uberschickt werden. Und sollen meine günstigen Herrn Strettrechner sie (Agatha) uff eines E. Raths costen mit dem Schiff, auch dem begerten öfelin und guten erfarnen Floßleuten dermaßen bedenken und solche verordnung thun, damit sie Inn allen zu... not versehen sey.« Und zwei Wochen später: »Uff Herrn Jurgen Ilsungen des Landvogts Schreiben sollen meine günstigen Herren Stettrechner stehen und bevelchen, damit das schiff, darinnen man die Streicherin gen Regenspurg gefiert, wieder In ains E. Raths verarung komme.«

Es war nichts Alltägliches: Die Ärztin wurde auf einem besonderen Schiff, auf das man ein Öfelein gestellt hatte, denn es war September und schon kalt auf der Donau, nach Regensburg zu dem kranken Kaiser gebracht. Die Herren, auf deren Empfehlung hin man sie gerufen hatte, waren ohne Zweifel auch ehemalige Patienten Agathas, denn ihre Kuren genossen gerade unter dem hohen Adel und bei der Geistlichkeit besondere Berühmtheit.

Es ist nun sehr interessant, daß auch verschiedene Berichte vom kaiserlichen Hoflager zu Regensburg des ärztlichen Besuchs der Agatha Streicher beim Kaiser gedenken. Der kaiserliche Oberkämmerer Adam von Dietrichstein schreibt über den Tod des Kaisers: »Die vorhergehenden Tage waren die Schmerzen durch warme Umschläge und verschiedene Arzneimittel gelindert worden, die ein Mädchen aus Ulm, die eigens deshalb berufen worden war, weil wahrscheinlich im Ruf großer medicinischer Kenntnisse stehend, bereitete. Nur half nichts mehr.«

Eine sehr ausführliche Nachricht über Agathas Verweilen in Regensburg besitzen wir von dem kaiserlichen Leibarzt Johann Crato von Kraftheim. Sein Bericht lautet allerdings unfreundlich. Aber man weiß, daß Crato mit seinen Kollegen nicht gut stand, was sollte er da erst von einer *Kollegin* Rühmendes sagen! Der Unwille darüber, daß ihm die Frau als ärztlicher Berater vorgezogen und er einige Tage vom Krankenbett des Kaisers ferngehalten wurde, klingt unverkennbar durch seine Zeilen. Besonders ärgerlich war er darüber, daß sein Kollege Dr. Julius Alexandrinus, der erste Leibarzt des Kaisers, zu Agathas Kur seine Zustimmung gab.

Durch Crato erfahren wir aber wenigstens etwas über die Behandlungsweise Agathas. So verbot sie dem Kaiser den Wein, der nach Cratos Ansicht nahezu das einzige Mittel zur Erhaltung der Kräfte darstellte. Ferner soll sie einen Kräutertrank gegeben haben, wie man ihn im Volk gegen Fallsucht reichte. Oft wendete sie vier verschiedene Arzneien an einem Tag an. Alles Mittel, über die sich Crato mißfällig äußert. Aber wir möchten heute sagen, Agatha habe die Krankheit besser erfaßt als Crato, das beweist ihr Abstinenzgebot. Der weibliche Scharlatan, als den sie Cratos Mißgunst darstellen möchte, war sie auf keinen Fall. Helfen konnte freilich auch sie dem kaiserlichen Herrn nicht mehr. Er starb am 12. Oktober 1576. Es scheint, als sei Agatha bis zu seinem letzten Tag bei ihm gewesen.

In den Jahren nach 1575 ging der Ulmer Rat plötzlich strenger gegen die Schwenckfelder vor, vermutlich gedrängt durch das unablässige Mahnen der Theologen, besonders von Dr. Rabus, und durch die Haltung Herzog Ludwigs von Württemberg gegenüber Sektierern und Schwärmern. War noch 1570 die Rede davon, die Ulmer Anhänger Schwenckfelds und auch Agatha selbst durch Unterweisung und gütliches Untersagen von ihrem Glauben abzubringen, so klingt es 1578 schon drohender: »... das ... mein günstig Herren Ainunger Jungkfraw Agatha Streicherin magt Susanna Hornungin beschicken und Ir von ains Raths wegen mit allem ernst ufferlegen sollen, Sich Innerhalb vierzehn tag außer der Statt hinweg ziehen, und Darinnen wie auch in ganzer Herrschafft und ein meil wegs zu gerings herumb neher dabey ohne ains E. Raths verlassen und bewilligen nit finden und betreten zu lassen. Zum andern, So sollen mein günstig Herren, unser Frawen Bawpfleger, Jungkfraw Agatha Streicherin, und alle die Personen, so Ihren verdechtigen ein- und ausgang zu Ir, und auch sonst unter Inen selbst zueinander haben, beschicken, und denselben mit gleichem ernst sagen, daß sie nit allein kaine veramblung halten, sonder auch niemans in Irer Sect ainige underweisung oder lehr geben, dann solle von ainem oder mehr weitere ubertrettung beschehen, So werde ain E. Rath ander wohlbefugte mittel dagegen fürnemmen müssen.«

Etwa gleichzeitig hatte der Rat auch bei verschiedenen Schwenckfeldern Bücher beschlagnahmen lassen. Wegen dieser Sache verantwortete sich Agatha vor dem Rat, wie überhaupt aus allen überlieferten Zeugnissen hervorgeht, daß sie unerschrocken für ihre Überzeugung und ihre Glaubensgenossen eintrat. Trotz wiederholter Bitten Agathas, ihre Magd behalten zu dürfen, mußte diese doch die Stadt verlassen. Aber auch noch andere Schwenckfelder wurden aus Ulm verwiesen. Die meisten fanden bei den Freybergern auf Justingen Zuflucht. Die Herren von Freyberg waren selbst überzeugte Anhänger Schwenckfelds, gewährten aber in ihren Herrschaften Justingen und Öpfingen ihren Untertanen Religionsfreiheit, ein seltener Fall im Zeitalter des »cuius regio, eius religio«.

In ihrem Testament setzte Agatha ihren um des Glaubens willen vertriebenen Mitbürgern ein hohes Legat aus, »durch Michael Ludwig und Ferdinand, beeden v. Freyberg gebrüdern zu Justingen und Öpfingen, ihren lieben Junkhern und nebens ihrem 1. freund Dr. Marx Schweigger, burger zue Augspurg, nach ihrem guthansehen wann, wem und wo Sie wollen getreulich auszuetheilen, ohn gebung einiger red und rechenschaft menniglichen, alein wie Sie es an jenem Tag getrauen zu Verantworten«.

Im Jahr 1582 wurden dann alle Anhänger Schwenckfelds, die sich nicht belehren lassen wollten, aus Ulm entfernt. Das wagte man aber doch erst dann zu tun, nachdem Agatha selbst schon nicht mehr am Leben war. Im April 1581 war sie gestorben, und der Rat hatte befohlen: »Die verstorbene Junkfraw Agatha Streicherin soll in der Bahr ohn das ober lid oder brett zur Erden bestattet werden.«

Warum vergönnte man Agatha das »ober Lid oder Brett«, das heißt den Totenschild nicht? Geschah das nur ihrer bürgerlichen Abkunft wegen oder gewissermaßen als Strafe, weil sie eine Schwenckfelderin war? Eine Ulmer Begräbnisordnung von 1616 sagt nämlich, daß Personen, die mit falscher Lehre behaftet waren, ohne Sang und Klang zu Grabe gebracht werden müßten. Ob diese Sitte aber auch schon 1581 galt, ist nicht sicher.

Wir kennen bis jetzt weder ein Bild noch eine Handschrift der Ärztin von Ulm. So bleibt es der Phantasie eines jeden einzelnen überlassen, sich das Bild der Agatha Streicher selbst auszumalen, die zweifellos eine der erstaunlichsten Frauengestalten des 16. Jahrhunderts war. Ihre Heilerfolge beruhten wohl nicht nur auf ihrem praktischen Wissen, sondern auch auf der Kraft ihrer Persönlichkeit. Agatha aber ist nur ganz zu verstehen aus ihrer Glaubenswelt heraus, die selbst durch die wenigen Zeugnisse ihres Lebens schimmert.

Felix Berner

Liselotte von der Pfalz

1652–1722

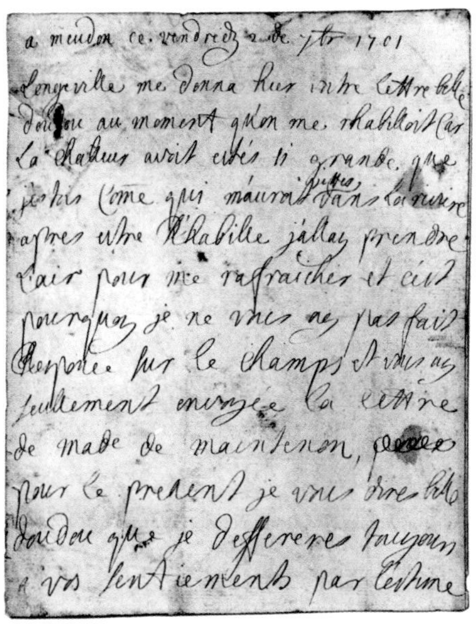
a meudon ce vendredy 2 de 7bre 1701
Longeville me donna hier votre lettre belle
doudou au moment qu'on me rhabilloit car
la chaleur avoit estés si grande que
je suis come qui mauroit jettés dans la riviere
apres estre rhabille jallay prendre
l'air pour me rafraicher et cest
pourquoy je ne vous ay pas fait
response sur le champs et vous ay
seullement envoyée la lettre
de made de maintenon,
pour le present je vous dire belle
doudou que je defferere toujours
a vos sentiements par lestime

»Die Selbststilisierung, die Frankreich in so glücklicher Weise mit seinem Wesen vollzogen hat, geht von Höhepunkten aus, deren strahlendster nach Voltaires Ausdruck ›Das große Jahrhundert‹, also die Zeit Ludwigs XIV., ist. In der Regierungszeit dieses Königs, der später der Sonnenkönig genannt wurde, erblickt Frankreich den Gipfel und den schönsten Ausdruck seiner nationalen Möglichkeit; es verehrt in dieser Epoche die vollkommene Harmonie zwischen politischer und kultureller Macht. So entsteht ein wahrhaft klassisches Bild, das aber für uns erst an Leben gewinnt, wenn wir die Leidenschaften, Leistungen und Schwächen seiner Menschen kennenlernen.« Friedrich Sieburg fügt dieser Kennzeichnung der Epoche Ludwigs XIV. in seiner Studie über den Finanzminister des Königs, Colbert, an anderer Stelle hinzu, daß die unbestechliche Beobachtungsgabe der Liselotte von der Pfalz, verheiratet mit dem Bruder des Königs, ein verblüffendes Bild von der Kehrseite des »grand siècle« entworfen habe.

Diese Kehrseite einer Herrschaft, die Frankreich emporhob und zu höchsten Leistungen inspirierte, zugleich jedoch entsetzliches Unglück über Europa, ganz besonders aber über die Heimat der Pfälzerin brachte und dem eigenen Land mehr aufbürdete, als es leisten konnte, die als Folge nicht enden wollender Kriege, einer maßlosen Bauwut, eines übersteigerten Hoflebens Erschöpfung und Zerrüttung hinterließ, die von Skandalen, Intrigen, Verfolgungen, Verdächtigungen, Unruhen, echten oder angeblichen Verschwörungen begleitet war, dieses menschlich-allzumenschliche, oft unmenschliche Gegenbild hat die Kurfürstentochter aus der Pfalz in ihren Briefen sozusagen Strich für Strich nachgezeichnet. Über viertausend Briefe, deutsche und französische, sind erhalten geblieben, noch mehr hat sie, fast jeden Tag korrespondierend, geschrieben. Obwohl sie als ranghöchste Dame nach der Königin im Zentrum des glanzvollsten Hofes Europas lebte, den die deutschen Fürsten mit unzulänglichen Mittel nachzuahmen suchten, ließ sie sich durch die Sonne von Versailles nicht blenden, sondern bewahrte sich einen nüchternen, klaren Blick für seine Licht- *und* Schattenseiten.

Das hatte sie zum Teil ihrer Erziehung, mehr noch ihrer Natur zu verdanken, die der Herzog von Saint-Simon, Freund ihres Sohnes, aber ihr gegenüber von kritischer Distanz, mit den Worten kennzeichnete: »Eine Fürstin ganz aus der alten Zeit, anhänglich an Ehre, Tugend, Rang, Größe: in Sachen des Anstandes unerbittlich; eine treffliche und treue Freundin, zuverlässig, wahr, gerade, derb...«

Elisabeth Charlotte wurde als einzige Tochter des Kurfürsten Karl Ludwig von der Pfalz am 27. Mai 1652 in Heidelberg geboren. Der Vater, als Sohn des »Winterkönigs« im Exil aufgewachsen, hatte erst durch den Westfälischen Frieden die Herrschaft über die Rheinpfalz und den Kurfürstenhut zurückerlangt. Er war ein tüchtiger Herrscher, tatkräftig bemüht, die Kriegsfolgen zu überwinden, das Land zu besiedeln, die Dörfer und Städte wieder aufzubauen, Schulen einzurichten und die Universität einer neuen Blüte entgegenzuführen.

Das schon kurz nach der Geburt Liselottes beginnende Zerwürfnis zwischen Karl Ludwig und seiner Frau Charlotte aus dem Hause Hessen-Kassel, das in den folgenden Jahren zur völligen Entzweiung führte, scheint die kleine Tochter kaum gespürt zu haben; in ihren späteren Erinnerungen an die Kindheit ist nichts davon haften geblieben. Dabei muß es sehr viele böse Auseinandersetzungen gegeben haben, denen der Kurfürst schließlich durch eine Scheidung ein Ende setzen wollte. Weil Charlotte nicht einwilligte, glaubte Karl Ludwig kraft seiner obersten geistlichen Autorität die Scheidung einseitig aussprechen zu können. Bald darauf ließ er sich mit der schönen, anmutigen und, im Gegensatz zur Kurfürstin, sehr sanftmütigen Hofdame Louise von Degenfeld morganatisch trauen; später verlieh er ihr den Titel einer Raugräfin. Sie gebar ihm in einer glücklichen Ehe 14 Kinder, denen Liselotte lebenslang geschwisterlich zugetan war.

Die Verhältnisse im Heidelberger Schloß – Louise wohnte im Ottheinrichbau, Charlotte hatte sich, hartnäckig auf ihrem Recht beharrend, in einen anderen Teil des Schlosses zurückgezogen – ließen es dem Kurfürsten geraten erscheinen, 1659 die Tochter fürs erste zu seiner Schwester Sophie zu schicken, seit kurzem Herzogin von Braunschweig-Lüneburg.

So kam Liselotte mit sieben Jahren nach Hannover und fand dort Pflegeeltern, die ihrer Art entsprachen, offen, natürlich, fröhlich den Tag genießend. Solange ihre zweite Mutter lebte, hing Liselotte mit aller Liebe an ihr; ihr schrieb sie die längsten und vertraulichsten Briefe. In diesen Briefen tauchen immer wieder Erinnerungen an die vier Jahre in Hannover auf, meist an Kinderstreiche, Weihnachtsfeste, deftige Genüsse wie Specksalat, Mettwürste, Schinken, Sauerkraut, an Tiere und Blumen.

Ein Erlebnis ist besonders bezeichnend. Bei der Geburt des ersten Kindes ihrer Tante, des späteren Königs Georg I. von England, fand sie sich mit den üblichen Vortäuschungen der Erwachsenen nicht ab, sondern sah, hinter einem Kaminschirm versteckt, der Entbindung zu: Sie wollte von Anfang an genau wissen, was geschah, wollte eine redliche Auskunft. Dasselbe Verlangen nach Genauigkeit und Redlichkeit sprach auch aus den Fragen, die sie, nach Heidelberg zurückgekehrt, dem Hofprediger beim Religionsunterricht stellte: »Wie es käme, daß in der Heiligen Schrift stehet, daß die Menschen nach Gottes Ebenbild geschaffen seien und die Menschen doch gar unperfekt wären? Er antwortete, daß Gott den Menschen perfekt geschaffen hätte, aber daß er die Perfektion in seinem Fall verloren hätte... Ich sagte: dem Teufel glauben, war doch keine Perfektion.«

Die Bildung, die der Prinzessin vermittelt wurde, hielt sich in Grenzen. Anders als bei dem Bruder Karl, der bedeutende Lehrer erhielt, beschränkte man sich bei ihr auf die religiöse Erziehung, auf Lesen und Schreiben in Deutsch und Französisch, Zeichnen, Singen, Tanzen, Nadelarbeiten. Daneben bot der Vater ihr allerdings noch reichlich Anschauungsunterricht: Er nahm sie in sein Münzkabinett mit und erweckte dabei eine lebenslange Sammelleidenschaft. Auch auf seinen Reisen ließ sich der Kurfürst von der Tochter begleiten, dabei lernte sie die ganze Pfalz gründlich kennen und lieben. Besonderes Vergnügen bereitete ihr das Hoftheater, wo neben vielen längst vergessenen Stücken auch Shakespeare, Calderon, Molière, Corneille, Racine gespielt wurden. Bis zuletzt war die »comédie« ihre regelmäßige Freude: Noch ein Jahr vor ihrem Tod schrieb sie: »Mittwochs gehe ich in die französische und samstags in die italienische comédie.« Zu ihrem größten Bedauern ließ der Vater sie zwar fischen, fußwandern und schlittenfahren, nicht aber reiten und jagen. Sie beneidete den Bruder und die Halbbrüder: »Es ist mir all mein Leben leid gewesen, ein Weibsmensch zu sein, und Kurfürst zu sein wäre mir, die Wahrheit zu sagen, besser angestanden, als Madame zu sein.«

»Madame«, damals als Anrede den Frauen des französischen Königshauses vorbehalten, wurde sie durch die Heirat mit »Monsieur«, dem Bruder Ludwigs XIV., Herzog Philipp I. von Orléans, dessen erste Gattin aus dem Hause Stuart im Jahr 1670 gestorben war. Die Verbindung war durch die Verwandtschaft angebahnt und von der geliebten Tante Sophie befürwortet worden; der Vater stimmte ihr zu, weil er hoffte, durch die französische Heirat die Kurpfalz nach Westen absichern zu können. Im Heiratsvertrag, den Liselotte später mehrfach heftig beanstandete – »Ich kann nicht begreifen, wie Papa selig mir mein Heiratskontrakt hat unterschreiben machen, denn niemalen ist einer erbärmlicher gemacht worden« –, entsagte die Prinzessin jedem Erbanspruch auf Pfälzer Land. Von dem Glaubenswechsel, der ebenfalls Teil der Absprache war, stand nichts in dem Vertrag – der Kurfürst als einer der führenden evangelischen Herrscher des Reiches durfte offiziell nichts davon wissen. Liselotte fügte sich auch in dieses »Verhängnis«, ließ sich durch einen katholischen Sekretär ihres Vaters, angeblich ohne dessen Wissen, darauf vorbereiten und vollzog nach einem sehr formalen Verhör durch einen Priester – »Mir las man nur etwas vor, wozu ich ja oder nein sagen mußte« – am 14. November 1671 in Metz den Übertritt zur katholischen Kirche, worauf, wie häufig bei Fürstenhochzeiten, die Trauung per procurationem, also in Abwesenheit des Bräutigams, vollzogen wurde. In einem ihr diktierten Brief zeigte die gehorsame Tochter die Konversion dem Vater an, der mit gespielter Überraschung darauf antwortete – eine Komödie, die, wie eine holländische Zeitungsmeldung zeigt, sofort durchschaut wurde.

Für Liselotte blieb dies ein äußerlicher Wechsel. Sie erfüllte zwar als Schwägerin des Königs korrekt ihre kirchlichen Pflichten, hielt aber herrlich wenig von den katholischen Gottesdiensten: »Bei den Reformierten und Lutherischen sind die Feiertage nicht so langweilig als bei den Katholischen, denn erstlich währt es bei den ersten nicht so lang, und zum andern so versteht man, was man sagt, und kann mitsingen; das vertreibt die Zeit, aber mit dem lateinischen Geplärr ist kein Rat und es währt dazu bitter lang.«

Immer wieder zitiert sie in ihren Briefen evangelische Choräle und berichtet, daß sie diese für sich selber singe. Auch zeigt sie sich als fleißige Leserin der Luther-Bibel: jeden Tag ein Kapitel aus dem Alten und Neuen Testament und dazu noch ein Psalm und für einen Jagdtag, an dem sie keine Zeit dazu hat, dasselbe Quantum vorab. Im übrigen jedoch bekennt sie sich zu keiner der drei Konfessionen, diese »sollten sich für eine halten und sich nicht informieren, was man drinnen glaubt, sondern nur, ob man nach dem Evangelium lebt«. Solange es noch nicht soweit ist, will sie es mit einem Engländer halten, der auf die Frage nach seiner Konfession antwortete: »Ich habe eine kleine Religion für mich selbst.«

Man sieht: Liselotte war zwar bereit, die ihr zugedachte Rolle zu spielen, jedoch nicht bereit, sich selbst aufzugeben. Ihre eigene Meinung, ihr eigenes Wesen behauptete sie bis zu ihrem Ende. Dazu gehörte auch, daß sie, die nie mehr nach Deutschland zurückkehrte, in ihrer Korrespondenz zäh an der deutschen Sprache festhielt, obwohl sie mit dem Französischen nicht die geringste Schwierigkeit hatte und auch seine Vorzüge anerkannte. Die bewußte Übung der Heimatsprache entsprang dem Bewußtsein, das sie noch nach vierzig Jahren in Frankreich sagen ließ: »Ich habe noch alle Zeit ein deutsches Herz und Gemüte.«

Es gehörte einiges dazu, am französischen Hof nicht den Grund unter den Füßen zu verlieren. Als Neunzehnjährige wurde sie die Frau eines zwölf Jahre älteren Mannes, der am Hof zwar in Fragen des Geschmacks, der Mode, des Arrangements von Festen glänzte und als Gastgeber bezauberte, sonst aber wenig zu sagen hatte. Liselotte durchschaute ihn rasch, sah, daß er »mehr weibliche als Mannsmanieren« hatte und daß ihm hübsche junge Männer mehr bedeuteten als sie. Trotzdem ließ sich die Ehe zunächst freundlich an. Herzog Philipp war bemüht, seine Pflichten zu erfüllen.

Liselotte gebar rasch nacheinander drei Kinder, leichte Geburten, wie sie ihrer Tante Sophie schrieb. Das erste, ein Sohn, starb mit wenigen Jahren. Die beiden anderen, Philipp und Elisabeth-Charlotte, wurden von ihr mit Leidenschaft erzogen. Als der Sohn später den Verführungen des leichten Lebens in Paris und Versailles erlag, schmerzte sie das tief, änderte aber nichts an ihrer Zuneigung. Auf die Tochter – die den Herzog Leopold von Lothringen heiratete und als Mutter Franz Stephans, des Gatten Maria Theresias, Ahnherrin des Habsburg-Lothringischen Hauses wurde, war sie mit Recht zeit ihres Lebens stolz.

Liselottes Fähigkeit zur Selbstbehauptung wurde auf die Probe gestellt, als im fünften Jahr ihrer Ehe die Beziehung zu ihrem Mann erkaltete; sie berichtete sehr viel später der Tante, daß nach der Geburt ihrer Tochter der Herzog ihrem Bett ferngeblieben sei. Sie schrieb die Schuld seiner Umgebung zu, hauptsächlich dem Marquis d'Effiat, den sie »Luzifers Untertan« nannte. Ihn hielt sie – wohl mit Recht – auch für den Urheber von Verleumdungen, die über sie ausgestreut wurden. Es folgten böse Auseinandersetzungen zwischen den Ehegatten. Der Riß konnte zwar noch gekittet, nicht aber geschlossen werden. Darunter litt auch ihr Verhältnis zum König, der sie anfänglich sichtlich bevorzugt hatte und mit dem sie die Leidenschaft zu reiten und zu jagen verband, der sie hier endlich die Zügel schießen lassen konnte.

Ihre Verletzung ging so tief, daß sie vorübergehend daran dachte, sich ins Kloster zurückzuziehen. Die Zuflucht, die sie schließlich fand, war ein Leben nach eigener Art und ihre fleißige Korrespondenz. Ohne die wachsende Vereinsamung, trotz aller pflichtgemäßen Teilnahme am Hofbetrieb, wäre nicht eine solche Fülle von Briefen entstanden. Sie widmete sich ihren Münzen, ihren geschnittenen Steinen, ihren Hunden – »Die Hunde sind die besten Leute so ich in ganz Frankreich gefunden, habe deren allzeit vier bei und um mich« —, dem Theater, der Jagd und setzte sich – wie als Reiterin – sozusagen mit einem Sprung über die »verdrießlichen Sachen« hinweg, »denn davon zu reden macht nur traurig und hilft zu nichts«.

Trotzdem kam ihr oft genug die Galle hoch, insbesondere wenn sie an die frömmelnde Marquise der Maintenon dachte, die sich in die Gunst des Königs eingeschlichen hatte und die er nach dem Tod der Königin 1682 heimlich heiratete. Ihr schob sie in übertriebenem Haß

Liselotte von der Pfalz (auf einem Gemälde von Pierre Mignard mit ihren Kindern Philipp und Elisabeth Charlotte) war verheiratet mit Herzog Philipp I. von Orléans, dem Bruder Ludwigs XIV., des »Sonnenkönigs«. Sie erfüllte die ihr zugedachte Rolle, bewahrte sich jedoch stets ihre Eigenart. So hielt sie auch in Frankreich in ihrer Korrespondenz, obwohl sie fließend französisch redete, an der deutschen Sprache fest.

alle Schuld an ihren Mißhelligkeiten und überhaupt an den Schattenseiten des Hofes zu, ihr und dem Abbé, später Kardinal Dubois, dem »impertinenten Pfäffchen«, der »böse Krott«. Gelegentliche Anstrengungen, sich mit der Maintenon auszusöhnen, änderten auf die Dauer nichts an ihrer Meinung über die »alte Zott«.

Das Schwerste, was ihr zugemutet wurde, hatte jedoch nichts mit der Maintenon und mit Dubois zu tun: daß die Pfalz unter Berufung auf ihre Ansprüche verwüstet wurde. Als ihr Bruder 1685 kinderlos starb, griff trotz des Erbverzichts in ihrem Heiratsvertrag Frankreich unter dem Aushängeschild ihres Namens nach der Pfalz. 1688 zogen französische Truppen in Heidelberg ein. Als Reichstruppen anrückten und England und die Niederlande die französischen Ansprüche bekämpften, faßte Ludwigs Kriegsminister Louvois den Plan, »de brûler le Palatinat«, und erlangte die Zustimmung des Königs zu dieser planmäßigen Zerstörung der Pfalz. General Mélac trug Tod und Verderben in das blühende Land. In Heidelberg wurde das Schloß unterminiert und durch Pechkränze in Brand gesteckt. Auch in Mannheim, Speyer, Worms wüteten die losgelassenen Soldaten.

Wie es Liselotte, die den König vergebens um Einhalt gebeten hatte, zumute war, zeigt ein Brief vom 20. März 1689 an die Tante Sophie, inzwischen Kurfürstin von Hannover: »... so ist das erschreckliche Elend in der armen Pfalz angegangen, und was mich am meisten daran schmerzt, ist, daß man sich meines Namens gebraucht, um die armen Leute ins äußerste Unglück zu stürzen... Sollte man mir aber das Leben darüber nehmen wollen, so kann ich doch nicht ablassen zu bedauern und zu beweisen, daß ich so zu sagen meines Vaterlandes Untergang bin... Ja ich habe ein solches Abscheu vor alles, so man abgesprengt hat, daß alle Nacht, sobald ich ein wenig einschlafe, deucht mir, ich sei zu Heidelberg oder zu Mannheim und sehe all die Verwüstung und dann fahre ich im Schlaf auf und kann in zwei ganzen Stunden nicht wieder einschlafen, dann kommt in Sinn, wie alles zu meiner Zeit war, in welchem Stand es nun ist, ja in welchem Stand ich selber bin, und dann kann ich mich des Flennens nicht enthalten...«

Liselotte, wie sie merkte, ohne jeden politischen Einfluß, mußte es auch ertragen, als 1693 die inzwischen von kaiserlichen Truppen besetzte Pfalz wiederum von den Franzosen angegriffen, Heidelberg erneut erobert und zerstört, das ganze Land nochmals verwüstet wurde. Erst der Friede von Rijswijk im Jahr 1697 setzte dem Elend ein Ende. Er war kein Triumph für Frankreich, das alle rechtsrheinischen Besitzungen und die meisten Annexionen zurückgeben mußte, Straßburg jedoch behalten dufte. Als Liselotte erfuhr, daß sich ihre Heimat rasch wieder erholte, wurde es ihr leichter ums Herz.

Freilich hatte sie bald neuen Kummer. Am 9. Juni 1701 starb ihr Mann: »Es schreibt Euer Liebden die unglücklichste von allen Creaturen, der Schlag hat Monsieur gestern Abend gerührt um zehn Uhr abends. Er liegt in den letzten Zügen und ich im größten Unglück von der Welt...« Das Unglück war nicht eingebildet: »Der arme Monsieur selig hat übel gehaust und gar nicht für mich gesorgt... Wie es nun ist, bin ich leider dem König wie eine Bettelfrau auf dem Hals...« Später fügte sie hinzu: »Je höher man ist, je gezwungener muß man leben, und wäre die Stelle von Madame eine Charge (Amt), so man verkaufen könnte, hätte ich es längst gern wohlfeil weg geben...«

Auch ihr Sohn beschwerte ihr Herz. Schlimm genug, daß er die illegitime Tochter des Kö-nigs, Françoise-Marie de Blois geheiratet hatte – »das unangenehmste Mensch von der Welt« –, noch schlimmer war, was man über seine Feste und Gelage im Palais Royal mit seinen Roués herumerzählte, bei denen seine eigene Tochter, die 1695 geborene Marie-Louise, sich hemmungslos auslebte. Schon der Siebzehnjährigen wurde auf Schmähplakaten unterstellt, sie unterhalte blutschänderische Beziehungen zu ihrem Vater, und bis zu ihrem frühen Tod im Jahr 1719 gab sie den verwegensten Gerüchten immer neue Nahrung.

Liselotte, die von sich bekannte: »Ich hasse in der Welt nichts mehr als Kriege«, zeigte geradezu Erleichterung, als ihr Sohn durch den Spanischen Erbfolgekrieg aus seinem »Luderleben« herausgerissen wurde und sich 1707 und 1708 als Feldherr in Spanien auszeichnete, besonders bemerkenswert angesichts der französischen Niederlagen bei Höchstädt, Ramillies und Oudenaarde in diesem endlosen europäischen Ringen. Herzog Philipp II. von Orléans, das zeigte sich hier, besaß hervorragende Anlagen; er hatte, wie Liselotte feststellte, »Verstand und Herz«, jedoch konnte er sich nicht von seinen Ausschweifungen losreißen, »welches mir oft sehr zu Herzen geht«.

Die Stunde Philipps schlug, als der König starb. Ludwig XIV. war als verdüsterter, alter Mann dem Tod entgegengegangen. Er mußte einsehen, und der Friede von Rastatt im Jahr

Liselotte von der Pfalz auf einem Gemälde von Nicolas de Largilliere.

1714 bestätigte es, daß er seine vielen Kriege letzten Endes vergebens geführt hatte. Er erkannte, daß aus dem Machtkampf zwischen Frankreich und Habsburg England als der eigentliche Sieger hervorging, daß neue Kräfte in Europa wie Preußen und Savoyen die Gewichte verschoben, die Zeit der französischen Vorherrschaft vorüber war. Das Hungerjahr 1709, das Unruhen auslöste, offenbarte, wie schwer das Volk zu leiden hatte. Vielleicht erinnerte sich der König dabei an den harten Brief, den ihm der Abbé de Fénelon vor einem Jahrzehnt geschrieben hatte: »Also haben Sie die Hälfte der wirklichen Kräfte im Innern Ihres Staates zerstört, um draußen eitle Eroberungen zu machen...«, vielleicht auch an die Denkschrift seines Marschalls Vauban aus dem Jahr 1706: »Es ist der niedere Teil des Volkes, der durch seine Arbeit und seinen Handel und durch das, was er dem König zahlt, dessen Reichtum und den des ganzen Königreiches vergrößert... Denn er ist es, der alle Lasten trägt, der immer gelitten hat und der noch am meisten leidet...«

In der eigenen Familie traf den König ein Schlag nach dem anderen. 1711 starb sein einziger legitimer Sohn, der Grand Dauphin, an den Blattern, 1712 erlagen innerhalb von drei Wochen die Gattin seines Enkels Louis, dann dieser selbst und schließlich deren ältester Sohn den Röteln; manche sprachen von Gift und verdächtigten den an chemischen Versuchen interessierten Herzog von Orléans, eine absurde Anschuldigung, unter der Liselotte jedoch furchtbar litt. Ein eben zweijähriges Kind, der spätere Ludwig XV., war jetzt der einzige Thronerbe. Kein Wunder, daß der König um seine Nachfolge bangte und den ungewöhnlichen Schritt vollzog, die beiden »Bastarde« (so Liselotte) seiner Maitresse Montespan zu »Prinzen von Geblüt« mit Thronfolgerechten zu erklären.

In der letzten Augustwoche 1715 machte sich der König selbst zum Sterben bereit. Er hatte noch die Kraft, sich von allen zu verabschieden. Liselotte schrieb an ihre Halbschwester Luise: »Unser lieber König, nachdem er sich zum Tode bereitet und, wie es hier der Brauch ist, seine letzten Sakramente empfangen... hat den jungen Dauphin holen lassen, ihm seinen Segen gegeben und zugesprochen. Hernach hat er die Duchesse de Berry, mich und alle seine anderen Töchter und Enkel kommen lassen, er hat mir mit solchen tendren (zarten) Worten Adieu gesagt, daß ich mich selber verwundere, wie ich nicht rack ohnmächtig geworden bin. Er hat mich versichert, daß er mich allzeit geliebt hätte und mehr, als ich selber gemeint...« Der Herzog von Saint-Simon berichtete: »Die ganze Nacht war er ohne Bewußtsein in einem langen Todeskampf, der am Sonntag, den 1. September 1715 um Viertel nach acht Uhr morgens endete, drei Tage vor seinem 77. Geburtstag, im 72. Jahr seiner Regierung.«

Für Liselotte war der Abschied von Ludwig XIV. die Bestätigung einer tiefen Zuneigung. Nie findet sich in ihren Briefen ein böses Wort über den »großen Mann«; Enttäuschung ja, aber was sich an Zorn in ihr aufstaute, lud sie auf seine Umgebung, besonders auf Madame de Maintenon ab. Vielleicht stimmt, was eine ihrer Tanten als Erklärung für den Haß gegen die »alte Zott« anbot: Liselotte habe den König geliebt, ohne es selbst zu wissen.

Herzog Philipp von Orléans zeigte unmittelbar nach dem Tod des Königs, was an politischen Fähigkeiten in ihm steckte: Er setzte sich, am Testament des Königs vorbei, an die Spitze eines ihm genehmen Regentschaftsrates und erwies sich bis zur Krönung Ludwigs XV. im Oktober 1722 als ein fähiger Verwalter der Herrschaft. Seine Sparmaßnahmen fanden den Beifall des Volkes. Eine wirkliche Gesundung der Finanzen freilich lag nicht in seiner Macht. Sein Versuch, mit Hilfe der Spekulationen eines schottischen Bankiers, John Law, Geldmittel »ohne Steuern« zu beschaffen, endete mit einem Zusammenbruch, der zahlreiche Leute ruinierte. Das System wurde dadurch nicht zerstört, aber erschüttert. Philipp starb 1723 »an der Schulter einer Dame«, und Ludwig XV. trat seine leichtsinnige Herrschaft an.

Liselotte erlebte diesen Wechsel nicht mehr. Sie hatte die Regentschaft ihres Sohnes teils stolz, teils besorgt beobachtet, manches durchschaut, vieles nicht mehr begriffen. Sommers im Schloß Saint-Cloud, winters im Palais Royal in Paris, lebte sie zurückgezogen und immer mehr in ihre Erinnerungen versinkend.

Sie sehnt sich nach dem heimischen Schwarzbrot, erinnert sich, wie die pfälzischen Kirschen und Trauben geschmeckt haben, beneidet ihre Halbschwester Luise um »den guten Schweinskopf« und schiebt den mangelnden Appetit auf »das französische Gefräß«. Auch der Gestank in den Gassen von Paris, durch die sie zu den unvermeidlichen Besuchen fährt, setzt ihr zu. Über sich selbst macht sie sich keine Illusionen. Schon früher hat sie behauptet, sie hätte ein »Bären-Katzen-Affengesicht« und sich gleich getröstet: »Ein schön Gesicht ändert bald, allein ein gut Gemüt ist zu allen Zeiten gut.« Nach wie vor erzählt sie gern Anekdoten, und bis zuletzt ist sie, obwohl sie sich leutscheu nennt, zu derben Späßen bereit.

Daß sie einsam wird, merkt sie auch an der Zahl der Briefpartner. Die gute Tante Sophie ist schon vor dem König gestorben, nun hat sie für wirklich vertrauliche Briefe nur noch die Raugräfin Luise. Dieser schrieb sie auch ihren letzten Brief: »Ich werde täglich elender, möchte wohl ein schlimm End nehmen, aber ich bin Gott Lob zu allem bereit... Nimmt mich Gott zu sich, müßt Ihr Euch in dem getrösten, daß ich ohne Reu und leid sterbe, die Welt gern verlasse in der Hoffnung, daß mein Erlöser, so für mich gestorben und auferstanden ist, mich nicht verlassen wird...« Nach diesen am 3. Dezember 1722 mit zitternder Hand geschriebenen Zeilen lag sie noch wenige Tage krank und nahm Abschied. Sie starb in der Nacht zum 8. Dezember und wurde zwei Tage später nach Saint-Denis überführt. Der Bischof von Clermont sagte in seiner Leichenrede: »Alles was Frankreich sich wünschen kann, ist eine Herrin, die ihr gleicht.«

Zu ihren Nachfahren zählen nicht nur alle Glieder des Hauses Habsburg-Lothringen, sondern auch die Könige von Belgien, Bulgarien und Italien. Eine Urenkelin zahlte den Preis für das »Große Jahrhundert« Ludwigs XIV. mit ihrem Blut: Marie Antoinette bestieg das Schafott, weil die Nachkommen des Sonnenkönigs sein Erbe nicht bewältigten und die von Fénelon konstatierte »Verbitterung und Verzweiflung« des Volkes die Revolution entfesselte.

Hartwig Schultz

Sophie von La Roche

1731–1807

Auf die Frage nach ihrer Bibliothek antwortete Sophie von La Roche 1783 einer Leserin im 5. Heft ihrer Zeitschrift »Pomona« mit einer »Geschichte meines Kopfes«. Die einzigen Stationen ihrer Bildungsgeschichte, die sie dann an Orten festmacht, liegen im Südwesten. Sie schreibt: »In Wieland, meinem Verwandten, sah ich schöne Wissenschaft; durch meine Verbindung mit La Roche Staatskunst der Höfe, und in dem Haus des Erlauchten Grafen von Stadion den Genius der edlen grossen Welt in der Nähe; auf seinen Gütern in Oberschwaben das Verdienst des Kornbauren, und im Würtenbergischen dieß von dem Weingärtner – und alsdann den erhabenen Cirkel der Fürsten... Ich merkte mir die Bücher und Sachen, von denen diese Männer in ihren Erholungsstunden gerne sprachen – und auf diese Art wurde mein Kopf bereichert, und mein Leben verschönert.« Damit sind die wesentlichen Stationen ihres inneren Werdeganges bestimmt.

Den entfernt verwandten Vetter Christoph Martin Wieland lernte die 1731 als Marie Sophie Gutermann in Kaufbeuren geborene 1750 in Biberach kennen. Die erotisch gefärbte, empfindsame Freundschaft, die zu einer heimlichen Verlobung führte, wurde erneuert, als Sophie den kurmainzischen Hofrat Georg Michael Frank von La Roche geheiratet hatte.

La Roche war unehelicher Sohn des Grafen Stadion und stand als Sekretär in dessen Diensten. Die Zeit am Hofe in Mainz (1754–1762) erwähnt Sophie in der »Geschichte ihres Kopfes« nicht. Statt dessen rückt sie die anschließende Lebensphase auf dem Alterssitz des Grafen Stadion in den Vordergrund; zwischen 1762 und 1786 (dem Todesjahr des Grafen) hielt sie sich in Warthausen bei Biberach auf. Dort entwickelte sich der anregende »Cirkel«, der aus dem Grafen, dem Ehepaar La Roche und dem »geistigen Hausfreund« Wieland bestand.

In dieser Atmosphäre entstanden auch die ersten Entwürfe zu dem Roman, der Sophie von La Roche weitbekannt machen sollte, die »Geschichte des Fräuleins von Sternheim«. Wieland half bei der Publikation, korrigierte den Text, fügte einige erläuternde Anmerkungen hinzu und vermittelte das redigierte Exemplar mit einer Vorrede an den Verleger. Mit dem deutlichen Hinweis auf die Protektion des mittlerweile bekannten Schriftstellers – »Von einer Freundin derselben aus Original-Papieren und

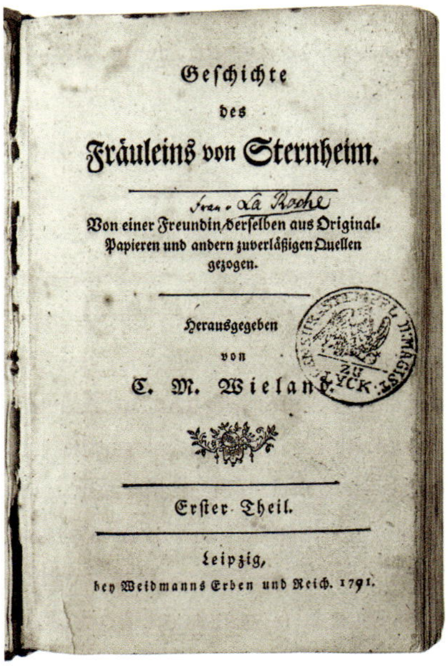
Geschichte
des
Fräuleins von Sternheim.
La Roche
Von einer Freundin derselben aus Original-Papieren und andern zuverläßigen Quellen gezogen.
Herausgegeben
von
C. M. Wieland.
Erster Theil.
Leipzig,
bey Weidmanns Erben und Reich. 1791.

Christoph Martin Wieland gab 1791 Sophie von La Roches berühmten Roman »Geschichte des Fräuleins von Sternheim« heraus.

anderen zuverlässigen Quellen gezogen. Herausgegeben von C.M. Wieland« – erschienen die beiden Bände 1791, als das Ehepaar bereits in Ehrenbreitstein bei Koblenz Wohnung genommen hatte. La Roche hatte dort im gleichen Jahr (nach zweijährigem Aufenthalt in Bönnigheim) die Stelle des Staatsrats (später Kanzlers) des Erzbischofs von Trier angenommen.

Der Roman wurde ein großer Erfolg und nimmt mit seiner Geschichte einer empfindsamen Seele in seinem Lebensgefühl Goethes »Werther« und die Betrachtungen einer »schönen Seele« im »Wilhelm Meister« vorweg. Die Geschichte eines tugendhaften Fräuleins, das vom Land in die Intrigen des Hofes gerät und nach zweimaliger Entführung und einer fingierten Hochzeit einsam im schottischen Hochland, von einem Bösewicht gefangengehalten, stirbt – diese rührende Geschichte, die dann nach tränenreichen Worten des tugendhaften Verehrers am vermeintlichen Grabe doch noch ein Happy-End fand, traf so genau das Lebensgefühl der Zeit, daß der Roman rasch zum Bestseller wurde. Caroline Flachsland, die Braut Herders, äußerte sich enthusiastisch: »Mein ganzes Ideal von einem Frauenzimmer! sanft, zärtlich, wohlthätig, stolz und tugendhaft und betrogen. Ich habe köstliche, herrliche Stunden beim Durchlesen gehabt. Ach, wie weit bin ich noch von meinem ideal, von mir selbst weg! welche Berge stehen gethürmt vor mir! ach! ach!« Eine große Zahl von Trivialromanen folgte dem Muster dieses gefühlvollen Briefromans, der sich seinerseits an Richardsons Briefromane anlehnte. Doch nicht diese Wirkung des Romans macht ihn bedeutend, sondern die Tatsache, daß er aus der Perspektive einer Frau stammt und daraus keinen Hehl macht. »Sie machen... besonders Ihrem Geschlechte ein Geschenk mit einem Originalbuche, das in seiner Art unschätzbar ist«, hatte ihr Wieland am 24. November 1791 geschrieben und aufmunternd hinzugefügt: »Meine gute Frau sehnt sich darnach, es gedruckt zu lesen, und meine Töchter sollen daraus Weisheit und Tugend lernen.« Als Lehrbuch für Frauen und Töchter des bürgerlichen Standes fungierten denn auch die Texte von Sophie von La Roche. Ihre Heldinnen stammen stets aus dieser Schicht: Sophie von Sternheim ist nicht der Typus der reichen Adligen; ihre Mutter ist bürgerlich, und als sie von Verwandten unter Vorwänden in die Residenzstadt gelockt wird, entpuppt sie sich rasch als unerfahrenes Mädchen vom Lande. Ähnlich war es der Autorin Sophie selbst ergangen, die als Tochter eines in Augsburg lebenden Arztes und Dozenten durch die Heirat mit dem natürlichen Sohn des Grafen Stadion in das höfische Leben eingeführt wurde und hier zunächst die Rolle der gut gebildeten, aber unbedarften höheren Tochter spielte, die allmählich in die große Welt hineinwuchs.

Mit Christoph Martin Wieland verband Sophie eine empfindsame Freundschaft.

Vermutlich träumten viele höhere Töchter im 18. Jahrhundert von diesem Lebensweg. Ein Leben ohne wirtschaftliche Sorgen bedeutete diese Existenz an den kleinen Residenzen der deutschen Kleinstaaten, sofern man zu dem höfischen Zirkel gehörte. Im Roman der Sophie von La Roche erfuhren die Leserinnen mehr über diese Lebensumstände: aufregende Intrigen und Klatschgeschichten, Berichte von Mylords, die nichts anderes im Sinne hatten, als den schönsten Frauen nachzustellen. Es sind Elemente des Rokoko, die sich im Bereich des Hofes noch erhalten hatten. Die Heldin dagegen vertritt die Ideale des aufgeklärten Bürgertums, das sich anschickte, diese Welt der oberen Zehntausend zu erobern. Sie kämpft mit den Waffen einer christlich fundierten, empfindsamen Moral, die mit den »moralischen Wochenschriften« aus England nach Deutschland gelangt war, und ist damit immun gegen die Anfechtungen des höfischen Lebens, gegen die Verlockungen von Reichtum und Eitelkeit. Wir erleben eine Frau, die dem Fürsten und seinem Hof innerlich überlegen ist und noch gedemütigt triumphiert wie eine Märtyrerin. Diese Frau scheint seelisch gebrochen und bleibt doch letzten Endes Siegerin über die männlich dominierte Welt. Die Leserinnen konnten sich über weite Strecken mit der Heldin identifizieren, die sie ihrerseits – was die Empfindungen und moralischen Werte betrifft – mit der lebenden La Roche gleichsetzten.

Der Fürst selbst hatte Sophie von Sternheim zur Mätresse ausersehen und verwöhnte sie mit kostbaren Kleidern, Schmuck und gezielten Komplimenten. Mylord Derby, der Bösewicht und welterfahrene Höfling, weiß recht bald, daß er Sophies Gunst nur erlangen kann, wenn er selbst Tugend vorspiegelt. Er ist mit diesem Trick zunächst erfolgreich, geht mit Hilfe eines verkleideten Pfarrers eine Scheinehe mit ihr ein, verwirft die Angebetete jedoch, als er feststellen muß, daß ihre Liebe immer noch dem Konkurrenten Mylord Seymour gilt. Erst am Schluß des zweiten Buches, nach zahlreichen Verwicklungen, siegt dieser tugendhafte Bewerber, dessen edler Bruder inzwischen ebenfalls um Sophie von Sternheim geworben hatte. Er verzichtet – und erst als Mylord Seymour versichert: »ich werde um ihretwillen sterben«, und als Sophie berichten kann: »Der liebenswürdige Seymour ist täglich zu meinen Füßen!«, ist er reif genug für die eheliche Verbindung.

Die so demonstrierte innere Überlegenheit der Frau ist also der seriöse Kern der Publikationen von Sophie von La Roche. In ihrer Zeitschrift »Pomona«, die sie »Teutschlands Töchtern« widmet, veröffentlicht sie in loser Folge Erziehungsbriefe, die sich an die 15jährige Lina richten und dieses Mädchen vorbereiten sollen auf die Bewährung im Sinne der Sophie von Sternheim. Ein bestimmtes Maß an Bildung gehört dabei zum Programm, aber die traditionellen Rollen von Mann und Frau werden nicht in Frage gestellt: »... soll ich suchen meine junge[n] Frauenzimmer gelehrt zu machen?« lautete schon im Roman die entscheidende Frage, der unweigerlich die Antwort folgte: »Gott bewahre Sie vor diesem Gedanken, der unter tausend Frauenzimmern des Privatstandes kaum bei *einer* mit ihren Umständen paßt! Nein, liebe Madame C-, halten Sie sie zur Übung jeder häuslichen Tugend an; aber lassen Sie sie daneben eine einfache Kenntnis von der Luft, die sie atmen,... erlangen; einen Auszug der Historie, damit sie nicht ganz fremde dasitzen und Langeweile haben, wenn Männer sich in ihrer Gegenwart davon unterhalten,... lassen Sie sie jedes Wort, so eine Wissenschaft bezeichnet, verstehen. Zum Ex[empel] was Philosophie, was Mathematik sei – aber von der Bedeutung des Ausdrucks *edle Seele,* von jeder wohltätigen Tugend geben Sie ihnen den vollkommensten Begriff,... am meisten durch Beispiele von Personen.«

Diese Art von Bildung ist für alle Stände erreichbar und nützlich, sie ist keinesfalls dazu geeignet, das Standesgefüge selbst in Frage zu stellen. Lina wird deshalb sogleich instruiert: »Eine Magd, die mit Fleiß und Treue ihren Dienst verrichtet, ihren Verstand für das Beste ihrer Herrschaft verwendet, Härte und Uebermuth mit Geduld trägt, ist ein viel edleres Geschöpf, als die Frau, die ihre ohngefähre Glüksvorzüge mißbraucht.«

Sophie von La Roche selbst mischte sich – wenn man ihrer Selbstdarstellung in der »Pomona« trauen darf – in die wissenschaftlichen Gespräche, die La Roche mit Wieland und anderen Persönlichkeiten führte, kaum ein und stilisierte sich zur Dame des höheren Standes, die ihre Freizeit den feineren Handarbeiten widmete. In der »Antwort auf Fragen nach meinem Zimmer« schilderte sie die Situation in Speyer (wohin sie nach der Entlassung ihres Mannes 1780 gezogen war): »Ein grün Tischelgen vor mir, an dem Morgens acht Uhr das Frühstück genommen wird, nach welchem der Herr von Hohenfeld, oder mein Mann etwas aus einem Journal, oder gelehrten Zeitungen lesen, und darüber sprechen. Ich höre bey meinen Näh- oder Strickarbeit zu, rede manchmal mit, oder bemerke nützlich und still, was beyde sagen. ... besonders seit dem ich bemerkte, daß Männer von grosser Geburt und Geist mir bey dem häuslichen Fleiß meiner Nadel noch mehr Hochachtung zeigten, als bey der Beschäftigung meiner Feder.« Information war wichtig für den gesellschaftlichen Umgang; selbständiges Weiterdenken schien der Frau nicht gegeben: »Ich suchte einen richtigen Begriff von allem zu haben, was Menschen wissen und thun können. ... Denn meine Eigenliebe selbst, die mich nach Gelehrsamkeit lüstern gemacht hatte, sagte nun: da es nicht sicher sey, daß ich etwas neues gefunden hätte, so würde mein ganzes Wissen am Ende allein in auswendiglernen bestanden haben, wodurch ich bey den Männern der Papagay gewesen wäre, welcher ihre Gedanken wiederholte – und bey den Weibern der mit fremden Federn geschmückte Vogel.«

Mit den Vorstellungen von Emanzipation, die im 19. Jahrhundert formuliert werden, hat dies noch wenig gemein. Sophie von La Roche stärkt zunächst nur das Selbstbewußtsein der Frauen, die ihre Romane und Lehrbriefe lesen. Ihre Lektion für die Männer formuliert sie so: »Hingegen sollten junge Männer auch gewöhnt werden, uns nicht nur in der Jugend wegen der Anmuth unserer Reize für artige Puppen ihrer Tändeljahre, und als Weiber – für erworbenes Hausgeräthe zu achten, sondern das Verdienst der Freundin in uns zu betrachten und zu verehren.« Solche Ansätze von Kritik, die sehr modern klingen und etwa dem entsprechen, was Friedrich Schlegel in seiner »Lucinde« zu Be-

Die Schriftstellerin Sophie von La Roche auf einem Gemälde von Georg Oswald May (1778).

ginn des 19. Jahrhunderts forderte, sind jedoch selten; in der Regel nimmt Sophie von La Roche das traditionelle Rollenverständnis auf, versucht lediglich, die zu bloßer Form erstarrten Werberituale (mit dem unterwürfigen Kniefall des werbenden Mannes) mit neuem Inhalt zu füllen. Die Frau soll sich zwar in ihre gottgegebene Rolle fügen, zugleich aber die damit verbundene moralische und emotionale Überlegenheit konsequent ausleben und die vergleichsweise groben Vertreter des anderen Geschlechts in die Schranken weisen. Sie ist »überzeugt, daß meinem Geschlecht das moralische Gebiet der schönen wohlthätigen Empfindungen, und den Männern dieß von starken Gedanken und großen Thaten angewiesen seye.«

Die Männer sind deshalb in ihren Romanen tatendurstige Lüstlinge, die erst bei ihrer Werbung eine gewisse Läuterung erfahren. Nur wenige Exemplare dieses Geschlechts ragen heraus und finden dann zu einer Tugend, die der Frau auch auf Dauer ein hohes Maß an Achtung und Respekt in der Ehe entgegenbringt.

Die Figur der Sophie von Sternheim ist in einer Hinsicht der realen Sophie von La Roche überlegen. Die Romanheldin bestimmt ganz allein und nicht ohne trotzigen Eigenwillen, mit wem sie die Ehe eingeht. Den Vorstellungen der Tante widersetzt sie sich konsequent; die höfische Etikette berücksichtigt sie nur so lange, wie sie es mit ihrem Gewissen vereinbaren kann. Die Leser und Leserinnen, die nach der Lektüre der Sternheim eine in diesem Sinne selbständige, unkonventionelle oder gar »aufmüpfige« Sophie (von La Roche) kennenlernen wollten, waren enttäuscht. Goethe (oder sein Freund Merck) feierte zunächst in einer Rezension der »Frankfurter Gelehrten Anzeigen« ihr Werk als originelles, authentisches, sehr persönliches Buch einer empfindsamen Frau, das den Forderungen des Sturm und Drang und seiner Natur- und Genie-Ästhetik entgegenkommt: »Allein alle die Herren irren sich, wenn sie glauben, sie beurtheilen ein Buch – es ist eine *Menschenseele*... Es war ihr wahrscheinlich darum zu thun, sich selbst Rechenschaft zu geben, wie sie sich in der Situation ihrer Heldin würde betragen haben; und also betrachtet sie den Plan der Begebenheiten, wie ein *Gerüste zu ihren Sentiments*.«

Als Goethe jedoch die Autorin kennengelernt hatte, war er – wie viele Besucher im Hause von La Roche – enttäuscht, als er eine angepaßte, konventionelle Frau fand. 1799 – nach der Lektüre der Zeitschrift »Pomona« und der persönlichen Begegnung – zählte er sie »zu den nivellirenden Naturen, sie hebt das Gemeine herauf und zieht das Vorzügliche herunter und richtet das Ganze alsdann mit ihrer Sauce zu beliebigem Genuß an.« Ähnlich vernichtend ist das Urteil von Joseph von Eichendorff, der in seinem Aufsatz »Die deutsche Salon-Poesie der Frauen« (1847) schreibt: »Sophie v. Laroche ... sitzt ein halbes Jahrhundert lang unverrückt auf dem Throne konventioneller Grazie, und hält mitten in dem schrecklichen Tosen und Getümmel der Kraftgenies zarten Minnehof der Sentimentalität mit reisenden Literaten, die liebselig ihre langweiligen Korrespondenzen vorlesen.«

Konventionell verhielt sich Sophie auch, als es um die Eheanbahnung ging. Die Wahl des eigenen Ehegatten wurde ausschließlich von irem Vater getroffen: Er handelte zunächst eine Ehe mit seinem italienischen Kollegen und Hauslehrer der Tochter (Bianconi) aus und unterbrach die Verbindung rüde, als der Bewerber die Vereinbarungen zur Konfession nicht unterschreiben wollte. Die Verlobung mit Wieland strafte er durch Ignorieren, und die Ehe mit La Roche wurde über den Kopf der Tochter hinweg ausgehandelt. Sophie von La Roche verfuhr mit ihren Töchtern entsprechend. Maximiliane wurde mit dem reichen Witwer Peter Anton Brentano in Frankfurt verbunden, der eine Mutter für seine sechs Kinder suchte, Luise mit dem Koblenzer Rat Möhn, einem notorischen Trinker und Grobian. Ausschlaggebend waren in beiden Fällen nicht die Neigungen der Töchter, sondern ausschließlich die gesicherte Versorgung – eine Denkweise, die bereits bei Goethes Mutter auf scharfe Ablehnung stieß und demnach nicht mehr zeittypisch war.

Im Vergleich zu den Vertreterinnen der romantischen Generation (Dorothea und Caroline Schlegel oder Rahel Varnhagen) war Sophies Lebensstil ganz von den Konventionen des 18. Jahrhunderts bestimmt. Der »Salon«, den sie in Ehrenbreitstein führte, läßt sich – trotz prominenter Besucher – keinesfalls in die Tradition der romantischen Salons einordnen, die fast zur gleichen Zeit in Berlin aufkamen und unter der Leitung herausragender, geistvoll-unkonventioneller Salonièren standen.

Erst in der Offenbacher Zeit (178–1807) erweist Sophie – inzwischen zur Witwe geworden – der neuen Generation einen Dienst, indem sie sich der Enkel Clemens und Bettine annimmt. Schon bei der Beziehung des jungen Studenten zu der Schriftstellerin Sophie Mereau legte sie andere Maßstäbe an als bei ihren eigenen Kindern. Sie unterstützte den Plan einer Ehe mit der geschiedenen Sophie Mereau und förderte nachhaltig die antibürgerliche Haltung des jungen Dichters Clemens Brentano. Bettine lebte seit 1797 (mit Unterbrechungen) in ihrem Haus in Offenbach und erhielt dort eine sehr liberale Erziehung. Die Großmutter gab ihr zwar allerlei Lektüreanweisungen und ließ sie von Hauslehrern traktieren, gewährte Bettine jedoch genügend Freiraum für ihre eigenwilligen Ideen und provokativen Auftritte als enfant terrible jeglicher konventioneller Geselligkeit. »Ich soll doch mein eigen werden, dies ist doch der Wille meines Ichs, denn sonst wäre ich umsonst; dies eine, was mich eigentümlich aus dem Gesamtsein herausbildet, das ist der Adel des freien Willens in mir;... Eines Strebens bin ich mir bewußt, weil sich alle meine Kräfte darin bewegen. das ist innere *Unantastbarkeit*... Nur in der Freiheit... gefällt mir das Leben.« So formulierte sie in Offenbacher Briefen an den Bruder. Von den Idealen einer Sophie von Sternheim hat sich das junge Mädchen, das im Hause der La Roche Kontakte zu vielen hervorragenden Zeitgenossen knüpfen konnte, weit entfernt. Die Großmutter ließ sie gewähren und unterstützte nach Kräften die Distanzierung von der kommerziellen Welt des Frankfurter Großbürgertums, möglicherweise ein Hinweis darauf, daß sie die Zeichen einer neuen Zeit im Alter (und in der Distanz vom höfischen Lebensstil) doch verstanden hatte.

Wolfgang Schmierer

Karoline (»Chaile«) Kaulla

1739–1809

Frauen als Unternehmerinnen und Firmengründerinnen sind auch heute noch eher die Ausnahme von der Regel und immer wieder interessant genug, in den Medien vorgestellt, beschrieben, interviewt und kommentiert zu werden: Um so mehr muß eine unternehmerisch tätige, und zwar sehr erfolgreich tätige, Frau des ausgehenden 18. und frühen 19. Jahrhunderts Interesse hervorrufen und Neugier auf Lebensumstände und Beweggründe wecken. Wir sprechen von der Hoffaktorin »Madame« Karoline Raphael Kaulla, deren Name untrennbar mit der Wirtschaftsgeschichte Südwestdeutschlands verbunden ist, da sie als Handelsunternehmerin und Finanzfrau in den politisch bewegten Jahren der napoleonischen Zeit nicht nur eines der größten Vermögen ansammelte, sondern dieses für ihre Nachfahren durch die Gründung der württembergischen Hofbank auch dauerhaft sicherte und für die wirtschaftliche Entwicklung der Region nutzbar machte. Zugleich wurde sie Stammutter einer lange Zeit blühenden, unternehmerisch tätigen Familie, der sie sogar den Familiennamen gab.

Karoline, hebräisch »Chaile«, wurde 1739 in der oberschwäbischen Reichsstadt Buchau am Federsee als ältestes von sechs Kindern des dortigen jüdischen Gemeindevorstehers Raphael Isak und seiner Ehefrau Rebekka von Regensburg (später: Regensburger) geboren. Der Vater war Hofjude in Sigmaringen und Hoffaktor in Hechingen, das heißt, er trieb als privilegierter Hoflieferant und Finanzier Geschäfte mit den beiden dortigen hohenzollerischen Fürstenhöfen. Chaile erhielt mit ihren Geschwistern eine Erziehung, wie sie in aufgeklärten Familien der jüdischen Oberschicht des 18. Jahrhunderts üblich war: Unterricht erteilte ein Hauslehrer.

Mit achtzehn Jahren war Karoline 1757 mit Kieve Auerbach in Hechingen verheiratet, einem Mann, der sich ausschließlich mit dem Studium der Tora und des Talmud, also der jüdischen Theologie befaßte und das wirtschaftliche Fortkommen der rasch wachsenden Familie seiner Ehefrau überließ. Die junge Frau, in der die geschäftliche und unternehmerische Tüchtigkeit der väterlichen und mütterlichen Erbanlagen (auch die Regensburgers waren Hoffaktoren) steckte, wurde so nicht nur Mutter einer großen Kinderschar – sie hatte mindestens eine Tochter und fünf Söhne —, sondern machte sich auch zielstrebig an den Aufbau eines ihrer Familientradition entsprechenden Handelsunternehmens. Sie wird Hofjüdin der Fürsten zu Fürstenberg in Donaueschingen und erhält 1768 als Neunundzwanzigjährige ihr Patent als Hoffaktorin »Kaula Raphael«. Aus der hier verwendeten Umschreibung »Kaula« oder »Kaulla« ihres deutschen Namens Karoline entstand ihr neuer, im Geschäftsleben der Zeit bald allgemein gebräuchlicher Familienname, der so erfolgreich war, daß ihn auch ihre Brüder und deren Nachkommen übernahmen.

Auch mit dem Hof des württembergischen Herzogs Karl Eugen in Stuttgart und Ludwigsburg knüpfte sie Geschäftsbeziehungen. 1770 wird »die Jüdin Kaulla« auf ihr Gesuch hin Herzoglich Württembergische Hoffaktorin. Sie übernahm damit eine nicht gerade ungefährliche Aufgabe, wurde sie doch späte Nachfolgerin des unglücklichen württembergischen Hoffaktors Joseph Süß-Oppenheimer (1692–1738), der nach einem höchst parteiisch geführten politischen Prozeß in Stuttgart hingerichtet worden war. Die neue Hoffaktorin durfte sich in keiner der beiden Residenzstädte niederlassen, sondern wurde auf Freudental verwiesen, von wo aus auch zahlreiche andere kleinere jüdische Geschäftsleute ihren Handel trieben und wo damals eine große jüdische Gemeinde bestand.

Die Lieferung von Waren für die Höfe und die Dienerschaft in Donaueschingen und Hechingen, daneben der Handel mit Pferden, Juwelen und Silber scheint in diesen Jahren das Handelsgeschäft von Chaile gewesen zu sein, das sich so erfolgreich und ausgedehnt entwickelte, daß sie ihren ältesten Bruder Jakob Raphael zum Teilhaber ihrer Firma machte; auch er nahm den Familiennamen Kaulla an, fungierte als Familienältester und nach außen wohl auch als der Chef der Firma seiner Schwester, die für die Geschäftspartner jedoch stets als die eigentlich treibende Kraft des Unternehmens galt. Auch Jakob wurde 1780 für seine Person Hoffaktor in Donaueschingen, wo Chaile seit ihrer Ernennung ständig tätig war und seit 1777 Zollfreiheit für ihre Hoflieferungen genoß, bis beiden, nach dem Tod des Fürsten Joseph Wenzel (1762–1783), ihre Patente nicht erneuert wurden; Fürst Joseph Maria Benedikt (1783–1796) begann damit offenbar seine gegen jüdische Handelsgeschäfte gerichtete Wirtschaftspolitik. Wie erfolgreich sich die Geschäftstätigkeit der Kaullas trotzdem entwickelte, erweist sich unter anderem daran, daß sie in der Lage waren, in den neunziger Jahren neben dem Handel in Finanzierungs- und Kreditgeschäfte einzusteigen: Allein das Haus Hohenzollern-Hechingen erhielt 1796 Darlehen von fast 40000 Gulden – eine sehr hohe Summe, wenn man vergleicht, daß ein Kurfürstlich Württembergischer Landesrabbiner 1805 das üppige Jahresgehalt von 600 Gulden bekam. Die Zeit der ganz großen Geschäfte setzte für Chaile und ihren Bruder in den Jahren nach der Französischen Revolution von 1789 mit den zahlreichen Kriegen und Feldzügen dieser bis zum Wiener Kongreß von 1815 dauernden Epoche, der napoleonischen Zeit, ein.

Von 1790 an betätigte sich die Firma Kaulla als Heereslieferant im großen Stil. Insbesondere die kaiserlichen Heere und die württembergische Armee des Herzogs, Kurfürsten und Königs Friedrich, aber auch die Truppen anderer Fürsten wurden von den Kaullas mit Pferden, Lebens- und Futtermitteln und Heeresbedarf aller Art beliefert. Wie zahlreiche andere jüdische Heereslieferanten dieser Zeit machten die Kaullas bei diesen Geschäften offenbar enorme Gewinne und häuften innerhalb weniger Jahre ein riesiges Vermögen an.

Man muß in aller Nüchternheit feststellen, daß Chaile Kaulla und ihr Bruder »Kriegsgewinnler« waren (ein Ausdruck aus dem Ersten Weltkrieg): Kaufleute, die am Krieg verdienten, die durch den Krieg schwerreich wurden. Soll man sich darüber entrüsten? Die Moralprediger aller Zeiten haben es getan und verurteilen diese Art der Vermögensbildung überzeugungsvoll. Auch die haßerfüllten Antisemiten des 19. und 20. Jahrhunderts haben sich in einem unübersehbar großen Schrifttum über unternehmerisch und kaufmännisch erfolgreiche Juden niederträchtig-neidisch ausgelassen und ihnen kaufmännische Unmoral unterstellt, zu der nicht-jüdische Konkurrenten angeblich völlig unfähig waren; man lese, um ein noch relativ qualitätvolles literarisches Beispiel des 19. Jahrhunderts zu nennen, etwa Gustav Freytags berühmten Roman »Soll und Haben«, in dem die

Madame Kaulla mit ihrem Bruder, dem Kaiserlichen Rat Jakob Kaulla, und dessen Sohn Salomon Jakob Kaulla, später Hofagent und Hofbankier in Stuttgart.

finsteren Existenzen »Hirsch Ehrental« und »Veitel Izig« als raffgierige Lumpen und rechte Gegenpole christlicher Kaufmannsbiederkeit anständige Leute um ihr Hab und Gut bringen! Aber, ganz abgesehen davon, daß Krieg im kriegerischen 18. Jahrhundert ganz anders eingeschätzt wurde als in unserem Atomzeitalter: Die Geschwister Kaulla und andere an den Kriegen der napoleonischen Epoche verdienende Kaufleute maßen die politische Situation, die nicht sie verursacht hatten und die sie nicht ändern konnten, nicht mit den Maßstäben zukünftiger Kritiker; sie handelten, wie aktive Kaufleute zu allen Zeiten auch in Kriegs- und Krisensituationen handeln: Sie handelten – und zwar erfolgreicher als ihre Konkurrenten.

Mit den Gewinnen aus den Heereslieferungen stiegen die Kaullas nun auch in Finanzgeschäfte großen Stils ein. Die Summen, die die Firma in den Jahren vor und nach 1800 gegen Zins vorschießen oder ausleihen konnte, gehen in die Hunderttausende von Gulden. Zusätzlich zu diesen sozusagen normalen Kreditgeschäften konnten sich die Kaullas auch in die komplizierte Kriegsfinanzierung der deutschen Fürsten und in die Finanzoperationen zur Zahlung von Kriegskontributionen an Frankreich einerseits und die Übermittlung von Subsidiengeldern aus England andererseits einschalten; diese Summen gingen in die Millionen und brachten sicher entsprechende Zins- und Provisionsgewinne. Es war konsequent, daß angesichts der wachsenden Bankgeschäftstätigkeit und infolge der ab 1797 rasch zunehmenden Konzentration der Geschäfte mit Herzog Friedrich von Württemberg die Geschwister Kaulla sich von der kleinen und abgelegenen Residenz Hechingen stärker nach dem aufstrebenden Stuttgart orientierten. 1797 erhielten sie den Hofschutz für die württembergischen Residenzen Stuttgart und Ludwigsburg, den der Herzog aber auf Proteste aus der Stuttgarter Bürger- und Kaufmannschaft 1798 widerwillig zurücknehmen mußte. Die Kaullas wohnten dennoch in dieser

Empfang bei der Hoffaktorin und Kaiserlichen Rätin Karoline Kaulla.

Zeit bei Bedarf in einem Wohnhaus in Stuttgart, das dem Herzog gehörte. 1800 endete diese Phase der Unsicherheit, als Herzog Friedrich Jakob Kaulla zum Hofbankier ernennt; danach konnte niemand mehr dessen Aufenthaltsrecht – und natürlich auch das der Firmeninhaberin von Kaulla & Co., Chaile – bestreiten. Die Geschwister errichten im Einvernehmen mit dem Herzog oder auf dessen Veranlassung für die Abwicklung ihrer Bankgeschäfte in Stuttgart eine Tochterfirma, das Bankhaus »M & J. Kaulla«, auf dessen Geschäftsführung sich Herzog Friedrich 1802 maßgebenden Einfluß sicherte; »zur Beförderung des in- und ausländischen Handels« wurde aus der Kaullaschen Bank durch Vertrag eine Hofbank als zentrales Geld- und Kreditinstitut Württembergs, an dessen Einlagekapital von 300000 Gulden sich der Herzog und die Geschwister je zur Hälfte beteiligten. Daß das Haus Kaulla die große Summe von 150000 Gulden in die Hofbank einbringen konnte, ist ein Beleg für seine damalige Finanzkraft, die nach der Beurteilung von Heinrich Schnee in dieser Zeit sogar die des später so berühmten Bankhauses Rothschild und der anderen großen jüdischen Handels- und Bankhäuser der Epoche überstieg. Durch das Einbringen ihres Kapitals in die Herzogliche, bald Königliche Hofbank sicherten sich die Kaullas zunächst ihre Kriegsgewinne dauerhaft, denn die enge finanzielle Bindung an das württembergische Fürstenhaus in der vertraglich gesicherten Form einer Hofbank war angesichts der überlieferten unsicheren Situation der jüdischen Finanzleute eine geradezu bahnbrechende neue Form der Kapitalsicherung und garantierte zudem für die fernere Zukunft langfristig Einfluß auf die aufstrebende Wirtschaft des Landes. Die Hofbank, deren Kapital schon 1807 auf 500000 Gulden aufgestockt wurde – wieder je zur Hälfte vom nunmehrigen König Friedrich und den Kaullas –, spielte nämlich in der Folge, ab 1817 unter der Firma »Königlich Württembergische Hofbank«, bis zum Aufkommen der modernen Aktienbanken der sechziger Jahre – in Stuttgart besonders der Württembergischen

Vereinsbank von 1869 – als bedeutendes Kreditinstitut eine gewichtige Rolle im Finanz- und Wirtschaftsaufschwung Württembergs. Die Familie Kaulla stellte stets vertragsgemäß ein Vorstandsmitglied der Hofbank. Mit Meyer Amschel Rothschild in Frankfurt a.M., Salomon Oppenheimer jr. in Köln und Bonn, Aron Elias Seligmann in München und Mannheim sowie den Bankiers Salomon Haber und Jakob Kusel in Karlsruhe gehören die Kaullas zu den frühesten und erfolgreichsten Bankengründern in Deutschland. Keiner dieser anderen genannten Bankiers aber erlangte oder erstrebte eine so enge Bindung an ein Königshaus wie sie.

Diese Bindung äußerte sich auch in besonderen Privilegien, die König Friedrich vergab: Die Bestellung von Jakob Kaulla zum Hofbankier ermöglichte, wie bereits erwähnt, den Kaullas als erster jüdischer Familie den bislang verwehrten ständigen Aufenthalt in Stuttgart, und 1806 erhielten »aus besonderer Gnade und als Ausnahme von der Regel« fünf Mitglieder der Familie mit ihren Nachkommen die vollen Rechte als württembergische Untertanen: neben Madame Kaulla selbst ihr Bruder Jakob, dessen Tochtermänner Hoffaktor Nathan Wolf Kaulla und Marx Pfeiffer sowie sein Schwager Wolf Kaulla. Für Verdienste bei den Heereslieferungen an die kaiserlichen Armeen hatte Jakob schon 1801 den Titel eines Kaiserlichen Rats erhalten, und Madame Kaulla wurde 1808 mit der großen kaiserlichen Zivilverdienstmedaille an goldener Kette geehrt.

Im März 1809 – siebzigjährig – verstarb Chaile Kaulla in Hechingen. Ihr Grabstein auf dem jüdischen Friedhof, ein pompöses Bauwerk im Stil der Zeit, erhielt die Inschrift: »Hier ruht ein Weib, die groß in ihrem Volke, groß in ihrem Vaterlande gewesen.« Und in der Traueranzeige hieß es: »Gestern starb die im südlichen Deutschland allgemein bekannte Mad. Kaula im 70sten Jahr ihres thätigen Lebens. Sie war eine Frau von seltenen Geistesgaben, und von einem edlen Charakter, Hofbanquierin am Königlich Württembergischen Hof, und Chef des Wechsel- und Handelshauses Kaula in Stuttgart... Einen großen Teil des Segens, den ihr die Vorsehung zuwies, verwendet die Verewigte zum Wohlthun. Sie war die Stütze der Nothleidenden ohne Unterschied der Religion, und tausend Thränen der Armen hier und anderwärts fließen auf ihr Grab. Auch durch ihren letzten Willen hat sie die wohlthätigen Gesinnungen, die sie im Leben äußerte, versiegelt. Ihr Andenken bleibt im Segen.«

Die Württembergische Hofbank, das bleibende Werk von Chaile und Jakob Kaulla, war bis 1906 selbständige Bank, wurde dann in eine GmbH unter führende Beteiligung der Württembergischen Vereinsbank umgewandelt und ging mit der Vereinsbank 1924 in der Deutschen Bank auf. Ein Großneffe der Madame Kaulla, Dr. Alfred von Kaulla (1852–1924), seit 1888 Direktor der Württembergischen Vereinsbank, war unter anderem im Auftrag der Deutschen Bank führend in der Finanzierung und Vorbereitung des Baus der Eisenbahnlinien in der Türkei beteiligt und übte entscheidenden Einfluß im Verwaltungsrat der Anatolischen Eisenbahngesellschaft, die ab 1899 die bekannte Bagdadbahn erbaute. Ein anderes Mitglied der Großfamilie, wenn auch kein Nachkomme der Madame Kaulla, war Dr. Eduard von Pfeiffer (1834–1921), der Stuttgarter Ehrenbürger, dem die Stadt neben zahlreichen anderen sozialen und kulturellen Einrichtungen die erste Altstadtsanierung und die Errichtung der Kolonie Ostheim verdankt.

Bis zur Vernichtung durch die nationalsozialistische Gewaltherrschaft bestand in Stuttgart die seit dem frühen 19. Jahrhundert aufgeblühte jüdische Gemeinde, die die Kaullas als erste jüdische Einwohner Stuttgarts begründet haben.

Felix Berner

Franziska von Hohenheim

1748–1811

Im Herbst 1764 verlegte der sechsunddreißigjährige Herzog Karl Eugen seine Residenz von Stuttgart nach Ludwigsburg, um den würtembergischen Landständen zu zeigen, wer Herr im Lande sei. Zugleich erließ er den Befehl, in den hinteren Schloßanlagen von Ludwigsburg ein Opernhaus mit einer übergroßen Bühne zu errichten. Damit eröffnete er als Antwort auf die Anklagen wegen seiner Verstöße gegen die Landesverfassung – und der Zerrüttung der Finanzen zum Trotz! – jenes Jahrzehnt der Feste und der Künste, der schnell hochgezogenen Lustschloßbauten Monrepos und Solitude, das jedem zuerst einfällt, wenn der Name Karl Eugen genannt wird.

Man ist versucht, den Bau der Oper symbolisch zu deuten: In drei Monaten nur aus Holz errichtet, wurde das Gebilde aus Balken und Brettern mit Dekoration überblendet; die vier Ränge mit Pfeilern und Balustraden boten dem Maler und Bühnenarchitekten Colomba genug Anlässe, seine Künste spielen zu lassen, mit Leuchten und goldgerahmten Spiegeln den Innenraum in den Glanz der Illusion zu tauchen. Aber der Glanz erlosch rasch. Das Haus verödete mit der Rückkehr des Hofes nach Stuttgart im Jahr 1775.

Im September 1782 erwachte es anläßlich des Besuches des russischen Thronfolgers mit zwei Redouten zum letztenmal zum Leben. Als Goethe es 1797 besichtigte, bot sich im nüchternen Tageslicht wenig Anlaß zur Bewunderung. Vier Jahre später wurde die Oper abgerissen. Zählt man dazu, daß das Schloß Solitude so unstabil gebaut wurde, daß seine Erhaltung bis in die jüngste Zeit beträchtliche Summen verschlungen hat, bedenkt man, daß die stolzeste Schöpfung des Herzogs, die Hohe Karlsschule, zweieinhalb Monate nach seinem Tod geschlossen wurde, so scheinen Flüchtigkeit, Vergänglichkeit die Hauptmerkmale seiner langen Regierungszeit.

Dem widerspricht, welch nachhaltigen Eindruck er auf seine Landeskinder gemacht hat, die ihn mit dem vertraulichen Namen »Karl Herzich« (schwäbisch für Herzog) bedachten und ihn eigentlich nie vergaßen. Die kleinen Leute, auf deren Kosten er seine Pracht entfaltete, müssen gespürt haben, daß dieser unstete und hochbegabte Mann bei allen Abwegen und Irrtümern mit seiner Rastlosigkeit und seinem Einfallsreichtum jene Bewegung verursachte, die alte Verkrustungen aufbrach, jenen Wind entfachte, der den Staub von verschnörkelten Strukturen des wirtembergischen Staats- und Bildungswesens blies.

Der vom Absolutismus überzeugte, von den Ideen der Aufklärung geprägte und vor allem auf Selbstverwirklichung bedachte Herrscher mußte mit den konservativen Hütern der ihm schwer verständlichen Ständerechte zusammenstoßen. Jedoch bereitete gerade dieser Zusammenstoß, die Austragung dieses Konflikts den Übergang zu einer neuen Form der Teilnahme des Bürgertums an der Regierung vor. Die Impulse für eine Bildungsreform, die von der Hohen Karlsschule ausgingen, wirkten trotz deren Auflösung weiter, und der Zustrom neuer künstlerischer Elemente belebte die Binnengewässer der schwäbischen Kulturlandschaft, auch wenn aus Stuttgart kein Weimar wurde und der Herzog eine so große Begabung wie Schiller nicht zu halten vermochte. Die Widersprüchlichkeit dieser Gestalt wird dadurch nicht aufgelöst. Die abstoßenden, mitunter erschreckenden Züge vermischen sich mit anziehenden. Die Häutungen in den verschiedenen Perioden von Karl Eugens Regierungszeit verdichten sich in der Demonstration einer Wandlung zum Guten beim fünfzigsten Geburtstag.

Nach stürmischen, despotischen Jahren war es kein Wunder, daß das Land aufhorchte, als zu eben diesem Geburtstag Karl Eugens im Februar 1778 von allen Kanzeln ein Erlaß verlesen wurde, in dem der Herzog einräumte:

»Da Wir aber Menschen sind und unter diesem Wort von dem so vorzüglichen Grad der Vollkommenheit weit entfernt geblieben sind und auch für das Künftige bleiben müssen, so hat es nicht anders sein können, als daß teils aus angeborener menschlicher Schwachheit, teils aus nicht genugsamer Kenntnis und sonstigen Umständen sich viele Ereignisse ergaben, die wenn sie nicht geschehen, wohl für jetzt und das Künftige ein andere Wendung genommen hätten. Wir bekennen das freimütig, denn dies ist die Schuldigkeit eines Rechtschaffenen und entladen Uns damit einer Pflicht, die jedem Rechtdenkenden, besonders aber den Gesalbten dieser Erde beständig heilig sein und bleiben sollte. Wir sehen den heutigen Tag als den Beginn einer zweiten Periode Unseres Lebens an... Versicherungen aber allein sind Unserem landesväterlichen Herzen keine Sättigung, keine beruhigende Sprache gegen Unsere Diener und Untertanen – Beweise auf die Rechtschaffenheit des Landesherrn gebaut, werden Unserer Sprache die Kraft geben. Das so unzertrennliche Wohl Unserer lieben und getreuen Untertanen mit der Wohlfahrt des Staates, die pünktliche Ausübung der Gerechtigkeit ohne Ansehen des Standes... dieses alles solle mit Unserem zweiten Geburtstag in Uns aus wahrer, landesväterlicher Liebe gegen Unsere liebe und getreue Untertanen neu geboren werden...«

Eine erstaunliche Verlautbarung, die von der Fähigkeit zur Einsicht, zur Selbstkritik zeugt, aber kein Dokument einer vollständigen oder gar plötzlichen Bekehrung. Als absoluter Monarch fühlte sich Karl Eugen immer noch, als Landesvater, wie er sich auch schon früher verstanden hatte, nur daß er daraus nicht mehr nur Autorität, sondern auch die Pflicht zur Fürsorge, zur Menschlichkeit ableitete.

Das war allmählich herangewachsen, gefördert durch die Besonnenheit der zweiten Lebenshälfte, durch die Entdeckung neuer, schönerer Aufgaben als dem Arrangement von Festen und durch die ihm erstmals widerfahrene innere Zuwendung zu einer Frau. Seine zahllosen Amouren, die flüchtigen Genüsse mit Sängerinnen, Tänzerinnen und Töchtern des Landes vor der Bindung an Franziska von Leutrum hatten ihn offenbar nie tiefer bewegt.

Dabei war Franziska, als Karl Eugen ihr in Wildbad 1769 begegnete, eine eher unscheinbare, weder durch Geist noch durch Schönheit glänzende Frau. Was ihn zu der Eindundzwanzigjährigen hinzog, nach den Briefen zu urteilen von Anfang an, war wohl ihre Menschlichkeit, ihre unverbildete Natur, ihre – wie es eine Hofdame ausdrückte – »noble und erlesene Ein-

Schloß Hohenheim (Ausschnitt einer Gouache von V. Heideloff aus dem Jahr 1795) wurde, 1791 vollendet, von Franziska und Karl Eugen nicht mehr bewohnt.

fachheit«. Die Tochter des wenig begüterten Landedelmannes Ludwig Wilhelm von Bernerdin, in Adelmannsfelden bei Ellwangen geboren, hatte blutjung den reichen Herrn von Leutrum »aus bloßem Gehorsam« geheiratet; die Ehe mit dem zwerghaft kleinen, häßlichen und schwierigen Mann scheint von Anfang an unglücklich gewesen zu sein.

Einzelheiten über die Entwicklung des Verhältnisses zwischen dem Herzog, Franziska und Leutrum erübrigen sich; was überliefert wurde, ist von Gerüchten überwuchert. Auf jeden Fall verdrängte Franziska die noch bis 1771 verzeichneten Favoritinnen Karl Eugens. Im Januar 1772 wurde die Ehe Franziskas durch einen Spruch des Konsistoriums geschieden. Gleichzeitig versicherte ihr der Herzog in einem eigenhändigen Revers, daß er sie nach dem Tod seiner Gemahlin rechtmäßig heiraten werde und überschrieb ihr den Hohenheimer Garbenhof »aus besonderer gegen sie tragender Hochachtung«.

Hochachtung, das war keine Floskel. Die Briefe des Herzogs an die »Allerliebste Freundin« bezeugen dieses Gefühl vor der Zärtlichkeit, die erst allmählich vorherrschend wird, nie jedoch die Grenzen feinen Taktes überschreitet. Karl Eugen wußte, wie sehr Franziska unter der Unrechtmäßigkeit ihrer Verbindung litt, wie sehr es ihr frommes Gemüt bedrückte, daß die illegitime Gemeinschaft sie vom Abendmahl ausschloß, obwohl sie wußte, daß die kirchlichen Behörden das Verhältnis nicht nur tolerierten, sondern, den guten Einfluß der überzeugten Protestantin erkennend, durchaus zu schätzen wußten.

Franziska war weit davon entfernt, Karl Eugen zu gängeln. Um so nachhaltiger war ihr stiller Einfluß, sie war bestrebt, ihre von Haus aus bescheidene Bildung zu verbessern, eignete sich etwas Konversationsfranzösisch an, las sehr viel, meist deutsche Autoren des Jahrhunderts, darunter Gellert, Lichtenberg und Wieland, vor allem aber Klopstock, mit dem sie auch korrespondierte. Mit besonderem Eifer nahm sie sich des Hohenheimer Gutes an. Nach ihm wurde sie auch benannt, als Karl Eugen in seinem Bestreben, den gesellschaftlichen Stand Franziskas zu heben, im Januar 1774 erreichte, daß Kaiser Joseph II. sie zur Reichsgräfin von Hohenheim ernannte.

Zwei Jahre später übersiedelte das Paar vom Schloß Solitude, wo es bisher seinen Wohnsitz gehabt hatte, in die Gebäude des Gutshofes, die allmählich ausgebaut wurden, um die herum der Park entstand – das Schloß war erst die letzte Stufe: Der Grundstein wurde 1785 gelegt, vollendet wurde es 1791, jedoch von Karl und Franziska nicht mehr bewohnt. Dem Park lag ein Einfall des Herzogs zugrunde: Er sollte darstellen, wie zwischen den Trümmern Roms neue Siedler, einfache Hirten und Bauern, ein besseres Leben begründen – eine deutliche Anlehnung an Rousseausche Ideen. So wurden neben der Nachbildung antiker Ruinen strohgedeckte Hütten gestellt. Im »Dörfle«, wie es Franziska nannte, bewohnte sie die »Köhlerhütte«, äußerlich ländlich, innen elegant eingerichtet und mit ihrer stattlichen Bibliothek gefüllt. Dort unterhielt sie sich mit dem Pfarrer und Mechanikus Philipp Matthäus Hahn aus Echterdingen und empfing von ihm geistlichen Zuspruch. Um Franziska den Gottesdienstbesuch zu erleichtern, ließ der Herzog im nahen Birkach eine evangelische Kirche errichten.

Daneben übereignete Karl Eugen Franziska für Repräsentationszwecke noch ein Stadtpalais in Stuttgart – es hatte vorher Montmartin gehört. Die ländliche Idylle in Hohenheim – Franziska berichtet in ihrem Tagebuch, wie sie Salat säte, welchen der Herzog einrechte, oder wie dieser trotz seine Podagra Erbsen und Bohnen steckte – wechselte mit Auslandsreisen des Paares, in die Schweiz, nach Italien, Frankreich und England, Anlässe, um Franziska an fremden Höfen vorzustellen und ihren Horizont zu erweitern.

Am 6. April 1780 starb Karl Eugens erste Gemahlin im bayreuthischen Neustadt. Während

Vom Absolutismus überzeugt, von der Aufklärung geprägt: Herzog Karl Eugen von Württemberg.

der üblichen, ein Vierteljahr dauernden Landestrauer kamen in Würtemberg Befürchtungen auf, der Herzog könnte in zweiter Ehe eine österreichische Prinzessin wählen. Karl Eugen war geschickt genug, sich für den Verzicht auf eine solche Heirat und für die ohnehin angestrebte Trauung mit Franziska von der Landschaft eine stattliche Rente einzuhandeln. Einer Eheschließung mit Franziska standen freilich beträchtliche Hindernisse entgegen. Um eine geschiedene Protestantin heiraten zu können, benötigte der Katholik Karl Eugen einen kirchlichen Dispens. Als die Petitionen in Rom erfolglos blieben, riet der Hofkaplan des Herzogs, mit einer heimlichen Trauung eine vollendete Tatsache zu schaffen, die, so hoffte er,

Franziska von Hohenheim in Sorrent. (Das Gemälde wird Ludovike Simanowiz zugeschrieben.) Ihre Menschlichkeit und ihre unverbildete Natur hatten einen günstigen Einfluß auf Herzog Karl Eugen.

die Kurie dann zum Einlenken bewegen werde. Die Trauung wurde am 10. Januar 1785, dem 37. Geburtstag Franziskas, in einem Zimmer des Stuttgarter Neuen Schlosses vollzogen, worüber der Herzog, die Gewissensnot Franziskas bedenkend, das Konsistorium vertraulich unterrichtete und damit die Zulassung der Gattin zum Abendmahl erreichte. Nach dessen Feier in der Birkacher Kirche schrieb Franziska: »Es war ein großer Tag für mich.«

Die päpstliche Zustimmung ließ jedoch weiter auf sich warten. Erst nach jahrelangen Bemühungen und der Einschaltung mehrerer Bischöfe und Äbte erklärte der Papst im Februar 1791 die heimlich geschlossene Ehe für gültig. Franziska war Herzogin von Würtemberg.

Im Bewußtsein der würtembergischen Bevölkerung nahm sie schon längst diesen Rang ein. Bereits vor der Trauung galt Franziska als die heimliche Gattin des Herrschers, der, wo immer es anging, die Reichsgräfin von Hohenheim in die fürstliche Repräsentation einbezog. Als nach etlichen Nachwehen des Streites zwischen Herzog und Landschaft 1785 mit den Landschaftsausschüssen eine Art Versöhnungsfeier abgehalten wurde, war Franziska die Gastgeberin, und niemand stieß sich daran, daß ihre Geburtstage mit öffentlichen Akten der Wohltätig-

Schloß und Lustgarten in Kirchheim unter Teck bezog Franziska von Hohenheim 1795 als Witwensitz. Aquarell von Peters aus dem Jahre 1851.

keit begangen wurden, war sie doch längst als Adresse für Hilfsbedürftige bekannt.

Ihre glänzendsten Auftritte hatte sie im Januar 1782, also schon drei Jahre vor der Eheschließung. Anfang des Jahres wurden zwei festliche Anlässe, nämlich die Ernennung der Gräfin zum Ehrenmitglied der Königlichen Gesellschaft für Gartenpflege und Landwirtschaft in Hannover und die Erhebung der herzoglichen Militärakademie zur Universität, mit den Geburtstagen Franziskas und Karl Eugens verknüpft und mit einer Kette glänzender Veranstaltungen in Stuttgart gefeiert. Der Herzog zeigte, daß er nicht verlernt hatte, über Wochen hinweg die prächtigsten Auftritte, Spiele und Feuerwerke zu inszenieren.

Als im September der russische Thronfolger, Großfürst Paul, mit seiner Gattin, der Tochter von Karls Bruder Friedrich Eugen, Stuttgart besuchte, begleitet von einem Aufgebot an Fürstlichkeiten, steigerte der Herzog ein letztes Mal seine Regiekünste und überwölbte Stuttgart und das halbe Land mit einem Regenbogen von Festlichkeiten, deren Höhepunkt die Illumination von Schloß und Park Solitude war, zu der die Stuttgarter Bürger hinaufströmten und deren Schein dem Regimentsmedikus Schiller nachleuchtete, als er die Heimat für immer verließ. Auch bei diesen Anlässen wußte sich Franziska wie die Herrin des Landes zu geben und wurde als solche respektiert.

Daß mit Schiller der bedeutendste Eleve der Militärakademie dem Land verlorenging, konnte Karl Eugen damals nicht erkennen, und noch weniger konnte er ahnen, daß die Erinnerung an seine Lieblingsschöpfung, die nun Hohe Karlsschule hieß, hauptsächlich in Verbindung mit Schillers Namen lebendig bleiben würde. Ab 1770 hatte der Herzog seine Tatkraft zunehmend auf pädagogische Ziele gerichtet. Aus einem Internat für Soldatenwaisen erwuchs unter der Leitung des fähigen Intendanten Christoph Seeger eine Militärakademie, die 1775 von der Solitude nach Stuttgart verlegt wurde. Die treibende Kraft beim Ausbau der Akademie war der Herzog selbst. Er kümmerte sich um jedes Detail, formulierte die Erziehungsgrundsätze, bestimmte den Rahmen des Lehrplans, berief mit sichtlichem Gespür für ihre Qualität die Professoren. Wenn das Institut, das sowohl Offiziere wie Beamte, Ärzte wie Künstler heranbilden sollte – die schon früher gegründete Académie des arts wurde eingegliedert –, sich eines wachsenden Ansehens erfreute und schon bald prominente Besucher aus vielen Ländern anzog, unter ihnen auch Kaiser Joseph II. und Goethe, so war dies vor allem das Verdienst des Herzogs. Es schien, als ob der Mann, der, wie Franziska erkannte, stets eine »ehrgeizige Chimäre« brauchte, nach langem Herumsuchen, nach einer oft sinnlosen Verschwendung seiner reichen kreativen Kräfte endlich das Feld gefunden hätte, auf dem seine besten Anlagen fruchtbar werde konnten.

Die Bevorzugung der Akademie gegenüber der Tübinger Universität war nicht zu verkennen. Für Karl Eugen war die Erhebung seiner Akademie zur Universität eine Krönung seiner Tätigkeit, jedoch war das Problem der Einordnung der Hohen Karlsschule in das Bildungswesen des Landes nicht gelöst und blieb zwischen Herzog und Landschaft strittig. Der ungeklärte Status machte es Karl Eugens Nachfolger, seinem Bruder Ludwig Eugen, leicht, der, wie er meinte, unnötigen und kostspieligen Einrichtung schleunigst ein Ende zu bereiten.

Die Karlsschule bestand nur zwei Jahrzehnte, aber sie brachte den Geist der Aufklärung ins Land, zog einen tüchtigen Stamm zeitgemäßer Beamter heran, ohne den später die Neuordnung des auf die doppelte Größe angewachsenen Königreiches kaum möglich gewesen wäre, vermittelte nicht nur Schiller, sondern zum Beispiel auch dem großen Naturforscher Georges Cuvier aus Mömpelgard die Grundlagen der Bildung und bescherte dem Land nach einer langen Zeit der Dürre ein Aufblühen der bildenden Kunst, gekennzeichnet durch den Bildhauer Johann Heinrich Dannecker, die Maler Heinrich Füger, Eberhard Wächter, Philipp Friedrich Hetsch, Gottlieb Schick.

Die letzten Reisen des Herzogs, stets in Begleitung Franziskas und mit kleinem Gefolge, dienten dem Sammeln von Anregungen für seine Akademie, dem Ausbau seiner Bibliothek, auch seinem in Hohenheim erwachten landwirtschaftlichen Interesse. Als in Paris die Revolution ausbrach, beschränkte er sich nicht auf die Rolle des fernen Zuschauers: Er fuhr 1791 nach Paris, in dem schon die Jakobiner den Ton angaben, und erlebte dabei, wie eine aufgebrachte Volksmenge das französische Königspaar vor den Tuilerien an der Ausfahrt hinderte. Diese Erfahrung bestärkte ihn in seiner Auffassung, daß nur »Ordnung von oben und daraus fließender Gehorsam« ein Land glücklich machen könne. Bis zuletzt blieb er also der Landesvater, der das Beste will und notfalls auch erzwingt.

Im September 1793 unternahm das Herzogspaar seine letzte Reise: über Mannheim und Frankfurt nach Mainz, aus dem vor kurzem die französischen Revolutionstruppen vertrieben worden waren. Bald darauf, Mitte Oktober, warf ein besonders heftiger Podagraanfall den Herzog auf sein letztes Lager. Sein Zustand verschlechterte sich; vermutlich erlitt er eine Urämie. Er starb in der Nacht vom 23. auf 24. Oktober 1793 auf Hohenheim in den Armen Franziskas und wurde eine Woche später in einer nächtlichen Trauerfeier in der Gruft unter der Kapelle des Ludwigsburger Schlosses bestattet.

Schiller, der seine Schwester in Ludwigsburg besuchte, sah den Leichenzug vom Fenster aus vorüberziehen und konnte sich der Tränen nicht enthalten: »Ach Gott, nun ist er auch dahin – ich habe ihm doch auch vieles zu danken.« Später, im Blick auf Karl Eugens Gruft, sagte er: »Da ruht er also, der rastlos tätig gewesene Mann! Er hatte große Fehler als Regent, größere als Mensch, aber die ersteren wurden von seinen großen Eigenschaften weit überwogen und das Andenken an die letztern muß mit dem Toten begraben werden...«

Für Franziska begann eine schwere Zeit. Das Testament, das Karl Eugen auf dem Sterbebett diktiert hatte, wurde nicht anerkannt; der neue Herzog zeigte ihr die kalte Schulter. Sie wurde gezwungen, auf alles zu verzichten, was ihr Karl Eugen geschenkt hatte, auch auf Hohenheim. Für die Juwelen, die sie von ihm empfangen hatte, erhielt sie eine Entschädigung, jedoch nur einen Bruchteil des wirklichen Wertes.

Das Wittum, das Karl Eugen ihr schon früher gesichert hatte – Schloß und Lustgarten in Kirchheim unter Teck und ein jährliches Bareinkommen –, blieben ihr erhalten. Sie zog von ihrem Gut Sindlingen, auf dem sie sich nach dem Verlust von Hohenheim aufgehalten hatte, 1795 nach Kirchheim. Dort lebte sie noch sechzehn Jahre mit einem kleinen Hofstaat, kehrte für den Sommer nach Sindlingen zurück, las viel und unterhielt sich gerne mit belesenen Leuten, korrespondierte, liebte gesellige Spiele und freute sich, daß sie die Mittel besaß, anderen Leuten helfen zu können. Zum Stuttgarter Hof hielt sie kaum noch Verbindung. Der zum König aufgestiegene Neffe Karl Eugens, Friedrich, behandelte sie steif und hochmütig.

In den letzten Lebensjahren wurde sie unheilbar krank, litt an immer heftiger werdenden Schmerzen und siechte dahin. Ihr Glaube hielt sie aufrecht. Noch ein Jahr vor ihrem Tod reiste sie trotz ihrer Schwäche nach Herrnhut, um die ihr lieb gewordene Brüdergemeinde in ihrem Zentrum zu erleben.

Nach ihrer Heimkehr konnte sie bald das Bett nicht mehr verlassen. Sie starb am Neujahrstag 1811. Ihr Wunsch, neben ihrem »liebsten Herzog« in Ludwigsburg begraben zu werden, wurde nicht erfüllt. Zwar ließ König Friedrich es bei der Bestattung an fürstlichem Dekor nicht fehlen, aber ihre letzte Ruhestätte blieb eine Gruft in der Stadtkirche von Kirchheim.

Ihr Kammerherr von Böhnen, dem sie das Gut Sindlingen vermachte, ließ dort in der Kapelle eine Marmorbüste von ihr aufstellen. Auf dem Sockel dieses Denkmals steht: »Ihr Herz schlug warm für Gott und Menschen. Durch Frömmigkeit und Wohltätigkeit zeichnete sie sich aus.« Mit diesen Zügen ist sie im Gedächtnis des Volkes lebendig geblieben.

Gertrud Fiege

Ludovike Simanowiz

1759–1827

In Karlsruhe, der Residenz der Markgrafen von Baden, erhielt 1763 Anna Dorothea Therbusch geb. Lisiewska Amt und Titel einer Hofmalerin. 1762/63 hatte sie in Stuttgart gearbeitet und war 1765 nochmals dort beschäftigt, vor allem mit Portraitaufträgen. Das Herzogtum Württemberg verfügte mit Nicolas Guibal zwar über einen ausgezeichneten Hofmaler, aber in der Fülle seiner Aufgaben stellte das Portraitfach nur ein Randgebiet dar. Zudem kam der Bildnismalerei im akademischen Bereich – Guibal war auch Lehrer an der Stuttgarter Académie des Arts – geringere Bedeutung zu als der Historienmalerei. Mit der Aufklärung aber und dem größeren ökonomischen und politischen Einfluß, den gegen Ende des 18. Jahrhunderts das Bürgertum gewann, wuchsen die Bedeutung des Individuums und der Wunsch nach Selbstdarstellung des einzelnen. Das förderte die Nachfrage nach Portraitisten – und damit ergab sich auch für Frauen ein von der Gesellschaft akzeptierter Wirkungskreis. Im Herzogtum Württemberg jedoch war noch keine Frau zur professionellen Malerin ausgebildet worden.

In diesem Zusammenhang ist zu sehen, daß Ludovike Reichenbach, später verheiratete Simanowiz, den Entschluß faßte, Malerin zu werden. Ihre besondere Leistung bestand darin, schon in sehr jungen Jahren, als erste Frau in Württemberg, einen so außergewöhnlichen und ungesicherten Lebensweg zu wagen. Erstaunlicherweise unterstützten ihre Eltern und ein Onkel sie in ihrem Vorhaben, obwohl es in der Familie noch keinen Künstler und keine Künstlerin gegeben hatte. Dem Onkel, Johann Friedrich Reichenbach (1720–1790) fiel eine entscheidende Rolle zu: Er war vermögend, zeigte viel Familiensinn, lebte in Stuttgart, hatte als herzoglicher Leibmedicus Kontakte zu höfischen Kreisen, und er war offensichtlich geschickt darin, seine Beziehungen spielen zu lassen.

Ludovike Reichenbach war am 21. Februar 1759 in Schorndorf geboren, aufgewachsen in Ludwigsburg, Tochter des Regimentsfeldschers Jeremias Reichenbach (1725–1810) und der Sophie Reichenbach geb. Schwegler (1733–1787), einer Apothekerstochter. Ihre Brüder wurden Pfarrer, Archivar und Mediziner, ihre Schwester führte dem Pfarrbruder den Haushalt. Also ergriff auch in Ludovikes Generation außer ihr kein Familienmitglied eine künstlerische Laufbahn.

Wenn man ihrer nicht immer ganz exakten Biographin Friederike Klaiber (»Ein Lebensbild für christliche Mütter und Töchter von der Herausgeberin des Christbaums«) glauben darf, war Ludovikes Zeichentalent schon dem Lehrer in der Schule aufgefallen. Er nahm Rücksprache mit den Eltern, »und so wurde beschlossen, ihr besondren Unterricht im Zeichnen geben zu lassen«. Im übrigen verlebte sie wohl eine Kinder- und Jugendzeit, wie sie für Mädchen ihres Standes in jener Zeit üblich war. Vorübergehend wohnte Familie Reichenbach mit der Familie Schiller im selben Haus. Ludovike kannte also von Kindheit an den später so berühmten Dichter, dessen Portrait sie malen sollte. Mit seiner ältesten Schwester Christophine war sie seit der frühen Zeit befreundet.

Vermutlich wohnte Ludovike schon als Siebzehnjährige in Stuttgart beim Onkel und war Privatschülerin des schon erwähnten Nicolas Guibal. Sie wollte Portraitmalerin werden, wählte also ein zukunftsträchtiges Fach, das eine einigermaßen gesicherte Einnahmequelle zu werden versprach. Mit dieser Fächerwahl erübrigte sich das sowieso nur Männern vorbehaltene Aktstudium. Der Unterricht bestand in Zeichenübungen und im Kopieren von Gemälden, die als vorbildlich galten.

Wann sie mit eigenständigen Portraits begann, wissen wir nicht. Das Bildnis ihres Bruders Wilhelm Heinrich Reichenbach in Uniform ist wohl einer ihrer frühen Versuche; 1774 war der Bruder elfjährig in die später sogenannte Carlsschule eingetreten. Das lebendige Rundbildchen, das sie von sich selber malte, mit braunen Locken vor lichtem, leichtbewölktem Himmel, ist auch relativ früh entstanden und zeigt doch schon, daß sie Menschendarstellung, Komposition und den Umgang mit Farben bald beherrschte. Auch Auftragsarbeiten führte sie in jungen Jahren aus, so die noch recht konventionellen Portraits eines mit der Familie Schiller befreundeten Ehepaares, Gottlieb Friedrich von Naso, in der Interims-Uniform des Husarenregiments von Bouwinghausen, und Maximiliane Henriette geb. von Wölwarth. Laut Klaibers Bericht hatte der Onkel seine talentierte Nichte in die Stuttgarter Gesellschaft eingeführt und aufgrund ihres heiteren und ausgeglichenen Wesens, das von verschiedenen Zeitgenossen gerühmt wird, erwarb sie sich Sympathien, wohin sie auch kam. Eine besondere Vergünstigung war es zweifellos, daß sie das Bildnis der Franziska von Hohenheim (siehe den Beitrag von Felix Berner) malen durfte. Einen Auftrag von höchster Stelle zu bekommen, mußte für die junge Portraitistin Anerkennung und Aufwertung bedeuten. Einen Termin mit ihr hielt Franziska von Hohenheim sogar in ihrem Tagebuch fest. Am 30. Juli 1786 notierte sie: »[...] zu mir Kam die mahlerin Reichenbach.«

Außer dem Malauftrag erhielt die Künstlerin offenbar weitere Unterstützung von Herzog Carl Eugens Gemahlin. Ludovike Reichenbach selbst hielt sich noch nicht für eine fertige Malerin. Sie wünschte sich vielmehr weitere Studien. Ihr 1784 verstorbener Lehrer Guibal hatte seine Schüler immer zur Fortsetzung ihrer Lehrzeit nach Paris geschickt, und so brach auch Ludovike dorthin auf. Als Frau allein zu reisen, erforderte in der damaligen Zeit ein beträchtliches Maß an Energie, Mut und Unternehmungsgeist. Anfang des Jahres 1787 traf sie in der Kunstmetropole ein. Sie arbeitete dort fleißig: Wiederum kopierte sie, jetzt überwiegend nach ihrem dortigen Lehrer Antoine Vestier, einem angesehenen Portraitisten. Bei ihm lernte sie, Pariser Farbkultur und sinnliche Stoffmalerei mit ihrer Begabung für physiologische und psychologische Personenauffassung zu verbinden.

Eine solide Technik hatte sie in Stuttgart erworben, ebenso die Fähigkeit zu ausgewogenem Bildaufbau, der ihrem Bedürfnis nach Harmonie entsprach. Jetzt aber gewannen ihre Gemälde eine neue Lebendigkeit und Frische. Im Atelierbetrieb Vestiers und in seiner Familie war sie offenbar bald gern gesehen, fand weitere Freunde und traf eine Ludwigsburger Freundin, Rosine Helene Balletti, die im August 1787 nach Paris kam und ihre Karriere als Opernsängerin begann. 1792 heiratete sie einen Marquis und gab die Bühnenlaufbahn auf.

Im Dezember 1788 war Ludovike nicht mehr in Paris. Die Rückreise trat sie über Montbéliard (Mömpelgard) an, wo Herzog Friedrich Eugen, ein Bruder Herzog Karl Eugens von Württemberg, 1786 die Regierung erlangt hatte. Ludovikes Bruder Wilhelm Heinrich versah bei ihm das Amt eines »Kammer-Chirurg[en]«. Ludovike besuchte ihren Bruder und erhielt Portraitaufträge in der Stadt, vielleicht sogar von der Herzogsfamilie.

Spätestens Ende 1789, vermutlich aber schon im Sommer desselben Jahres, war Ludovike wieder in Stuttgart. Nach langer Trennung konnten sie und Franz Simanowiz sich wiedersehen. Schon als Siebzehnjährige hatte sie ihn kennengelernt und sich in ihn verliebt. Franz Simanowiz (1753–1827) war, als Absolvent der Carlsschule, vom Herzog in den militärischen Dienst übernommen worden. Ludovike hatte lange mit sich gerungen, ob sie, wie ihre Umgebung von ihr erwartete, wählen müsse zwischen dem Künstlerberuf und der Ehe. Angehörige und Freunde hielten es nicht für möglich, beide Lebenssphären zu verbinden.

Doch auch in diesem Fall bewies sie Mut und Entschlossenheit: Sie hielt an beidem fest, an der Kunst und an dem geliebten Mann. Es erleichterte sicher ihre Entscheidung, daß Franz Simanowiz viel Verständnis für ihre künstlerische Tätigkeit besaß. Mit dem herzoglichen Heiratskonsens vom 31. Mai 1791, den Franz Simanowiz als herzoglich-württembergischer Offizier einholen mußte, heiratete das Paar. Doch wurde Franz bald in den Kriegen des württembergischen Herzogs gegen die französischen Revolutionstruppen an den Landesgrenzen eingesetzt.

Seine Frau nutzte die Zeit ihres Alleinseins zu einer zweiten Reise nach Paris. Wegen der dort eskalierenden politischen Verhältnisse mußte sie den Aufenthalt vorzeitig abbrechen und flüchtete zunächst mit Freunden in die Normandie, bevor sie die etappenreiche Heimreise antreten konnte. Ihrer Freundin Christophine geb. Schiller, inzwischen verheiratet mit Wilhelm Friedrich Hermann Reinwald und in Meiningen ansässig, berichtete sie in einem Brief, den ihre Biographin etwas bearbeitet abdruckte: »Du wunderst Dich, meine liebe Christophine, daß ich wieder Muth hatte, nach Paris zurückzugehen. Damals sah es nicht so stürmisch aus, und das Verlangen, so viele gute Freunde dort wieder zu sehen, trug nicht wenig dazu bei, Paris jedem andern Ort vorzuziehen, auch hatte die Kunst daran einen großen Antheil. Dort im Sitz der Künste, die einander freundlich die Hände bieten, kann man mit Vergnügen arbeiten, auch fehlte es mir nicht in dem Hause der liebenswürdigen Bellino [Balletti, G.F.], mein Talent mit Vortheil anzuwenden, ihre Freundschaft konnte mir äußerst nützlich seyn durch ihre ausgebreiteten wichtigen Bekanntschaften; allein nicht lange dauerte es. Der 10. August, die Unruhen, die ihm folgten, zerstörten auch meine Absichten [...].«

Die revolutionären Ideale hatte sie erst begrüßt und vertreten. Aber wie viele andere anfängliche Bewunderer der Revolution erschreckte sie die zunehmende Gewaltsamkeit, und sie nahm eine ablehnende Haltung ein: »Wie schön und groß kam mir die Revolution anfangs vor, und wie oft entlockte mir die Bewunderung Thränen, ich war eine warme Demokratin aus voller Seele – allein ich bin es nicht mehr; seit diese große mächtige Nation, die so viele gute Köpfe in sich faßt, eine Handvoll rasender Menschen Meister werden läßt, haben sie die Achtung aller ihrer Nachbarn verloren.«

Während ihres zweiten Paris-Aufenthalts portraitierte Ludovike Simanowiz ihren Malerkollegen Eberhard Wächter. In dem Bild spiegeln sich der revolutionäre Schwung und die Aufbruchsstimmung in den frühen neunziger Jahren des 18. Jahrhunderts.

Trotz aller Belastungen durch die Vorgänge ihrer Zeit, die sich auch im Persönlichen auswirkten, hat Ludovike anscheinend ohne größere Pausen immer weiter gemalt. Portraits von Verwandten entstanden stets nebenher, so wie sie ihr Frühwerk schon mit dem Bildnis ihres Bruders begonnen hatte. Wie weit andere Werke Auftragsarbeiten waren, zur eigenen Freude der Künstlerin entstanden oder zur Freude der Dargestellten, ist oft fraglich. Das Rollenportrait von Rosine Helene Balletti etwa könnte als Dokument der Freundschaft gelten, könnte von einem Verehrer der Sängerin in Auftrag gegeben sein, oder die Sängerin könnte es als Mittel der Werbung selber gewünscht haben. Sie wird auf dem Gemälde in ganzer Figur mit ländlichem Kostüm vor landschaftlicher Kulisse vorgeführt. Ausdruck und Gestik scheinen einer sentimentalischen Opernpartie entnommen zu sein. Es liegt nahe, das Bild in die Zeit von Ludovikes erstem Parisaufenthalt einzuordnen, doch die etwas trockene Malweise könnte es auch in die Stuttgarter Periode vor der ersten Reise verweisen. Leider hat die Künstlerin ihre Werke nie datiert, so daß man auf Vermutungen angewiesen ist.

Die Kopien, die Ludovike in ihrer Lehrzeit bei Vestier nach Werken ihres Meisters malte, haben sich zum Teil erhalten. Neben den Kopien schuf sie Varianten von Bildern Vestiers, bei denen sie die Bilderfindung und Einzelheiten des Aufbaus übernahm, aber andere Farbzusammenstellungen, anderen Ausdruck oder andere Personen für die Darstellung wählte, zum Beispiel »Tête d'Expression«. Auch in ihrem späteren Werk tauchen noch Erinnerungen an Vorbilder von Vestier auf.

Die Eleganz der Stoffmalerei und Weichheit in den farblichen Übergängen, die sie in Paris gelernt hatte, kamen besonders ihren Frauenportraits zugute. Mit leichter Drehung der Figuren und Neigung des Kopfes verlieh sie ihnen zudem lebendige Bewegung. Das Brautbild von Johanna Rau, etwa 1789 entstanden, und das Portrait von Christophine Reinwald geborene Schiller, vermutlich im Sommer 1789 gemalt, zeigen die in Paris erworbenen Qualitäten. Christophine Reinwald, Ludovikes Freundin, war eine des eigenen Wertes bewußte Frau, die selber, wenn auch dilettantisch, zeichnete und aquarellierte. Ihre Persönlichkeit kommt in Ludovikes Gemälde anschaulich zur Geltung.

Aus der Reihe der Selbstportraits, die Ludovike im Lauf ihres Lebens geschaffen hat, wird am häufigsten das sogenannte Selbstbildnis im Rüschenkleid abgebildet, zu dem sie als Pendant das Bildnis von Franz Simanowiz in Leutnantsuniform malte. Nach Familientradition stellt das Rüschenkleidbild ein Brautkleid dar. Tatsächlich könnte es um 1790, also nach der ersten Parisreise und vielleicht vor der Hochzeit, entstanden sein. Mit diesem Gemälde zeigt sie sich ganz als gereifte Malerin. Drehung und geneigter Kopf, die übereinandergelegten Hände, bewegter Kontur und frisches Inkarnat verbinden sich zu harmonischem Gesamteindruck. Zu lernen brauchte die Künstlerin nicht mehr. Das empfand sie wohl selber so, denn ihre zweite Parisreise begründete sie im Brief an Christophine Reinwald nicht mehr mit notwendigen Studien, sondern mit den guten Arbeits- und Absatzbedingungen in Paris.

Während dieses zweiten Parisaufenthaltes portraitierte sie ihren Malerkollegen Eberhard Wächter. Er trägt nicht nur die blauweißrote Kokarde der Revolutionäre am Hut, sondern in der Bewegung des jungen Mannes und seinem lebhaften Herausblicken aus dem Bild spiegeln sich der revolutionäre Schwung und die Aufbruchsstimmung jener Zeit.

Die Heimreise mußte sie, weil sie krank wurde, in Straßburg unterbrechen. Im Dezember 1792 lernte sie dort Therese Huber kennen, die spätere Redakteurin von Cottas »Morgenblatt«. Anfang des Jahres 1793 dürfte sie wieder in Ludwigsburg gewesen sein. Es folgten einige ruhige Jahre, in denen sie ihren Beruf als Malerin mit den Aufgaben einer Ehe- und Hausfrau vereinigte, also bewerkstelligte, was man ihr nicht zugetraut hatte. Allerdings bekam sie keine Kinder.

Die ersten Aufträge in dieser Lebensphase waren wohl die Portraits der Familie Schiller. Für das Portrait seiner Mutter bedankte der Dichter sich bereits am 24. Juni 1793 und schrieb, daß er seine »gute Mutter in diesem Bilde vollkommen wieder fand«. Er fuhr fort: »Erst vor wenigen Tagen blieb Lavater, der auf seiner Durchreise bey mir einsprach, vor diesem Portrait stehen, und huldigte der geschickten Hand, die es verfertigte.« Als Schiller mit seiner Frau zu längerem Besuch in Ludwigsburg weilte, erhielt er zum Geburtstag am 10. November 1793 als Geschenk von seinem Vater dessen Portrait von Simanowiz. Schillers eigenes Bildnis war am 12. Dezember 1793 in Arbeit, im April 1794 bat Schiller die Künstlerin, auch seine Frau zu malen.

Das Portrait Schillers war dasjenige ihrer Werke, das den Namen der Künstlerin über die württembergischen Landesgrenzen hinaustrug. In unzähligen Kupferstichen, Stahlstichen, Li-

Mit dem Portrait Friedrich Schillers wurde Ludovike Simanowiz als Malerin über die Grenzen Württembergs hinaus bekannt. Es bestimmte in Kupferstichen, Stahlstichen und Lithographien die Vorstellung, die man sich im In- und Ausland von dem Dichter machte.

thographien wurde es reproduziert – es mußte sich dabei auch manche Entstellung gefallen lassen – und bestimmte, neben den Schillerportraits von Dannecker und Anton Graff, die Vorstellung, die man sich im 19. Jahrhundert von dem berühmten und idealisierten Dichter, nicht nur in Deutschland, machte. Tatsächlich ist es ein Glücksfall, daß Simanowiz, als sie auf dem Höhepunkt ihrer künstlerischen Entwicklung stand, gerade dieses Portrait malen durfte.

Sie hat Schiller wie auch seine Frau als Kniestücke ruhig sitzend im Innenraum dargestellt. Die rokokohafte Eleganz der französischen Schulung und den revolutionären Schwung hatte sie hinter sich gelassen, behielt aber auch in dieser Epoche das Räumliche und Plastische bei und verband es mit realistischer Erfassung der Individuen. In den Portraits von Charlotte und Friedrich Schiller näherte sie sich mit dem Streben nach Ruhe und Klarheit anstelle von Bewegung klassizistischen Idealen. Sie hat der Klassizität Schillers damit ein Äquivalent geboten.

Das Familienportrait der Oßweiler Pfarrersfamilie Hellwag, das vermutlich auch in dieser Ludwigsburger Periode von Simanowiz geschaffen wurde, ist leider ebenso verschollen wie die Bildnisse des Ludwigsburger Chemikus Staudenmayer und seiner Frau. Justinus Kerner berichtet, die Künstlerin habe sie »in ihrer freien, geistreichen Weise« in Öl gemalt.

1798 war der Lebensabschnitt in Ludwigsburg zu Ende: Franz Simanowiz wurde nach Stuttgart versetzt, und das Ehepaar übersiedelte dorthin. 1799 erlitt Franz während seines Dienstes einen Gehirnschlag. Lähmungserscheinungen in den Beinen, dauernde Kränklichkeit und Invalidisierung waren die Folge. Er erhielt seinen Abschied und bezog eine Pension, die für den Lebensunterhalt des Ehepaares nicht ausreichte. Für Bäder und Trinkkuren, von denen sie sich Besserung erhofften, mußten sie selber aufkommen. Nun wurde das, was Ludovike mit dem Verkauf ihrer Bilder verdiente, notwendige Erwerbsquelle. Da es den Bedarf nicht deckte, erteilte sie außerdem Unterricht im Zeichnen und Malen und nahm junge Mädchen in ihren Haushalt auf, um sie neben dem Kunstunterricht in häuslichen Tätigkeiten zu unterweisen.

Offenbar stellte sie sich diesen Mehrfachbelastungen tatkräftig und war ihrem Mann in den fast dreißig Jahren seiner zunehmenden Kränklichkeit – er starb 1827 – eine geduldige und verständnisvolle Pflegerin. Ihrer aus Ludwigsburg stammenden Freundin Regine Voßler, ehemals eine in der Gesellschaft gern gehörte Pianistin, die in vorgeschrittenem Alter anfangen mußte, sich durch Klavierunterricht ein Auskommen zu verschaffen, schrieb Ludovike: »Ich habe mich an die Nothwendigkeit, die Kunst mitunter als Erwerb treiben zu müssen, gewöhnt, und habe es durch meinen Fleiß so weit gebracht, daß wir unabhängig leben können.« In einem anderen Brief gestand sie: »Wenn ich einer Schülerin dieselben Fehler immer wieder corrigiren muß, wenn es an Fleiß, an Talent, kurz an Allem fehlt, was sie fördern könnte, und ich mich sechs bis acht Stunden abgemüht habe, so bekomme ich heftig Kopfweh, oder eine solche Abspannung, daß ich's nicht beschreiben kann. Die Nothwendigkeit gebietet mir, diesen Unterricht fortzusetzen, und Gott schenkt mir Muth und Geduld dazu.«

Ruhe und Gelassenheit prägen das letzte Selbstportrait von Ludovike Simanowiz.

Simanowiz gelang es, Geld in Landbesitz anzulegen. So konnte sie Pachtzinsen einnehmen und das Unterrichten reduzieren. Um 1811/12 zog das Ehepaar zurück nach Ludwigsburg. Leider wissen wir wenig von dem, was Simanowiz in den rund ein Dutzend Jahren in Stuttgart gemalt, welche Aufträge sie ausgeführt hat. Das ganzfigurige Bildnis der Charlotte Freifrau Hiller von Gärtringen am Klavier soll um 1800 von ihr geschaffen worden sein. Die Freifrau sitzt frontal zum Betrachter neben dem schräg in den Raum gestellten Instrument. Sie spielt nicht, sondern läßt nur eine Hand auf den Tasten ruhen, während sie in der anderen ein Notenblatt hält.

Auch das letzte von Simanowiz bekannte Selbstbildnis könnte aus dieser Stuttgarter Zeit stammen. Das gemalte Oval zeigt die Künstlerin vor einem leicht bewölkten Himmel. Er ist etwas dunkler, ähnelt aber sonst dem Himmel auf dem allerersten, jugendfrischen und lichten Selbstbildnis. Verändert ist vor allem der Ausdruck der Künstlerin: Anstelle von Aufbruchsstimmung und Unternehmungslust prägen jetzt Ruhe, Gelassenheit und vielleicht auch ein bißchen Resignation ihre Züge, »ansprechend durch Geist, Sanftmuth und Wohlwollen, die sie ausdrückten«, wie Justinus Kerner im »Bilderbuch aus meiner Knabenzeit« schrieb.

Simanowiz hatte nicht nur an den politischen Ereignissen der Revolutionszeit lebhaften Anteil genommen, sondern blieb auch weiterhin an politischen Vorgängen interessiert. 1806 dachte sie – in einem Brief an eine ehemalige Schülerin und deren Mutter – »an die armen Kriegs-Völker die einem so armen und kalten Lande zueilen [...] Ich denke Napoleon wird auch schnell machen er ist nicht gewohnt den Krieg in die Länge zu ziehen.« Anläßlich des Besuchs von Napoleon in Stuttgart 1809 hatte sie »das Vergnügen diesen merkwürdigen Mann zu sehen über den die Nachwelt erstaunen wird und muß. Auch nur für ihn hatte ich ein Aug, jede Bewegung war mir wichtig, ich sahe das lebhafte Wesen das voll Geist und Kraft ist und in seiner Physiognomie es auch ausdrükt.«

Mit derselben Genauigkeit und Intensität sah sie auch die Menschen, die sie malte, und ihre sichere Charakterisierung zieht sich durch ihr ganzes Werk trotz der zeitbedingten Wandlungen, denen ihr Stil unterworfen war.

Eine stilistische Veränderung läßt sich bei ihren Gemälden noch einmal nach 1811/12, also der Zeit ihres Umzuges nach Ludwigsburg, feststellen. Daß sie jetzt häufiger kleine Formate wählte, kann mit der finanziellen Situation ihrer Auftraggeber zusammenhängen, denn die Preisgestaltung bei Gemälden richtete sich auch nach der Größe. Die allgemeine wirtschaftliche Lage hatte sich verschlechtert: Die Teilnahme Württembergs an den Koalitionskriegen gegen

Ein Jugendbildnis des späteren Ästhetikers und Schriftstellers Friedrich Theodor Vischer.

Frankreich, trotz profranzösischer Stimmung in der Bevölkerung, die Kriegsentschädigungen, die an Frankreich zu zahlen waren, dann nach Frontenwechsel des Königs die Teilnahme an den napoleonischen Feldzügen, auf die Simanowiz im oben zitierten Brief anspielte, kosteten ungeheure Summen, die mit den ebenfalls ungeheuren Kosten der Hofhaltung der Bevölkerung auferlegt wurden. Es war nicht nur Simanowiz' private Situation, ihr Rückzug in die eigene Häuslichkeit durch die zunehmende Pflegebedürftigkeit ihres Mannes, die ihren Stilwandel bedingte, es war auch Zeitströmung. Andere Maler ihrer Generation haben ebenfalls Rokokoduft, revolutionären Schwung oder Klassizität abgestreift zugunsten eines bürgerlichen Realismus, der besser der Zeit entsprach, der Zeit der antinapoleonischen Bewegungen, des Kampfes der württembergischen Landstände um das »Alte Recht« und des beginnenden Liberalismus. Simanowiz malte jetzt anscheinend überwiegend Brustbilder. Sie stehen vor neutralem, nicht strukturiertem Hintergrund und sind mehr als früher auf den Kopf zentriert. Nicht das Ambiente ist wichtig, sondern der Mensch selber. Seine Persönlichkeit, auch das Bewußtsein seines eigenen Wertes gilt es darzustellen. Sogar im Kinderbild spiegelt sich diese Tendenz: Der jugendliche Friedrich Theodor Vischer ist ohne Attribute und ohne seine Umwelt wiedergegeben. Mit wachem und selbstbewußtem Blick sieht das Kind aus dem Bild heraus. Das gemalte Rund unterstützt die Konzentration auf den bezaubernd gemalten Knabenkopf, dessen Plastizität und leichte Drehung Räumlichkeit erzeugen.

Ähnlich selbstbewußt wirkt das Bildnis des Ludwigsburger Hof- und Amtsmedicus Dr. Johann Friedrich von Flander, Ritter des Königlichen Zivildienstordens. Den Orden, den er auf Simanowiz' Gemälde deutlich sichtbar trägt, erhielt er, mit dem Adelsprädikat, für seine Verdienste um Verwundete. Er hatte als Stabsarzt beim königlich-württembergischen Kontingent an Napoleons Krieg in Schlesien teilgenommen. Das Portrait vermittelt, was auch seine Biographie verrät, daß er eine tüchtige, tatkräftige Persönlichkeit mit viel Energie war. Simanowiz besaß die Fähigkeit, sich in die zu Portraitierenden einzufühlen und frische Kindlichkeit ebenso zu erfassen und darzustellen wie das In-der-Welt-Stehen eines Mannes in den besten Jahren. Mit Worten Kerners ausgedrückt: »In ihren Bildern lag eine ausnehmende Zartheit, der es doch nicht an Kraft und Wahrheit fehlte; es waren Charakterbilder ohne ängstliche Auffassung der einzelnen Züge.«

Von Ludwigsburg aus besuchten Ludovike und Franz Simanowiz mitunter für mehrere Sommerwochen den Pfarrbruder Friedrich und die Schwester Johanna in Erdmannhausen. Das Pfarrhaus war nicht nur sehr gastfrei, sondern auch so etwas wie ein subversives Zentrum für Menschen, die mit der napoleonfreundlichen Politik des württembergischen Königs und seinen polizeistaatlichen Maßnahmen nicht einverstanden waren. Zu ihnen gehörte Johann Gottfried Pahl, der 1808–1814 der Nachbargemeinde Affalterbach als Pfarrer vorstand. Durch seine weitgespannten Verbindungen war er immer gut informiert und brachte neueste Nachrichten in das Erdmannhäuser Pfarrhaus. Ihn und seine Frau portraitierte Simanowiz angeblich auch.

Christophine Reinwald geb. Schiller zog, nachdem 1815 ihr Mann in Meiningen verstorben war, für ein paar Jahre nach Marbach a. N., ihrem eigenen Geburtsort und dem ihres berühmten Bruders. Auch sie gehörte damals zum Besucherkreis des Erdmannhäuser Pfarrhauses, und die beiden Jugendfreundinnen Christophine und Ludovike trafen dort zusammen. In jener Zeit kann das kleine, späte Portrait Reinwalds entstanden sein. Im Vergleich mit dem größeren und prächtigeren aus jüngeren Jahren erscheint es schlicht und unprätentiös. Noch immer setzt Simanowiz die Personen gern mit leichter Schräge ins Bild, aber Bewegung will sie nicht mehr suggerieren. Vielmehr gibt sie dem Portrait durch die übereinandergelegten Unterarme der Dargestellten einen festen Sockel. Der Hintergrund ist, dem Spätstil von Simanowiz entsprechend, neutral und unstrukturiert. Das schlichte, weiße Kleid zeigt seidigen Glanz und verrät die Technik einer erfahrenen Malerin. Doch will sie diese Qualitäten nicht mehr vorführen. Wichtiger ist es ihr, die ruhige und gelassene Teilnahme der Freundin an Welt und Menschen aus dem Bild sprechen zu lassen.

1818 malte Simanowiz den Stadtkommandanten von Schorndorf, Graf Joseph von Berlichingen, seine Schwiegermutter, seine zweite Frau und fünf Töchter aus erster Ehe in acht kleinformatigen Einzelbildern. Auch hier hat sie die Kompositionen auf die Köpfe zentriert und neutralen Hintergrund gewählt. Die jugendlichen fünf Schwestern verbindet eine gewisse Familienähnlichkeit, aber die Künstlerin hat jede von ihnen als Individuum gestaltet. Ebenfalls als Auftragsarbeit portraitierte Simanowiz möglicherweise in den späten Jahren den katholischen Theologen Benedict Maria Werkmeister. Jedenfalls stach Johann Daniel Laurens 1820 einen Kupferstich nach Werkmeisters Bildnis, als dessen Urheberin Simanowiz angegeben ist.

Neben diesen Auftragsarbeiten schuf Simanowiz ein privates, genreartiges Ölbildchen von ihrem Mann. Sie hatte ihn im Lauf der Jahre mehrfach und repräsentativer portraitiert. Jetzt zeigte sie ihn hinter einem Tisch sitzend, auf dem ein Buch liegt. Der Leidende hat die Stirn gegen die Hand gelehnt und blickt auf eine Katze, die seitlich auf dem Tisch sitzt. Man sieht dem Mann seine Kraftlosigkeit an – trotzdem ist nicht das Leiden das Bildthema, sondern die friedliche Atmosphäre einer stillen Häuslichkeit. Mit zunehmender Ausschließlichkeit, je mehr Fürsorge und Pflege ihr Mann brauchte, war diese Häuslichkeit auch für die Künstlerin der Lebensraum. Einst hatte sie durch ihren Onkel mit Personen verkehrt, die in Stuttgart und Württemberg eine Rolle spielten, in Paris hatte sie im Salon ihrer Freundin Rosine Helene geb. Balletti Frankreichs Größen kennengelernt. Jetzt lebte sie zurückgezogen mit ihrem kranken Mann, las viel, verfolgte noch immer mit Interesse die politischen Ereignisse und stand in regem Briefwechsel mit ihren Erdmannhäuser Geschwistern. Die Briefe sind teilweise erhalten und geben ein anschauliches Bild von ihrem Alltag. Nur von ihrer künstlerischen Tätigkeit kommt in den Briefen kaum etwas vor, auch in Briefen aus jüngeren Jahren nicht. Deutlich wird, daß sie sich ihre Heiterkeit erhielt und daß sie ihr Schicksal angenommen hatte.

Am 14. Juni 1827 starb Franz Simanowiz. Ein paar Wochen darauf schrieb die Trauernde an ihre Schwägerin Friederike Katharina Luise Simanowiz geb. Neff, die Frau eines Bruders von Franz, in einem längeren Brief: »Wir theilten einander jeden Gedanken, jedes Gefühl mit – wir waren gleichsam eine Seele – ach wie kan man wieder heiter werden? es ist nicht möglich u. im Alter wo die Kraft uns fehlt, noch weit unmöglicher. [...] wie wenig vermag die Vernunft über die Schmerzen der Seele – nur die Zeit kan sie mildern u. von dieser hoffe ich es.« Hoffnung bewahrte sie auch in der tiefsten Trauer, aber es blieb ihr nicht mehr viel Zeit: Am 2. September 1827 starb sie, »ohne allen Kampf sanft und stille«.

Gemälde von Ludovike Simanowiz, von denen noch heute etliche in Familienbesitz sind, machten jahrelang das Erdmannhäuser Pfarrhaus zu einem kleinen Simanowiz-Museum, denn Ludovike hatte ihre Schwester als Erbin eingesetzt. Friederike Klaiber, Ludovikes Biographin, hat die Bilder noch in Erdmannhausen besichtigt und gibt in ihrem Buch eine Beschreibung der Einzelstücke. Die größte Sammlung von Arbeiten der Künstlerin – Gemälde, Zeichnungen und einen Teil ihrer Briefe – besitzt jetzt das Schiller-Nationalmuseum/Deutsches Literaturarchiv in Marbach am Neckar.

Hannelore Schlaffer

Luise Duttenhofer

1776–1829

Das Silhouettieren betrieb die gute Gesellschaft des 18. Jahrhunderts so beiläufig wie die armen Leute das Singen bei der Arbeit. Der Scherenschnitt ist nie zu einer Kunstgattung von Rang erhoben worden, und wenn man nicht, wie Adele Schopenhauer, im Umkreis eines bedeutenden Mannes wie Goethe lebte, war die Chance gering, mit Werken dieses Genres auf die Nachwelt zu kommen.

Mit wenigen Ausnahmen – der eleganten und lasziven Portraitkunst etwa des Genfer Scherenschneiders Jan Huber – zeigt die Geschichte dieser Kunst verspielte Ornamente, idyllische Fabelszenen, karikierende Profile und Illustrationen zu literarischen Werken. Allerdings hatten im 18. Jahrhundert die physiognomischen Studien Lavaters jedermann dazu bevollmächtigt, das Konterfei seines Nachbarn zu taxieren. Mit allerlei technischen Hilfsmitteln ausgerüstet, mit Silhouettierstuhl, Storchenschnabel und Lampe, profilierte sich die dilettierende Gesellschaft als Schatten gegenseitig und unablässig vor der weißen Wand.

Diese Kunst der Physiognomie beherrschte die Stuttgarter Scherenschneiderin Luise Duttenhofer vollkommen; kaum eine namhafte Persönlichkeit Deutschlands, wann irgend sie einmal Stuttgart passierte, die nicht ihre Schere geschnappt hätte. Doch stehen die Großen, die sie porträtierte: Goethe, Schiller, J. H. Voß, J. Ch. F. Haug, Friedrich Rückert, Uhland, Schelling, Dannecker, Angelika Kaufmann, Sulpiz Boisserée und immer wieder Matthisson nie einsam und heroisch vor dem weißen Himmel des Papiers. Sie bewegen sich vielmehr in einem Ambiente, das sie auf ein menschliches Maß zurückbringt. Das Milieu umgibt die Figuren als das Gewand der Zeit, in der sie leben und die sie bedingt.

Denn Luise Duttenhofers Kunstvermögen erprobt sich vor allem auch an den Situationen des bürgerlichen Familienlebens, die einen breiten Raum in ihrem Schaffen einnehmen. Die Tätigkeit des Mannes, der Tod der Kinder (von sieben überleben nur drei die frühe Kindheit), das Spiel von Mutter und Kind variiert sie so häufig wie alles übrige banale Treiben im und ums Haus; das Bügeln und Flicken, das Waschen und Sticken, das Kehren, Schaufeln und Lastentragen, die Tante, die Nachbarin, die Diener, ihre Herren, der Pfarrer, die Feste – das alles sind Themen der über tausend Scherenschnitte, die von der außerordentlich produktiven Künstlerin erhalten geblieben sind.

Malerin zu werden, war der erste Traum der Luise Duttenhofer gewesen, der Tochter einer wenig begüterten Familie aus dem württembergischen Waiblingen, wo sie am 5. April 1776 geboren wurde. Nachdem ihr der Wunsch nach einer Ausbildung an der Kunstakademie in Stuttgart, wo zu Beginn des 19. Jahrhunderts Danneckers Klassizismus dominierte, als eine Ungeheuerlichkeit verwiesen worden war, mußte sie ihr Talent an jener unscheinbarsten aller Kunstgattungen, dem Scherenschnitt, üben.

Aus der Resignation erwuchsen ihr Fähigkeiten, die selbst bei klugen Frauen sonst selten anzutreffen sind: Sinn für den Witz, Gespür fürs Komische, Mut zur Satire. Die wenigen, die bislang über sie geschrieben haben, waren denn auch stets bemüht, den Zynismus als die unweiblichste aller den Frauen zugestandenen Unarten hinwegzudisputieren, indem sie die Lieblichkeit ihrer Motive und die Zierlichkeit ihrer Linien lobten. So verhalten sich noch heute die Kenner gegen diese Künstlerin wie schon Mörikes Tante Neuffer, die die Schönheit der Scherenschnitte zwar zugab, »aber später nicht mehr gut auf sie [die Duttenhofer] zu sprechen war; allem nach wurde sie durch den satyrischen Humor der Frau verletzt«.

Die Scherenschnitte der Luise Duttenhofer sind die sprechenden Glossen zu einer allerdings nur alltäglichen Biographie. In ihnen erscheinen ebenso die trivialen Freuden und Leiden einer Mutter von sieben Kindern wie die amüsierte Anteilnahme am beruflichen Erfolg des mäßig begabten Ehemannes, den sie in ihren Briefen wohlwollend leidenschaftslos den »Hausfreund« nennt. Den Kupferstecher Christian Duttenhofer hatte die Fünfundzwanzigjährige 1804 geheiratet und sogleich nach der Hochzeit mit ihm die für Künstler obligate einjährige Bildungsreise nach Rom unternommen. Der Kunst des Gatten hat der Anblick der Antike wenig genutzt; er blieb der Handwerker, der seine Familie mit Serien von Stadtpanoramen, mit Illustrationen zu Cottas »Taschenbuch für Gartenfreunde«, mit Abbildungen zu Humboldts Reisebüchern ernährte und der den Höhepunkt seines Erfolges darin erblicken durfte, Stiche der Pläne Boisserées für den Kölner Dom zu liefern.

Luise Duttenhofer aber hat in Rom erst ihre Sprache gefunden. Die häuslichen Szenen nämlich wären ohne die Erfahrungen der Antike Genrebilder des biedermeierlichen Bürgertums geblieben, deren elegante Geste, deren karikierender Trotz wohl einmal einen Kunstfreund hätten entzücken können. Zu einem zu Unrecht vergessenen Kommentar des privaten und kulturellen Lebens der Zeit aber konnten sie erst werden, als Luise Duttenhofer sich der antiken Mythologie zu bedienen wußte.

In den wenigen erhaltenen Briefen befleißigt sich Luise Duttenhofer gegenüber dem Ehemann einer gewissen resignierten Willfährigkeit. Diese Haltung mag aus der Unzufriedenheit darüber entstanden sein, daß ihr selbst die Ausübung eines künstlerischen Berufes verwehrt worden war. Stellvertretend lastet sie nun dem Gatten die Schuld für eine Benachteiligung an, die damals nur allzu normal war. Immerhin vermochte das beschränkte Talent des Mannes ihr die Notwendigkeit einer Bevorzugung nicht recht sinnfällig zu machen. In den Scherenschnitten, die – ein nicht seltenes Motiv in ihrem Werk – den Gatten porträtieren, behandelt ihn die Künstlerin dennoch stets mit gelassenem Humor. Lediglich einige mythologische Szenen mögen versteckt ihren Groll über die Ungleichheit des Paares ausdrücken: etwa jene Szene, in der Amor der Psyche, als welche sich Luise Duttenhofer gern selbst darstellt, die Flügel stutzt, ihr also Freiheit und Beweglichkeit rauben will. Verräterisch wird das kleine Werk vor allem, wenn man es einem anderen gegenüberstellt, auf dem Psyche einem Mann mit den Zügen und den Zeichenutensilien Christian Duttenhofers Flügel an die Fersen heftet, um ihn, einem Merkur gleich, in die Welt hinauszusenden.

Jedenfalls hat Luise Duttenhofer die Zurücksetzung nie ganz verwunden und keine Möglichkeit vorübergehen lassen, ihr Talent zu üben. Noch kurz vor ihrem Tode am 16. Mai 1829 schreibt sie von einer Reise nach München an eine Freundin: »In der Akademie, wo ich nach Antiken zeichnen wollte – den in der Gerumpel Kammer von Dannekers Parterre, kann man es nicht ordentlich, ist es (...) nur Künstlerinnen von Profession erlaubt, aber ich zweifele ob es einem Thadädl wie ich, zu hospicieren vergönnt ist. Da ich nun, was meine Zwecke sind das meiste selbst ausmitteln muß und ich mein Terrein noch nicht kenne so dürfte ich wohl, trotz der Männer ihrer Galanterie, die um kein Haar anders ist als bey uns, wohl noch ein schön Stük Arbeit vor mir haben.«

Die Münchener Reise war nach der Hochzeitsreise nach Rom die erste größere Fahrt in eine Kunststadt, die die über Fünfzigjährige mit Herzklopfen und Neugier antrat. Bis dorthin trieb sie, wie der Brief berichtete, in der »Gerumpel Kammer« Danneckers ihre Studien.

Johann Heinrich Dannecker (1758–1841), als Schüler der Stuttgarter Karlsschule Freund Schillers, dessen Büste er 1794 schuf, war bei einem Aufenthalt in Rom unter den Einfluß Canovas geraten. Von ihm übernimmt Luise Duttenhofer für manche Figuren die gelängte, schwere, müde Linienführung, wie sie der Klassizismus liebt. Dannecker mag der einzige Umgang der Künstlerin gewesen sein, der ihrem Schönheitssinn, der für ihre Umgebung nichts als einen weiblichen Spieltrieb zu befriedigen schien, Stoff und Formgefühl vermitteln konnte. Es kennzeichnet den Anspruch, den Luise Duttenhofer an sich selbst stellt, wenn sie ihr bescheidenes Metier, das jedermann sonst für eine Liebhaberei nahm, an den Ambitionen eines Bildhauers von europäischem Rang maß.

Bildhauer Dannecker mit Ariadne und Schillerbüste. Scherenschnitt von Luise Duttenhofer.

Dannecker wird die Tendenz ihrer Kunst, die sich in dem einen frühen Jahr in Rom entwickelt hatte, nämlich vor allem sich im Formenschatz der antiken Mythologie zu bewegen, sicherlich bekräftigt haben. Doch ist Luise Duttenhofer keine Illustratrin abgelebter und abgestandener Bildungsgüter. Die Motive der Antike dienen ihr als Zeichen, mit denen sie den bürgerlichen Szenen ihres Alltags Bedeutung verleiht. Aus ihm fließt ihr die Energie der Arbeit zu, er liefert den Stoff, die Antike ist, neben einer anspielungsreichen Komposition, lediglich die Sprache, in der sie die Erfahrungen formuliert.

Als Stern in der Gesellschaft, die bei Rapp und Hartmann verkehrte, durfte sich der Modedichter Friedrich Matthisson (1761–1831) fühlen, an dem, wie an keinem anderen, Luise

Duttenhofer ihren Spott ausläßt. Matthissons Ruhm fällt in die Zeit der Jugend der Künstlerin. Damals war die dritte Auflage seiner Jugendgedichte von Schiller, mit dem er sich in Ludwigsburg 1794 angefreundet und den er bald darauf in Jena wieder besucht hatte, in einer emphatischen Rezension gefeiert worden.

Solcher Autorität konnte ein junges Mädchen nicht widerstehen; Luise Duttenhofer bewunderte den Dichter, solange sie ihn nicht kannte, und widmete ihm ein eigenes Album mit Scherenschnitten. Hier sah Matthisson die Initiale seines Namens in barocker und zugleich mädchenhafter Manier schön gezogen, von Schmetterlingen geziert und von Puttos und Genien getragen. Als der eitle Poet sich jedoch in Stuttgart niederließ und sich durch Schmeicheleien allerlei Hofämter und Ehren erwarb – 1809 erhielt er Adelstitel und Wappen, 1811 wurde er Mitglied der Hoftheaterintendanz und Vorstand der Hof- und Staatsbibliothek –, wehrte sich der gerade Sinn der Duttenhofer gegen soviel Liebedienerei.

In einem ihrer berühmtesten Scherenschnitte charakterisiert Luise Duttenhofer Matthissons epigonales Verhältnis zu Schiller. Auf dem Bild, das ihn zusammen mit dem großen Dichter zeigt, rückt er sich Auge in Auge mit dem großen Geist und bildet gar sein spitznasiges Profil mit dem Doppelkinn dem Adlerprofil des Meisters nach. Danneckers Schillerbüste verbindet sich mit einem hohen Schrank zur Hermensäule, die seit alters die Weggabelung zwischen Verkennung und höchstem Ruhm symbolisch markierte. Das realistische Detail der Schlüssel bereichert die kunsthistorische Anspielung, darf man doch im Schrank den Tresor, wenn nicht gar den Sarg der Poesie des großen Dramatikers vermuten. Das schmale Bildchen an der Wand, das sich zunächst wie eine schulmädchenhafte Zutat ausnimmt, zeigt die mächtige Katze, von Mäusen zu Grabe getragen, die nun ihren Tanz beginnen können. Daß er sich nicht zu den ästhetischen Höhen des Vorbildes erheben wird, zeigen die Utensilien des bürgerlichen Wohllebens auf Matthissons Arbeitstisch und sein gemütlicher Pudel unter ihm.

Die geistreichen Scherenschnitte von Luise Duttenhofer, als sogenannte »Psaligraphien« aus der freien Hand, und zwar mit gefaltetem Papier spiegelbildlich geschnitten, wurden unter den Freunden von Hand zu Hand gegeben, ihr Ruhm von Mund zu Mund verbreitet. Öffentliche Bedeutung hatten sie kaum. Die Besprechung zweier Ausstellungen, an denen sie 1812 und 1824 teilnahm, im »Morgenblatt für gebildete Stände« erwähnen sie am Rande. Auch Goethe, zu dessen Übersetzung des Gedichtes »Charon« sie eine Illustration schnitt, bedachte sie nur mit einem gutmütigen Kompliment.

Scherenschnitte gehören zum geselligen Vergnügen des privaten Daseins jener Zeit, sie zählten nicht zu den anerkannten Werken der öffentlichen Kunst. Für diese allein waren die ernsten und großen Werke aufgespart. Die Statuen waren aus Marmor oder Gips, in denen das Jahrhundert sich verherrlichte, und sie mochten sich nicht umsehen nach den Schatten, die ihrer spotteten.

Sybil Wagener

Karoline von Günderrode

1780–1806

Den Dolch mit dem silbernen Griff, mit dem Karoline von Günderrode (1780–1806) ihrem jungen Leben ein Ende setzte, hat sie, so berichtet Bettine von Arnim, stets bei sich getragen, wohl auch ein wenig damit kokettiert. Niemand in ihrer Umgebung nahm daran Anstoß. Für die Romantik, deren früher Phase die Günderrode, neben Hölderlin, zugerechnet wird, war Todessehnsucht ein gelebtes Paradoxon: Angesichts der Zerrissenheit der Verhältnisse erschien der Tod als einziger Ort der Geborgenheit. Mit der Französischen Revolution war die Welt zunächst nur in Frankreich zusammengebrochen, doch wuchs Karolines Generation unter dem Eindruck einer schicksalhaften Bedrohung auf und reagierte verstört. Die Umwälzungen betrafen ja nicht nur die hohe Politik, sondern auch den Alltag von Menschen, die nach bestimmten Regeln gelebt hatten, deren Gültigkeit nun in Frage gestellt war.

Karoline von Günderrode gehört zu den tragischsten Figuren der deutschen Literaturgeschichte. Sie versuchte, die Freiheit der Lebensführung, die durch die Verkündigung der Menschenrechte auch den Frauen in Aussicht gestellt worden war, für sich zu nutzen, scheiterte aber an der unveränderten gesellschaftlichen Rollenverteilung. Sie war nicht die einzige Frau, die damals den Weg in die Literatur antrat; aber sie war die erste, die ihr Talent mit hohem Anspruch an sich selbst nach allen Richtungen ausprobierte. Schreibende Frauen waren schon vor der Revolution nichts Unerhörtes mehr. Der Briefroman »Das Fräulein von Sternheim« (1771) der Sophie von La Roche, Frau eines hohen Beamten im Dienst des Kurfürsten von Trier, war ein Bestseller. Die Berlinerin Anna Luise Karsch(in) erschrieb sich mit ihren »Auserlesenen Gedichten« 1764 einen Namen als »deutsche Sappho«. Karolines Mutter, Louise von Günderrode, veröffentlichte ebenfalls Gedichte und Aufsätze, freilich unter einem Pseudonym. Stärker noch als bürgerliche Frauen waren die Frauen aus dem Adel in ihre Standeskonventionen eingebunden.

Karoline Friederike Louise Maximiliane von Günderrode erblickt das Licht der Welt am 11. Februar 1780 in Karlsruhe. Ihr Vater ist Kammerherr und Regierungsrat beim Markgrafen von Baden-Durlach: Ein unbedeutendes Amt an einem kleinen Hof, aufgestockt durch das Rektorat des Gymnasiums. 1786 stirbt der 31jährige Vater von sechs Kindern und hinterläßt eine junge Witwe mit einer äußerst bescheidenen Rente. Die Töchter Louise, Charlotte und Amalie werden an Tuberkulose sterben, Karoline wird sich umbringen, auch Wilhelmine wird nicht älter als 37 werden, nur der jüngste Sohn Hector wird alle überleben. Nach dem Tod ihres Mannes zieht Louise von Günderrode mit ihren Kindern nach Hanau und wird Hofdame beim Landgrafen Wilhelm von Hessen. Sie kann sich nicht daran gewöhnen, ihren Lebensstandard einzuschränken, und zehrt das Familienvermögen auf, um das die Kinder später gegen sie prozessieren werden. Wenn Karoline das Haus in Hanau mit 17 Jahren verläßt, um in ein evangelisches Damenstift einzutreten, dann in erster Linie aus finanziellen Gründen. Sie ist bettelarm, an eine Mitgift ist nicht zu denken, und im »Cronstetten-Hyspergischen adeligen evangelischen Damenstift« in Frankfurt ist sie wenigstens versorgt. Es nimmt sitzengebliebene Mädchen und vermögenslose Witwen vornehmer Herkunft gewöhnlich erst ab dreißig auf; für Karoline wird das Eintrittsalter extra heruntergesetzt. Doch das Leben im Stift hat auch seinen positiven Aspekt, denn nichts lenkt sie hier vom Studieren und Schreiben ab.

Was ihr nicht in die Wiege gelegt war, versucht sie zu erzwingen: eine Karriere als professionelle Schriftstellerin. Christa Wolf hat Karoline von Günderrode Ende der 70er Jahre als Pionierin der literarischen Emanzipation entdeckt. Im Vorwort zu ihrer Edition von Texten der Günderrode (»Der Schatten eines Traumes«) schreibt sie: »Gezeichnet von einem unheilbaren Zwiespalt, begabt, ihr Ungenügen an sich und der Welt auszudrücken, lebt sie ein kurzes, ereignisarmes, an Erschütterungen reiches Leben, verweigert den Kompromiß, gibt sich selbst den Tod, von wenigen Freunden betrauert, kaum gekannt, hinterläßt, zu wichtigen Teilen ungedruckt, ein schmales Werk: Gedichte, Prosastücke, dramatische Versuche, gerät in Vergessenheit...« Schlimmer noch – ihr Bild wird vereinnahmt, übermalt von ihrer Jugendfreundin, der hemmungslos phantasierenden Bettine von Arnim, die in ihrem 38 Jahre nach Karolines Tod veröffentlichten Briefroman »Die Günderrode« zu einem Alter ego ihrer selbst verzeichnet. Die erste historisch-kritische Gesamtausgabe erfolgt mit zweihundertjähriger Verspätung 1990.

Karolines »unheilbarer Zweispalt« ist der einer Frau, die, um sich schreibend als Genie kultivieren zu können, auf ein »normales« Leben mit Ehemann und Kindern verzichtet. Den Anspruch, zu lieben und geliebt zu werden, gibt sie trotzdem nicht auf, allerdings, ohne den Preis der ungesicherten Nähe bezahlen zu wollen. Mit dem Gedanken, eines Mannes Geliebte zu sein – ihre Zeit ist nicht prüde –, spielt sie zwar, doch verhindert sie mit Bedacht seine Realisierung; Mangel an Hingabe wirft ihre erste Liebe, Karl Friedrich von Savigny, ihr vor, als er sich nach vier Jahren Zögern entschließt, Karolines beste Freundin Gunda von Brentano zu heiraten. Am wohlsten fühlt sie sich in einem Dreiecksverhältnis, in dem sie den geistigen Partner darstellt, während eine andere Frau für die körperlichen Belange zuständig ist. Daß die Verständigungsprobleme, die sie mit Männern hat, von ihrer Intellektualität herrühren, ist nicht von der Hand zu weisen. Denn so feminin sie aussieht und sich verhält – die in ihrem Freundeskreis verbreitete Anrede »Günderrödchen« deutet auf eine eher zarte Erscheinung –, so »männlich« erscheint ihr Geist. »Ja, man hat gar nicht mehr den Muth, dich kindlich zu nekken und in Liebe unterthan zu machen (wie wir Männer doch wollen), wenn man solche Weisheit betrachtet«, schreibt der geliebte Friedrich Creuzer ihr, nachdem er sich mit ihren Texten beschäftigt hat. Der Riß, der durch Karolines Herz geht, hat tiefere Ursachen als den romantischen Zeitgeist. Es ist schwer zu entscheiden, ob es ihre »Kopflastigkeit« ist, die es ihr verbietet, wie eine Frau zu leben, oder ob ihre Angst vor dem damals typischen weiblichen Schicksal ausschlaggebend ist, das nach der Heirat in einer Kette von Geburten zu bestehen pflegt, die früher oder später zu einer tödlichen Sepsis führen. Es scheint, als beneide sie die Männer nicht nur um ihre Bewegungsfreiheit, wenn sie seufzt: »Warum ward ich kein Mann! Ich habe keinen Sinn für weibliche Tugenden, für Weiberglückseligkeit. Nur das Wilde, Große, Glänzende gefällt mir. Es ist ein unseliges, aber unverbesserliches Mißverhältnis in meiner Seele; und es wird und muß so bleiben, denn ich bin ein Weib und habe Begierden wie ein Mann, ohne Männerkraft.«

Karoline will den Ruhm, der den Männern vorbehalten ist; sie will Größe, Genie. Und sie setzt hoch an. Die Erfahrungswelt der Frauen ihrer Zeit ist auf den häuslichen Bereich beschränkt, da sie weder reisen noch die Universität besuchen dürfen. Als weibliche Sujets akzeptiert werden von der Öffentlichkeit Liebesgedichte, Familienromane und Briefwechsel mit geistreichen Männern. Auch die bekannteren Schriftstellerinnen der Romantik, Bettine von Arnim, Caroline Schlegel-Schilling, Sophie Mereau-Brentano, Dorothea Schlegel, Rachel Varnhagen bewegen sich fast ausnahmslos in diesem Rahmen. Karoline aber will sich die Literatur in vollem Umfang erobern, sie will es den Männern gleichtun und eine philosophische Dichterin sein. Sie greift von vornherein nach anspruchsvollen literarischen Formen: dem Sonett, dem Dramolett, der phantastischen Prosa. Anspruchsvoll sind auch ihre Stoffe, die sie dem Mythos entnimmt, und das hohe philosophische Niveau, auf dem sie ihre Themen ansiedelt. In der Klausur ihrer Stiftswohnung liest sie – wie aus ihren Studienheften hervorgeht – Herder, Kant, Fichte, Schleiermacher und erarbeitet sich unter dem Einfluß von Schelling eine eigene Naturphilosophie. Sie beschäftigt sich nicht mit Gefühlen, sondern mit Ideen, die sie aber nicht diskursiv-trocken vorträgt, sondern in sinnliche Bilder faßt. Mit zwanzig Jahren, in einem Alter, in dem andere junge Leute ihre Liebesseufzer in Reime fassen, debütiert sie mit einem politischen Gedicht. Die Französische Revolution – die ausbrach, als Karoline neun Jahre alt ist – hatte als ein Produkt der Aufklärung in ganz Europa ihre Anhänger. Die blutige Zuspitzung des Umbruchs haben den Glauben der Zeitgenossen an die Vernunft als Schrittmacher der Weltgeschichte jedoch mehr und mehr erschüttert. Karoline von Günderrode schreibt im Geist ihrer Zeit:

Ein schmaler rauher Pfad schien sonst die
 Erde.
Und auf den Bergen glänzt der Himmel
 über ihr,
ein Abgrund ihr zur Seite war die Hölle,
Und Pfade führten in den Himmel und
 zur Hölle.

Doch alles ist ganz anders nun geworden,
Der Himmel ist gestürzt, der Abgrund
 ausgefüllt,
Und mit Vernunft bedeckt, und sehr bequem
 zum Gehen.

Des Glaubens Höhen sind nun demolieret.
Und auf der flachen Erde schreitet der
 Verstand,
Und misset alles aus, nach Klafter und nach
 Schuhen. ("Vorzeit. Und neue Zeit.")

Karolines literarisches Desinteresse am eigenen Gefühlsleben ist um so erstaunlicher, als sie sich in Friedrich Karl von Savigny verliebt hat, den sie im Sommer 1799 auf dem Landgut einer Freundin kennenlernte. Das Stift ist kein Kloster, auch wenn schwarze Kleidung mit einem steifen weißen Kragen und dem goldenen Kreuz darunter Vorschrift ist und die Mahlzeiten gemeinsam eingenommen werden. Karoline bewohnt zwei Zimmer zum Garten, der übrigens an das Grundstück der Familie Gontard grenzt,

Karoline von Günderrode. Der Kupferstich aus der ersten Hälfte des 19. Jahrhunderts wurde später koloriert.

wo Hölderlin – den sie wohl nie getroffen hat – gleichzeitig als Hauslehrer angestellt war. Kein Gelöbnis bindet die junge Stiftsdame, sie kann Besuche empfangen, ausgehen, verreisen – sie darf sich, kurz gesagt, einen Mann suchen, was für eine adlige junge Frau immer noch die aussichtsreichste Lebensplanung ist.

Die Begegnung ist ein *coup de foudre*: »Schon beim ersten Anblick machte Savigny einen tiefen Eindruck auf mich, ich suchte es mir zu verbergen und überredete mich es sei blos Theilnahme an dem sanften Schmerz den sein ganzes Wesen ausdrückt, aber bald, sehr bald, belehrte mich die zunehmende Stärke meines Gefühls daß es Leidenschaft sei was ich fühlte. Zürnen möchte ich mir selbst daß sich mein Herz so schnell an einen Mann hingab dem ich wahrscheinlich ganz gleichgültig bin.« Das Interesse ist durchaus wechselseitig, Savigny erkundigt sich sogleich nach Karolines Familienverhältnissen; die Auskünfte, die er erhält, scheinen allerdings nicht durchgehend positiv zu sein, vor allem macht ihm Karolines Ruf zu schaffen: »Ich weiß nicht, ob ich über dieses Mädchen dem Gerücht glauben soll, nach welchem sie kokett oder prüd oder ein starker männlicher Geist sein müßte, oder ihren blauen Augen, in denen viel sanfte Weiblichkeit wohnt....« In Savigny ist ein zukünftiger »großer Mann« angelegt, er wird als Rechtsgelehrter und preußischer Minister Karriere machen. Karoline ist nicht die Frau, die in einen solchen Lebensplan paßt, denn er kollidiert mit dem ihren: Sie will schreiben und berühmt werden, nicht einem adligen Haushalt vorstehen und Kinder großziehen.

Wenn sie – viel zu schnell – resigniert, dann vermutlich auch aus diesem Grund. Sie hat von vornherein das Gefühl, in den falschen Mann verliebt zu sein. »Ich fühle es nur zu sehr wie weit ich von dem Ideal entfernt bin das sich ein Savigny erträumen kann als daß ich hoffen dürfte; gewiß wird er ein Mädchen finden, das seiner Liebe würdiger ist als ich, und beinahe liebe ich ihn zu sehr, zu uneigennützig um zu wünschen, er möchte sein Ideal nicht finden; ich weiß selbst nicht was im Innern meines Herzens vorgeht, mit welcher Hoffnung ich mich trotz jenem traurigen Bewußtsein hin halte, aber doch ists so, ich kann mirs nicht verbergen, ein leiser dunkler Glaube ist noch in mir.« Möglicherweise hat sie auch einfach nicht die Kraft gehabt, die man für die Entwicklung einer Liebesbeziehung braucht. In jenen Jahren pflegte sie monatelang ihre beiden jüngeren Schwestern, die 1801 und 1802 an Tuberkulose starben. Am Krankenbett tröstete sie sich mit der Vorstellung, daß das Leben mit dem Tod nicht zu Ende sein könne, daß es sich um eine Überwirklichkeit handle, in der man die Menschen, die einem am nächsten gestanden haben, ohne die Gefahr erneuter Trennung wiedertrifft. »Die Bande der Liebe« heißt ein Gedicht aus dieser Zeit.

Ja ich kenne ein Land, wo Tote zu Lebenden reden,
Wo sie, dem Orkus entflohn, wieder sich freuen des Lichts,
Wo von Erinnrung erweckt, sie auferstehn von den Toten
Wo ein irdisches Licht glühet im Leichengewand.
Seliges Land der Träume! Wo mit Lebendigen Tote
Wandeln, im Dämmerschein, freuen des Daseyns sich noch.

Der Mensch, der ihr am nächsten stand, war ihre Schwester Charlotte. Als sie starb, hatte Karoline gerade Gunda Brentano kennengelernt, um deren Freundschaft sie nun leidenschaftlich wirbt. Gunda, die keine Intellektuelle ist, sondern ein Mädchen, das sich standes- und altersgemäß amüsieren will, antwortet kaum auf ihre Briefe. Sie hat mit Karoline eigentlich nur eines gemeinsam: Sie ist auch in Savigny verliebt. »Die individuellste eurer Berührungen ist vielleicht die, daß ihr beide an mir habt Geschmack finden können –«, stellt er fest. Mit den Geschwistern Brentano, die etwa in Karolines Alter sind: dem zwei Jahre älteren Clemens, der fünf Jahre jüngeren Bettine und der gleichaltrigen Gunda, hält sich Karoline häufig auf Savignys Landgut Trages in der Umgebung von Frankfurt auf. Gunda konkurriert mit ihr um die Zuneigung Savignys, und Karoline unterstützt sie dabei mit einer verdächtigen Großmut – verdächtig insofern, als ihr wirkliches Interesse nicht deutlich wird. Angestrengt hält sie ihre Verzichthaltung durch, ermahnt Gunda, nicht mit anderen Männern zu flirten, da Savigny nun einmal »besser als alle« sei, und weist Savigny zurück, als der um die Jahreswende 1803, während einer Krise in seiner Beziehung zu Gunda, die katholisch ist und plötzlich Bedenken hat, sich mit einem Protestanten zu verbinden, deutlich um Karoline wirbt. Ein Brief Savignys aus dieser Zeit zeigt, daß Karoline ihn auf Distanz hielt, ihre »kleine Leidenschaft« für ihn leugnete, Freundschaft anbot. »Ich stehe Ihnen gar nicht dafür«, antwortete Savigny, »daß ich mich nicht zu Zeiten etwas in Sie verliebe, und das soll der Freundschaft Abbruch tun. Zum Beispiel es wäre nicht ohne Gefahr, wenn Sie eine kleine goldene Uhr an einer goldnen Kette um den Hals trügen. Vor einem weißen Schürzchen, das Sie ehemals gehabt haben, fürchte ich mich gar nicht, denn das ist wohl schon längst zerrissen. ... Durch Schaden wird man klug, Erfahrung ist die beste Lehrmeisterin, und ein gebrenntes Kind scheut das Feuer: man spricht viel von den Leiden des jungen Werther, aber andere Leute haben auch ihre Leiden gehabt, sie sind nur nicht gedruckt worden.«

Wenn Karoline eifersüchtig ist, dann auf den Mann, der sich zwischen sie und Gunda drängt. »Das gefällt mir nicht, daß Sie mich ganz ausstreichen und sich an meine Stelle setzen wollen, denken Sie, ich werde mir das gefallen lassen? Sind Sie so erschrecklich stolz zu glauben, man werde mich Ihnen zulieb gleich für null, nichtig und subnummerär erklären und Sie so lieb haben als mich?« fordert sie ihn heraus. Sie genießt es, Dritte im Bunde zu sein, Vermittlerin, die von beiden gebraucht wird. Mit Savigny korrespondiert sie gelegentlich wie unter Erziehungsberechtigten: Aus bestimmten Gründen sei sie sehr böse auf Gunda, den Grund solle diese ihm aber selbst erzählen. (Sie verdächtigt Gunda wieder einmal, sich für einen anderen Mann zu interessieren.) Was sie zum Punkt ihrer Überlegenheit macht, ist ihre eigene »Vor-

Friedrich Carl von Savigny, 1809. Bleistift, Kreide auf Papier. Karoline von Günderrode lernte ihn im Sommer 1799 auf dem Landgut einer Freundin kennen und verliebte sich in ihn.

trefflichkeit«, ein Tugendideal, das alle »niederen« Gefühle ausschließt. Es ist eine seltsame Rolle, die sie sich da gesucht hat, einerseits »erzieht« sie die Freundin für den Mann, den sie selbst liebt, andererseits deutet sie diesem Mann moralische Unzulänglichkeiten der Freundin an, die offenbar nur ihr als solche erscheinen.

Es sieht fast so aus, als setze sie darauf, daß Savigny eines Tages von allein erkennen werde, wer von den beiden Frauen die ihm Ebenbürtige sei – Karoline. Als er sich schließlich für Gunda entscheidet, reagiert sie ratlos. Wie man seine Liebe anders gewinnen könne als durch Vortrefflichkeit, fragt sie ihn. Savigny holt sie aus ihrem moralischen Olymp auf die Erde: Dazu gehöre »das rechte Verhältnis der Selbständigkeit zur Hingebung«, belehrt er sie. «Sie haben hier anschauen gelernt, was ich schon lange weiß, wie das Gundelchen durch seine einfache Unbefangenheit viel besser ist als Sie und ich.«

Kurz vor der Hochzeit, als Karoline nichts mehr zu verlieren hat, oder auch nichts mehr riskiert, schickt sie Savigny ein ihm persönlich gewidmetes Liebesgedicht: »Der Kuß im Traume«.

Es hat ein Kuß mir Leben eingehaucht,
Gestillet meines Busens tiefstes Schmachten,
Komm, Dunkelheit! mich traulich zu umnachten,
daß neue Wonne meine Lippe saugt.

In Träume war solch Leben eingetaucht,
Drum leb ich, ewig Träume zu betrachten,
Kann aller andern Freuden Glanz verachten,
Weil nur die Nacht so süßen Balsam haucht.

Der Tag ist karg an liebesüßen Wonnen,
Es schmerzt mich seines Lichtes eitles Prangen
Und mich verzehren seiner Sonne Gluthen.

Drum birg dich Aug dem Glanze irdscher Sonnen!
Hüll dich in Nacht, sie stillet dein Verlangen
Und heilt den Schmerz, wie Lethes kühle Fluten.

Solche Dinge träumt das Günderrödchen, und von wem? Von jemand, der sehr lieb ist und immer geliebt wird.

Der Verlust Savignys, ob freiwillig oder unfreiwillig, ist der Preis, den sie für ihre Selbstentfaltung als Dichterin zu bezahlen hat. Niemand – außer Gundas kleiner Schwester Bettine, der sie Nachhilfeunterricht in Geschichte gibt – ahnt im mindesten, womit sie sich in der Abgeschiedenheit ihres Stiftes die Zeit vertreibt. Die schwärmerische Bettine wird in Zukunft Gundas Platz als Karolines »beste Freundin« einnehmen. Aber auch sie weiß nicht, daß sich hinter dem Pseudonym Tian, mit dem eine 1804 veröffentlichte Sammlung »Gedichte und Phantasien« gezeichnet ist, Karoline von Günderrode verbirgt. Über das, woran ihr am meisten liegt, das Schreiben, hat sie mit Gunda nicht reden können. Savigny deutet sie einmal etwas an: »Ich schreibe ein Drama, meine ganze Seele ist damit beschäftiget, ja ich denke mich so lebhaft hinein, werde so einheimisch darin, daß mir mein eignes Leben fremd wird. Gunda sagt, es sei dumm, von einer so kleinen Kunst als meine sei sich auf diesen Grad beherrschen zu lassen; aber ich liebe diesen Fehler, wenn es einer ist, er hält mich oft schadlos für die ganze Welt.« Es handelt sich um »Mahomed«, einen Text, der ein Jahr später in der zweiten Sammlung »Poetische Fragmente« erscheint.

Es spricht sich bald herum, daß der Dichter in Wirklichkeit eine Dichterin ist. Friedrich Creuzer jedenfalls sieht in Karoline nicht die schüchterne kleine Stiftsdame, sondern »Tian«, als er ihr im August 1804 begegnet. Der Skandal findet unter aller Augen statt. Karoline, zu Besuch in Heidelberg, beschäftigt sich auf einem Spaziergang zum Schloß mit dem unscheinbaren Professor intensiver, als es in den Augen der übrigen Anwesenden schicklich ist. »Ich weiß nicht, wie es kam, aber ich hatte ihm immer etwas zu sagen, das die anderen nicht hören sollten, und ihm ging es ebenso...« Friedrich Creuzer ist Professor für Alte Geschichte und Philologie in Heidelberg, 33 Jahre alt, verheiratet mit der 13 Jahre älteren Sophie, der Witwe seines Marburger Professors, in dessen Haus er während seiner Studienzeit verkehrt hatte. Es scheint eine Liebesehe gewesen zu sein, die Savigny ermöglicht hatte, indem er dem Kommilitonen, den er als Wissenschaftler schätzte, zwei Jahre seines Studiums bezahlte. Creuzer mußte für Sophie sorgen, die durch ihre Wiederverheiratung ihre Witwenpension verlor. – Das war erst fünf Jahre her.

Was Karoline in ihm sah, besser: was sie in ihn projizierte, hat sie in einem fiktiven Brief »An Eusebio«, der in die Sammlung »Melete« aufgenommen werden sollte, so beschrieben: »Mit Freude denk ich oft zurück an den Tag, an welchem wir uns zuerst fanden, als ich dir mir einer ehrfurchtsvollen Verlegenheit entgegentrat wie ein lernbegieriger Laie dem Hohenpriester. Ich hatte es mir vor-genommen, dir zu gefallen, und das Bewußtsein meines eignen Wertes wäre mir in seinen Grundfesten erschüttert worden, hättest du dich gleichgültig von mir abgewendet; wie es mir aber gelang, dich mit solchem Maße für mich zu gewinnen, begreife ich noch nicht.« Nicht einen Ehemann suchte sie, sondern einen Mentor. Insofern erlag Creuzer, der sich verliebte und Gegenliebe voraussetzte, einem Mißverständnis, denn auch in diesem Fall wird Karoline den Austausch von Empfindung und Erfahrung der körperlichen Nähe vorziehen. Die wahre Liebe steht für eine Idealistin wie sie hoch über dem, was sie das Animalische nennt.

Anfangs sieht es so aus, als habe sie sich unter den Augen der Savignys, die sich zu jener Zeit in Heidelberg aufhielten, auch deswegen in eine neue Liebesgeschichte gestürzt, um ihnen ihre Unabhängigkeit zu demonstrieren. Doch

Georg Friedrich Creuzer war ein kritischer Leser der Dichtung Karoline von Günderrodes.

bald entwickelt die Affäre ihre eigene Dynamik. Jedenfalls muß Karoline, bei ihren beiden Besuchen in Heidelberg im August und September 1804, Creuzer wiedergesehen haben, denn Mitte Oktober reist er nach Frankfurt, und nun gibt es kein Halten mehr. »Hingegeben in eine Ehe, die ihrer Natur nach keine sein kann, war ich mir nur einer unerfüllten Sehnsucht bewußt«, schreibt er ihr. »Sie kamen. Das Vertrauen, das Sie in den ersten Stunden unserer Bekanntschaft gegen mich zeigten, war das gegen einen alten Freund. Aus mir aber sprach Liebe vom ersten Augenblick an... Als ich von Liebe zu reden, zu schreiben anfing, ließen Sie mich nicht im Irrtum über das, was ich von Ihnen zu hoffen hatte: Vertrauen, Gutsein, nicht Liebe. Wie ich aber dennoch an Ihr Herz zu liegen kam? Wie ich erwarmen durfte an Ihrem keuschen Busen?«

Welcher Natur auch immer diese Umarmung war – Karolines Sinnlichkeit scheint sie nicht geweckt zu haben. Vielleicht hatte sie sich vorgenommen, nicht schon wieder einen Geliebten durch allzuviel Tugendhaftigkeit zu verlieren, doch an wirklicher Nähe war sie nicht interessiert. Sie suchte in Creuzer vor allem den Betreuer ihrer dichterischen Produktion. Von ihm fühlte sie sich im Innersten verstanden. Er war ein begeisterter und kritischer Leser ihrer Dichtung, sein Lob war fundiert, seine Anmerkungen halfen ihr weiter. Ein Mann stand vor ihr, mit dem sie Empfindung und Erfahrung teilen, von dem sie lernen konnte. Aus dieser Konstellation bezog sie die Stetigkeit der Zuwendung, die Creuzer an sie fesselte. Unreif und impulsiv, wie er ist, fällt er innerhalb von 48 Stunden von einem Extrem ins andere. Am 16. Oktober 1804, nach seiner Rückkehr aus Frankfurt, legt er, unter Tränen, eine Beichte bei seiner Frau ab, die ihn auf der Stelle freigibt. Sie stimmt zu, bei ihm zu bleiben und sich mit der Rolle der älteren Freundin zu begnügen. Creuzer jubelt in seinem Brief an Karoline: »Du siehst, ich bin freigelassen, und früher und edler als ich je dachte –«

Am nächsten Tag berichtet er, daß er aus dem ehelichen Schlafzimmer ausgezogen sei, doch schon einen Tag später widerruft er die Trennung. Offenbar hat Sophie alle Register gezogen. »Freilassen kann sie mich nicht – verlassen will sie mich, aber wie? Wie man in den Tod gehet! Nun höre ich auf zu glauben – aber auch zu hoffen. Ich bin nicht hart genug, töten zu können – sterben kann ich. Dieser Rückfall entscheidet mein Schicksal. Ich muß Ihnen alles sagen. In Ihrem Besitz kannte ich keine Grenze. Sie sollten, so hoffte ich, noch mein Weib werden. Meine Frau sollte bei uns zu bleiben wünschen – als Mutter, als Führerin unseres Hauswesens. Frei und poetisch sollte Ihr Leben sein. Nun aber, da ich keine Menschenopfer fordern kann, ist mir Ihr Besitz versagt.«

Aus dem Brief geht hervor, daß in die Beratungen, die Creuzer anderen Sinnes werden ließen, auch Savigny einbezogen wurde. Er äußerte Verständnis, gleichzeitig dämpfte er Creuzers kopflose Leidenschaft mit einem Hinweis auf Karolines »Narzißnatur«. Die Zeit ist liberal, Scheidungen und Wiederverheiratungen kommen häufig vor, auch ein ménage à trois hätte niemanden aufgeregt, vorausgesetzt, alle Beteiligten wären einverstanden gewesen, was Sophie nun einmal nicht ist. Sie kämpft, verschlagen und schlau, mit allen ihr zu Gebote stehenden Mitteln. Für Creuzer ist ausgemacht, daß er seine Affäre mit Karoline heimlich fortsetzt. Karoline hingegen geht auf Distanz: Er müsse sie mißverstanden haben, seine Vorstellung, wie sie glücklich zu machen sei, decke sich nicht mit der ihren.... Es sind nur wenige ihrer Briefe an Creuzer erhalten, er hat sie nach ihrem Selbstmord verbrennen lassen. Von seinen Briefen an sie sind ebenfalls einige vernichtet worden. Vor allem war es ihm wohl darum zu tun, unschuldig an ihrem Tod zu erscheinen. Was konnte ihn stärker kompromittieren als das Phantasieren einer Vermählung im Tod, dieser Lieblingsgedanke Karolines, an den sie ihn desto dringlicher erinnert, je verfahrener die Situation wird? In seiner ersten Verzweiflung läßt er sich auf diesen pathetischen Tonfall ein: »Laß mich hoffen oder sterben – sterben für dich.«

Was für Creuzer jedoch nur eine Übertreibung der angeblichen Schicksalhaftigkeit seiner Lage ist, ein Vorwand auch, um sich der fälligen Entscheidung zu entziehen, bedeutet für Karoline eine echte Alternative. Sie lebe, sagt sie, in zwei Sphären, auf der Oberwelt mit der Sonne und den Menschen und in der Unterwelt mit den Schatten. In die »Unterwelt«, in den lebhaften Verkehr mit den Geistern der Toten und den Wörtern der Lebenden, taucht sie beim Schreiben ein. In der »Oberwelt«, unter den Menschen, verhält sie sich, wie man es von ihr erwartet.

Im Grunde ist es wieder, wie im Falle Savignys, die Konstellation eines Dreiecks, in dem sie den kürzeren zieht. Sophie kämpft auf ihre Weise, setzt Creuzer durch ausgestelltes Leiden und demonstrative Güte – »die Gutmütige« apostrophiert er sie in seinen Briefen, sich selbst als »der Fromme«, wohl weil er aus dem gemeinsamen Schlafzimmer ausgezogen ist und sich mit der fernen Karoline, »der Poesie«, wie mit einem Altarbild eingerichtet hat – moralisch unter Druck und gewinnt schließlich die Partie, weil Karoline ihrer körperlichen Präsenz nicht Vitalität entgegenzusetzen hat, sondern Idealität. Wieder einmal läßt Karoline sich auf ein Freundschaftsmodell ein, unterschreibt, wie schon bei Savigny, ihre Briefe mit »der Freund«; wieder einmal glaubt sie, sich durch eine solche Abspaltung der »hohen« geistigen von den »niederen« leiblichen Bedürfnissen ein dauerhaftes Anrecht auf einen Mann zu erwerben, mit dem sie nicht zusammenleben kann, und genaugenommen auch nicht will.

Wer der Idealität der Beziehung nicht traut, ist Sophie. Sie überwacht Karolines Briefwechsel mit Creuzer. Er bittet Karoline, ihm über einen Mittelsmann zu schreiben. Sie ist empört darüber, daß er ihr solche Heimlichkeiten zumutet: »Meine Briefe waren Ihnen das Liebste und Erfreulichste, Sie geben sie auf, nicht gegen etwas Großes oder Vortreffliches, nein, wie Sie selbst gestehen, wegen eitler Besorgnis, wegen der Schwachheit in Gestalt des Weibes. Es ist hier nichts Verdammliches, es ist nur schlimm, daß Sie sich nicht eingestehen wollen, daß Sie eigentlich Ihrer Frau in vielem Sinn angehören; und warum sollte das auch nicht sein. Kehren Sie ganz und mit Bewußtsein zu ihr zurück.«

Das hätte der Schlußstrich sein können, sein müssen, doch Creuzer läßt nicht los. Er bittet und droht, jammert und klagt an, setzt Karoline ins Unrecht, appelliert an die Dichterin – er weiß, welchen Offerten sie nicht widerstehen kann: Er will die nächste Sammlung, »Melete«, in derselben Buchhandlung erscheinen lassen, »woraus Goethes Sachen hervorgegangen« sind, er gründet eine Zeitschrift und bittet Karoline um ihre Mitarbeit. Karoline findet eine Lösung, die ihrer Aufrichtigkeit entspricht: Sie will ihren Verkehr mit Creuzer so offen gestalten, daß Sophie keinen Grund mehr hat, ihnen zu mißtrauen. Diese soll über jedes Detail des Verhältnisses informiert sein. Creuzer gefällt das ganz und gar nicht: »Es wäre doch traurig, wenn Sie mir nichts mehr zu sagen hätten, als was jedermann wissen darf.« Er will alles: die Universitätskarriere, die Bequemlichkeit seines Haushaltes *und* den Glanz, den die Liebe einer genialen Frau auf ihn wirft. Aber auch Karoline will zuviel: ein Leben in Freiheit *und* die Liebe eines Mannes.

Die seltenen Treffen führen zu immer neuen Anläufen Creuzers, sich von Sophie zu trennen, die diese nach immer demselben Schema pariert: Erst gibt sie nach, dann setzt sie ihn unter Druck. Creuzer regt Karolines Phantasie an, indem er erwägt, sich an der neugegründeten Universität von Moskau zu bewerben, wo Wissenschaftler von Ruf dringend gesucht werden. Tatsächlich schickt er das Bewerbungsschreiben nie ab, während Karoline ernsthaft den Plan verfolgt, ihn in Männerkleidung als sein Bedienter zu begleiten. Geld könnte das Problem vielleicht lösen, da es auch darum geht, Sophie im Fall einer Scheidung angemessen zu versorgen, doch Karoline hat ja noch nicht einmal eine Mitgift, und wenn ihre Familie dahinterkommt, daß sie dabei ist, eine Ehe zu zerstören, wird sie obendrein enterbt. Auf dieses schnöde Argument zieht sich Creuzer schließlich zurück, nachdem er sich so weit vorgewagt hatte, daß Karoline initiativ wird und (ausgerechnet) Savigny um Beistand bittet, hinter den sich längst Sophie gesteckt hat. Creuzer findet einen Grund nach dem anderen, um von Karoline nicht bei dem Wort genommen zu werden, das er ihr offensichtlich gegeben hat. Er will vor allem seine Universitätskarriere nicht gefährden. Sein Dienstherr, der Kurfürst, den er um die Erlaubnis für eine Scheidung bitten müßte, ist übrigens derselbe Karl-Friedrich von Baden-Durlach, dem Karolines Vater gedient hatte, und dem im Zug des postrevolutionären Revirements die rechtsrheinische Pfalz mit Heidelberg zugefallen war.

Ließe er Karoline nur los; aber er denkt nicht daran. Er fängt an, sie mit seiner Eifersucht zu quälen. Da er auf sie verzichten muß, kann er sich der Vorstellung nicht entziehen, daß sie sich in einen anderen Mann verlieben könnte. Er treibt einen Keil zwischen sie und die Savignys und verbietet ihr sogar den Umgang mit Bettine, die seine Empfindlichkeit verletzt hat, als sie ihm im Haus der Savignys mit unverhohlener Antipathie begegnete, ohne etwas von seinem Liebesverhältnis mit ihrer Freundin zu ahnen. Zuletzt ist Karoline ganz isoliert, tief zermürbt und klammert sich nur noch an die Idee, mit Creuzer zusammen zu sterben. Achim von Arnim, Bettines Bräutigam, vergleicht sie mit einem Lamm, das am Ende nichts mehr zu opfern hatte als sich selbst...

Einer auf Creuzers Betreiben zustande gekommenen Verabredung im Juli 1806 in Winkel am Rhein bleibt er fern, weil er, was Karoline nicht weiß, ernstlich erkrankt ist. Während sie auf eine Nachricht wartet, gelingt es seiner Umgebung, ihm die Zustimmung zum Bruch mit Karoline abzuringen. Er muß gewußt haben, daß es ein Todesurteil war, hat sich aber später nie dazu geäußert. Der Brief, in dem einer Freundin Karolines – zu dem Zweck, es

Karoline »schonend« beizubringen – mitgeteilt wird, es sei Creuzers »bestimmt und entschieden erklärter Wille, daß das bisher zwischen ihm und der Fräulein Karoline bestandene Verhältnis aufgehen, daß es vernichtet sei«, gerät in Karolines Hände. Sie soll sehr vergnügt am gemeinsamen Abendessen mit den Freunden teilgenommen, mit großem Appetit gegessen, gelacht und gescherzt haben. Dann wünschte sie ohne Begleitung im Mondschein spazierenzugehen. Nach wenigen Minuten kam sie noch einmal zurück und holte ihren Schal. Am nächsten Morgen fand man sie am Rheinufer in einem Weidenbusch. Der Dolchstich ins Herz war sofort tödlich gewesen. In den Schal hatte sie einige Steine gebunden, wahrscheinlich um sich, falls der Dolch nicht treffen sollte, in den Rhein zu stürzen.

Creuzer genas. Er wurde erst nach Wochen von Karolines Selbstmord informiert und nannte sie von nun an »Die Selige«. Die Trauer hinderte ihn nicht daran, in seiner Reichweite alles, was Karoline ihm anvertraut hatte, zu vernichten: die Mehrzahl ihrer Briefe und, was noch schwerer wiegt, die im Druck befindliche Ausgabe der Sammlung »Melete«, die herauszugeben er sich verpflichtet hatte. Glücklicherweise wurde ein teils aus Druckfahnen, teils aus handschriftlichen Kopien bestehendes Exemplar von einem Sammler gerettet, sonst wäre dieses dritte Werk Karolines für immer vernichtet gewesen.

In Creuzers (höchst langweiligen) Memoiren kommt Karoline nicht vor. Schon im Oktober 1806 war seine Welt wieder im Lot. In einem Brief an seinen Vetter Leonhard schrieb er: »Seitdem ich die Stürme des Lebens und Todesszenen als Studien zur höheren Lebenskunst, die zu Gott führt, betrachten gelernt, verliert in den Stunden der Geistesfreiheit auch das Schmerzlichste seinen Stachel. Wenn ich nur meine Sophie noch recht lange behalte.«

Hans Schumann

Königin Katharina von Württemberg

1788–1819

Zwei deutsche Fürstinnen des frühen 19. Jahrhunderts, die eine im Norden, die andere im Süden Deutschlands, sind unvergessen: Königin Luise von Preußen und die zwölf Jahre jüngere Königin Katharina von Württemberg, geboren am 21. Mai 1788 als russische Großfürstin in Zarskoje Selo. Gemeinsam geprägt durch den Kampf gegen Napoleon, waren sie politisch sehr engagiert und starben in jungen Jahren. Während Luise als eine Frau in Erinnerung blieb, die in Notzeiten herzliche Zuwendung und mutmachende Tatkraft ausstrahlte, ist Katharina darüber hinaus noch heute in den Institutionen präsent, für die sie vor 175 Jahren in Stuttgart den Grundstein gelegt hat. Es sind dies, in der Reihenfolge ihrer Entstehung, das Wohlfahrtswerk für Baden-Württemberg, die Landesgirokasse, das Königin-Katharina-Stift, die Universität Hohenheim und das von ihr noch geplante Katharinenhospital. Dies ist ein ganz erstaunliches Ergebnis ihres wenig mehr als zwei Jahre währenden Wirkens in Württemberg und die einzigartige Lebensleistung einer außergewöhnlichen Persönlichkeit.

In der Linderung von Not und Armut und in der Fürsorge für das Erziehungswesen sah sie ihre Lebensaufgabe, darin ihrer Mutter nacheifernd, der Kaiserin Maria Feodorowna, mit der erstmals die politisch bedeutsame verwandtschaftliche Verbindung zwischen dem Haus Württemberg und der Dynastie der Romanows geknüpft wurde. Die Kaiserin war als Tochter des Herzogs Friedrich Eugen von Württemberg und der Prinzessin Dorothea von Brandenburg-Schwedt, einer Nichte Friedrichs des Großen, in Stettin geboren und auf den Namen Sophie Dorothea getauft worden. Sie hatte den Großfürsten und späteren russischen Kaiser Paul geheiratet und ihm zehn Kinder geboren, von denen eines früh starb. Maria Feodorowna stand allen kaiserlichen Erziehungsinstituten und großen Wohlfahrtsanstalten vor; sie arbeitete an der Hebung der Landwirtschaft auf ihrem Lieblingssitz Pawlowsk und den dazugehörigen Dörfern, wo sie Schulen, ein Hospital und Hilfskassen errichtete. Mit diesen Aufgaben hat sie auch ihre Tochter Katharina vertraut gemacht, die sich derer später in Württemberg so segensreich annahm.

Die Erziehung der Großfürstin, geleitet von der Oberhofmeisterin Charlotte von Lieven, ging wie die ihrer Geschwister unter den Augen der alles beherrschenden, dem Sohn und der Schwiegertochter gegenüber mißtrauischen Großmutter Katharina der Großen, deren Namen die Enkelin erhalten hatte, vor sich. Erst nach deren Tod 1796 und mit der Thronbesteigung Pauls und Maria Feodorownas kam die Familie zusammen, doch bei dem immer despotischer und unberechenbarer werdenden Ehemann und Vater konnte ein normales Familienleben nicht gedeihen. Die Ermordung Pauls 1801 im Gefolge einer Offiziersverschwörung verdüsterte die Jugend Katharinas. Sie erhielt eine sorgfältige Ausbildung durch ausgezeichnete Lehrer, wobei der religiösen Unterweisung im orthodoxen Glauben besondere Aufmerksamkeit galt. Der Schweizer de Puygé unterrichtete in Geschichte, Geographie und Französisch, der Astronom Krafft, von schwäbischer Herkunft, Mathematik und der Nationalökonom Storch aus Riga Staatswissenschaft. Reit- und Tanzunterricht vervollständigten den Lehrplan.

Wie in allen Fürstenhäusern waren die Eltern um eine gute, das heißt finanziell und politisch vorteilhafte Verheiratung ihrer Kinder besorgt. Nachdem fünf Geschwister vermählt waren und auch Katharina im heiratsfähigen Alter stand, beauftragte Maria Foedorowna den Fürsten Kurakin und den Grafen Golowkin, die europäischen Höfe zu bereisen und nach einem geeigneten Bräutigam Ausschau zu halten. Kurakin griff gleich ganz hoch, denn er meinte, der gerade zum zweiten Mal verwitwete Kaiser Franz I. von Österreich sei gewiß eine erwünschte Partie. Da aber legte Zar Alexander Einspruch ein, denn er hielt den Österreicher für schwächlich, furchtsam und geistig zu unbedeutend, als daß seine elf Jahre jüngere Lieblingsschwester mit ihm glücklich werden könnte. Katharina, politisch höchst engagiert, wäre eigentlich ganz gern österreichische Kaiserin geworden, fügte sich aber. Als weitere Bewerber schienen die beiden österreichischen Erzherzöge Ferdinand und Johann in Betracht zu kommen, doch vortastende Gespräche führten zu keinem Ergebnis.

Für die aparte und temperamentvolle Neunzehnjährige, die mit ihren manchmal schockierenden Ansichten nicht hinterm Berg hielt, einen ihr geistig gewachsenen Mann zu finden, war nicht leicht. Ihre Schwägerin, die Kaiserin Elisabeth, schrieb einmal ihrer Mutter, sie habe nie eine eigenartigere junge Frau getroffen: Katharina habe eine Art zu sprechen, die nicht einmal für eine Frau von vierzig passend sei, geschweige denn für ein junges Mädchen. Außerdem mache sie bisweilen eine Szene und versuche, ihre Mutter um den Finger zu wickeln. Der französische Gesandte in St. Petersburg berichtete, Katharina sei im Volk beliebt, aber halsstarrig und ehrgeizig, und sie habe keine Vorliebe für die Franzosen. Letzteres sollte sich bald in einer für alle Beteiligten etwas heiklen Angelegenheit erweisen.

Schon längere Zeit hatte Napoleon den Gedanken erwogen, sich von der geliebten Josephine zu trennen, um seine Herrschaft zu legitimieren und einen Erben zu bekommen. Zu Talleyrand bemerkte er einmal, er müsse mit einer großen Fürstentochter eine Dynastie gründen, und Alexander habe Schwestern, eine im passenden Alter. Beim Fürstenkongreß in Erfurt angesprochen, entzog sich jener, da die Entscheidung in dieser Sache bei der Mutter liege. Aber Maria Feodorowna und ihre Tochter waren fest entschlossen, dem Emporkömmling einen Korb zu geben: Eher werde sie den letzten russischen Ofensetzer heiraten, sagte Katharina.

Um aber diesen peinlichen Schwebezustand nicht weiter hinauszuziehen, war nun doch eine rasche Verehelichung geboten. Es traf sich, daß gerade zur Zeit des Erfurter Kongresses Prinz Georg von Holstein-Oldenburg mit seinem Vater, der mit einer jüngeren Schwester Maria Feodorownas vermählt gewesen war, zu Verwandtenbesuch in St. Petersburg weilte. Georg hielt um die Hand seiner Cousine an, und Katharina willigte ein.

Die russische Zarin Maria Feodorowna (1759–1828), selbst aus dem Hause Württemberg stammend – Tochter Herzog Friedrich Eugens von Württemberg und seiner Frau Friederike Sophie geb. Prinzessin von Brandenburg-Schwedt –, war die Mutter Katharinas. Das zeitgenössische Gemälde zeigt sie als russische Großfürstin und Kronprinzessin.

Der in St. Petersburg lebende französische Schriftsteller Graf de Maistre schrieb an einen Freund in Italien. »Die Herkunft des Prinzen ist die ehrenwerteste, denn er gehört, wie auch der Kaiser, dem Holsteinischen Hause an. In den übrigen Beziehungen ist diese Heirat ungleich, aber vernünftig und der Großfürstin würdig. Jede Prinzessin, deren Familie sich der schrecklichen Freundschaft Napoleons erfreut, handelt sehr klug, wenn sie sich auch etwas bescheidener verheiratet, als sie mit Recht hätte erwarten können; denn wer kann für alles stehen, was jener sich noch in seinen Kopf setzt? Es ist daher nicht zu verwundern, daß ihr Wunsch es war, ihre Familie und das ihr so teure Rußland nicht verlassen zu müssen, denn der Prinz wird sich hier niederlassen, und Sie können sich denken, welch glänzende Stellung seiner wartet.« Die Ende April 1809 geschlossene Ehe war sehr glücklich; dem jungen Paar wurde das stattliche Antischkowskij-Palais zugewiesen, und Katharina erhielt die bedeutende Mitgift von über zwei Millionen Rubel.

Prinz Georg war zum Oberverwalter der Verkehrswege und zum Generalgouverneur von Twer, Nowgorod und Jaroslawl ernannt worden. Das Paar hatte Twer an der oberen Wolga, auf dem Weg von St. Petersburg nach Moskau gelegen, zur Residenz erwählt. So konnte Alexander oft zu Besuch kommen, denn Katharina war seine engste Vertraute geworden, sowohl in persönlichen wie auch in politischen Angelegenheiten. Sich mit ihr zu beraten war ihm Bedürfnis, zumal die Schwester mit seiner Geliebten Maria Naryschkina befreundet war und an dieser Beziehung keinen Anstoß nahm. Auch hatte sie, selbst stark im griechisch-orthodoxen Glauben verwurzelt, Verständnis für Alexanders Hang zum Mystizismus und seinen späteren Weg zu tiefer Religiosität.

An den Aufgaben ihres tüchtigen und auch kunstsinnigen Gatten nahm Katharina lebhaften Anteil. Sein Sekretär erinnerte sich, »daß die Großfürstin selten einen Tag vorübergehen ließ, ohne daß sie in meiner Anwesenheit in das Arbeitszimmer des Prinzen hereinkam. Ein reicher, hoher und scharfer Verstand ergoß sich aus ihrem Munde, und sie wollte die genaueste Auskunft haben.« Sie sei wißbegierig bis in alle Einzelheiten, und ihre Schlußfolgerungen seien kurz, entschieden und oft schonungslos gewesen.

In Pawlowsk gebar sie 1810 ihren Sohn Alexander, 1812 in Jaroslawl den zweiten Sohn Peter. Die Jahre in Twer waren die glücklichsten in ihrem Leben. Der kleine Hof, an dem man sich ungezwungen bewegte, zog Staatsmänner, Künstler und Gelehrte an, darunter den Freiherrn vom Stein, der, von Napoleon geächtet, in Rußland Zuflucht gesucht hatte und in der Großfürstin eine Mitstreiterin für sein Ziel, die Befreiung Europas von französischer Hegemonie, fand; Nikolaj Karamsin, der auch als Dichter berühmt gewordene Verfasser einer vielbändigen Geschichte des russischen Staates, war ebenso zu Gast wie Graf Feodor Rostoptschin. Katharina setzte dessen Ernennung zum Gouverneur von Moskau gegen Widerstände durch, und er war es wohl, der Moskau nach der Besetzung durch die Franzosen in Brand stecken ließ und damit den Untergang der großen Armee Napoleons einleitete.

Der Hof von Twer wurde zum Mittelpunkt der patriotisch-konservativen Kreise, und Katharina, die sie um sich geschart hatte, war darin die treibende Kraft. Als im Sommer 1812 der Krieg mit Frankreich und dem ihm zwangsweise verbündeten Europa ausbrach, war es Katharina, die, von glühender Vaterlandsliebe beseelt, den revolutionär wirkenden Gedanken unterstützte, zur Rettung Rußlands das ganze Volk zu mobilisieren. Davon inspiriert, rief das kaiserliche Manifest den Adel und alle anderen Stände zur Bildung von Landwehren auf, um den Feind überall zu schlagen, wo er sich blikken lasse. Der Appell an die Opferbereitschaft und die Kampfentschlossenheit der Russen entfesselte den Volkskrieg, mit dem Napoleon nicht gerechnet hatte und der für ihn und seine Soldaten so verhängnisvoll wurde. Unverblümt forderte Katharina Alexander auf, den anfänglich übernommenen Oberbefehl niederzulegen, weil er dazu nicht fähig sei, und ihn den Militärs zu überlassen, was er dann auch tat. Auf eigene Kosten rüstete sie ein nach ihr benanntes Jägerbataillon aus, das sich auf vielen Schlachtfeldern bewährte.

Ohne Wanken glaubte sie an Rußlands Sieg, und selbst nach dem Brand von Moskau, als in St. Petersburg die Friedenspartei zu kapitulieren bereit war, schrieb sie dem General Franz Dewolan, einem gebürtigen Holländer und Leiter des Verkehrsdepartements in der Gouvernementsregierung, es lasse sich zwar nicht voraussehen, wann der Strom zum Stillstand komme, »aber was auch geschehen mag – keinen Frieden schließen! Das ist mein Glaubensbekenntnis.« Ihr Wort galt viel und stärkte Alexanders Durchhaltewillen. Als Napoleon im Oktober 1812 den Rückzug aus Moskau antrat, rief sie in einem Brief an Karamasin den Feinden stolz zu: »Unsere ruhmvolle Hauptstadt ist untergegangen, aber wir sind unerschüttert geblieben. Ihr habt Frieden erwartet, aber nein, wir sagten: Tod!«

Doch im Hochgefühl des Triumphes traf sie der schwerste Schlag. Prinz Georg, der sich beim Besuch der von ihm eingerichteten Lazarette mit Flecktyphus angesteckt hatte, starb am Jahresende. Aus Verzweiflung geriet Katharina in eine schwere seelische und körperliche Krise und suchte Trost bei der Mutter in Pawlowsk. »Man hört«, schrieb Karamasin dem Innenminister Dmitrijew im März 1813, »daß die Großfürstin niemanden sehen will und nur ihrem Schmerz lebt, wobei sich ihre Gesundheit verzehrt. Das beunruhigt uns sehr.« Die Ärzte verordneten eine Kur in den böhmischen Bädern, aber Dewolan gestand Katharina, ihre Gesundheit sei, mit Ausnahme der Schwäche und fast täglicher Ohnmachten, eigentlich gut; sie glaube nicht an die Wirkung der Bäder, das Reisen werde ihr mehr helfen als eine Kur. In den denkwürdigen Jahren der Freiheitskriege war sie denn auch ständig unterwegs, stets in Verbindung mit Alexander und im Umkreis der großen Politik, aber auch entschlossen, nicht Witwe zu bleiben, sondern sich erneut zu verehelichen.

Vermittelnd schaltete Katharina sich in eine Begegnung zwischen Alexander und Metternich ein; Österreich, noch neutral, war interessiert zu erfahren, wie sich Rußland die Neuordnung Deutschlands dachte, und Rußland wünschte sich das Bündnis mit Österreich im Krieg gegen Napoleon. Die Begegnung, an der Katharina teilnahm, kam im Juni auf Schloß Opotschno zustande und führte zu konkreten Vorstellungen über einen möglichen Friedensvertrag mit Frankreich. Aber nicht sicher, ob Österreich tatsächlich an die Seite von Rußland und Preußen treten werde, schrieb Alexander gleich nach dem Treffen an die Schwester: »Ich bedaure, daß Du mir noch nichts über Metternich gesagt hast und darüber, was notwendig ist, um ihn ganz für uns zu haben; ich verfüge über die notwendigen Mittel, Du brauchst also nicht zu sparen.« Katharina zur Bestechung Metternichs zu ermutigen, dies ist eine überraschende Rolle, die ihr da zugedacht war, aber offenbar war sie in solchen Geschäften nicht unerfahren.

Von Prag ging die Reise nach Karlsbad, doch Katharina schrieb über das Badeleben, es sei »das allerermüdendste und müßigste, das ich mir denken kann. Die hiesigen Wasser bringen mir mehr Schaden als Nutzen.« Sie reiste weiter nach Wien, wo sie vom Kaiserpaar freundlich empfangen wurde. Ihre Eindrücke teilte sie Dewolan in einem Brief mit, der für ihre weitgespannten Interessen und für ihren Patriotismus charakteristisch ist: »Ich habe in Wien nach Kräften alles beobachtet und gemerkt, daß die Binnenschiffahrt, die Reinigung der Flüsse, die Wasserbauten dort noch ganz in den Kinderschuhen stecken. Ich sprach von Ihnen, lieber General, und berief mich auf Ihre unsterblichen Arbeiten; ich versprach die Pläne derselben, und mit Stolz werde ich der Welt zeigen, was wir in Rußland haben, was wir Ihnen verdanken. Die Einzelheiten der Schlacht von Leipzig sind Ihnen bekannt, darum rede ich nicht davon. Am meisten überrascht mich die Tatsache, daß jetzt russische Heere von der Festung Petropawlowsk bis zu den Ufern des Rheins aufgestellt sind und daß es Leute gibt, die von Kamtschatka bis vor die Mauern von Frankfurt gekommen sind. Aber jetzt gilt es nicht, von den Erfolgen trunken zu sein; im Gegenteil, es gilt jetzt zu ernten. Nachdem Rußland Ströme von Blut vergossen hat, muß es infolgedessen seine Macht und besonders seine Oberherrschaft auf künftige Zeiten sicherstellen. Niemand, Sie müssen das schon lange wissen, ist eifersüchtiger auf den Ruhm unseres Volkes als ich. Je mehr Völker ich sehe, desto mehr überzeuge ich mich, daß es das erste unter ihnen ist.«

Über Weimar begab sich Katharina zu einer Zusammenkunft mit Alexander nach Schaffhausen und kam auf dem Weg dorthin erstmals nach Stuttgart und Ludwigsburg, von König Friedrich, dem Bruder ihrer Mutter, ehrenvoll aufgenommen. Ihren Vetter, den Kronprinzen Wilhelm, lernte sie noch nicht kennen, denn er stand im Feld.

Im Januar 1814 machte sie in Schaffhausen die Bekanntschaft Johann Georg Müllers, des angesehenen Pädagogen, der die Gespräche, unter anderem über die die Schweiz bewegenden Verfassungsfragen und religiöse Themen, in seinem Tagebuch festhielt. Ein längerer, von ihm deutsch und von ihr französisch geführter Briefwechsel schloß sich an. Auf Katharinas Bitte hin verfaßte Müller ein Buch über den »Glauben der Christen« und übersandte ihr die ersten Exemplare. In einem ihrer Briefe schrieb ihm Katharina, daß sie die Schweiz für das geeignetste Land halte, um die Utopie eines Thomas Morus mit notwendigen Änderungen zu realisieren, und – bemerkenswert für eine Fürstin, die von der Alleinherrschaft des russischen Kaisers überzeugt war – daß jede monarchische Regierung, sei sie auch liberal und konstitutionell, der Wahrheit Fesseln anlege: »Sie sind die einzig bestehende Republik, nutzen Sie Ihren Vorteil.«

Von Ihrem Leibarzt erfuhr Müller, daß Katharina sehr streng gegen sich selbst sei, sie schlafe auf einem kleinen, schmalen Sofa, arbeite, schreibe und lese meist bis nach Mitternacht und stehe morgens um fünf Uhr auf.

Von Schaffhausen aus fuhr Katharina nach Norddeutschland, hielt sich zum zweiten Mal in Stuttgart auf und besuchte die Königliche Bibliothek und Danneckers Atelier. Anfang Februar traf sie bei ihrem Schwiegervater in Oldenburg ein und blieb dort einen Monat. Weiter ging die Reise nach Holland, wo Katharina voller Wißbegierde alle Sehenswürdigkeiten, aber auch Dämme, Schleusen und Mühlen besichtigte und in Zaandam das Häuschen, in dem Peter der Große in der Zeit seiner Schiffbauerlehre gelebt hatte. Dewolan bot sie an, sich bei ihm einem Examen über Holland zu unterziehen, so sehr sei sie von dem Land eingenommen.

In England erreichte sie zu ihrer größten Freude die Nachricht vom Einzug der Verbündeten in Paris Ende März, worauf sie die Trauerkleidung ablegte. Für Katharinas weiteren Lebensweg waren die Wochen von großer Bedeutung, denn hier begegnete ihr der württembergische Kronprinz. Als erfolgreicher Armeekorpsführer im Feldzug gegen Frankreich war Wilhelm wegen seiner militärischen Verdienste und seiner Verwandtschaft mit dem englischen Königshaus dort sehr populär. Beide kamen sich näher und sahen sich in Köln wieder.

Im September weilte Katharina mit ihrer Schwester abermals in Wien und beabsichtigte, dort die Zeit des Kongresses, der die Repräsentanten ganz Europas vereinigte, zuzubringen. In der vor Lebenslust vibrierenden Kaiserstadt, im Spektakel glänzender Empfänge, Redouten und Bälle mit ihren Kabalen und Affären gewannen die Schwestern rasch die Aufmerksamkeit der Kongreßteilnehmer, waren Gegenstand der Diplomatengespräche und der Gerüchte. Man registrierte, daß Kronprinz Wilhelm um Katharina warb, zu ihrem Ärger machte er allerdings auch einer anderen Dame den Hof. Der Fürst von Ligne (derselbe, der das Bonmot vom tanzenden Kongreß prägte) bemerkte, Maria fessele die Herzen, aber Katharina nehme sie im Sturm. Die Schwestern mischten im politischen Verteilspiel mit, und daß Sachsen-Weimar und Oldenburg zu Großherzogtümern erhoben wurden, war nicht zuletzt ihren Be-

»Stuttgart von der Abendseite«. Wie in der Radierung von Wilhelm Nilson aus dem Jahre 1812 sah Katharina die Württembergische Residenzstadt bei ihrem ersten Besuch.

mühungen zu verdanken. Zu Katharinas Namenstag am Jahresende gab der Zar in dem prachtvollen Palais seines Botschafters Andrej Rasumowskij ein märchenhaftes Fest, das alles übertraf, was man in Wien je erlebt hatte.

Im Frühjahr 1815 unternahm Katharina einen Abstecher nach Ungarn, um das Grab ihrer Schwester Alexandra, ehemals Gattin des Erzherzogs Joseph, aufzusuchen. Dessen Bruder Karl, der Sieger von Aspern, kam unter den zahlreichen Bekanntschaften, die Katharina machte, als Heiratskandidat ernstlich in Frage, doch ihre Mutter gab die Einwilligung nicht.

Die nächsten Stationen dieser weitgreifenden Reise, in einer Zeit, als das Reisen wahrlich beschwerlich war, waren erneut Stuttgart und dann Langenzell, wo sich nach der Siegesbotschaft von Waterloo auch Alexander und Wilhelm einstellten. Nach einer längeren Kur in Wiesbaden fuhr Katharina im September zum Fürstentreffen nach Frankfurt und gab dort dem hocherfreuten Wilhelm die Erlaubnis, bei ihrer Mutter um ihre Hand anzuhalten. Gemeinsam mit ihrer Schwester Maria trat sie dann nach dreijährigem Auslandsaufenthalt, der ihr soviel an Eindrücken, Erfahrungen, Begegnungen und Beziehungen zu den großen politischen Ereignissen vermittelt und schließlich den zweiten Gatten zugeführt hatte, die Rückreise nach Rußland an.

In Berlin wurde im Kreise der preußischen und der russischen Herrscherfamilie die Verlobung des Großfürsten Nikolaus, der seinem Bruder Alexander einmal nachfolgen sollte, mit Prinzessin Charlotte, der Schwester Prinz Wilhelms, des späteren deutschen Kaisers, festlich gefeiert. Katharina traf im Dezember, der württembergische Kronprinz Anfang des folgenden Jahres in St. Petersburg ein, nachdem die Scheidung Wilhelms von seiner schon lange von ihm getrennt lebenden Frau, der bayrischen Prinzessin Charlotte, durch ein päpstliches Breve auch nach kanonischem Recht ausgesprochen war. Das Paar wurde am 24. Januar 1816 mit kaiserlicher Prachtentfaltung getraut, und am 13. April zogen die Vermählten unter dem Jubel der Stuttgarter in die Landeshauptstadt ein.

Aus der großen Welt kommend, an den Umgang mit den gekrönten Häuptern und den führenden Staatsmännern ihrer Zeit gewöhnt, unmittelbar teilnehmend an den epochalen Umwälzungen in Europa und fern von ihrer Mutter, ihren Geschwistern und der geliebten russischen Heimat, muß die Umstellung auf die bescheidenen, engen Verhältnisse im Königreich Württemberg für Katharina nicht leicht gewesen sein. Große Politik war hier nicht zu machen; was sie vorfand, war ein in ihren Augen vermutlich verbohrter Verfassungsstreit, in dem die Altwürttemberger das »alte gute Recht« verteidigten, daneben schlimme Folgen aus den Kriegen im Zeitalter der Französischen Revolution und eine große Armut.

Nur wenig mehr als zwei Jahre waren Königin Katharina für ihr segensreiches Wirken vergönnt.

Es klingt, als ob Johann Georg Müller ihr Mut machen wollte, als er Katharina zum Einzug in Württemberg schrieb: »Eure Kaiserliche Hoheit leben nun in einem Lande, das nicht nur zu den schönsten und fruchtbarsten in ganz Deutschland gehört und bewohnt ist von einem fleißigen, talentreichen und gutmütigen Volk, aus welchem seit drei Jahrhunderten eine Reihe ausgezeichneter großer Geister in verschiedenen Fächern der Wissenschaften sowohl als der Künste ausgegangen sind, sondern bei welchem eine angeerbte Anhänglichkeit, Achtung und Liebe für Religion herrscht und das eben darum auch gewohnt ist, seinen Regenten treu ergeben zu sein, und Eurer Kaiserlichen Hoheit mit Liebe und Ergebenheit zuvorkommen wird.«

Katharina verschaffte sich rasch einen Einblick in die Gegebenheiten, und als am 30. Oktober 1816 König Friedrich starb und Wilhelm den Thron bestieg – sie wurde am selben Tag von einer Tochter entbunden, die nach ihrer Großmutter den Namen Maria erhielt —, da war ihr klar, wo sie mit all ihren Kräften ein Betätigungsfeld finden würde: in der Bekämpfung einer allenthalben drückenden Not. Ihre unzeremonielle Art, ihre Fähigkeit zuzuhören, Verstand und Herz hatten ihr bei Hof und in der Bevölkerung einen Vertrauensfonds geschaffen, aus dem sie schöpfen konnte. König Wilhelm, der die Regentschaft mit Augenmaß und mit Ambitionen antrat, unterstützte seine Frau und ließ ihr verständnisvoll freie Hand in dem, was sie ohne Zögern in Angriff nahm. Sie hatte sich zum Grundsatz gemacht, »nichts Gutes, auch das Geringste nicht, zu versäumen oder zu verschieben«, und die Hungersnot der Jahre 1816/17, die auf eine katastrophale Miß-

Wilhelm I. von Württemberg, der »Reformer auf dem Königsthron«, regierte von 1816 bis 1864.

ernte folgte, gab ihr Gelegenheit zu entschlossenem Handeln.

Johann Nepomuk Schwerz hat diese Not als noch unheilvoller als alle bis dahin überstandenen Leiden, Kriege, Durchzüge, Verheerungen und Erpressungen charakterisiert. Wenn man bedenkt, daß das württembergische Kontingent der Heerestruppe des Marschalls Ney im Feldzug gegen Rußland nahezu ganz zugrunde ging, daß von rund sechzehntausend Soldaten nur knapp fünfhundert zurückkamen und daß Württemberg in den folgenden Kriegsjahren, zunächst noch auf seiten Napoleons, dann gegen ihn, weitere sehr starke Verluste erlitten hatte, dann bezeugt Schwerz' Bemerkung das Ausmaß des Elends, das dem Land auferlegt war. »Da saßen«, berichtet ein Zeuge, »die Armen frierend und haschten nach Kleie und Mehlstaub, um das elende Leben von einem Tage zum anderen hinüberzuschleppen. Da standen sie und kochten Wurzeln, Gras und Heu zu kraftlosen Suppen. Stroh und Sägespäne sah man mahlen, Pferde schlachten – die unnatürlichsten Nahrungsmittel als die willkommensten Labsale von wandelnden Gespenstern an sich gerissen. Die halbe Bevölkerung schlich bettelnd umher, eine hohläugige, zerlumpte, sieche Armee des Hungers.«

Sofortige Hilfe war geboten, und Katharina erarbeitete noch während der Schwangerschaft und im Wochenbett einen Plan für eine das ganze Land erfassende Hilfsorganisation, deren Aufgabe es sein sollte, Amtsärzte zu bestellen, Kleidung, Heizmaterial und Lebensmittel zu beschaffen und mit Geldbeträgen zu helfen. Zwar gab es in Stuttgart bescheidene Ansätze einer privaten Armenfürsorge, aber angesichts der zu bewältigenden Aufgaben waren sie völlig unzureichend. Was Katharina vorschwebte – darin wirkt sie ganz modern und ihrer Zeit weit voraus –, war ein Frauenverein, denn »wem ziemt dieses Geschäft besser als dem Teil der menschlichen Gesellschaft, dessen hoher Beruf im Leben ist zu helfen«.

Sie legte ihre Vorstellungen einigen Persönlichkeiten vor, an deren Urteil ihr gelegen war, und lud sieben Damen und zehn Herren ihrer Wahl auf Sonntag vormittag, den 29. Dezember 1816, zu einer ersten Beratung und zugleich zur Bildung der Zentralleitung für das Unternehmen ins Alte Schloß. »Ihr bekannter Eifer«, schrieb sie an die eingeladenen, »für das Wohl Ihrer Mitmenschen und Ihre Mildtätigkeit bewegen mich, Ihnen meinen mit Genehmigung des Königs, meines Gemahls, entworfenen Plan zu einem Wohltätigkeitsverein mitzuteilen, dessen Zweck es ist, den Dürftigen zu helfen. Ich füge die Bitte hinzu, mir in diesem für den Staat so wichtigen Geschäft mit Rat und Tat beizustehen, und hoffe, Sie werden diesen Beweis meiner persönlichen Achtung nicht ablehnen, sondern demselben entsprechen.« Ihren Wunsch kleidete sie in Form einer Bitte, der sich keiner entziehen konnte. Nachhaltige Unterstützung erhielt Katharina von dem Geheimrat August von Hartmann, Präsident der Oberrechnungskammer, in dessen Haus Staatsmänner, Dichter und Künstler verkehrten, und von dem Verleger Johann Friedrich von Cotta, der seinem Land auf vielfältige Weise diente.

Nachdem auf Cottas Anregungen die Statuten des Vereins die Mitgliedschaft nicht nur für Frauen, sondern für jedermann vorsahen, erging am 6. Januar 1817 der Gründungsaufruf der Zentralleitung des Wohltätigkeitsvereins, überall Lokalleitungen zu bilden, die in den zwölf Landvogteien unter Oberämtern zusammengefaßt und durch Spenden, einen Staatsbeitrag und Zuwendungen der Königin selbst handlungsfähig gemacht werden sollten. »Welche Anstände auch noch der Ausführung dieses wohltätigen Planes scheinbar im Wege stehen könnten«, so schloß der Aufruf, »sie werden alle verschwinden, wenn wir hierdurch bekanntmachen, daß unsere Königin mit ihrem kräftigen Wollen an der Spitze des Zentralvereins steht und die Stifterin des ganzen Institutes ist.« Mit einem königlichen Zirkular wurden schon einen Tag später alle Beamten der Landvogteien und Oberämter aufgefordert, die Arbeit des Wohltätigkeitsvereins zu unterstützen; eine notwendige Weisung, denn Katharina klagte einmal darüber, wie wenige Beamte im Land den wahren Sinn der Einrichtung verstanden hätten. Aber sie, die in den zahlreichen Sitzungen der Zentralleitung den Vorsitz führte, griff energisch ein und ließ die Oberämter durch die Mitglieder der Zentralleitung visitieren und sich darüber berichten. Unwahrscheinlich rasch setzte sich das für Deutschland vorbildliche Hilfswerk durch und leistet noch heute als Wohlfahrtswerk für Baden-Württemberg im Sinne der Stifterin segensreiche Arbeit.

Katharinas Programm der Hilfe für die Armen wurde durch eine glückliche Maßnahme der Vorbeugung gegen Armut durch Selbsthilfe ergänzt: durch die Gründung einer Sparkasse, einer der ersten in Deutschland überhaupt. Dreißig Jahre zuvor hatte ihr Schwiegervater, der Herzog von Oldenburg, eine Ersparungskasse als Landesanstalt ins Leben gerufen, die Katharina bei ihrem Aufenthalt in Oldenburg mit Sicherheit nicht entgangen war. In der Gründungsverordnung hieß es dort, das Institut wurde geschaffen, »damit Personen von geringem Stande und Vermögen in dem Herzogtum Oldenburg die ihnen bisher fehlende Gelegenheit erhalten, den kleinen Gewinn, welchen sie durch Fleiß und Arbeit über ihren notdürftigen Unterhalt erwerben können, zu zukünftigen Bedürfnissen sicher aufzubewahren und ohne Gefahr des Verlustes zinsbar zu nutzen«. Dementsprechend verfuhr Katharina und bediente sich dabei neben Cotta und Hartmann auch des Rats von Hofbankier Gottlob Heinrich Rapp, dem Schwager von Dannecker. Rapp war ein vielseitiger Mann, Kaufmann und Kunstfreund, in dessen Haus Goethe aus »Hermann und Dorothea« vorgelesen hatte. Rapp sah in dem erbetenen Gutachten zunächst vor, daß sich die Königliche Hofbank der Sache annehme; das Vorhaben wurde im Herbst 1817 unter Katharinas Vorsitz in der Zentralleitung des Wohltätigkeitsvereins ausführlich behandelt. Cotta hatte sich in einem weitergehenden Gutachten für eine selbständige Anstalt ausgesprochen, und in diesem Sinne wurde die Einrichtung einer Sparkasse – von Katharina so benannt – beim König beantragt. Die Genehmigung dazu trägt das Datum vom 27. Februar 1818.

Schon am nächsten Tag ernannte die Königin zwölf ehrenamtliche Vorsteher, denen aus den Mitgliedern der Zentralleitung drei Kommis-

Königin Katharina auf einem Gemälde mit Goldrahmen und Krone.

sare zugeordnet waren. »Ich hoffe«, schrieb sie auch hier, »Sie werden es als einen Beweis meiner persönlichen Achtung betrachten und durch Annahme des Antrags meiner Erwartung entsprechen. Indem ich Ihnen meinen Wunsch, baldmöglich Ihre schriftliche Antwort zu bekommen, ausdrücke, verbleibe ich Ihnen wohlgewogen.« Katharina brachte wahrhaftig den Staatsapparat in Schwung. Karl August Varnhagen von Ense, der ihr im Sommer 1817 in Baden-Baden erstmals begegnete, beschrieb sie in seinen »Denkwürdigkeiten« sehr lobend: »Sie hatte einen scharfen, klaren Verstand, der alles Gemeinnützige, alles auf Menschen und Verhältnisse Wirksame lebhaft ergriff und so leicht als richtig behandelte. Indes war sie zugleich entschiedene Herrscherin, gewohnt, ihren Willen mit der Gewißheit auszusprechen, daß die schleunigste Erfüllung folgen müsse, und sie fand es nur natürlich, mit Dienern, auch mit den höchsten, nicht viele Umstände zu machen. Von den vornehmsten Russen umgeben, die ihr aber, weil sie mit einem Deutschen einiges im Vertrauen sprechen wollte, zu nahe standen, sagte sie ganz unbefangen mit trockenem Befehl: ›Weiter zurück!‹ Diese Mischung von Hoheit und Offenheit gab der schönen Frau, die doch zugleich die feinste Weltbildung besaß, einen außerordentlichen Reiz, und ihre Unterhaltung übte bisweilen einen wahren Zauber aus.«

Im März wurden die Statuten der Sparkasse beraten und Rapp zum ersten Vorsteher bestellt. Es kam nun darauf an, dem Volk diese neue Einrichtung verständlich und akzeptabel zu machen. Über ihren Sinn unterrichtete eine öffentliche Bekanntmachung im Regierungsblatt vom 12. Mai 1818, dem Datum auch der Gründungsurkunde. Darin wird ausgeführt, wie wichtig es sei, die Ersparnisse der Armen sicher und nutzbringend anzulegen, und daß es bereits entsprechende Anstalten da und dort gebe. Von ihrem großen und ausgebreiteten Nutzen überzeugt, »haben Ihre Majestät die Königin die Veranlassung gegeben, eine ähnliche Anstalt für Württemberg zu errichten und nach bereits erfolgter Genehmigung Seiner Majestät des Königs unter dem Namen Württembergische Sparkasse in Stuttgart zu eröffnen«.

Die Bekanntmachung hatte im sparsamen Schwabenland eine überaus gute Wirkung. Einlagen und ein vom Königspaar eingebrachtes Betriebskapital stellten die Sparkasse von Anfang an auf eine solide Grundlage. Eine Zwischenbilanz im Oktober wies bereits in den ersten vier Monaten 479 Sparer und 20 Kreditnehmer aus. 24 648 fl. (d. i. Gulden) an Aktiva, standen 23 125 fl. Passiva gegenüber, so daß ein Gewinn von rund 1500 fl. verblieb. Aus kleinsten Anfängen und aus der zukunftweisenden Tat dieser Frau erwuchs, allmählich ein Netz von Zweigstellen aufbauend, die Württembergische Sparkasse von einer Wohltätigkeitseinrichtung zur Landessparkasse, bis hin zu einem heute bedeutenden Kreditinstitut, der Landesgirokasse.

Katharina sorgte sich aber nicht nur um die Behebung materieller Not, sie sah auch den geistigen Notstand in einem bislang überall vernachlässigten Zweig der Erziehung, der höheren Mädchenbildung. Die beiden in Stuttgart von tüchtigen Pädagogen geleiteten kleinen Privatschulen genügten ihr nicht. Vorbild für ihre Mädchenschulpläne waren die Erziehungsanstalten in St. Petersburg, besonders das von Katharina der Großen gegründete Smolny-Institut, das unter der Oberaufsicht ihrer Mutter Maria Feodorowna stand. Dieses Institut, ursprünglich nur für die Töchter des Adels bestimmt, war der berühmten, Ende des 17. Jahrhunderts geschaffenen Anstalt von Saint-Cyr bei Paris teilweise nachgebildet, so daß, als nun Katharina ihre Schule einrichtete, ein ideeller Bildungsverbund zwischen Seine, Newa und Neckar zustande kam.

Katharina, die immer eine glückliche Hand in der Auswahl ihrer Berater bewies, bat den Waisenhauspfarrer und Vorsteher aller städtischen Schulen, Karl August Zoller, ihr – natürlich möglichst umgehend – Überlegungen zum Unterrichtsplan und zur Ausstattung mit Lehrkräften vorzutragen. Zoller leistete vorzügliche Arbeit. Die Verhandlungen mit den Privatschulen, deren Lehrer und Schülerinnen übernommen werden sollten, kamen zügig zum Abschluß, so daß bereits im Sommer 1817 durch Erlaß des Ministeriums des Innern der Ersatz der bisherigen durch eine Anstalt der Königin angekündigt werden konnte. Eine vorläufige Unterkunft in der Königstraße wurde angemietet, die Gesamtkosten für die Schule, die nur einen bescheidenen staatlichen Zuschuß erhielt, wurden aus dem privaten Vermögen Katharinas bestritten. Erst nach ihrem Tod wurde die »Lehr- und Erziehungsanstalt für Töchter gebildeter Stände« das »Königin-Katharina-Stift« genannt.

Erwartungsvoll sah sie – die im Juni 1818 ihre zweite Tochter, Sophie, nachmals Königin der Niederlande, gebar – dem Tag der Eröffnung entgegen, nicht sicher, wie die Elternschaft dazu stehen würde. Bezeichnend für ihren Realismus ist, was sie zu Zoller sagte: »Ich lege kein Gewicht auf meinen Namen. Ich bin noch zu kurz in diesem Lande, und man faßt hier langsam Vertrauen; wenn es nur die Zukunft bringt! Meine Erwartung ist nicht größer als der gewöhnliche Gang der Dinge. Dieser ist: Zuerst Widerspruch obenhin, dann Widerspruch in der Form des Zweifels, das sieht scharfsinnig aus, endlich Gerechtigkeit!«

Ihre Erwartungen wurden jedoch übertroffen. Bis zum Tag der Einweihung am 17. August 1818 hatten sich zweihundert Schülerinnen angemeldet, dazu sechzehn für das nach dem Muster des Smolny-Instituts angeschlossene Internat. In einer bewegenden Ansprache wandte sich Katharina an die Eltern und ihre Töchter; das Leben habe seine ernste Seite, und für den Ernst des Lebens müsse der Mensch erzogen werden. Sie gab der Hoffnung Ausdruck, daß die Vorsteher der neuen Anstalt von der Wichtigkeit ihres Berufes durchdrungen sein würden, daß die Schülerinnen mit immerwährender Anstrengung die ihnen dargebotenen Bildungsmittel zu benützen sich beeifern und daß die Eltern im Sinne der Schule auf ihre Kinder einwirken. »Möge Gott Ihre und meine Sorge mit Gelingen krönen. Er sieht unser aller reine Absicht, bloß diese gilt vor dem Richterstuhl des Allerhöchsten.« Fast täglich besuchte Katharina die ihr am Herzen liegende Schule, um ihre Entwicklung zu verfolgen, und sie war stolz, sie ihrer Mutter bei deren Besuch im Oktober vorführen zu können. Maria Feodorowna war recht angetan, nur daß die Schule allen Mädchen der gebildeten Stände zugänglich war, erschien ihr zu demokratisch.

Sechsunddreißig Jahre war es her, daß sie letztmals in Stuttgart war, damals mit dem Großfürsten Paul, als Herzog Carl Eugen seinen Gästen auf Schloß Solitude ein prächtiges Feuerwerk bot. Es war die Nacht, in der Schiller nach Mannheim floh.

Die schwere Hungersnot hatte Katharinas Tatkraft beflügelt, aber Armenhilfe und Sparkasse waren zuwenig, um dieses immer drohende Übel zu überwinden. Eine derartige Katastrophe sollte sich nicht mehr wiederholen, und sie deshalb von Grund auf zu bekämpfen, waren der König und seine Regierung entschlossen. Es galt, die Landwirtschaft in ihrer kümmerlichen Ertragslage durch ergiebige Bewirtschaftungsmethoden nachhaltig zu verbessern. Diesem Ziel diente die Aufhebung der Leibeigenschaft der Bauern mit Wirkung vom 1. Januar 1818 und schon zuvor die Gründung eines Vereins zur Belebung und Vorbereitung der landwirtschaftlichen und ökonomischen Industrie. Die Spitze des Vereins bildete eine landwirtschaftliche Zentralstelle, deren Vorsitz wieder Katharina übernahm und der zwei Aufgaben gestellt waren: einmal die alljährliche Feier einer Leistungsschau, des landwirtschaftlichen Hauptfestes zum Geburtstag des Königs, die erstmals am Tage danach, dem 28. September 1818, auf dem Cannstatter Wasen als »Ermunterung für die fortschreitende Verbesserung der Viehzucht« veranstaltet wurde. Nikolaus von Thouret, Stuttgarts großem Baumeister, der unter König Friedrich Hoffeste inszeniert hatte, war die Gestaltung auch dieses Volksfestes anvertraut, das bis zum heutigen Tag der Schwaben liebstes Fest geblieben ist. Das Königspaar nahm an der Eröffnung und an der Preisverleihung teil. Auch Maria Feodorowna besuchte dieses Fest und führte später, dadurch angeregt, eine ganz ähnliche Veranstaltung in Pawlowsk ein.

Eine andere Aufgabe bestand in der Gründung einer landwirtschaftlichen Unterrichts-, Versuchs- und Musteranstalt, deren vom Innenministerium entworfene Konzeption der König genehmigt hatte. Ungeklärt war lediglich noch die Standortfrage. Zunächst wandte man sich der Domäne Denkendorf bei Esslingen zu, die sich aber als zu klein für die in Angriff zu nehmenden Versuche und Reformen erwies. Daraufhin kam das vierfach größere Hohenheim ins Blickfeld und wurde nach Überwindung einiger Schwierigkeiten durchgesetzt.

Befriedigend wie die Lösung der Standortfrage gelang gleichfalls die Wahl des Institutsleiters. Auf der Suche nach einer geeigneten Persönlichkeit stieß Katharina – wiederum beraten von Cotta und Hartmann – auf Johann Nepomuk Schwerz, der durch einschlägige wissenschaftliche Arbeiten bestens ausgewiesen war und in preußischen Diensten stand; Staatskanzler von Hardenberg sah ihn ungern scheiden.

Im Sommer 1818 kam Schwerz nach Stuttgart, und Katharina nahm sich mit gewohnter Energie seiner Wünsche an. Am 20. November war es soweit, daß die Lehranstalt mit einer Ansprache ihres Leiters von den ersten zehn Zöglingen, die mit ihren Lehrern im Schloß wohnten, eröffnet werden konnte. Schwerz pries den Beruf des Landwirts, dem der Wunsch nach Unabhängigkeit und Freiheit zugrunde liege. »Der Kaufmann, welchem der Wechsel der Geschäfte und die Gefahr eines nicht verschuldeten Umsturzes sein Gewerbe verbittern, der Gelehrte, der am Schreibtisch seiner Gesundheit zusetzt und ein sieches Alter erwirbt, der Staatsmann, den die Last der Geschäfte erdrückt, der Höfling, der im Vorzimmer seines Fürsten verwittert, der Krieger, der unter dem beschwerlichen Dienst der Waffe ergraut, jeder, gehen Sie durch welchen Stand Sie wollen, seufzt vor Überdruß und Ekel, jeder wünscht sich ein unabhängigeres und ruhigeres Los.« Zehn Jahre führte Schwerz das Hohenheimer Institut und legte den Grund für seinen Aufstieg zur Akademie in der Mitte des vorigen, zur Landwirtschaftlichen Hochschule am Anfang dieses Jahrhunderts, zur Universität in unserer Zeit.

Wer die Nöte seiner Mitbürger lindern will, denkt auch an Krankheit. Es rundet sich das zukunftsträchtige Wirken Katharinas mit der Planung eines Krankenhauses, angekündigt bereits im Sommer 1817 durch königliches Reskript. Es war ihr allerdings nicht vergönnt, den Bau des nach ihr benannten Hospitals in Stuttgart noch zu erleben, doch in der Gründungsurkunde von 1820 heißt es: »Den Kranken stiften Obdach und Pflege, Catharinas eingedenk, Wilhelm und sein dankbares Volk.«

Noch auf einem ganz anderen Gebiet wäre von Katharina Großes zu erwarten gewesen. Im Herbst 1813 wünschte sie, Sulpice Boisserée kennenzulernen, der mit seinem Bruder Melchior in der Zeit der Säkularisierung geistlichen Besitzes die Sammlung berühmter altdeutscher und altniederländischer Meister zusammengetragen und ihre Werke vor dem Verderben, wenn nicht gar der Vernichtung gerettet hatte. Katharina besichtigte die in Heidelberg ausgestellten Gemälde und »hat sich sehr gütig und teilnehmend in Rücksicht auf unsere Verhältnisse und Wünsche gezeigt«. Sie blieb mit Sulpice in Verbindung und bat ihn im folgenden Jahr, dem Herzog von Oldenburg und dem württembergischen Kronprinzen die von ihm angefertigten Ansichten und Aufrisse des Kölner Doms vorzustellen, mit denen er für den Endausbau des herrlichen Bauwerks als einer Aufgabe der deutschen Nation warb. Die Brüder Boisserée waren gewillt, ihre Schätze für einen hohen Preis, verbunden mit einer Leibrente, zu verkaufen, und verhandelten nach mehreren Seiten, besonders intensiv mit Preußen.

Im Frühjahr 1817 aber schrieb Sulpice an Goethe: »Die Absichten von Württemberg werden ernsthafter, die Schwierigkeiten von Preußen immer ärgerlicher und die Bemühungen der Frankfurter Freunde lebhafter. Von Stuttgart ließ uns Herr von Wangenheim (der württembergische Kultusminister) sagen, die Königin wünsche, falls wir von Preußen loskommen könnten, die Sammlung aus ihrer eigenen Kasse zu erwerben und dem Lande zu schenken.« In bewundernswerter Weise zeigte Katharina ein Gespür für die Größe dieser Kunst, die damals erst von wenigen verstanden wurde; sie hatte die Unterstützung des Königs und handelte. Im Juni 1818 erhielt Sulpice ein Schreiben von ihr, dessen Inhalt leider nicht bekannt ist, aber vermutlich ging es um die Überführung der Sammlung nach Stuttgart. Denn einen Monat danach teilte Rapp mit, daß eine passende Unterkunft zur Verfügung stehe. Ein langgestreckter ehemaliger Offizierspavillon in der Königstraße beim Schloßplatz. Dort waren dann die etwa zweihundertfünfzig Gemälde acht Jahre lang zu sehen. Der Besuch des Königspaares und der Kaiserin Maria Feodorowna in Heidelberg im Oktober 1818, bei dem man sich mehrere Stunden in der Galerie aufhielt, kann man als weiteren Schritt auf dem Weg zur Realisierung des spektakulären Vorhabens werten.

Wenn Katharina länger gelebt hätte, hätte sie sicherlich die Sammlung gekauft, und Stuttgart wäre zu einer Kunststadt aufgestiegen. Der König hat nach ihrem Tod alles ihm Mögliche versucht, aber der Widerstand aus »künstlerischen« Erwägungen, eine ablehnende Presse, ein kaum zu gewinnender Landtag und die finanziell schwierige Lage des Landes vereitelten schließlich den Erwerb. König Ludwig I. von

Anstelle der Ruine des Stammschlosses der Württemberger ließ König Wilhelm I. auf dem Rotenberg von Hofbaumeister Salucci eine Grabkapelle für seine früh verstorbene Gemahlin errichten.

Bayern holte die Sammlung 1827 nach München und mehrte damit den Ruhm der Alten Pinakothek, deren Rang von den Bildern aus Düsseldorf, Mannheim und Zweibrücken begründet worden war, die vor den Truppen der Französischen Revolution hierhergebracht wurden.

Gesegnet mit vier gesunden Kindern und erfüllt von großen Aufgaben, schien Katharina ins neue Jahr zu gehen. Aber ganz unerwartet erlag sie am 9. Januar 1819 einem Gehirnschlag. Tiefe Erschütterung und Trauer überwältigten den König, das ganze Land, die Mutter und Geschwister in St. Petersburg. »Jedermann«, schrieb Karl August Varnhagen von Ense, »fühlte, daß hier der Verlust nicht eines gewöhnlichen hohen Hauptes zu beklagen sei, sondern einer Fürstin von außerordentlichen Eigenschaften, einer wahren Landesmutter und zugleich einer politischen Größe, deren Einwirkung schon überall merkbar geworden und deren Entwicklung nicht zu berechnen war.« Uhland und Schukowskij, Rußlands genialer Übersetzer deutscher Dichtung, beklagten in anrührenden Versen den Tod der Königin. Im Jahr 1824 wurde der Sarg Katharinas in die Grabkapelle auf dem Rotenberg übergeführt, wo bis dahin die Stammburg der Württemberger gestanden hatte. Das Innere der Kapelle birgt die Ikonen und die kirchlichen Ge-räte, die von Twer nach Stuttgart mitgebracht worden waren. Auch König Wilhelm und die Tochter Maria fanden dort ihre letzte Ruhestätte.

Irmgard Müller-Willeke

Stephanie Napoleon

1789–1860

Am 28. August 1789, mitten in den Wirren der französischen Revolution, wurde in Versailles dem Hauptmann der königlichen Leibgarde Claude de Beauharnais und seiner Frau Claudine eine Tochter Ste-phanie Louise Adrienne geboren. Nichts wies darauf hin, daß dieses Kind eines Tages eine – freilich kleinere – Rolle im machtpolitischen Kalkül der Herrschenden spielen würde, ganz im Gegenteil: Es war ein gefährlicher Zeitpunkt, adelige Eltern zu haben.

Die junge Mutter erkrankte nach der Geburt an Tuberkulose und floh mit der kleinen Stephanie an die Riviera. Ihr Mann kümmerte sich um beide nicht und trat 1791 beim Tode seiner Frau alle Rechte an der Tochter an die Engländerin Lady Bath ab. Stephanies Mutter hatte ihr als ihrer Jugendfreundin die Fürsorge für das Kind überantwortet. Bei ihrer Rückkehr nach England nahm diese das kleine Mädchen nicht mit, stellte jedoch reichlich finanzielle Mittel zur Verfügung und vertraute die inzwischen Dreijährige zwei Nonnen aus einem aufgelassenen Kloster an, die mit dem Kind bei mehrmaligem Ortswechsel in Südfrankreich untertauchten.

Leider waren die beiden Frauen in keiner Weise befähigt, der Kleinen menschliche Nähe und Geborgenheit zu vermitteln. Die mütterliche Rolle übernahm zum Glück für Stephanies Entwicklung ihre Kinderfrau, über die Stephanie in ihren fragmentarischen Erinnerungen schrieb: »Sie war der einzige Mensch, der sich viel mit mir beschäftigte ... Ihr verdanke ich, was ich bin. Was ich Gutes in meinem Herzen, Erhabenes in meiner Seele trage, kommt von ihr.«

Eines der Häuser, in denen man lebte, hatte einen großen Garten, Lieblingsaufenthalt des kleinen Mädchens. Der blaue Himmel und die Luft des Südens, die Beobachtung von Pflanzen und Insekten entwickelten in Stephanie eine Verbindung zur Natur, die ihr ein ganzes Leben lang erhalten blieb und zur Kraftquelle wurde. Völlig nach außen abgeschirmt, erfuhr sie nichts von dem, was in der Hauptstadt vor sich ging.

1797 verlegte man den Wohnsitz nach Périgueux, das Stephanie einen »tristen Ort« nennt. Von der Reise dorthin verzeichnete die nun Achtjährige in ihren späteren Memoiren die ersten starken Eindrücke ihrer Kindheit. Am ersten Übernachtungsort stieß die kleine Reisegesellschaft auf ein Wachsfigurenkabinett, in dem Stephanie – wenn auch nur in Wachs – den General Bonaparte erblickte, der eines Tages ihr ganzes Leben verändern sollte. Auch Josephine Beauharnais war abgebildet. Es muß für das

Kind eine verwirrende Überraschung gewesen sein, hier auf den eigenen Namen zu stoßen.

Um das zurückgezogene Leben etwas erträglicher zu gestalten, wurde zum erstenmal für eine Spielgefährtin gesorgt, von der die verträumte Stephanie sehr viel lernte. Sie begann über die Bedeutung der Dinge nachzugrübeln, von denen man so oft zu ihr sprach und die sie nur so wenig begriff: die Bestimmung des Menschen, das Leben nach dem Tod, die Ewigkeit. Stephanies Erziehung wurde sorgfältig, aber wenig systematisch betrieben: Musikunterricht – die Musik behielt für sie lebenslang existentielle Bedeutung –, Grammatik, »soviel Bibel, wie ich wollte«, Mythologie und manchmal recht seltsam ausgewählte Lektüre, wobei insgesamt die religiöse Erziehung am gewissenhaftesten gehandhabt wurde. In ihren Erinnerungen fragte sich Stephanie: »Ich wüßte gern, ob meine edlen Damen viel nachgedacht haben, als sie zu diesem sonderbaren Lehrplan kamen, ...aber ich bin sicher, daß er meine Phantasie, meinen Geschmack an der Poesie intensiv entwickelte...« Abwechslung oder Kontakte mit der Bevölkerung gab es kaum.

Inzwischen hatte Napoleon erfahren, daß es in Südfrankreich eine – wenn auch entfernte – Verwandte seiner Frau gab. Sein ausgeprägter Familiensinn ertrug es nicht, daß ein Mitglied »seiner« Familie von einer Engländerin unterhalten wurde. Er verlangte von Claude de Beauharnais, seine Tochter nach Paris zurückzuholen. Der Brief, der daraufhin eintraf, erregte bei den beiden Nonnen große Empörung. Diese sahen in Napoleon den Ursurpator, Josephine bezeichneten sie verächtlich als »die Kreolin«, und Paris bedeutete für sie das Sündenbabel schlechthin. An diesem Einfluß hatte sich bisher Stephanies Denken orientiert, so daß sie dagegen rebellierte, von einem Vater gefordert zu werden, der sich bisher nicht um sie gekümmert hatte, und sich dem Ersten Konsul zu unterwerfen, der sich das Recht anmaßte, über sie zu bestimmen. Die daraus entstehende Abneigung gegen Napoleon konnte sie kaum überwinden.

Im Januar 1803 mußte sie also nach Paris übersiedeln. Der Empfang durch den Vater verlief kühl. Alles bedrückte das sonnenverwöhnte junge Mädchen in seinem Haus. Nach zwei Tagen wurde Stephanie von Josephine empfangen, die ihr wie ein feenhaftes Wesen erschien. Dem Ersten Konsul wurde sie anläßlich eines Tanzabends vorgestellt, und Stephanie war überrascht, einen kleinen, mageren, einfach gekleideten Mann auf sich zukommen zu sehen. Er stellte ihr eine Menge Fragen, die sie ohne Scheu beantwortete. Aber zum erstenmal überkam das Naturkind eine Ahnung, daß sie in dieser fremden Welt auf das Wohlwollen, das sie bisher umgeben hatte, nicht mehr so ohne weiteres rechnen konnte.

Doch in den Tuilerien fühlte sie sich wohl. Und als sie eines Tages erklärte: »Ich will nicht in die häßlichen dunklen Straßen zurück, hier kann ich atmen«, nahm Napoleon sie bei der Hand, wandte sich zu seiner Frau um und erwiderte: »Das arme Kind hat recht, behalten wir sie bei uns, hier wird sie ihrem blauen Himmel nicht so nachtrauern.« Diesem kleinen Vorfall glaubte Stephanie ihr weiteres Schicksal zu verdanken. Nun war sie Napoleon mit schwärmerischer Verehrung zugetan. Er und Josephine behandelten Stephanie wie eine eigene Tochter. Aber Napoleon hatte schnell ihre mangelnde Bildung erkannt und schickte sie in das renommierte Institut der Madame Campan. Stephanie zeigte sich zuerst wenig fleißig und stand bald im Ruf, eine schlechte Schülerin zu sein, so daß Madame Campan darum bat, sie zurückzuholen. Von einem zweiten Aufenthalt profitierte Stephanie wesentlich mehr und wurde zu einer der besten Schülerinnen. Sie selber schrieb darüber: »Zu dieser Zeit fühlte ich, wie sich in mir der Wunsch entwickelte, etwas zu werden.«

Im Januar 1806 war das Ende von Stephanies Schulzeit gekommen. Napoleon ließ sie nach Paris zurückholen, da er sie jetzt für seine politischen Pläne brauchte. Sie wurde von Josephine liebevoll empfangen, die lächelnd zu ihr sagte: « Du wirst heiraten, freust Du Dich? « Stephanies Antwort war typisch für sie: »Meinen Sie das im Ernst, liebe Tante? Denn Sie wissen sehr gut, daß ich zu jung bin, um zu heiraten.« Josephine versicherte ihr, daß man sie bald mit dem Erbprinzen von Baden vermählen würde. Dem jungen Mädchen kam es unfaßbar vor, daß sie ihr Heimatland Frankreich verlassen sollte. Sein Land aufgeben zu müssen, bedeutete nach ihrer Meinung »das beständige Opfer seiner Selbst, die Notwendigkeit, die besten Empfindungen seinen Wesens verschweigen zu müssen«. Wenige Tage später erfuhr sie von Napoleon die Bestätigung der Ehepläne, ohne daß sie um eine Einwilligung gebeten wurde, von der Möglichkeit einer eigenen Entscheidung ganz zu schweigen. Gleichzeitig teilte der Kaiser ihr mit, er werde sie adoptieren. Stephanie würde den Breisgau als Hochzeitsgeschenk mitbringen und damit Baden wesentlich vergrößern.

Mittelpunkt der Karlsruher Residenz, deren Mitglied sie werden sollte, war Karl Friedrich, 1806 seit 68 Jahren auf dem Thron, ein tüchtiger, verantwortungsvoller Souverän. Der frühe Tod seines ältesten Sohnes 1801 lenkte alle Hoffnung auf den damals 15jährigen Karl als künftigen Nachfolger seines Großvaters. Seine Mutter Amalie hatte bis dahin ihren ganzen Ehrgeiz in die Heiratspolitik für ihre Töchter gelegt. Varnhagen von Ense, 1816–19 preußischer Geschäftsträger in Karlsruhe, charakterisierte in seinen Erinnerungen das Mutter-Sohn-Verhältnis so: »Sie war früh bedacht gewesen, den Sohn zu kindlichem Gehorsam zu gewöhnen, ihre Leistung ihm unentbehrlich zu machen; sie hatte ihm das Leben angenehm zu machen gesucht, mancherlei Vergnügungen ihm gern nachgesehen, dafür ihn aber sorgfältig von allen Geschäften entfernt gehalten und alle Lust und Fähigkeit zu ernstem Arbeiten in ihm erstickt.« Das Bild dieses Mannes, der mit 25 Jahren Großherzog werden sollte, weist darum vorwiegend negative Züge auf. Die Zumutung, ihren Sohn, den Amalie mit Auguste von Bayern hatte verheiraten wollen, einer französischen Katholikin nichtfürstlicher Herkunft zu überlassen, traf sie ins Herz. Aber die Kraft der politischen Überzeugung war stärker.

Am 20. Januar 1806 fand in Karlsruhe zwischen dem Kaiser und Amalie ein sehr offenherziges Gespräch statt. Auf ihren Hinweis, was ihr Ebenbürtigkeit bedeute, »wenn sie wenigstens Ihrer eigenen Familie angehörte«, antwortete Napoleon: « Eh bien, je l'adopte! « Die so adoptierte Stephanie genoß den neuen Titel »Son Altesse Impériale Mademoiselle Stéphanie Napoléon, fille adoptive de Sa Majesté l'Empereur des Francais, Roi d'Italie«, rangierte sie doch damit im Hofzeremoniell vor den beiden höchst verärgerten Schwestern Napoleons.

Die ersten Begegnungen mit dem linkischen zwanzigjährigen Erbprinzen Karl beschrieb Stephanie später leicht geschönt. »Jeden Morgen gegen zwölf besuchte mich der Kurprinz... Diese Verpflichtung erfreute ihn ebenso wenig wie mich. Jeder blickte nach der Uhr, ob die endlos peinliche Stunde des Zusammenseins nicht bald vorüber sei. Vielleicht wird man fragen, ob es möglich sein konnte, daß eine unter solchen Aussichten geschlossene Verbindung glücklich wurde. Ach! Leider war sie es zu Anfang keineswegs, und wenn sie es später wurde, so war dies der edlen Gesinnung des Prinzen und den vortrefflichen Grundsätzen meiner Erziehung zu verdanken.«

Im April 1806 wurde in den Tuilerien eine prunkvolle Hochzeit inszeniert. Das junge Paar blieb eine Zeitlang in Paris, wo sich bald der

Großherzogin Stephanie Napoleon, Adoptivtochter des Kaisers der Franzosen, auf einer Portrait-Kopie nach einem Gemälde von Francois Gérard.

Hofklatsch um die beiden rankte. So habe der Bräutigam die Hochzeitsnacht im Lehnstuhl vor Stephanies verschlossenem Zimmer verbringen müssen. Sie charakterisierte rückblickend ihre schwierige Lage so: »Ich war zu jung, um zu verstehen, welche Pflichten eine Frau gegenüber ihrem Manne hat... Der Kurprinz war zu jung, um ein einfaches und reines Mädchen zu schätzen, das ein wenig launisch war, aber wohl bald eine gute, vielleicht liebenswerte Frau geworden wäre, wenn er genügend Erfahrung gehabt hätte, meinen Charakter zu verstehen. Ich sah in der Ehe nur Ungelegenheiten, eine Art Knechtschaft, die nicht übereinstimmte mit der Unabhängigkeit meines Tuns.«

Im Juni erfolgte der schmerzvolle Abschied von Paris. In Karlsruhe empfing sie der an den Rollstuhl gefesselte Karl Friedrich mit Wärme, kühl dagegen der Hof, vollzählig erschienen bis auf Amalie, die ihre Niederlage noch nicht verwunden hatte. Der anwesende Johann Peter Hebel notierte: »Die neue Prinzessin hat gestern ... allgemein überrascht und jedermann für sich gewonnen. Im einfachen, weißen Gewand ... stand sie ungezwungen, unverlegen da. ... Sie hat mittelmäßige Größe ... ein gesundes Aussehen, ein bedeutendes Auge und wurde von den meisten als schön gehalten ... Von Temperament soll sie sehr lebhaft und fröhlich sein, ein Virtuose am Klavier ... Schon am ersten Abend soll sie über der Tafel den lieben alten Herrn auf das angenehmste unterhalten haben.«

Napoleon ermahnte Stephanie in einem Brief: »Liebe Deinen Gatten; er verdient Deine Zuneigung ... Behandle Deine Untertanen gut, denn nur zum Glück der Untertanen sind die Herrscher da! Passe Dich dem Lande an, denn nichts ist anmaßender, als immer nur von Paris und großen Genüssen zu sprechen, die man nicht haben kann.« Er kannte offenbar die Seelenlage der lebenslustigen Siebzehnjährigen und ließ sich durch seinen Gesandten genau vom badischen Hof berichten.

Stephanies Ehe war von Anfang an durch ein gleichgültiges Nebeneinander geprägt. In Mannheim hatte man ihr einen eigenen Hof eingerichtet, und Karl besuchte sie hier nur gelegentlich. Eine Hochzeit führte die beiden 1807 wieder nach Paris, das Stephanie immer noch als ihre wahre Heimat betrachtete. In der Atmosphäre prunkvoller Feste flirtete die Vernachlässigte ungeniert mit dem Bräutigam, so daß Napoleon sie durch eine Hofdame zur Ord-

Stephaniesilber: Das 13teilige Prunkservice mit Spiegel ist aus vergoldetem Silber (Francois Daniel Imlin, Straßburg 1825).

nung rufen lassen mußte. Die Heimkehr nach Mannheim war für sie um so bitterer, als ihr hier die Informationen über die Ausschweifungen ihres Ehemanns erst recht bewußt wurden, so daß sie ernsthaft erkrankte. Als Napoleon davon erfuhr, schrieb er dem Erbprinzen Karl: »Hätte ich Deinen Charakter gekannt, wie ich ihn jetzt kenne, hätte ich mich gehütet, Dir ein mir teures Wesen zur Frau zu geben. Willst Du Dich weiter so benehmen, schicke mir meine Tochter zurück. Du bist ihrer nicht würdig.« Die Wirkung blieb nicht aus: Karl wahrte besser als bisher die äußere Form, blieb seiner Frau aber auch die nächsten Jahre fremd.

Daheim vereinsamte die junge Frau wieder, die sich weder Eltern noch einer wohlmeinenden Schwiegermutter anvertrauen konnte, hatte doch Amalie – wie auch Karl – sie nicht einmal während ihrer Krankheit besucht. Bei seiner Rückkehr vom Feldzug gegen Österreich 1808 redete Napoleon bei einem kurzen Aufenthalt Karl und Stephanie ins Gewissen, denn er empfand die ständigen badischen Querelen als Last. Als er sich 1809 von seiner Frau Josephine scheiden ließ, mußte Stephanie erkennen, daß der Einfluß der Beauharnais zu sinken begann. Bei der gemeinsamen Fahrt des Erbherzogpaares zur Hochzeit Napoleons mit Marie Luise, Tochter des österreichischen Kaisers, schienen die beiden sich näher zu kommen.

In der Tat besserte sich das Eheverhältnis, und im Juni 1811 brachte Stephanie ihre erste Tochter, Luise, zur Welt. Sie zog nach Karlsruhe, hatte sie doch mittlerweile Aufgaben als Landesmutter zu übernehmen. Der greise Großherzog war gestorben, und Karl bestieg den Thron, um nach anfänglicher Arbeitsfreude alsbald wieder in Trägheit, Entscheidungslosigkeit und primitiver Vergnügungslust zu versinken.

Am 29. September 1812 wurde mit zweihundert Kanonenschüssen und brausendem Jubel der Karlsruher Bevölkerung die Geburt eines Thronfolgers verkündet. Es war eine schwere Entbindung gewesen, bei der Stephanie in Lebensgefahr geschwebt hatte. Man brachte den Säugling abgesondert von seiner Mutter unter, Vorgänge, die später minutiös beschrieben wurden. Im Taumel der Freude schlug die Nachricht vom plötzlichen Tod des noch namenlosen Kindes wie ein Blitz ein. »Eine stark entzündliche Blutüberfülle im Gehirn, Gichter mit Steckfluß« sei die Folge der schweren Geburt des übergroßen Säuglings gewesen, wie es im »Staatsanzeiger« hieß, um Gerüchten von Versäumnissen der Ärzte oder gar einem Giftanschlag zu begegnen. Stephanie erholte sich nur langsam von diesem Schock. Der gemeinsame Schmerz um den Verlust ihres Sohnes verband das Elternpaar jetzt stärker. »Der Großherzog fing in jener Zeit an, seine Gemahlin zu lieben und suchte alles zu tun, was ihr Freude machte«, notierte eine Hofdame.

Das großherzogliche Residenzschloß Karlsruhe im 19. Jahrhundert.

Aber der politische Horizont verdüsterte sich zunehmend, als im Juli 1813 Stephanie ihren Adoptivvater in Mainz zum letzten Male sah. Mitten in diesen turbulenten Zeiten gebar sie ihre zweite Tochter, Josephine. Das Ansinnen Napoleons, sich mit Karl nach Frankreich abzusetzen, wies sie zurück. Und Karl lehnte es ab, sich zum Zeichen des Frontwechsels am Karlsruher Hof von seiner Frau zu trennen. Hier zeigte er einmal Entschlossenheit, »und nie war Stephanie entschiedener die Großherzogin, als sie es nicht mehr durch Napoleon war«, heißt es bei Varnhagen von Ense.

Aber nicht nur mit der politischen Entwicklung, die zur Verbannung Napoleons führte, zogen sich Wolken über Stephanie zusammen. Karl war vom Wiener Kongreß krank zurückgekommen, und seine Regierungspflichten vernachlässigte er mehr als zuvor. Stephanie kümmerte sich aufopfernd um ihren Gatten. Mit ihrem karitativen Einsatz erwarb sich die letzte Napoleonidin auf einem Thron, die den Titel »Kaiserliche Hoheit« verloren hatte, den Ehrennamen »die gute Großherzogin«, hatte sie doch schon 1814 einen »Frauenverein zur Unterstützung kranker und verwundeter Krieger« gegründet. Ein weiterer ihrer Wohltätigkeitsvereine kümmerte sich etwas später um die »Unterstützung arbeitsunfähiger Armer«.

Zwei Kindern hatte die Großherzogin noch das Leben schenken können: 1816 wurde der Sohn Alexander geboren. Aber auch dieser ersehnte Prinz überlebte das erste Jahr nicht, und mit der Geburt der Tochter Marie 1817 war die Aussicht auf einen Stammhalter verflogen.

Am 8. Dezember 1818 starb Karl. »Die großherzogliche Witwe«, schreibt eine Hofdame, »gewährte einen schauerlichen Anblick ... mit stierem Blick schlich sie die lange Zimmerreihe hinab, an deren Ende die Leiche ihres hohen Gemahls lag, den sie zärtlich geliebt hatte und ihm während seiner Krankheit die Beweise davon in aufmerksamer Pflege gegeben hatte.« Bei allen Schwierigkeiten in dieser Ehe war ihr Karl in den letzten drei Jahren Halt gewesen. Die Neunundzwanzigjährige sah sich nun isoliert in einer ihr unfreundlichen, wenn nicht feindlich gesinnten Umgebung. In ihr Tagebuch schrieb sie: »Man lobt manchmal den Mut, mit dem Unglückliche ihre Schmerzen tragen. Ach, sie tragen sie nicht, sie schleppen sie überall mit sich herum.«

Stephanie zog mit ihrem Hof wieder in den Westflügel des Schlosses zu Mannheim, dessen Bewohner ihr einen überaus herzlichen Empfang bereiteten. Die junge Witwe lebte den Studien, malte, las, komponierte und sah die Gesellschaft, die ihr genehm war. Sie korrespondierte mit dem Heidelberger Historiker Friedrich Christoph Schlosser über die Charakteristik ihres Adoptivvaters, die sie zu streng fand.

Den Tod Napoleons bedachte sie in ihrem Tagebuch mit euphorischen Worten: ...»Du aber, der Du die Genies aller Jahrhunderte verkörperst...« »Von einem trefflichen Gedächtnis unterstützt«, vertiefte Stephanie ihre historische Bildung. Im Graimbergschen Institut, einem Mädchenpensionat, das sie finanzierte, erteilte sie zuweilen selbst Geschichtsunterricht. In den Schilderungen seiner Studentenzeit mit seinem Bruder Ludwig beschreibt Friedrich I., Nachfahre aus der Hochbergschen Linie, sie folgendermaßen: »Der häufige Umgang mit der geistreichen Frau, die uns viel Liebe erwies und eine wahrhaft mütterliche Fürsorge widmete, war uns teuer und wert; in den beiden Jahren zu Heidelberg ... traten wir ihr denn auch sehr nahe und hatten ihr viel nützliche Ratschläge zu verdanken.«

Die Sommermonate hat Stephanie vorzugsweise in Baden-Baden verbracht. Wilhelm von Chezy schildert sie einmal als eine »trotz ihrer vier Dutzend Lenze immer noch entschieden hübsche Frau«. Weiter heißt es: »In den Hütten der Armen war sie bekannt wie die Morgensonne, mit der sie gemeinschaftlich zu erscheinen liebte. Am späten Vormittag empfing sie zuerst Bittsteller und dann Besucher.« Auch andernorts wurden Bedürftige von ihr unterstützt. Stephanie verlor sich nie im gesellschaftlichen Trubel.

Größere Reisen bestimmten immer wieder den Tagesablauf. Eine einjährige Bildungsreise mit ihren Töchtern nach Italien 1832 führte sie unter anderem zum kaiserlichen Hof nach Wien, zum Papst und zur Mutter Napoleons. Monate später wurde für sie ein Kapitel abgeschlossen, das die Öffentlichkeit noch heute beschäftigt: 1828 war in Nürnberg ein etwa 16jähriger Junge namens Kaspar Hauser aufgetaucht. Es sei dies der Erbprinz von Baden, den Stephanie 1812 geboren habe, hieß es. Er sei damals mit einem todkranken Säugling ausgetauscht und verschleppt worden.

Die Geschichte des Kaspar Hauser mußte Stephanie nicht nur wegen der Verdachtsgründe gegen das Haus Hochberg zutiefst erregen. Im Januar 1832 wurde ihr eine Publikation des Gerichtspräsidenten Anselm von Feuerbach übergeben. Die Großherzogin habe sie mit Rührung gelesen, ja habe geweint und den Wunsch geäußert, Kaspar Hauser zu sehen, wurde berichtet. Stephanie selbst ist keiner der Mutmaßungen nachgegangen, wohl auch aus politischer Klugheit angesichts ihrer Abhängigkeit vom Karlsruher Hof. Napoleon III. antwortete sie auf seine diesbezügliche Frage: »C' est une fable insensée«, es ist eine unsinnige Fabel. Ihre französisch geschriebenen Erinnerungen wurden aber lang über ihren Tod hinaus streng geheimgehalten. Als ihre Tochter Marie 1888 im Sterben lag, forderte Friedrich I. noch in der Todesnacht vermutete Papiere zum Fall Hauser heraus, die aber längst nach Ungarn geschafft worden waren und verschwunden sind.

Die größte Aufmerksamkeit Stephanies galt in diesen Jahren der Verheiratung ihrer Töchter.

Der Revolution 1848 begegnete sie mit großer Reserve aber scharfsichtiger Beobachtungsgabe: »Nun was haben wir seit diesen Zeiten der Revolutionen und des Unglücks getan? Nichts, gar nichts! Das Volk hat vielleicht einige Illusionen begraben...Regieren ist kein Glück, sondern eine schwer erfüllbare Aufgabe.«

1849 rückte sie plötzlich wieder ins politische Rampenlicht, als ihr Neffe Louis Napoleon, ohne ihre Zustimmung eingeholt zu haben, erklärte, sie zur ersten Repräsentantin der französischen Republik zu machen. Stephanie war umsichtig genug abzulehnen, es hätte sie wohl ihre Apanage gekostet. In ihrem letzten Jahrzehnt fiel ihr eine Mittlerrolle zu. Die neue proletarische Bewegung ängstigte sie, war doch das Denken der Fortschrittlich-Konservativen vom Prinzip notwendiger Wohltätigkeit, nicht aber von der Maxime sozialer Gerechtigkeit bestimmt. Sie wünschte sich zur Friedenssicherung ein Bündnis zwischen Preußen, Frankreich und England und warb dafür bei Königin Viktoria und König Friedrich Wilhelm IV. In der Sorge vor dem Ausbruch neuer revolutionärer Ideen fühlte sie sich jetzt mit dem alten Fürsten Clemens Metternich verbunden, der nach einem Besuch über sie äußerte, er habe niemanden gehört, der so zu erzählen wußte wie Prinzessin Stephanie.

1854 starb ihre Tochter Luise, ein herber Schicksalsschlag für die allzeit ängstlich besorgte Mutter. Zu ihrem Gedenken ermöglichte Stephanie durch eine Stiftung die Errichtung eines Heims für Waisenkinder, und das »Luisen-Stephanie-Haus« wirkt noch heute in ihrem Sinn.

Stephanie, die durch Napoleon III., der ihr erneut den Titel »Kaiserliche Hoheit« zuerkannte, wieder größeren Einfluß gewonnen hatte, hielt sich nun wieder öfter in Paris auf. In ihren Stimmungsberichten aus dieser Zeit dominieren Harmoniebedürfnis und Freiheitswille. 1857 stellte sie ihr Domizil in Baden-Baden für eine Zusammenkunft des französischen Kaisers mit dem preußischen Prinzregenten zur Verfügung, an der auch Bismarck teilnahm, dem an guten preußisch-französischen Beziehungen gelegen war.

Der Herbst ihres Lebens stand freilich schon lange unter dem Zeichen schwindender Gesundheit. 1859 suchte sie Heilung in Nizza, ohne jedoch ihre gesellschaftlichen Verpflichtungen und ihre politische Korrespondenz einzustellen. Doch auch Napoleons Leibarzt konnte keine Rettung bringen. Am 28. Januar 1860 wurde die 70jährige von ihrem Leiden erlöst. Groß war die Zahl der Nachrufe, in denen ihr liebenswürdiges Wesen, der untadelige Charakter, das karitative Wirken und die tiefgründende Religiösität gewürdigt wurden.

An der von ihr angelegten Rheinpromenade in Mannheim erinnert noch heute eine Statue an diese denkwürdige Frau.

Elisabeth von Gleichenstein

Marie Ellenrieder

1791–1863

Schon dreimal in diesem Jahrhundert wurde es unternommen, Leben und Werk der Konstanzer Malerin Marie Ellenrieder zu untersuchen: 1916 widmete Klara Siebert der Künstlerin eine erste Monographie, 1940 wiederholte und ergänzte Margarete Zündorff vor allem den biographischen Bericht, 1963 stellte Friedhelm Wilhelm Fischer das Werk und die künstlerische Entwicklung der Malerin in den Mittelpunkt seiner Würdigung. Er als erster betonte auch die Tragik der begabten Künstlerin, deren Kraft und Lebendigkeit gebrochen wurde durch die Begegnung mit den Nazarenern in Rom und durch eine verkrampfte, zum Teil selbstquälerische Form der Religiosität.

Bereits zu ihren Lebzeiten wurde die Malerin in einschlägigen Publikationen gewürdigt, so mehrfach in Cotta's Kunstblatt bei der Besprechung von ausgestellten Bildern. Auch das Universal-Lexikon des Großherzogtums Baden aus dem Jahr 1847 widmete ihr einen Artikel mit kurzem Lebensabriß und stellte fest, sie habe einen »nicht unbedeutenden Namen« erworben, ihre Bilder seien tief empfunden und lieblich dargestellt. Etwas ausführlicher behandelt sie bereits Naglers 1835–1852 erschienenes Neues Allgemeines Künstlerlexikon. Die erste umfassende Würdigung erschien nach ihrem Tod von ihrem Landsmann, dem Maler und Kunstschriftsteller Friedrich Pecht: »Marie Ellenrieder dürfte, alles in allem erwogen, die bedeutendste deutsche Künstlerin der modernen Zeit gewesen sein. Auch Andreas Andresen schreibt 1872 in seinem mehrbändigen Werk über die deutschen Maler-Radierer: »Ohne Zweifel gebührt ihr unter allen Malerinnen im historischen Fach der Ehrenpreis unseres Jahrhunderts.« Diese hohe Einschätzung bleibt bis in das 20. Jahrhundert hinein erhalten, wobei besonders Ellenrieders nazarenische Malerei sehr geschätzt wurde. Stets wird ihre klare Zeichnung, anmutige Formgebung, innige Frömmigkeit sowie ein warmes Kolorit hervorgehoben, wobei bei letzterem häufig hinzugefügt wird, daß es das der anderen Nazarener, vor allem Overbecks übertreffe. Manche Autoren charakterisieren ihre Kunst als weiblich, was teils positiv (»Reinheit und frauliche Tiefe der Empfindung; in der Linienführung fraulich zart und süß«), teils negativ (»zu weich und allzu weiblich«; »zuviel weibliche Milde«) gemeint ist.

Die neuere, feministisch orientierte Kunstgeschichtsschreibung, die sich die Wiederentdekkung von Künstlerinnen zur Aufgabe gemacht hat und auch erstmals Untersuchungen über die vielfach erschwerten Bedingungen für weibliche Kunstschaffende anstellt, bringt Marie Ellenrieder wieder verstärkt ins Gespräch, ohne allerdings eine neue Beurteilung ihrer Kunst vorzunehmen. Nach früheren rudimentären Werklisten erschien 1963 zu der Monographie Fischers ein umfassendes, sorgfältig erarbeitetes Werkverzeichnis von Sigrid von Blanckenhagen mit fast 500 Katalognummern. Im Rosgartenmuseum Konstanz wurden seither alle weiteren bekanntgewordenen Arbeiten Marie Ellenrieders ebenfalls katalogmäßig festgehalten.

Am 20. März 1791 wurde Marie Ellenrieder in Konstanz geboren als Tochter des Hofuhrmachers Konrad Ellenrieder und seiner Frau Anna Maria. Ihre ersten Eindrücke empfing sie in dem gutbürgerlichen Elternhaus an der Bleicherstaad, der heutigen Zollernstraße, nahe dem Hafen der Stadt. Marie selbst bezeichnete ihre Jugend als glücklich: »Ich bin ein glückliches, ein äußerst glückliches Geschöpf, liebenden Eltern gegeben, von Kindheit an wurde ich mit der zärtlichsten Sorge beschützt.« Ihre Mutter stammte aus einer Malerfamilie: Großvater Franz Ludwig Herrmann war fürstbischöflicher Hofmaler in Konstanz und hatte zahlreiche Kirchen der Umgebung mit Fresken und Altarbildern ausgestaltet, Onkel Franz Xaver war ebenfalls als Maler tätig. Der Beruf des Künstlers dürfte also in der Familie als nichts Außergewöhnliches angesehen worden sein. Ihre Schulzeit verbrachte Marie bei den Dominikanerinnen der Klosterschule Zoffingen in Konstanz. Sie wird dort, wie dies in der Mädchenerziehung der Zeit üblich war, vorwiegend in Lesen, Schreiben und Religion unterwiesen worden sein. Es mag ein bißchen Zeichnen und Handarbeit dazugekommen sein, wie man es für das häusliche Leben einer Frau damals für notwendig hielt. Weitergehende historische oder literarische Kenntnisse wurden den bürgerlichen Mädchen der Zeit kaum vermittelt. Dieses Manko mag Marie Ellenrieder in ihrer Akademiezeit und danach empfunden haben, wo die Historienmalerei in der Rangfolge der Künste als höchste galt. Themen der antiken Mythologie oder der Geschichte waren für sie neu, und wir kennen auch später keine historischen oder literarischen Bilderfindungen von ihr.

Nach ihrer Schulzeit lebte Marie Ellenrieder zunächst im Elternhaus. Über ihre Tätigkeit in dieser Zeit wissen wir nichts. Mit etwa 19 Jahren wurde sie zu dem Miniaturenmaler Joseph Einsle (1774-1829) in die Lehre gegeben. Die Malerei von Bildnisminiaturen mag den Eltern angemessen erschienen sein für eine junge Frau ihres Standes. Sie versprach eine gewisse Verdienstmöglichkeit und ließ sich im bürgerlich-häuslichen Milieu betreiben. Der Lehrer Joseph Einsle lebte von 1810 bis 1817 in Konstanz. Er gehörte zu den bescheidenen Künstlern, die mit handwerklicher Gediegenheit und feiner Präzision ihrem Beruf nachgingen und durch den wachsenden Bedarf des Bürgertums an Kleinporträts ins Brot gesetzt wurden. Etwa drei Jahre arbeitete die junge Ellenrieder in seiner Werkstatt, dann, 1813, begann für die nun

Marie Ellenrieder: Selbstbildnis, Öl auf Leinwand (1818). Die Malerin wurde als erste Frau an einer Staatlichen Akademie aufgenommen.

22jährige mit der Aufnahme an die Münchner Akademie ein neuer Lebensabschnitt.

Der Schritt zu einer professionellen Ausbildung war für eine Frau durchaus ungewöhnlich. Zwar waren schon im 18. Jahrhundert gelegentlich weibliche Mitglieder an einigen europäischen Akademien aufgenommen worden, doch waren dies stets etablierte Malerinnen, die mit dieser Mitgliedschaft geehrt wurden oder denen eine Möglichkeit zur Ausstellung geboten werden sollte. Es handelte sich also bei diesen nicht um eine Ausbildung zur Malerei. Frauen stand dieser Weg im allgemeinen nicht offen, sie hatten bestenfalls die Möglichkeit, in der eigenen Familie zu lernen.

Marie Ellenrieder war die erste Frau, die an einer staatlichen Akademie aufgenommen wurde. Wie aber kam eine junge Frau aus der Provinz zu diesem Privileg? Erst wenige Jahre vorher (1802) hatte der Hannoveranische Ministerialsekretär Ernst Brandes in seinen »Betrachtungen über das weibliche Geschlecht und dessen Ausbildung in dem geselligen Leben« die Schreckensvision sittlicher Zügellosigkeit heraufbeschworen, der ein Mann gewissemaßen zwangsläufig erliegen mußte, sollte er der Versuchung von Frauen in den Hörsälen der Akademien ausgesetzt werden. Im Falle von Marie Ellenrieder ist die Zulassung der Fürsprache eines einflußreichen Konstanzer Kirchenmannes zu verdanken, des Generalvikars Ignaz Heinrich Freiherr von Wessenberg. Wessenberg gilt aus heutiger Sicht als ein aufgeklärter und für seine Zeit ungewöhnlich fortschrittlicher Kleriker. Er war aber auch ein Kunstfreund von weitem Horizont, der für sich selbst eine ansehnliche Gemäldesammlung anlegte. So erkannte er auch, daß das ungewöhnliche Talent der jungen Ellenrieder einer professionellen Ausbildung bedürfe, um zur Entfaltung zu kommen. Rollenspezifische Bedenken scheinen für ihn nicht relevant gewesen zu sein, weswegen er sich bei dem ihm bekannten Münchner Akademiedirektor von Langer für die Aufnahme seines Konstanzer Schützlings einsetzte. »Mit der Aufnahme Marie Ellenrieders als Schülerin der Akademie zu München war übrigens ein Präzedenzfall geschaffen, der von guten Folgen war; mehr als Eine meines Geschlechts hat sich später in der Isarstadt ausgebildet, und zwar weder zum Schaden der Kunst noch zum Nachteil der Würde der Frauen.« Die sich so äußerte, war die aus Weimar kommende Louise Seidler, die einige Jahre nach Marie Ellenrieder in München ankam und ebenfalls bei Langer studierte.

Leider läßt sich weder aus Maries Tagebuch noch aus den Akten der Akademie irgend etwas über die Umstände der Ausbildung Ellenrieders erschließen. Unter der Nr. 229 im Matrikelbuch der Münchner Kunstakademie steht lediglich: »Maria Ellenrieder Constanz Mignaturmalerey 1813 July 27.« Da es Miniaturmalerei nicht als eigenes Fach an der Akademie gab, wird hier die bisherige Tätigkeit gemeint sein. Wie aber wurde die Anwesenheit einer Frau bei den Malklassen von Kommilitonen und Lehrern aufgenommen? Gab es Widerstände, gab es Aufgaben, von denen die Schülerin ausgeschlossen war? Als wahrscheinlich kann gelten, daß das Aktstudium für sie nicht vor dem lebenden Modell, sondern bestenfalls vor den antiken Statuen oder im Kopieren alter Meister möglich war. Ihr Lehrer, Johann Peter von Langer, war ein vom Klassizismus geprägter Maler, der großen Wert auf eine solide Ausbildung im Handwerklichen legte. Gemäß der Wertehierarchie der Zeit galt das Zeichnerische, das *disegno*, als das wichtigste künstlerische Ausdrucksmittel, hinter dem das Kolorit an Bedeutung zurücktrat. Marie Ellenrieder erreichte gerade hierin eine große Sicherheit. Von Langer scheint auch ihre außerordentliche Begabung für das Portrait erkannt zu haben und förderte sie gerade in dieser Richtung. In der barocken Malerei, die

General Krieg von Hochfelden und seine Gemahlin zu Pferde, Öl auf Buchenholz. Das Gemälde entstand im Jahre 1832, in der künstlerisch fruchtbarsten Zeit Marie Ellenrieders.

Ellenrieder wohl intensiv studierte, scheint sie die wirkungsvolle Lichtbehandlung besonders inspiriert zu haben. So malt sie in ihren frühen Arbeiten bevorzugt aus dem dunklen Hintergrund heraus in die helleren Partien und setzt manchmal wirkungsvoll eine gezielte Lichtführung ein. Aus den Jahren 1815/16 stammen einige Radierungen, die, meisterhaft in der Ausführung, Kopien nach alten Meistern sind, so ein Portrait Poussins oder ein eindrucksvoller bärtiger Kopf nach Georg Friedrich Schmidts Kopie eines Bildes von Rubens. Von prachtvoller Kraft und Lebendigkeit sind einige männliche Studien, die sie in Öl mit breitem Pinsel und kräftigem Auftrag ausführt. Die in den Radierungen erstmals angewendete, aus dem barocken Kupferstich übernommene Methode, die hellen und dunklen Partien durch dichte gekreuzte Schraffuren zu erzielen, überträgt sie später auch in die Kreidezeichnungen, ein Gebiet, in dem sie ihre schönsten und lebensvollsten Arbeiten schaffen sollte.

Wenn Marie Ellenrieder zwar als erste Schülerin an den Malklassen der Akademie teilnehmen durfte, so schien es doch nicht schicklich, ein junges Mädchen selbständig in der Stadt wohnen zu lassen. Diesem Umstand ist es wohl zu verdanken, daß Akademiedirektor von Langer der Studentin in der eigenen Familie Wohnrecht gewährte, eine Tatsache, die ihr sehr zugute kam. Lernte sie doch in diesem gastfreien Hause viele Künstler, Wissenschaftler und Studenten kennen, konnte ihren Horizont erweitern und sich eine gewisse, für ihren künftigen Beruf notwendige Weltläufigkeit aneignen. Die anregende Atmosphäre Münchens wirkte äußerst belebend auf die junge Malerin, die nach über einem Jahr ungern in die Enge der Heimatstadt zurückkehrte und noch zweimal, 1816 und 1820, für längere Zeit in München weilte.

Der nun zu vollem Können gereiften Künstlerin fehlte es in Konstanz, wie sie im Tagebuch beklagt, an Aufträgen. Die Portraits, die sie malte, zeigen vielfach Personen aus dem Familienkreis, die Eltern, die Schwestern, Schwager Martignoni oder die Kinder ihrer Schwester. Aufenthalte in Zürich, Schaffhausen und Freiburg erschließen jedoch der immer bekannter werdenden Portraitistin neue Kreise: Zu den Aufträgen aus Bürgertum und Landadel kommen nun auch solche von Fürstenhöfen. 1818 erhält sie eine Einladung an den Hohenzollerischen Hof in Sigmaringen, um die Fürstin und ihre Kinder zu portraitieren. Erhalten hat sich nur der Pastell-Entwurf für ein Portrait des kleinen Erbprinzen Carl, der ein hellwaches Bübchen zeigt. Zusammen mit den Bildniszeichnungen der kecken Neffen Detrey oder der Töchter Thurn-Valsassina gehört dieses Blatt zu den besonders herzerfrischenden Kinderbildern der Ellenrieder aus ihren frühen Jahren, als sie noch nicht das Ideal engelhafter Frömmigkeit über die Individualität der Kinder legte.

Ein Jahr später, 1819, weilte Marie Ellenrieder für längere Zeit am Fürstenbergischen Hof in Donaueschingen, um die Portraits des fürstlichen Paares, Carl Egon II. und Amalie zu Fürstenberg, zu malen. Hier entstand eine Freundschaft, die über Jahrzehnte hinweg bestehen bleiben sollte. Eine große Anzahl von Zeichnungen der Kinder und Enkel des Paares und Skizzen aus dem Familienleben gibt Zeugnis von vielen gemeinsam verbrachten Wochen, sei es in Donaueschingen, sei es in den Schlössern Heiligenberg und Werenwaag. Bei diesen Fürstenportraits von 1819 wendet sich Marie Ellenrieder ab von den kleinformatigen Brustbildern. Bereits kurz vorher in Freiburg hatte sie, wie sie im Tagebuch vermerkt, zum erstenmal gewagt, »ein Portrait in Halbfigur zu malen, nach diesem ein zweites und dann wieder Brustbilder«. Die Donaueschinger Bildnisse sind repräsentative Portraits von hohem Anspruch. 1820 wird die Künstlerin nach Karlsruhe gerufen, um Markgraf Leopold von Baden und seine junge Frau zu malen. Auch in diesen Bildern verbindet sich Privates mit Öffentlichem, sensible Empfindsamkeit mit individueller Charakteristik.

Die Jahre 1817 bis 1822 wird man als die fruchtbarste Epoche im Leben der Künstlerin und, nach unserem heutigen Verständnis, als Höhepunkt ihres Schaffens ansehen. Ihr aus München mitgebrachter Schwung, ihre Begeisterung für das Metier, für das sie sich ganz entschieden hat, aber auch ihre Sensibilität, die sie das Besondere der Menschen, die sie malt, erfühlen und zum Ausdruck bringen läßt, sind an ihren Werken ablesbar.

Im Jahre 1820 erhält Marie Ellenrieder von der Pfarrgemeinde Ichenheim bei Offenburg den Auftrag, für die neuerbaute Kirche drei Altarbilder zu malen. Sie sollen eine thronende Muttergottes, den Kirchenpatron St. Nikolaus und eine Auferstehung darstellen. Der große Auftrag zeigt, daß Marie Ellenrieder mittlerweile einen guten Namen im badischen Raum hatte. So ist sie auch die erste Frau, der, wie Margarete Zündorff sich ausdrückt, »die Ehre (zuteil) wurde, ein katholisches Gotteshaus in Deutschland mit Altarbildern schmücken zu dürfen«. Der Auftrag bedeutete die künstlerische Herausforderung, in großem Format mehrfigurige religiöse Historienbilder zu gestalten. Er bedeutete auch für die tieffromme junge Frau die Erfüllung der, wie ihr schien, heiligsten Pflicht der Kunst, der Religion zu dienen. Zur Anfertigung der Kartonvorzeichnung für den Hauptaltar, das Marienbild, reiste Ellenrieder nach München zu ihrem Lehrer von Langer. Der Karton wurde noch im selben Jahr in München ausgestellt und lobend besprochen. Fischer erkennt sehr richtig in den Ichenheimer Altarbildern eine erste Abwendung von der lebensvollen Darstellungsweise der früheren religiösen Bilder hin zu klassizistischer Kühle. Er sieht dies als Ergebnis von Maries beständigem

Streben nach Reinheit und Idealität, was jedoch zur Unterdrückung von Wärme, Temperament und ansprechender Spontaneität in ihren Arbeiten führt.

Ignaz Heinrich von Wessenberg hatte schon früh die junge Frau darauf hingewiesen, daß ein Aufenthalt in Italien und das Studium der italienischen Renaissance für einen deutschen Künstler dringend zu wünschen seien. Auch in München wurde sie auf die Bedeutung solcher Studien hingewiesen. So war Rom ein lange Jahre angestrebtes Fernziel für Marie Ellenrieder. Das Honorar für den Ichenheimer Auftrag ermöglichte Marie nun endlich die Erfüllung des so lange sehnsüchtig gehegten Wunsches.

Am 7. Oktober 1822 brach sie auf. In ihrer Begleitung reiste Heinrich Keller, ein Züricher Bildhauer und Schriftsteller, der schon 30 Jahre in Rom lebte, und der Bildhauer Nepomuk Zwerger, der in Rom bei Thorwaldsen lernen wollte. Nach knapp drei Wochen kam die Gruppe in Rom an. Marie Ellenrieder wurde erwartet von Katharina Predel, einer Freundin aus München, und von Louise Seidler, bei der sie wohnen konnte und die sie einführte in die Kreise der deutschen Künstler in Rom. Das Leben dieser Künstlerkolonie ist vielfach beschrieben worden. Man besuchte sich gegenseitig in den Ateliers, betrachtete gemeinsam die Kunstwerke Roms, diskutierte oder traf sich im sogenannten Komponierverein, wo zeichnerische Aufgaben gelöst werden mußten. Zur Zeit der Ellenrieder war der Stern der Klassiker längst im Sinken. Winckelmanns Lehre, die »edle Einfalt, stille Größe« der Griechen nachzuahmen, war bereits abgelöst von dem Bestreben, der frommen Einfalt und dem edlen Ernst der religiösen Kunst des Mittelalters und der italienischen Renaissance nachzueifern. Statt der Kunst für die Gebildeten Europas mit Szenen antiker Themen sollte nun durch religiöse Kunst jedes fühlende, fromme Herz bewegt werden. Daß Marie Ellenrieder für diese Lehre empfänglich war, liegt auf der Hand.

1810 hatten sich etliche deutsche Künstler nach altdeutschem Vorbild zu der Bruderschaft von St. Isidor zusammengeschlossen, um in mönchischer Askese zu leben und zu arbeiten. Diese Gemeinschaft hatte sich bei Maries Ankunft bereits wieder aufgelöst, aber der Geist der Gruppe lebte weiter. Die zentrale Figur war damals der aus Lübeck stammende Maler Friedrich Overbeck. Carl Philipp Fohr, Philipp Veit, Julius Schnorr von Carolsfeld oder Franz Pforr gehörten ebenfalls zu diesem Kreis. Ihr Bestreben ging dahin, die religiöse Malerei zu erneuern im Geiste der altdeutschen Malerei, aber im Stile von Raffael, Perugino oder Fra Angelico. Dieses Bestreben war verbunden mit strengen moralischen Forderungen an die Maler, mit einer als sektiererhaft anzusehenden Religiosität und einer dadurch bedingten Intoleranz und Enggleisigkeit. Dazu paßte, daß die Künstler sich von ihrer italienischen Umgebung streng absonderten, sogar in ihrem Äußeren. Wegen ihrer langen Haare wurden sie von den Römern spöttisch »Nazarener« genannt, ein Name, der bald zur Bezeichnung für die von ihnen vertretene Kunstrichtung wurde.

Sehr bald nach ihrer Ankunft schon wendete sich Marie Ellenrieder ganz den Nazarenern zu. Ihre tiefe Frömmigkeit und eine wohl schon früh eingepflanzte Neigung zur Selbstverleugnung und Askese trugen dazu bei, wie sie im Tagebuch beschreibt: »Im Erkennen des Wahren und Schönen wendete sich meine Denkungsart ...so schwankend ich umherirrte, so fest glaube ich nun für alle Zukunft zu stehen.« Aber es folgt der mutlose Satz: »Unendlich gebricht es mir an allen löblichen Eigenschaften.« Der moralische Druck, den die Ideologie dieser Künstler ausübte, führte alsbald zu Schuldgefühlen. Die Forderung, Kunst als Religion zu betreiben, stets mit reinem Herzen und in Gedanken an

Gott zu leben und zu arbeiten, erweckte bei ihr das Gefühl zu versagen und führte zu Depressionen. Sie beurteilte nun auch ihre eigenen Arbeiten aus einem Gefühl der Minderwertigkeit heraus, beklagte ihre angebliche Unfähigkeit und tadelte sich in ihrem Tagebuch immer wieder selbst, wenn sie einmal ein paar Stunden unbeschwert gewesen war oder zufrieden mit dem Ergebnis einer Arbeit: »Die festliche Abendgesellschaft bei Herrn v. Rheden war schön, sehr schön; aber ich plauderte zu viel. ...ich dachte weder an Gott noch an die Kunst.«

Nach der Abreise von Louise Seidler beklagt sie sich in einem Brief an diese: »Es ist einmal ausgemacht, daß die deutschen Künstler in der Regel die Malerinnen nicht leiden können, auch hier gibt es in unserer Zunft viele harte Herzen.« Tatsächlich scheint es, daß zwar die gesellschaftlichen Kontakte der Malerinnen in Rom unkompliziert waren, daß aber die Maler den Frauen einen deutlichen Eindruck von Überlegenheit zu vermitteln wußten. Diese wohl eher unterschwellig vermittelte Botschaft mußte das Minderwertigkeitsgefühl der Ellenrieder noch bestärken. Auch in den Erinnerungen der Basler Malerin Emilie Linder, die ebenfalls zu Ellenrieders Freundinnen gehörte, entsteht dieser Eindruck. Louise Seidler selbst hält das Urteil der Ellenrieder für zu scharf und schiebt es auf ihre Empfindlichkeit: »Marie Ellenrieder war leicht verletzt und zog sich dann wie eine rauh berührte Mimose scheu in sich selbst zurück. Auch in ihren glücklichsten Tagen war sie immer von einer gewissen Poesie des Leidens umwoben.«

Die künstlerische Fertigkeit der Ellenrieder hatte sich in Rom zweifellos sehr vervollkommnet. Ihre Malweise veränderte sich unter dem Einfluß der Nazarener und dem Eindruck der Kunst Raffaels und Peruginos allerdings vollständig. Eine aufgehellte Palette, eine zum Teil fast emaillehaft glatte Maloberfläche, nahezu schattenlose Darstellungen, durchhellt von überirdischem Licht, verleihen ihren Bildern einen idealen, ja transzendentalen Charakter. Diesem opferte sie jedoch Lebendigkeit und Individualität. Dennoch zeigen ihre Arbeiten nicht die etwas kalte Härte, das strenge Kolorit ihrer männlichen nazarenischen Kollegen. Louise Seidler charakterisiert ihre Bilder so: »Ihre Bilder erlangten schnell einen Ruf; sie waren tief empfunden (...) man malt nur gut, wenn man aus dem Innersten des Gemütes herausmalt, Maria Ellenrieder war der Beweis dafür.« Am 1. Juli 1824 verließ Ellenrieder die Stadt Rom und reiste mit ihrer Freundin Katharina Predel nach Florenz. Über ein Jahr studierte und arbeitete sie in dieser Kunststadt, wo sie auch Kopien nach Raffael und Perugino anfertigte. Hier, wo der römische Freundeskreis keine Ablenkung bot, brach ihre Depression wieder verstärkt aus. Die Ellenrieder kommt von ihrem ersten Italienaufenthalt mit einem deutlichen Bruch in ihrem Leben zurück.

Ihr Leben lang war Marie Ellenrieder davon überzeugt, daß der Aufenthalt in Rom ihr erst den Weg zur Kunst gewiesen habe. Er hat, das läßt sich in der Tat sagen, ihre künftige Kunstauffassung entscheidend geprägt. Sie schied aus Italien mit dem festen Vorsatz, ihre Kunst nur noch in den Dienst der Religion zu stellen. In den Jahren nach der Rückkehr aus Italien entstand eine große Zahl religiöser Bilder, auch mehrere Altarbilder für süddeutsche Kirchen. Die Ausstattung der Kirche von Ichenheim, vor Italien begonnen, mußte fertiggestellt werden.

Die Kirche von Ortenberg in Mittelbaden folgte. Mit Studien für das Hochaltarbild, das den hl. Bartholomäus zeigt, hatte Ellenrieder schon in Florenz begonnen. Zehn Jahre später wurde als zweites der Josephsaltar bestellt. 1828 erhielt die Malerin den ehrenvollen Auftrag, den Hochaltar für die neue Stadtkirche

Marie Ellenrieder: Kniendes Mädchen einen Blumenkorb ausschüttend (1841). Öl auf Leinwand.

St. Stephan in Karlsruhe zu malen. Wegen der riesigen Ausmaße des Gemäldes (4,70x3,20 m) wies der Großherzog der Künstlerin eigens einen großen Arbeitsraum im Regierungsgebäude in Konstanz zu. Als Thema war die Steinigung des hl. Stephanus vorgegeben, das Ellenrieder jedoch in den Tod des Heiligen veränderte. Das Bild ist in zwei Zonen geteilt, auf der Erde liegt Stephanus, umgeben von seinen Freunden, er blickt hinauf zu Jesus, der in der Himmelsglorie erscheint. Trotz aller Perfektion in der Zeichnung und ausgewogenen Farbigkeit empfindet man das Bild heute als etwas kraftlos und sentimental. Die Zeitgenossen dachten jedoch anders, das Bild wurde sehr bewundert. Es befindet sich heute in der Kirche St. Stephan in Konstanz.

Schon 1827 hatte der Badische Kunstverein der Ellenrieder als erster Frau die Goldene Medaille für Kunst und Wissenschaft verliehen. Großherzog Ludwig wertete die Medaille noch auf durch die Verleihung des Bandes des Vaterländischen Verdienstordens. Im Jahre 1829 dann ernannte Ludwig die Ellenrieder auch zur Hofmalerin, was außer dem Titel auch ein Jahresgehalt von 300 Gulden bedeutete. Die Ernennung macht deutlich, daß Marie Ellenrieder von Großherzog Ludwig hoch geschätzt wurde. Der Großherzog weilte seit seiner Eheschließung mit der ehemaligen Schauspielerin Katharina Werner, die er zur Gräfin von Langenstein erhob, sooft seine Regierungsgeschäfte es erlaubten, bei seiner Familie in Schloß Langenstein bei Konstanz. Im Jahre 1827 schuf Marie Ellenrieder Portraits des Großherzogs und der Gräfin von Langenstein, die sie sogar mehrfach wiederholte, um die Nachfrage zu befriedigen. In diesen Portraits spürt man die freundschaftliche Beziehung, die zwischen der Familie Großherzog Ludwigs und der Künstlerin bestand, eine Freundschaft, die sich bis in die nächste und übernächste Generation erhalten hat.

Der größte Auftrag Ludwigs an »seine liebe Ellenrieder« war die Ausmalung der Schloßkapelle in Langenstein. Sie arbeitete in der für Wandmalerei höchst ungewöhnlichen Technik der Kohlezeichnung direkt auf die Wand: lebensgroße biblische Szenen, die die Speisung der Fünftausend und Jesus als Kinderfreund zeigen. Als Ludwig 1830 unerwartet starb, war dies für Ellenrieder ein großer Verlust.

Sein Nachfolger auf dem Thron war Leopold I. Auch ihn und seine Gemahlin Sophie hatte die Malerin bereits 1820 portraitiert, weitere Bildnisse von Sophie waren gefolgt. 1832 erhielt sie schließlich den Auftrag zu einem großen Familienbild, das Großherzogin Sophie mit ihren fünf Kindern zeigen sollte. Die Künstlerin mußte sich zur Ausführung dieses Auftrags für zwei Jahre nach Karlsruhe begeben. Es entstanden etliche Einzelstudien und – ähnlich wie bei allen großen Altarblättern – eine formatgleiche Kartonvorzeichnung. Das 1834 vollendete Gemälde, das heute im Zähringer-Museum Baden-Baden hängt, entzückt durch die Klarheit der Zeichnung, durch Anmut und Ausgewogenheit der Komposition und durch delikate Harmonie der Farben, vor allem aber durch die friedlich-versonnene Stimmung, die es ausstrahlt. Es ist als das bedeutendste Werk von Marie Ellenrieder anzusprechen. Darüber hinaus kann man es aber auch zu den besten Familienbildern der deutschen Kunst des 19. Jahrhunderts zählen.

Eine gewisse Idealisierung der Einzelportraits ist in dem Familienbild festzustellen. In einem Brief an ihren Freund von Röder schreibt Ellenrieder, die Ähnlichkeit der Kinderbildnisse sei bereits zufriedenstellend, sie bemühe sich aber noch, »bis ich überall die Engels-Seele hineinbringe: Die vom Augenstern bis an die äußerste Spitze des Haupthaares schimmernd gleichsam alles überstrahlt.« Sie charakterisiert damit treffend ihr Bemühen, Portraits als Idealportraits auszuführen. Nicht der tatsächliche Charakter, noch weniger das Spontane der augenblicklichen Stimmung des Dargestellten sollte in ihren Bildnissen zum Ausdruck kommen, sondern das Gute, das Ideale und das zur Vollkommenheit Strebende. Insbesondere in ihren Kinderbildnissen wollte sie die Reinheit der kindlichen Seele und ihre natürliche Gottesnähe zeigen, was manchmal so weit ging, daß keine Individualität mehr spürbar wird. Das Bildnis des kleinen Otto von Vincenti von 1827 ist hierfür besonders charakteristisch. Bei diesem, wie nun bei fast allen ihren Bildern, wendet sie den von Perugino übernommenen, frommen Augenaufschlag an, den, wie Fischer es ausdrückte, »die Nazarener als Formel für Frömmigkeit gebrauchten«. Diese quasi-religiöse Umdeutung des Portraits machte der Ellenrieder den Bruch des selbst auferlegten Gelübdes leichter, keine profanen Themen mehr zu malen. So sehr gehen die beiden Typen ineinander über, daß es zuweilen schwer zu entscheiden ist, ob ein Portrait oder eine Vorstudie zu einem religiösen Thema vorliegt, denn auch hier arbeitete sie bevorzugt nach Modellen.

Die Jahre in Karlsruhe, in denen Ellenrieder am gesellschaftlichen Leben der Residenzstadt

Das 1834 vollendete Gemälde »Großherzogin Sophie von Baden und ihre Kinder« gilt als das bedeutenste Werk von Marie Ellenrieder. Es zählt zu den besten Familienbildern der deutschen Kunst des 19. Jahrunderts. Zur Ausführung dieses Auftrags begab sie sich für zwei Jahre nach Karlsruhe.

teilnahm, in denen sie auch viel Anerkennung und Wertschätzung zu spüren bekam, waren für sie eine glückliche und künstlerisch fruchtbare Zeit. Und in der Tat spürt man in den Arbeiten dieser Jahre wieder etwas mehr Energie und etwas weniger Melancholie. Schließlich aber wurde sie von ihrem pietistischen Ober-Ich wieder eingeholt. Sie verließ Karlsruhe, da dort zuviel Ablenkung bestünde.

In Konstanz lebte sie wieder ganz zurückgezogen, die depressiven Stimmungen nahmen erneut zu. Seitenlange Selbstvorwürfe füllen ihr Tagebuch, sie klagt sich an, nicht fromm genug während des Malens gewesen zu sein, nicht fleißig genug oder nicht ruhig und sanft genug in ihrem Benehmen. Sie malt nun ausschließlich religiöse Bilder oder solche von erbaulichem Inhalt. In Cotta's Kunstblatt werden Arbeiten der Ellenrieder auf der Karlsruher Kunstausstellung 1838 besprochen: »Die Künstlerin scheint immer in Gesellschaft von Engeln zu malen, nie hat Unreines ihren Pinsel entweiht. Möchte sie sich nur recht bestreben, mehr Individualität in jugendliche Mädchengesichter zu bringen.«

Mit der niedergedrückten Stimmungslage der Jahre nach 1834 ging auch ein Nachlassen der künstlerischen Kreativität der Malerin einher. Um diesen quälenden Zustand zu beenden, beschloß Ellenrieder eine erneute Reise nach Rom. Sie hoffte dabei eine ähnliche Inspiration und Aufmunterung zu erfahren wie 16 Jahre zuvor. Doch ihre Erwartungen erfüllten sich nicht. Die Freunde von einst waren nicht mehr da oder hatten sich zurückgezogen, das Leben war anders geworden und die nazarenische Kunst stand nicht mehr in hohem Ansehen. Zwar wird die Malerin geehrt, sie wird eingeladen und erhält in ihrem Atelier hohen Besuch: König Ludwig I. von Bayern und Prinz Albert von Sachsen-Coburg, der spätere Gemahl der Königin Victoria, suchen sie öfters auf. Doch die menschenscheu gewordene Malerin meidet zunehmend jede Geselligkeit und vergräbt sich eher in ihrem Atelier. Sie kopiert wieder viel in den Kirchen und Galerien, arbeitet an einem riesigen Karton für eine Kindersegnung und am Bild eines Engels mit Tränenschale. Aus der ausführlichen Besprechung ihrer Arbeiten im »Kunstblatt« einige Zitate: »Die schöne, sorgfältig ausgeführte Zeichnung spiegelt eine schöne Seele, die die Grenzen des Weiblichen nie verläßt. (...) Diese und ähnliche meisterhaft vollendete Zeichnungen verfehlen ihre Wirkung auf kein fühlendes Herz. Sie teilen dem Betrachter die reinste und schönste Rührung mit.« Weiblichkeit und Rührung sind also die Maßstäbe, an denen ihre Kunst gemessen wird! Sie selbst wird von der lobenden Kritik nicht aufgemuntert. Nach zwei Jahren in Rom vermerkt sie bitter: »Auf dieser Reise, von der ich mir für meinen Geist eine ungewöhnliche Wirksamkeit versprach, geschah zu meiner größten Plage gerade das Gegenteil.«

Enttäuscht und deprimiert kehrte Marie Ellenrieder nach Konstanz zurück. Die kommenden Jahre sind gekennzeichnet durch häufige Krankheiten, Depressionen und ein spürbares Absinken der künstlerischen Kreativität und

Eine tiefe Frömmigkeit prägte Marie Ellenrieder, die auch in ihrer Kunst zum Ausdruck kam.

Inspiration. Es entstehen viele kleine Gelegenheitsarbeiten, Engelsbildchen und Jesuskinder, Heilige oder fromm-allegorische Themen, oft in häufiger Wiederholung. Der Mangel an innovativer Kraft scheint nämlich eine (negative) Unterstützung erfahren zu haben durch die große Nachfrage nach solchen Bildern der Konstanzer Malerin. So wenig sie uns heute ansprechen, so beliebt waren sie zu ihrer Zeit. Dazwischen erhielt die Malerin aber auch einige große, ehrenvolle Aufträge. So lieferte sie 1847 und 1849 zwei großformatige religiöse Gemälde an die englische Königin Victoria. Die Fürsten zu Fürstenberg bestellten mehrere große Bilder bei ihr, zum Teil von seltsamer Thematik, wie die sieben Schutzengel der sieben Kinder des fürstlichen Paares (1846/47) oder die zum Himmel hinaufstrebende – verstorbene – Fürstin.

In den fünfziger Jahren wurden auch die Beziehungen zum badischen Hof wieder enger. Der neue Großherzog Friedrich I. besuchte gar die erkrankte Malerin in Konstanz. Das Portrait der jungen Großherzogin Louise, in Pastell ausgeführt, läßt aber nach wie vor eher an eine Heilige als an eine reale Person denken. Trotzdem scheint es letztlich an größeren Aufträgen gefehlt zu haben. Jedenfalls fühlte sich Freiherr von Wessenberg bemüßigt, in Cotta's Kunstblatt 1845 an die »vortreffliche Künstlerin« zu erinnern, von deren »Werken die Kunstblätter schon lange kein Wort mehr sagen«, und einige ihrer Bilder lobend zu besprechen. In ihrem letzten Jahrzehnt nimmt die Schaffenskraft der betagten Malerin noch einmal einen unerwarteten quantitativen Aufschwung. Sie malt mehrere Altarbilder und mindestens dreiundzwanzig große Ölbilder. Dazu die zahllosen »Jesulein«, wie sie selbst sie nennt, und Engelsbilder, die nun fast serienmäßig entstehen. Die künstlerische Höhe der früheren Jahre stellt sich aber nicht mehr ein.

Im Alter von 72 Jahren, am 5. Juni 1863, starb Marie Ellenrieder in Konstanz an den Folgen einer Erkältung, die sie sich bei ihrem täglichen Kirchgang zugezogen hatte.

Eine eigentliche Nachfolge der Marie Ellenrieder gibt es nicht. In der Kunstgeschichte hatten sich längst andere Richtungen durchgesetzt. Schüler hatte sie nur wenige, da sie solche als störend empfand. Will man den Stellenwert der Künstlerin in der Kunstgeschichte umreißen, muß man ihre Arbeiten vor der Italienreise heranziehen sowie die der Jahre von etwa 1827 bis 1833. Das bekannte Künstlerlexikon Thieme-Becker bezeichnet sie als größte deutsche Malerin der ersten Hälfte des 19. Jahrhunderts. Es wählt dabei als Maßstab den Vergleich mit anderen weiblichen Kunstschaffenden. Sieht man jedoch einmal von dieser geschlechtsbezogenen Beurteilungsskala ab, so kann man die Malerin immer noch zu den besten Künstler/innen Badens im 19. Jahrhundert zählen. Wer in den letzten Jahren die dieser Epoche gewidmeten Ausstellungen in Stuttgart (1987) und Karlsruhe (1990) gesehen hat, erlebte die dort ausgestellten Bilder der Ellenrieder als malerisch deutlich aus dem Durchschnitt des Dargebotenen herausragend.

Katja Frehland

Annette von Droste-Hülshoff

1797–1848

»Ich steh' auf hohem Balkone am Turm, / Umstrichen vom schreienden Stare, / Und laß' gleich einer Mänade den Sturm / Mir wühlen im flatternden Haare« – so der Eingang des berühmten Meersburger Gedichtes *Am Turme* von »Deutschlands größter Dichterin«, wie Annette von Droste-Hülshoff seit dem späten 19. Jahrhundert genannt wird. Dreimal weilt die Dichterin zu Besuch bei ihrer Schwester Jenny von Laßberg in Meersburg, deren Mann Joseph Freiherr von Laßberg 1838 die alte Burg erworben hatte: von September 1841 bis Ende Juli 1842, von September 1843 bis September 1844 und von September 1846 bis zu ihrem Tod 1848. Jedesmal löst sie sich schwer aus der vertrauten Münsteraner Heimat (»ich bin eine Stockmünsterländerin und finde den münsterischen Mond bedeutend gelber«). Dennoch sollen diese Aufenthalte am Bodensee – besonders der erste im Winter 1841/42 – zur produktivsten Zeit ihres Lebens werden: Über sechzig Gedichte entstehen, »täglich wird eines fabriziert«, wie ihr Herzensfreund Levin Schücking (1814–1883), der für Laßberg die kostbaren Handschriften in der Meersburger Bibliothek ordnet, berichtet: »Sie meinte mit großer Zuversicht, einen reputirlichen Band lyrischer Gedichte werde sie, wenn sie gesund bleibe, in den nächsten Wochen leicht schreiben können. Als ich widersprach, bot sie mir eine Wette an, und stieg dann gleich in ihren Turm hinauf, um sofort an's Werk zu gehen. Triumphierend las sie am Nachmittag bereits das erste Gedicht ihrer Schwester und mir vor; am folgenden Tag entstanden gar zwei, glaub' ich (...). So entstand in weniger Monaten Verlauf (...) die weitaus größte Zahl der lyrischen Poesien, welche den Band ihrer ›Gedichte‹ füllen.«

In dieser Zeit, die im Leben der Dichterin keine Parallele hat und die sie selbst ihre »poetischeste Zeit« nannte, trafen mehrere glückliche Faktoren zusammen: Die Gelegenheit zum täglichen Umgang mit dem literarisch bewanderten Levin Schücking, Sohn ihrer früh verstorbenen Jugendfreundin Katharina Busch, dem sie im Literatur-Zirkel um Elise Rüdiger (1812–1899) in Münster begegnet war und den sie nicht nur als Gesprächspartner schätzen gelernt hatte, sondern zu dem sie eine innige Zuneigung gefaßt hatte (»mein Talent steigt und stirbt mit deiner Liebe – was ich werde, werde ich durch dich und um deinetwillen«). War es zum einen die Anwesenheit des jugendlichen

Freundes auf der Meersburg, die diesen ungeheuren poetischen Ausbruch ermöglichte, so war es zum anderen die neue Umgebung, damit die Befreiung von äußeren, familiären Verpflichtungen, die ihr endlich Raum zum Dichten ließ.

Fesseln will man uns am eignen Herde!
Unsre Sehnsucht nennt man Wahn und
Traum
Und das Herz, dies kleine Klümpchen Erde
Hat doch für die ganze Schöpfung Raum!

Denn besonders ein adeliges Fräulein wie Annette war der konventionellen Frauenrolle, den Verpflichtungen an die Familie und den Stand ausgeliefert – schwer vereinbar mit dem Wunsch zu dichten (»ich muß völlige Ruhe haben und die wird mir hier nie«). In Meersburg, das sie später »meine zweite Heimat« nannte, konnte die Droste endlich ein bescheidenes Dichterleben führen, ein Leben, das sich ganz auf die Literatur konzentrierte: »Ich habe eine rechte Gier danach und mache täglich in meinem Kopfe schon allerlei Vorarbeiten«, schrieb sie und lag »wach im Bette und mach(t)e im Dunkeln Gedichte«.

Im Kreis ihrer Familie – traditionsbewußtem, katholischem Adel – hatte sich das literarische Talent der Droste zunächst ganz unverbindlich entwickeln können: Annette von Droste-Hülshoff wird am 12. Januar 1797 als zweites Kind des Freiherrn Clemens August von Droste-Hülshoff und der Freifrau Therese geb. von Haxthausen auf der Wasserburg Hülshoff bei Münster geboren. Mehr als einen Monat zu früh auf die Welt gekommen – Familienüberlieferungen zufolge soll die Frühgeburt durch einen Sturz der Mutter auf dem Eis verursacht worden sein –, ist Annette zart, ja schwächlich und von äußerst anfälliger Gesundheit.

Die kleine Nette, wie sie mit Kosenamen genannt wird, erhält – wie ihre vier Jahre ältere Schwester Jenny und ihre beiden jüngeren Brüder Werner und Ferdinand – eine sorgfältige, umfassende Erziehung: Sie lernt die alten Sprachen, zeichnet, malt und komponiert, und ihr Talent, aus dem Stegreif zu reimen, wird von der ehrgeizigen Mutter – das Verseschmieden war bei gebildeten Leuten weit verbreitet und wurde wie das Musizieren und Blumenzüchten als hübscher Zeitvertreib angesehen – gefördert. Erste Kinderverse der Droste werden im Familien- und Verwandtenkreis herumgereicht:

Komm liebes Hähnchen komm heran
und friß aus meinen Händen.
Nun komm du lieber kleiner Mann
daß sie's dir nicht entwenden.

Von 1804 bis 1814 entstehen an die fünfzig in der Handschrift der Mutter überlieferte Gedichte, so daß die außergewöhnliche Beobachtungsgabe und überschäumende Phantasie der jüngsten Tochter von Hülshoff bald auch im Verwandtenkreis von sich reden machen – Onkel Werner von Haxthausen vermutet gar, »daß eine zweyte Sapho in dem Mädchen keime«. Als sich Annette aber im privaten Kreis am Komödienspiel beteiligt, findet man, wie der Mutter in einem Brief mitgeteilt wird (»diese Übung ist gefährlich ... für Fräulein Nette mehr noch als für andere«), das Verhalten des jungen Mädchens unziemlich und problematisch. Besonders den Männern scheint das kokette, überaus intelligente Mädchen nicht ganz geheuer: Als sie 1813 bei den Verwandten in Bökendorf dem Märchensammler Wilhelm Grimm, einem Bekannten des Onkels, begegnet, weiß dieser zwar zu berichten, daß »die Fräulein aus dem Münsterland (...), besonders die jüngste« erstaunlich viel wissen, daß aber Annette »etwas Vordringliches und Unangenehmes in ihrem Wesen hat« und daß man »nicht gut mit ihr fertig werden« kann. In ihrer ersten größeren literarischen Unternehmung, dem 1813 begonnenen, unvollendet gebliebenen Trauerspiel *Bertha oder die Alpen*, gestaltet die junge Autorin diese krisenhaften Erfahrungen in einer von männlicher Autorität und starren Rollenmustern beherrschten Gesellschaft. So weist Cordelia die Schwester Bertha in die Schranken ihres Geschlechts: »Zu männlich ist dein Geist, strebt viel zu hoch/Hinauf, wo dir kein Weiberauge folgt; / (...) Wenn Weiber wollen sich mit Männern messen, / So sind sie Zwitter und nicht Weiber mehr.«

Wie Annette, so findet auch die Titelheldin Bertha allein in der Kunst, hier der Musik, eine Möglichkeit, der gesellschaftlichen Enge zu entkommen:

Ja, meine Harfe ist mir jetzt mein Alles,
In Lust und Trauer treue Freundin mir.
Wenn dann der Schmerz die Seele mir
durchzittert,
Dann spielt mein Finger in der Harfe Saiten,
Und ihr entschwebt ein klagender Gesang,
In Tränen löst sich auf der tiefe Schmerz,
Und lispelnd hallt ihr silberheller Klang
Mir sanften Frieden in das kranke Herz.

Aus dem Kreis der katholisch-aristokratischen Gesellschaft Westfalens ist Annette von Droste-Hülshoff zwar zeitlebens nicht herausgetreten. Rücksichten auf die Familie und die ungeschriebenen Gesetze ihres Standes sollten immer eine selbstverständliche und entscheidende Rolle bei allen Entschlüssen spielen. Karitative Verpflichtungen wie Krankenpflege, selbst das dem Familiensinn der westfälischen Adelssippen verpflichtete Ritual der »ewigen Rundtour bei allen Verwandten«, hat Annette bis an ihr Lebensende gewissenhaft, wenngleich nicht klaglos (»fängt man erst an, so hängen die Visiten aneinander wie Kälbergekröse«) absolviert. Doch daß sie aus diesen Kreisen – vor allem in Fragen der Literatur – keine konstruktive Kritik und Anregung erwarten konnte, wird der jungen Dichterin zunehmen klargeworden sein. Im November 1812 begegnet sie dem Universitätsprofessor Anton Matthias Sprickmann (1749–1833), einem Freund Klopstocks, der gegenüber der Stadtwohnung der Familie von Droste-Hülshoff in Münster wohnt. Sprickmann – selber gescheiterter Literat – erkennt ihr dichterisches Talent und ermutigt sie zum Schreiben; er wird ihr Mentor und erster literarischer Ansprechpartner außerhalb der Familie. Hier lernt sie auch die nur wenige Jahre ältere Katharina Busch kennen, die – auch von Sprickmann betreut – ebenfalls Gedichte schreibt und mit einigem Erfolg sogar veröffentlicht. Schon 1813 bricht aber der Kontakt zur nun verheirateten Frau Schücking ab; wenig später, im September 1814, verläßt auch Sprickmann, einem Ruf nach Breslau folgend, Münster (»Ach, mein Freund, wie sehn ich mich dann oft nach Ihnen, Ihren lehrreichen Gesprächen, unbefangenen Urteilen«) – Annette wird für viele Jahre ohne einen Ansprechpartner für ihre literarische Arbeit sein.

Zu den einschränkenden weiblichen Rollenmustern treten spätestens seit 1815 schwere gesundheitliche Störungen – die Diagnosen schwanken zwischen allgemeinen rheumatischen Erkrankungen, Lungentuberkulose und Erkrankung der Schilddrüse – und seelische Depressionen. Schreiben und Arbeiten müssen dem kranken Körper abgerungen werden, Augenentzündungen und nervöse Zustände zwingen die junge Dichterin, der die Schwäche der eigenen Konstitution zunehmend bewußt wird, zur Ruhe.

»Müde, müde«, sind so auch die ersten Worte im ersten und einzigen (unvollendet gebliebenen) Romanversuch der Droste, *Ledwina*, das sich als drittes Jugendwerk dem Ritterepos *Walter* anschließt. Langsam geht die jugendliche Heldin am Ufer eines Flusses entlang und erblickt im sprühenden Wasser ihr Bildnis, »wie

»Deutschlands größte Dichterin« Annette von Droste-Hülshoff. Miniatur, von ihrer Schwester Jenny (um 1820).

die Locken von ihrem Haupte fielen, ihr Gewand zerriß und die weißen Finger sich ablösten und verschwammen«. Ledwina, die schon zu Anfang des Romans den Tod und die Schwindsucht in sich trägt, leidet an der Gegenwart und wird von einer grauenhaften »Traumwelt« angezogen: »Das Mondlicht stand auf den Vorhängen eins der Fenster (...), der Schatten fiel auf ihr Bett (...), daß sie sich wie unter Wasser vorkam, sie betrachtete dies eine Weile, und es wurde ihr je länger je grauenhafter, die Idee einer Ondine ward zu der einer im Fluß versunknen Leiche, die das Wasser langsam zerfrißt, während die trostlosen Eltern vergebens ihre Netzte in das unzulängliche Reich des Elementes senden, ihr ward so schauerlich, daß sie sich nach eingen Skrupeln wegen der Glut in ihrem Körper entschloß, aufzustehn, und die Vorhänge loszuziehn.«

Träumen, sich spiegeln, vor sich schaudern – diese Motive ziehen sich durch das ganze Werk der Droste, bis hin zu ihren Meersburger Gedichten wie *Das Spiegelbild* (»Es ist gewiß, du bist nicht Ich«), *Im Moose* (»Ich sah mich selber, gar gebückt und klein«), *Der Todesengel* (»O, manche Stunde denk ich jetzt daran,/ Fühl' ich mein Blut so matt und stockend schleichen,/ Schaut aus dem Spiegel mich ein Antlitz an –/ Ich mag es nicht vergleichen«). Bereits die frühen Dichtungen der Droste sind Spiegel einer komplizierten, um Identität ringenden Persönlichkeit, einer höchst sensiblen, unter den sie umgebenden Bedingungen leidenden jungen Frau. Sie sind aber zugleich Ausdruck eines Dichtens als Ausweg, als Strategie der Selbstbewahrung, als »Ausgleich und Widerstand gegen das physiologisch und sozial über sie Verhängte« (Winfried Freund).

Im Frühjahr 1819 reist die Droste zur Besserung ihres Gesundheitszustandes zu ihren Verwandten nach Bökendorf. Hier verliebt sich das 21jährige »Fräulein«, deren »gebückte Gestalt« einer »übergeschossenen Pflanze, die im Winde schwankt«, gleicht (autobiographisches Portrait aus dem Fragment gebliebenen *Bei uns zu Lande auf dem Lande*), in den zwei Jahre älteren, lebensfrohen Göttinger Studenten Heinrich Straube. Wilhelm Grimm schilderte Straube als kleinen »grundhäßlichen Kerl, der beständig lacht«. Immerhin scheint Straube Annettes Zuneigung erwidert zu haben: Als sich die beiden Mitte April 1820 trennen, hoffen beide auf ein Wiedersehen. Dieser Wunsch sollte nie in Erfüllung gehen. Denn als auch der attraktive August von Arnswald der Dichterin – wie mit seinem Freund und Kommilitonen Straube abgesprochen Avancen macht, gerät die junge

Die »poetischeste Zeit« ihres Lebens verbrachte Annette von Droste-Hülshoff auf der Burg ihres Schwagers Laßberg in Meersburg. Stahlstich von J. Poppel nach K. Conradi (um 1850).

Dichterin in einen Gefühlszwiespalt, wie es in dem berühmten ›Rechtfertigungsbrief‹ an Anna von Haxthausen zu lesen ist: »Ich hatte Arnswald sehr lieb, auf eine Art wie Straube. Straubens Liebe verstand ich lange nicht, und dann rührte sie mich so unbeschreiblich und ich hatte ihn wieder so lieb, daß ich ihn hätte auffessen mögen, aber wenn Arnswald mich nur berührte, so fuhr ich zusammen, ich glaube, ich war in Arnswald verliebt, und in Straube wenigstens nicht recht«.

Nachdem Arnswald der jungen Frau ein Geständnis ihrer Zuneigung entlockt hat, reist er nach Göttingen und berichtet Straube ›alles‹. Gemeinsam schreiben sie einen ›Absagebrief‹ an Annette und kündigten ihre Freundschaft – nicht ohne für ein angemessenes Publikum zu sorgen: Der Brief geht nicht an die ›Treulose‹ selber, sondern an Annettes Onkel August von Haxthausen und damit an die ganze entsetzte Bökendorfer Sippe. Annette kehrt – von Schuldgefühlen geplagt (»ich bin sehr gesunken, tiefer wie Du denkst«) – nach Hülshoff zurück, um erst achtzehn Jahre später den Ort ihrer unglücklichen Liebe wieder zu betreten: »Ich denke Tag und Nacht an Straube, ich habe ihn so lieb, daß ich keinen Namen dafür habe, er steht mir so mild und traurig vor Augen, daß ich oft die ganze Nacht weine und ihm immer in Gedanken vielerley erkläre, was ihm jetzt fürchterlich dunkel sein muß.«

Die Dichterin gerät in eine schwere Krise. *Ledwina* bleibt unvollendet liegen und die Arbeit am *Geistlichen Jahr* – begonnen als Festtagszyklus für ihre Großmutter Maria Anna

Das Fürstenhäusle in Meersburg, ehemals Besitz der Konstanzer Fürstbischöfe, gehörte ab 1843 Annette von Droste-Hülshoff. Es enthält heute ein kleines Museum (rechts der Schreibtisch der Dichterin).

von Haxthausen in Gestalt von Andachtsliedern – wird mit dem Gedicht auf den Ostermontag unterbrochen, um erst neunzehn Jahre später – als »poetische Beichte« zur »Bewältigung dieses erschütternden, sie bis an den Rand des Selbstmordes treibenden Erlebnisses« (Borchmeyer) – vollendet zu werden.

Die ersten Gedichte dieses lyrischen Zyklus sowie einige geistliche Lieder waren ab 1818 entstanden, während die erste intensive Arbeitsphase, in der die Gedichte von *Am Neujahrstage* bis *Am Ostermontag* entstanden, im Frühjahr 1820 stattgefunden hatte. Schon jetzt bemerkte Annette: »Der Zustand meines ganzen Gemütes, mein zerissenes, schuldbeladenes Bewußtsein liegt offen darin.«

Tiefes, ödes Schweigen,
Die ganze Erd wie tot!
Lerchen ohne Lieder steigen,
Die Sonne ohne Morgenrot.
Auf die Welt sich legt
Der Himmel matt und schwer,
Starr und unbewegt
Wie ein gefrornes Meer.

Die Weiterarbeit am *Geistlichen Jahr* soll erst ab 1839 wieder konkrete Züge annehmen, bis im Frühjahr 1840 ein vorläufiger Abschluß erreicht werden kann. Das Ergebnis ihrer Niederschrift des Zyklus machte Generationen von Editoren zu schaffen: Nicht nur wegen der kleinen Schrift auf den sehr eng beschriebenen Blättern, sondern auch aufgrund zahlreicher Korrekturen, Varianten, Rückkorrekturen, die aus den folgenden Jahren stammen. So nahm die Droste die geistlichen Lieder 1841 auch mit nach Meersburg, um sie zu überarbeiten und ins Reine zu schreiben. 1846, als sie zum letzten Mal nach Meersburg reiste, beabsichtigte sie, das Werk endgültig zum Abschluß zu bringen. Hierzu ist es – ebenso wie zu einer Reinschrift – nicht mehr gekommen, so daß der lyrische Zyklus, an dem die Dichterin fast dreißig Jahre arbeitete, unvollendet blieb. Zu recht wird das *Geistliche Jahr* heute vielfach als ausdrucksstärkste religiöse Dichtung des 19. Jahrhunderts bezeichnet:

> Wohl in dem Kreis,
> Den dieses Jahres Lauf umzieht,
> Mein Leben bricht. Ich wußt es lang!
> Und dennoch hat dies Herz geglüht
> In eitler Leidenschaften Drang!
> Mir brüht der Schweiß
>
> Der tiefsten Angst
> Auf Stirn und Hand.

Die Jahre nach der Straube-Katastrophe haben der Droste-Biographik Probleme bereitet. Nicht nur verstummt Annette dichterisch, auch gibt es für einige Jahre fast keine schriftlichen Lebenszeichen in Form von Briefen: Annette, die zurückgezogen auf Hülshoff lebt, schreibt in dieser Phase nur wenige Briefe belanglosen Inhalts an Verwandte. Zeichnend und lesend versucht sie, ihre Lage zu bewältigen. Aber erst im Reisen – zunächst ins Sauerland – findet die Dichterin, wie viele andere Dichter vor und nach ihr, eine Möglichkeit zum Aufbruch: Sie »taucht aus einer Zeit innerer Erstarrung auf, drängt den Schmerz, der sie hatte verstummen lassen, in den Hintergrund und findet zögernd wieder Mut zu sich selbst« (Freund). Im Oktober des Jahres 1825 unternimmt Annette auf ärztlichen Rat zu einer Luftveränderung eine erste größere Reise nach Köln, wo ihr Onkel Werner von Haxthausen mit seiner jungen Frau seit einiger Zeit wohnt. In dieser ersten großen Stadt, die sie kennenlernt, nimmt Annette mit Freude am öffentlichen Leben teil: »Es geht mir hier übrigens sehr gut. (...) Ich habe einige Bälle besucht.« Durch ihre Tante bekommt Annette auch Kontakt zur Kölner Gesellschaft. Hier lernt sie ihre spätere Freundin Sibylle Mertens-Schaffhausen (1797–1857) kennen, durch die sie bei einem ihrer späteren Aufenthalte am Rhein 1828 und 1830 auch mit Adele Schopenhauer (1797–1849) bekannt wird. Beide, vor allem aber Adele, die Schwester des Philosophen Arthur Schopenhauer, sollten für die Droste nicht nur persönliche Vertraute, sondern vor allem auch kompetente Gesprächspartner in Dingen der Literatur und Vermittler ihrer Werke werden.

Nach einigen Jahren des dichterischen Verstummens, fängt Annette – sie wohnt seit dem Tode des Vaters 1826 mit Mutter und Schwester im Rüschhaus, dem Witwensitz der Familie – wieder an zu schreiben. In dieser auch als mittlere Schaffensphase bezeichneten Zeit der Jahre 1827 bis 1838, die die unverändert kränkelnde Annette (neben den Reisen an den Rhein und einer Reise in die Schweiz) zum großen Teil in der Abgeschiedenheit und Einsamkeit des Rüschhauses verbringt, in der sie aber auch Anteil am literarischen Leben der Stadt Münster nimmt (*Perdu!*), entstehen die drei großen Versepen *Das Hospiz auf dem großen St. Bernhard, Des Arztes Vermächtnis* und *Die Schlacht am Loener Bruch 1623*. Auch erste Vorarbeiten zur *Judenbuche. Ein Sittengemälde aus dem gebirgichten Westfalen,* einer auf einem tatsächlichen Mordfall fußenden Novelle (die Droste war wahrscheinlich schon 1820 in Bökendorf mit dem Stoff des Judenmordes in Berührung gekommen) – heute ihr berühmtestes Werk –, fallen in diese Zeit. In Levin Schückings Lebensbild (1860) begegnen wir der »wie ganz durch-

»Die auffallend breite, hohe und ausgebildete Stirn war umgeben mit einer Fülle hellblonden Haares, das zu einer Krone aufgewunden und auf dem Scheitel befestigt war.« Gemälde von Johannes Sprick (1840).

geistigten, leicht dahinschwebenden, bis zur Unkörperlichkeit, zarten Gestalt« der nun erwachsenen Dichterin. Sie »hatte etwas Fremdartiges, Elfenhaftes; sie war fast wie ein Gebilde aus einem Märchen. Die auffallend breite, hohe und ausgebildete Stirn war umgeben mit einer ungewöhnlich reichen Fülle hellblonden Haares, das zu einer Krone aufgewunden und auf dem Scheitel befestigt war (...). Der ganze Kopf aber war zumeist etwas vorgebeugt, als ob es der zarten Gestalt schwer werde, ihn zu tragen, oder wegen der Gewohnheit, ihr kurzsichtiges Auge ganz dicht auf die Gegenstände zu senken. Zuweilen aber hob sie den Kopf, um ganz aufrecht den zu fixieren, der vor ihr stand; und namentlich dann, wenn sie irgendeine humoristische Bemerkung oder einen Scherz machte (...) lag dabei auf ihrem Gesichte etwas von einem (...) harmlosen Übermut, der aus dem ganz außergewöhnlich großen, trotz seiner Gutmütigkeit so scharf blickenden hellblauen Auge leuchtete. Dieses Auge war jedenfalls der merkwürdigste Teil ihres Gesichtes; es war vorliegend, der Augapfel fast konisch gebildet, und man sah die Pupille durch das feine Lid schimmern, wenn sie es schloß.«

Am Ende des Jahres 1838 erscheinen in der Aschendorffschen Buchhandlung zu Münster halb anonym die *Gedichte der Annette Elisabeth v. D.* Vermittelt wurde ihr der Verlagskontakt durch den Philosophieprofessor Christoph Bernhard Schlüter (1801–1884) aus Münster und durch den Historiker Wilhelm Junkmann (1811–1886), mit denen sie seit 1834 bekannt war. In die Gedichtausgabe sind aufgenommen drei Verserzählungen, die Ballade *Der Graf von Thal* und einige geistliche und weltliche Gedichte. Die Reaktion der Familie auf diese für eine adelige Dame unstandesgemäße Publikation war vernichtend. So schreibt Annettes Mutter Therese an die Schwester Jenny, »der Adel ist allgemein dagegen (...), ich glaube, es verdrießt sie, daß ein adliges Fräulein sich so öffentlichen Meinungen aussetzt.« Und Annette selber berichtet in einem Brief an ihre Schwester: »Mit meinem Buche ging es mir zuerst ganz schlecht. Ich war in Bökendorf (...) als es herauskam (...). Da kömmt mit einem Male ein ganzer Brast Exemplare, von der Fürstenberg an alles was in Hinnenburg lebt (...) – Ferdinand (Galen) gibt die erste Stimme, erklärt alles für reinen Plunder, für unverständlich, konfus und begreift nicht, wie eine scheinbar vernünftige Person solches Zeug habe schreiben können. Nun tun alle die Münder auf und begreifen alle miteinander nicht, wie ich mich so habe blamieren können.« Neben einigen positiven

Äußerungen von Freunden und Bekannten war aber auch die öffentliche Resonanz auf das Debüt der Dichterin nicht eben ermutigend: es war vielmehr äußerst dürftig. Und dort, wo sich in einer der wenigen Besprechungen der Gedichte wie in der *Kölnischen Zeitung* eine unparteiische Stimme zu Wort meldete, mußte sich die nun über Vierzigjährge den Vorwurf des »unreifen Dilletantismus« gefallen lassen. Verkauft wurden von der 500 Bände starken Auflage lediglich 74 Exemplare – ein Flop. Einen literarischen Erfolg wird die Dichterin erst vier Jahre später erleben – während ihres ersten Aufenthaltes auf der Meersburg 1841/42.

Das anerkannt milde Klima des Bodensees bewog Annette mit Blick auf ihren kritischen Gesundheitszustand, die Strapazen einer langen Reise auf sich zu nehmen, um ihre Schwester Jenny, die im Spätsommer 1841 die Familie in Westfalen besucht hatte, nach Meersburg zu begleiten. Daß ihr die Luftveränderung gut tat, geht aus einem Brief an ihre Mutter bald nach ihrer Ankunft in Meersburg hervor: »Ich spaziere täglich eine Strecke den See hinunter, was, mit dem Weg hinauf, eine ordentliche Tour für mich ist.« In diesem Brief erwähnt Annette nebenbei auch die Anwesenheit Levin Schückings, dem sie die Bibliothekarsstelle auf der Meersburg verschafft hatte. Gegenüber der Mutter hieß es zur Beruhigung: »Laßberg ist ganz von selbst auf den Einfall gekommen.« Auch wenn Annette auf diese Weise jeden Verdacht auf ein allzu inniges Verhältnis zu Schücking zunichte machen wollte, so sprechen doch die Briefe, die Annette an Schücking nach seiner Abreise aus Meersburg im Frühjahr und im Sommer 1842 schreibt, eine ganz andere Sprache: »Guten Morgen, Levin! – ich habe schon zwey Stunden wachend gelegen, und in einem fort an dich gedacht, ach, ich denke immer an dich – immer (...). Mich dünkt, könnte ich dich alle Tage nur zwey Minuten sehn – o Gott, nur einen Augenblick – dann würde ich jetzt singen daß die Lachse aus dem Bodensee sprängen, und die Möven sich mir auf die Schulter setzten!« Die zitierte Passage mit ihrem nur »mühsam gebremsten Gefühlsüberschwang« (Schneider) – das Gefühl mütterlicher Verantwortung für den Halbwaisen war auf Annettes Seite bald mit Liebe verbunden – führt in plastischen Bildern vor Augen, daß diese große Passion für die Droste zugleich eine Quelle künstlerischer Inspiration (»Weiß der Henker, was du für eine inspirierende Macht über mich hast«) bedeutete, so daß die Droste-Forschung in diesem Zusammenhang auch von einer ›Art Literaturwerkstatt‹, ja ›Produktionsgemeinschaft‹ spricht. Eine Produktion, die zum Teil sogar in gemeinsame Publikationsprojekte einfloß: Schücking hat nicht verschwiegen, daß die Droste Anteil hatte an seinen eigenen Werken und sogar ganze Passagen allein geschrieben hat (vor allem in Schückings *Malerisches und romantisches Westphalen*). Schückings Verdienst ist darin zu sehen, daß er – neben der Tatsache, daß er der Droste Mut machte, sich ganz ihrer lyrischen Begabung zu widmen – der Dichterin die Verbindung zur publizistischen Szene verschaffte. Auf seine Vermittlung hin erscheinen im renommierten Cottaschen *Morgenblatt für gebildete Leser* ab Februar 1842 mehrere im ersten Meersburger Schaffensrausch entstandene Gedichte und im April/Mai dieses Jahres die *Judenbuche*. Unter den Gedichten, die im Cottaschen Morgenblatt erscheinen und mit denen sich die Droste erstmals einen Namen macht, ist – neben dem lokalbezogenen Gedicht *Am Turme*, – auch ihr bekanntes Gedicht *Der Knabe im Moor*, dem berühmtesten der ›westfälischen‹ *Heidebilder*, bestehend aus zwölf, einen Zyklus bildenden Gedichten, die allesamt im Meersburger Winter 1841/42 entstanden und die in der Genauigkeit der Beschreibung »einen Maßstab für das Genre« (Kraft) der Land-

Das Droste-Museum im Schloß Meersburg. Blick aus dem Paradezimmer auf den Bodensee.

schaftslyrik gesetzt haben (»Unke kauert im Sumpf, / Igel im Grase duckt, / In dem modernden Sumpf / Schlafend die Kröte zuckt, / Und am sandigen Hange / Rollt sich fester die Schlange«).

Hier, in der Ferne, in der räumlichen Distanz zur Heimat verdichtet sich die Landschaft Westfalens – die Heidelandschaft – zur poetischen, manchmal gruseligen Landschaft, in der die tabuisierte Angst des einzelnen zitierbar gemacht werden kann (O schaurig ist's übers Moor zu gehen / Wenn es wimmelt vom Heidenrauche). In ihrem Widmungsgedicht *Meersburg* vermochte die Dichterin Marie Luise Kaschnitz (1901–1974) diesen Vorgang – eindringlicher als jede literaturwissenschaftliche Untersuchung – zu erfühlen:

Du saßest einst, ein Gast, an unsern Tischen
Da floß der Wein. Die lichten Hügel prangten
(...)
Die linde Luft, nach der es dich verlangte,
Sogst du wie Balsam und dein Schritt ward Tanz.

Das königliche Land in seiner Fülle
Ermaßest du und wandtest dich beglückt
Zum Ufer bald und bald zum Waldessaume,
Und doch, als du zu reden dich geschickt,
Schloß sich dein Auge und verfiel dem Traume.
(...)
Urlandschaft stieg dir heimlich aus dem Dunkeln
Ein sanftes Licht, ein glühender Brand.

Es raunten unaufhörlich dir zum Herzen
Der Heimat Stimmen aus dem Nebelmeere (...)
Da warst du anders als vom Weine trunken.

Und von den Lippen quollen die Gesänge
Dir unerschöpflich aus der Kindheit Born.

Während ihres zweiten Aufenthaltes am Bodensee – anfangs in Gesellschaft der Mutter und der Freundin Elise Rüdiger (1812–1899) – beginnt sich die Dichterin hier heimisch zu fühlen: »Ich sehe mir in der Dämmerung über den See das Abendrot an, was eigens mir zu Liebe in diesem Jahre unvergleichlich schön glüht, – ich wollte, Sie könnten's mit ansehn (...) alle Zacken der Alpenreihe rot wie glühendes Eisen, und scheinbar durchsichtig, – andere Male der See vollkommen smaragdgrün, auf jeder Welle einen goldnen Saum (...) Ach, es ist doch eine schöne, schöne Gegend!« In der Gewißheit, hier, im milden Klima der Voralpenlandschaft mit ihren Licht- und Farbenspielen, ein neues Zuhause gefunden zu haben, entschließt sich Annette Mitte November 1843 zum Kauf eines kleinen Häuschens, was sie in einem Brief freudig schildert: »Jetzt muß ich Ihnen auch sagen, daß ich seit acht Tagen eine grandiose Grundbesitzerin bin, ich habe das blanke Fürstenhäuschen, was neben dem Wege zum Frieden liegt (...) nebst dem dazugehörigen Weinberge erstanden (...) die Aussicht ist fast zu schön (...) tief unten der See mit seiner ganzen Rundsicht, die Insel Mainau, Konstanz, Münsterlingen, das Thurgau, St. Gallen, auf der einen Seite nur durch die Alpen beschränkt (...) von der andern durch die höchsten Kegel des Hegau's, es ist wunderbar schön (...) und mir ist beinahe sündlich zumute (...) O, Sie sollen sehn, ich mache ein kleines Paradies aus dem Nestchen!«

Die literarische Ausbeute dieses zweiten Aufenthaltes am Bodensee ist zwar im Vergleich zum ersten geringer; doch auch diesmal entstehen Gedichte, die zu den besten der Dichterin zählen. Eigentlich hatte sich die Dichterin die Vollendung ihres Westfalenromans *Bei uns zu Lande auf dem Lande* vorgenommen, doch – wie schon einmal – liegt ihr doch »allerley im Sinne (...) z.B. einige Stoffe zu kleineren Gedichten (...), wo es auch Schade darum wäre wenn ich sie verkommen ließ«. Einige der neuen Gedichte, darunter auch das berühmte Gedicht *Mondesaufgang* (An des Balkones Gitter lehnte ich / und warte, du mildes Licht, auf dich) sendet Annette an Levin Schücking, der in Stuttgart mit Cotta über eine neue Ausgabe von Gedichten der Droste verhandelt: Im September 1844 erscheint der 575 Seiten starke Band der Gedichte bei dem bedeutenden Verlag Goethes und Schillers unter vollem Namen der Dichterin. Er enthält neben den Gedichten und Epen aus der früheren Gedichtausgabe nahezu alles an Lyrik, was die Droste seit 1839 geschrieben hat: Beginnend mit einer als *Zeitbilder* überschriebenen Gruppe von Gedichten, Tendenzlyrik mit konservativ-aristokratischem Hintergrund, folgen die *Heidebilder, Gedichte vermischten Inhalts*, Balladen sowie die großen Versepen einschließlich des *Spiritus familiaris*. Mit dieser Gedichtsammlung gelingt der Droste zwar kein literarischer Durchbruch, der ihr Anerkennung auch in Westfalen verschafft hätte, wie sie – noch vor Erscheinen des Bandes – ahnt: »Es ist seltsam wie man an einem Orte so gut angesehn, und zugleich an einem andern (Westfalen) durchgängig schlimmer als übersehn sein kann! – ich muß mich mehr als ich es selber weiß der schwäbischen Schule zuneigen.« Ihr literarischer Durchbruch sollte erst ab 1870 – hauptsächlich dank des Engagements von Elise Rüdiger, Levin Schücking und Christoph Bernhard Schlüter – erfolgen. Dennoch bedeutet die Ausgabe von 1844 ein »Aufhorchen« der literarischen Kreise, hier erkennt man die Originalität dieser Dichterin, die unheimliche Kraft gerade ihres lyrischen Werkes – fast ungläubig schreiben die Rezensenten, im Versuch, das ganz Eigentümliche der Droste zu benennen, über die »männliche« Form der Texte.

Seit seinem Weggang aus Meersburg 1842 hatte die Droste ihren Freund Levin Schücking, der inzwischen eine weitere Stufe der Karriereleiter erklommen hatte – ab Oktober 1843 besetzte er eine Redakteursstelle bei der Cottaschen Allgemeinen Zeitung –, nicht wiedergesehen. Nun, kurz vor Erscheinen der Gedichte 1844, sehen sich die beiden wieder. Doch diesmal ist er nicht allein – er kommt in Begleitung seiner Frau, der Darmstädterin Luise Gall. Annette, die zwar durch die Heirat Levins gekränkt war, wollte Levin nicht verlieren und hoffte sehr auf ein gutes Verhältnis zu seiner Frau. Doch in den drei gemeinsamen Wochen, die sie mit den Schückings verbringt, kommt sie sich »wie alt« behandelt vor, so benehmen sich die jungen Leute ihr gegenüber. Nachdem das junge Paar Meersburg verlassen hat, ahnt sie, daß sie – wieder einmal – einen Freund verloren hat (Lebt wohl, es kann nicht anders sein! / Spannt flatternd eure Segel aus / (...) Laßt mich an meines Sees Bord/ (...) / Allein mit meinem Zauberwort). Doch nicht, wie damals, verstummt die Dichterin, auch wenn die dichterische Produktivität der Droste ab 1844 deutlich zurückgeht. Die Droste besinnt sich auf sich, auf ihren erfüllten Dichterberuf, mit dem sie ›Perlen und Juwelen‹ hervorbringen kann. Was sie erleidet, das ist des Dichters Schicksal:

Ihr starrt dem Dichter ins Gesicht,
Verwundert, daß er Rosen bricht
Von Disteln, aus dem Quell der Augen
Korall und Perle weiß zu saugen; (...)

Wißt nicht, daß ihn, Verdammten gleich,
Nur rinnend Feuer kann ernähren,
Nur der durchstürmten Wolke Reich
Den Lebensodem kann gewähren;
Daß, wo das Haupt ihr sinnend hängt
Sich blutig ihm die Träne drängt,
Nur in des schärfsten Dornes Spalten
Sich seine Blume kann entfalten. (...)

Meint ihr, das Wetter zünde nicht?
Meint ihr der Sturm erschüttre nicht?
Meint ihr, die Träne brenne nicht?
Meint ihr, die Dornen stechen nicht?(...)

Ja, Perlen fischt er und Juwele,
Die kosten nichts – als seine Seele.

Als die Droste 1846 das dritte Mal an den Bodensee reist, ist sie schwer krank: »Hier war große Freude über meine Ankunft, aber auch große Bestürzung über mein Aussehn, ich mußte gleich zu Bette.«

Auf Anordnung der Ärzte muß sie in ihrem Zimmer bleiben, nicht einmal die Teilnahme an der gemeinsamen Feier des Weihnachtsfestes kommt in Frage. Phasen von Erholung sind meist nur von kurzer Dauer. Bald ist die Dichterin, der bewußt ist, daß sich an ihrem Zustand nicht mehr viel ändern wird (»ich bin jede Stunde bereit«), so schwach, daß sie ihr Bett nicht mehr verlassen kann. Annette von Droste Hülshoff stirbt am 24. Mai 1848 zwischen 14 und 15 Uhr. Sie liegt auf dem Meersburger Friedhof begraben.

Im August 1847 hatte sie ein – letztes – Gedicht geschrieben, eine Liebeserklärung an den zum »trauten Freund« vermenschlichten Bodensee, mit dem die Dichterin die glücklichste Zeit ihres Lebens verband:

Auf hohem Felsen lieg' ich hier,
Der Krankheit Nebel über mir
Und unter mir der tiefe See (...)
Mir ist er gar ein trauter Freund,
Der mit mir lächelt, mit mir weint (...)

So nimm denn meine Lieder hin,
Sie sind aus tiefer Brust erklungen,
Nimm sie mit alter Liebe Sinn
Und denk, ich hab' sie dir gesungen.

Vera Vollmer

Ottilie Wildermuth

1817–1877

Ihr Name hat bis heute einen guten Klang, und zwar nicht nur im Schwabenland, wo er die Erinnerung an die Verfasserin der »Schwäbischen Pfarrhäuser« und anderer Erzählungen sowie einer großen Zahl von Kinderbüchern wachruft, sondern auch außerhalb Württembergs. Dies ist bei der Bodenständigkeit dieser Schriftstellerin bemerkenswert. Unter denen, die ihr Dank und Bewunderung aussprachen, waren Dichter, die zu den besten der damaligen Zeit zählen. So schrieb ihr Adalbert Stifter als Dank für ihre »Bilder und Geschichten aus Schwaben« am 8. Februar 1854: »Lange hat mich nichts so sehr erfreut. In unserer Zeit der Kunstlosigkeit oder der Kunstungeheuerlichkeit hat dieses gesunde Gestaltungsvermögen mich wie eine reine edle Muse mit klaren menschlichen Augen angeschaut... Es zieht mich so etwas Verwandtes zu Ihnen, daß ich glaube, Sie müssen das alles auch fühlen und die Kunst so über alles lieben wie ich.« Und Jeremias Gotthelf versichert ihr im Oktober 1853, daß sie im Pfarrhaus zu Lützelflüh längst eine liebe Bekannte sei. Von den engeren Landsleuten ist außer den befreundeten Dichtern Uhland, Karl Mayer, Justinus Kerner, die ihr Schaffen mit Freude verfolgten, besonders der Philosoph Schelling zu nennen, der ihr im Januar 1854 aus Berlin schrieb, daß er »Lieblicheres nicht bloß in vielen Jahren nicht, sondern nicht leicht jemals gelesen hab als diese Erzählungen, die ihn in die früheste Jugend versetzten, in die süßesten Erinnerungen einwiegten«. Dem damals nahezu Achtzigjährigen haben es wohl vor allem die Erinnerungen aus der schwäbischen Heimat angetan. Die leise Andeutung, daß er mit seinen Worten keine Bewertung vom literarisch-ästhetischen Standpunkt aus beabsichtige, entspricht durchaus der eigenen Auffassung Ottilie Wildermuths, die auf die oben angeführten Worte Adalbert Stifters in klarer Selbsteinschätzung antwortete: »Sie nehmen an, daß ich wie Sie die Kunst über alles liebe. Wohl liebe ich sie, wie Licht und Luft, wie Blumen und Sonnenschein, aber ich kann nicht sagen, daß es Liebe zur Kunst war, die mich bewogen zu schreiben. Ich hätte nie gewagt zu denken, daß mir nur ein Plätzchen auf ihrer Tempelschwelle gebühre, – es war Liebe zum Leben, zum Leben in seinen einfach schönen Erscheinungen.«

Wie tief diese Worte das innerste Wesen Ottilie Wildermuths offenbaren, zeigt die Betrachtung ihres Lebens und Wirkens. Die Hauptquelle hierfür ist das nach ihrem Tode von ihren Töchtern Agnes Willms und Adelheid Wildermuth herausgegebene Buch »Ottilie Wildermuths Leben«. Es beruht bis zu ihrer Verlobung auf ihren selbst für den Druck zusammengestellten Jugenderinnerungen, für die spätere Zeit auf den Aufzeichnungen ihrer durch die ganze Zeit ihres Ehestandes geführten »Hauschronik«, die unter Beiziehung von Familien- und Freundesbriefen von den Töchtern ergänzt wurden.

Ottilie Wildermuth ist am 22. Februar 1817 als erstes Kind des Kriminalrats Gottlob Christian Rooschüz (1785–1847) und seiner Frau Leonore, geb. Scholl (1796–1874) in Rottenburg a.N. geboren. Doch verband sie später nichts mit ihrem erst wenige Jahre zuvor an Württemberg gekommenen Geburtsort. Die Familie wurzelte vielmehr fest in altwürttembergischem Boden, wohin sie 1819 durch des Vaters Versetzung als Oberamtsrichter nach Marbach am Neckar zurückkehrte. So kommt es, daß Ottilie diesen Ort an der schwäbisch-fränkischen Stammesgrenze stets als ihre Heimat bezeichnete, dessen anmutige Lage auf einem Hügel über dem Neckar sie öfters schildert. Mit Stolz erfüllte es sie, daß es die Geburtsstätte Schillers war, den sie von frühester Jugend an verehrte.

Aus der sorglos-heiteren Jugendzeit Ottiliens ist eine Zeichnung der Miniaturmalerin Sophie Pilgram (1808–1870) erhalten, die das Kind im zwölften Lebensjahr darstellt. Das Bildchen läßt ihre Veranlagung deutlich erkennen: Die lebensvollen großen Augen – sie waren braun, ihre Haare blond – blicken unter der hohen Stirn nachdenklich in die Welt. Um den Mund spielt ein leichter Zug von Humor, der ihr als Erbteil von beiden Eltern in reichem Maße eigen war. Daß sie mit einer Schulmappe dargestellt ist, der sie ein Blatt entnimmt, weist auf die Vorliebe der noch nicht dem Kindesalter Entwachsenen für geistige Beschäftigung hin. Aber bei dem damaligen Stand der Mädchenbildung konnte der Wissensdurst des Oberamtsrichtertöchterleins nicht befriedigt werden, obwohl die verständnisvolle Mutter wiederholt versuchte, ihr zur Ergänzung ihrer Volksschulbildung zu verhelfen. Da griff sie zur Selbsthilfe und stellte sich mit dem in der elterlichen Bücherei vorhandenen Konversationslexikon in Anlehnung an Schillers und Walter Scotts Werke selbst geschichtliche Ereignisse und Persönlichkeiten zusammen.

Von besonderer Bedeutung für ihre innere Entwicklung war ein sechsmonatiger Aufenthalt in Stuttgart, den Ottilie nach der Sitte der Zeit im Sommer 1833 zur Weiterbildung in der Residenz nehmen durfte. Tief und nachhaltig waren ihre Eindrücke bei diesem ersten selbständigen Lebensabschnitt außerhalb des Elternhauses. In ihren Lebenserinnerungen bezeichnet sie die Monate in Stuttgart humorvoll als »Hohe Schule« und stellt sie ausdrücklich einem Universitätssemester der männlichen Jugend gleich, obwohl die Schulung in den für die häuslichen Aufgaben der Frau wichtigen praktischen »Fakultäten« den Hauptteil ihrer Zeit beanspruchte. Ihre Beschäftigung mit Wissenschaft beschränkte sich auf Französisch, das sie schon in Marbach bei einem ehemaligen Pfarrer von Mömpelgard begonnen hatte. Eine Weiterbildung in Künsten kam bei ihr nicht in Betracht, denn Musik war ihr wegen ihres »entschiedenen Nichttalents leider erspart«, beim Zeichnen brachte sie es nur zu »verfehlten Blümlein«.

Mit besonderem Stolz erwähnt sie, daß sie die letzte Feile in der Kochkunst bei einer Tochter der Löfflerin erhalten habe, der in Württemberg berühmten einstigen Landschaftsköchin. Als »Kostjungfer« ihrer Heimmutter bekam sie Einblick in das geistige Leben im Stuttgart der dreißiger Jahre, wie es sich im Hause Gustav Schwabs und im Hartmann-Reinbeckschen Kreise darbot, wo sie Dichter ein- und ausgehen sah und manches über literarische Fragen hörte. Dieser Blick in die Welt der Dichtung wurde durch Theaterbesuche ergänzt. Mit Begeisterung ließ sie sich von den gewaltigen Geschikken in Schillers Trauerspielen erschüttern. »Das ist's, was junge Seelen wollen, die selbst noch keine Tragödie erlebt«, bemerkt sie in ihren Erinnerungen. Auch zu der bildenden Kunst kam sie in eine gewisse Beziehung. Sie verlebte in der harmonischen Häuslichkeit Stirnbrands, des bekanntesten Porträtmalers der schwäbischen Biedermeierzeit, mit dessen Frau sie verwandt war, öfter genußreiche Stunden.

Geistig gefördert und seelisch gereift, kehrte sie in das Elternhaus zurück. Karl Gerok, der als Vetter öfter im gastlichen Rooschüzschen Hause weilte und sich noch im Alter dort zugebrachter »seelenvergnügter Herbstfeiern« erinnerte, schildert Ottilie als »Perle des Hauses, hilfreich und geschäftig, gesellig, heiter und gemütlich, heimlich aber eine Dichterin«. In gesellig fröhlichem Leben brachte sie bis zu ihrer Verheiratung noch zehn Jahre in »Sinnen und Dichten, in Arbeit und Freude« im Elternhaus zu. So oft es ihre Zeit erlaubte, gab sie sich ihrer großen Leselust hin, durch die sie sich reiche Kenntnisse in älterer und neuer Literatur erwarb. Daß sie unter den vielen Dichternamen nie Hölderlin und Mörike erwähnt, erklärt sich wohl daraus, daß diese lyrisch bedeutendsten Schwaben erst später in weiteren Kreisen bekannt wurden. Sie las auch französische Romane, während sie sich mit englischer Literatur erst in späterer Zeit besonders unter dem Einfluß ihres Gatten beschäftigte.

Das Jahr 1843 stellte sie vor die Entscheidung über ihr Schicksal. Der um zehn Jahre ältere Philologe Dr. Johann David Wildermuth warb um die Sechsundzwanzigjährige. Er entstammte einem tüchtigen Bauerngeschlecht in dem Marbach benachbarten Ort Pleidelsheim. Durch großen Fleiß und Entbehrungen war es dem ungewöhnlich Begabten gelungen, sich vom Volksschullehrer zum Universitätsstudium emporzuarbeiten und nach einer verhältnismäßig kurzen Studienzeit ein glänzendes Examen abzulegen. Nach längerem Aufenthalt als Hofmeister in Frankreich und England hatte er eine Anstellung am Lyzeum in Tübingen, dem heutigen Gymnasium, erhalten. Ottilie, die in schwärmerischem Sehnen in jüngeren Jahren wohl manchmal vom Glück in einer Ehe geträumt hatte, stand damals dem Gedanken an eine Heirat völlig fern. Der Tod ihres Lieblingsbruders, der sich ein Jahr zuvor in dem Wahn, den Beginn eines Nervenleidens in sich zu tragen, »von selbst gewendet zu seinem frühen Grab«, hatte sie aufs tiefste erschüttert. Sie fühlte sich notwendig als Stütze und Trost bei den Eltern. So konnte sie sich erst nach innerem Kampf mit den einander widerstreitenden Gedanken und Gefühlen zum Ja durchringen. »Ich bin nicht verliebt, aber glücklich und innig zufrieden«, schrieb sie an Sophie v. Wund, nachdem die Entscheidung gefallen war.

Der Übergang von dem behaglich sorglosen Leben im Elternhaus in die zunächst sehr bescheidenen Verhältnisse des jungen Haushalts fiel ihr in ihrer anpassungsfähigen Art nicht schwer. Die vielen Anregungen der Universitätsstadt entschädigten sie für mancherlei äußere Entbehrungen. Sie schloß sich mit Tübinger Frauen zu einem Kranz zusammen, dessen belebendes Element sie 34 Jahre lang bis zu ihrem Tod blieb. Zum Freundeskreis des jungen Paares gehörten von Anfang an Uhland und seine Frau, die Familien des Dichters Karl Mayer, Klüpfel-Schwab, später auch die verschiedener Universitätsprofessoren. In ihrem neuen Leben freute es die junge Frau besonders, daß ihr ihre vielseitige Bildung ermöglichte, an den Arbeiten ihres Mannes teilzunehmen und gleich ihm jahrelang englischen Unterricht zu erteilen, um das Einkommen zu vermehren. Von fünf Kindern, die dem Paare zwischen 1844 und 1856 ge-

Ottilie Wildermuth ist als Verfasserin der »Schwäbischen Pfarrhäuser« und einer großen Zahl von Kinderbüchern, darunter die Erzählungen »Aus der Kinderwelt«, in der Mitte des 19. Jahrhunderts über die Grenzen Württembergs hinaus bekannt geworden.

schenkt wurden, blieben drei am Leben, zwei Töchter und ein Sohn, Hermann. Die ältere Tochter, Agnes, die die poetische Gabe der Mutter geerbt hat und sich 1866 mit dem holsteinischen Pastor Willms in Meldorf verheiratete, wurde später Jugendschriftstellerin. Die praktisch veranlagte, lebenstüchtige Adelheid, die den Humor der Mutter besaß, wurde ihren Eltern eine wertvolle Hilfe. Auch sie hat sich schriftstellerisch betätigt und sich besonders um die Pflege des Andenkens ihrer Mutter verdient gemacht.

Die Gastfreundschaft im Hause Wildermuth kannte kaum Grenzen. »Es ist in unserem Hause oft fast wie in einem Kaleidoskop«, schreibt sie an Freund Wagner. Besonders herzliches Entgegenkommen erfuhren Studenten, mochten sie sich als Söhne von Verwandten und Freunden oder als Unbekannte einstellen. Als der Besucher im Laufe der Jahre immer mehr wurden, setzte man einen Abend in der Woche zu ihrem Empfange fest. Es fand sich dann am einfachen abendlichen Teetisch neben näheren Bekannten oft eine recht bunte Gesellschaft zusammen: Norddeutsche, Österreicher, Schweizer, auch Franzosen und Engländer, die durch die Beziehungen Professor Wildermuths auch teils ganz, teils als Kostgänger länger ins Haus aufgenommen wurden. Durch Ottilie Wildermuths Unterhaltungsgabe und ihr allem Geistigen aufgeschlossenes Wesen war der Gedankenaustausch oft sehr lebhaft.

Die Wertschätzung Ottilie Wildermuths als Schriftstellerin wuchs ungemein. Dichter (Heyse, Scheffel, Storms Sohn) und Literarhistoriker suchten ihre Bekanntschaft und erwiesen ihr Ehrungen aller Art. Schriftstellerische Entwürfe wurden ihr zur Begutachtung zugesandt. Verleger baten um Beiträge für ihre Zeitschriften. Wo sie hinkam, auf kleinen oder größeren Reisen, wurde sie alsbald auf alle erdenkliche Weise gefeiert. So besuchte sie bei ihrer ersten Reise zu ihrer Tochter nach Norddeutschland 1867 Prinz Wilhelm von Württemberg, den späteren letzten König des Landes, in Göttingen, wo er damals studierte, und bei einem Erholungsaufenthalt in Hohenschwangau wurde sie von der Königin von Bayern eingeladen.

Es ist kein Wunder, daß ihre Gesundheit trotz ihrer geistigen Spannkraft und großen Arbeitsfreudigkeit mit der Zeit unter den zahllosen Anforderungen litt, zu denen noch ein ausgedehnter Briefwechsel kam. Von Wichtigkeit sind die zwei Sammelbände »Ottilie Wildermuths Briefe an einen Freund«, in denen sie sich über Lebensfragen, Familien- und Schriftstellersorgen und -freuden ausspricht, sowie die zwischen 1854 und 1862 mit Justinus Kerner gewechselten Briefe, die eine Fundgrube interessanter Kleinigkeiten über das Leben in Tübingen und berühmte Zeitgenossen (Friedrich Theodor Vischer u.a.) enthalten.

In ihrem fünfzigsten Lebensjahr wurde ihre Gesundheit durch ein Nervenleiden stark angegriffen. Zwar konnte sie sich bei ihrer Tochter im ruhigen Pfarrhaus in Meldorf, im folgenden Jahr im St. Odilienkloster im Elsaß und später wiederholt im schönen Heim einer Verehrerin in Baden-Baden erholen, aber die alte Leistungsfähigkeit stellte sich nicht wieder ein. Als ihr Gatte im Winter 1876/77 sein anstrengendes Amt niederlegte, träumte sie von einem Häuschen im Grünen, wo sie miteinander alt werden könnten. Es sollte nicht dazu kommen. Ihren 60. Geburtstag und ihr 30jähriges Schriftstellerjubiläum mußte sie in der Stille begehen, da sie an Gelenkrheumatismus schwer erkrankt war. Scheinbar genesen machte sie Pläne für den Besuch von Tochter und Schwiegersohn, die zu dem 400jährigen Jubiläum der Universität Tübingen kommen wollten. Unmittelbar vorher, am 12. Juli 1877, machte ein Schlaganfall ihrem Leben ein Ende. Die allgemeine Teilnahme an ihrem plötzlichen Hinscheiden galt sowohl der in allen Schichten der Bevölkerung verehrten und warmherzigen Frau als auch der bekannten und geliebten Schriftstellerin.

Wie stellt sich uns Heutigen Ottilie Wildermuths Schriftstellertum dar? Wichtig für die Beurteilung ist, daß sie nicht aus innerem Drange

Erfolgreich und gefeiert, seit ihrem 50. Lebensjahr jedoch gesundheitlich angegriffen: Ottilie Wildermuth auf einem Foto aus dem Jahre 1875.

Schriftstellerin geworden ist, sondern aufgefordert durch eine scherzhafte Bemerkung ihres Mannes. Ihre hierauf rasch niedergeschriebene Erzählung »Eine alte Jungfer« nahm Cottas Morgenblatt sofort an. Sie fand solchen Anklang, daß die Schriftleitung weitere erbat. So entstanden die »Genrebilder aus einer kleinen Stadt«, die, vermehrt um die »Bilder aus einer bürgerlichen Familiengalerie«, »Die alten Häuser von Kirchheim«, die »Schwäbischen Pfarrhäuser« und einige Heiratsgeschichten, 1852 als »Bilder und Geschichten aus Schwaben« erschienen, dem 1854 ein zweiter folgte.

Ein Überblick über ihr Gesamtwerk zeigt uns (außer den Kindergeschichten) rund hundert

Erzählungen, die teilweise in Gruppen geordnet sind. Sie sind nach Entstehung, Anfang und Art sehr ungleich. Sie selbst stellt in einem Brief an eine »nah befreundete Dame« dar, wie ihre Geschichten entstanden, wobei sie drei verschiedene Arten unterscheidet. Die erste Art stellt der Wirklichkeit entnommener Stoff dar, der sich aus Erlebtem und aus Erzählungen in ihr fast unbewußt angesammelt hatte. Hierzu gehören die meisten der »Bilder und Geschichten«. Trotz lebhafter Beifallsäußerungen der Leserwelt fragte sich Frau Wildermuth anfangs öfter, ob »ein Weib soll Bücher schreiben, oder soll sie's lassen bleiben«. Denn wenn sich auch seit der zweiten Hälfte des 18. Jahrhunderts, als Sophie von La Roche den Reigen eröffnet hatte, eine wachsende Zahl Frauen dem literarischen Schaffen zuwandte, so empfand Ottilie Wildermuth die vielen Schwäbinnen eigene Scheu hervorzutreten besonders stark. Doch mögen schließlich die Aufmunterung durch den Gatten und Freunde, der drängende Zuspruch von Schriftleitern von Zeitschriften und ihres Verlegers Adolf Krabbe sowie eine gewisse Genugtuung, ihr Scherflein zu den Kosten des Haushalts beisteuern zu können, sie veranlaßt haben, auf dem eingeschlagenen Wege weiterzugehen.

Mitbestimmend dürfte aber auch der eingangs erwähnte Brief Stifters vom 8. Februar 1854 gewesen sein. Denn in ihrer Antwort vom 2. April 1854 dankt sie ihm besonders dafür, daß sein Brief sie, die ihren literarischen Weg allein gehen müsse, über sich selbst klar gemacht habe in manchem, was sie bisher nur instinktmäßig geleitet habe. Durch Sätze grundsätzlicher Art in seinem Brief, (die sich mit seiner Vorrede zu den »Bunten Steinen« berühren) wie: »Nicht *was* man macht, ist die Kunst, sondern *wie* man es macht, oder ist der Elefant und der Großglockner ein größeres Kunstwerk als die Mücke und das Sandkorn?« sieht sich Ottilie Wildermuth in ihrer Neigung zum Kleinen und Einfachen anerkannt und bestärkt. Außerdem mußte es der jungen Schriftstellerin besonderen Auftrieb geben, daß der gefeierte Dichter eine ihrer Erzählungen (»Ein ungerächtes Opfer«) einer eingehenden Betrachtung würdigte und sie als Meisterwerk der Kunst bezeichnete.

Das Andenken an Ottilie Wildermuths Leben und Werk ist bis weit herein in unser Jahrhundert lebendig geblieben. 1910 schreibt die Bremer Schriftstellerin Bernhardine Schulze-Schmidt (1864–1920) als Einleitung zu ihrer Ausgabe von 26 »Briefen Ottilie Wildermuths an einen Freund« eine begeisterte Lebensskizze, und 1927 wird anläßlich der 50. Wiederkehr ihres Todestages, der die Veröffentlichung ihres Briefwechsels mit Justinus Kerner bringt, ihrer in zahlreichen Zeitungsaufsätzen ehrenvoll gedacht. 1928 erhält die neuerbaute Höhere Mädchenschule in Tübingen den Namen Wildermuthschule. Ihre Hauptwerke werden gelegentlich auch heute noch und dann mit Freude und Genuß gelesen.

Zwar kann Ottilie Wildermuths literarische Tätigkeit der ihrer älteren Zeitgenossen Uhland und Justinus Kerner nicht gleichgestellt werden, doch verdient ihr Name in der schwäbischen Geistesgeschichte mit ihnen genannt zu werden. Denn die Bilder, die ihre Geschichten von Natur und Landschaft ihrer Heimat, von den Anschauungen und Lebensverhältnissen in den Familien des kleinstädtischen und ländlichen Bürgertums Altwürttembergs zeichnen, geben volkskundlich wichtige Ergänzungen zu dem dichterischen Schaffen ihrer Zeit. Über der Schriftstellerin aber steht der Mensch: die allem Leben aufgeschlossene, gescheite Frau mit dem tiefen Gemüt, der ihr nie wankender Glaube die sichere Haltung verlieh.

Jetta Sachs-Collignon

Königin Olga von Württemberg

1822–1892

»Ein Volk zu regieren, genügt nicht, man muß für es sorgen.« Getreu diesem Leitmotiv hat Königin Olga sich unter den bedeutenden Frauen Baden-Württembergs in die erste Reihe gestellt. Sie war eine Tochter des russischen Zaren Nikolaus I. Allerdings gab es bei ihrer Geburt im Jahre 1822 noch keinerlei Hinweis auf die Zarenwürde ihres Vaters. Großfürst Nikolai Pawlowitsch hatte zwei ältere Brüder und dachte somit nicht im Traum daran, einmal den Thron zu besteigen. Er war Offizier und liebevoller Ehemann wie Familienvater ohne politische Ambitionen. Doch der damalige Zar starb, und sein ältester Sohn und Erbe schob Amt und Krone dem Jüngsten zu.

»Seid ihr nun Zar und Zarin?« fragte der siebenjährige Großfürst Alexander aufgeregt seine Eltern.

»Nun... nach Gottes Ratschluß...«, hauchte die Mutter. Zarin Alexandra Feodorowna, eine gebürtige Prinzessin von Preußen, stets ein wenig kränklich, lehnte kraftlos in ihrem Sessel. Der Vater aber, streng und schön in seiner makellosen Uniform, richtete sich zu seiner vollen Größe auf und strich dem Sohn über den Kopf. »Ich gedachte der Bürde zu entrinnen, aber nun bleibt mir nichts, als sie auf meine Schultern zu nehmen. Ja, ich bin Zar von Rußland!«

Von all dem begriff Olga nichts. Noch nicht einmal drei Jahre alt, zog sie es vor, der Mutter auf den Schoß zu klettern und, von deren Arm liebevoll umfangen, die geschichtliche Stunde zu verschlafen. Dennoch hatte sich auch für sie vieles nun von Grund auf gewandelt. Als Prinzessin aus regierendem Hause hatte Olga sich schon früh in Etikette zu üben und zu lernen, daß ihr persönliches Glück künftig hinter Standesinteressen würde zurückstehen müssen. Dennoch nannte Olga später die Jahre ihrer Kindheit in Sankt Petersburg ihre »goldene Jugendzeit«. Bald aber schwand die Unbekümmertheit kindlicher Spiele, und gesellschaftliche Verpflichtungen standen im Vordergrund. Die großen Bälle mit Tanz bis in den Morgen genoß »Olly«, wie Olga in der Familie zärtlich genannt wurde. Offizielle Repräsentation wie steife Empfänge liebte sie weniger und suchte sie gelegentlich mit ihrem ganz eigenen Humor aufzulockern. So eröffnete sie die Konversation mit dem amerikanischen Gesandten, der ihr soeben vorgestellt wurde, mit den Worten: »Sagen Sie, Sir, trifft es zu, daß die Niagarafälle eingestürzt sind?«

Nur den Bruchteil einer Sekunde stutzte der Gesandte, dann aber zuckte es um seine Lippen. »Das ist leicht möglich, Euer Hoheit, ich werde sogleich Erkundigungen einziehen und mich darüber informieren.« Gemeinsam lachten sie, und der Amerikaner fühlte sich wie erlöst.

Nicht nur Olgas fröhliche Art und Natürlichkeit öffnete ihr die Herzen ringsum, sie war unterdessen auch zu einer anmutigen Schönheit herangewachsen. Und dennoch lag ein Schatten über ihrem Leben. Im zweiundzwanzigsten Lebensjahr noch nicht verheiratet zu sein, war für eine Prinzessin von Geblüt eine unerhörte Sache. Von klein auf den engen Familienverband gewohnt, vor allem das innige Zusammenleben mit den vier Brüdern und zwei Schwestern, spürte Olga schmerzhaft, wie die Reihen durch Heirat und Militärdienst sich lichteten, ohne daß ihr selbst es vergönnt war, eine Familie zu gründen.

Zu diesem Zeitpunkt ging es mit der Gesundheit der Zarin immer weiter bergab. Sieben Geburten hatten der überaus zarten Frau zugesetzt, ein ständiger Husten, gepaart mit Atemnot, gab den Ärzten zu denken. Endlich sprachen sie ein Machtwort.

»Reisen! Klimawechsel!«

»Nun ja, ein paar Wochen auf der Krim...«, räumte Zar Nikolaus, der sich von seiner geliebten Frau nur ungern trennte, zögernd ein.

»Nein, Majestät, Sizilien, Palermo!« entschied das Konsortium, »und nicht ein paar Wochen, sondern Monate, viele Monate!«

Die Reise wurde beschlossen und Olga zur Begleitung ihrer Mutter bestimmt. Man reiste über Weimar, Nürnberg, Augsburg und München, wo immer die Strecke schon ausgebaut war, mit der Eisenbahn. Ab Innsbruck ging es dann mit Pferd und Wagen. Das Wetter war für die Jahreszeit viel zu kalt und unfreundlich. Täler und Berge der Alpen zeigten sich nebelverhangen, ein eisiger Wind rüttelte am Verdeck der Kutschen und trieb, jetzt im September, bereits die ersten Schneeflocken vor sich her.

Zarin Alexandra, in Pelze gehüllt, lag kraftlos in den Polstern, rang mühsam um Atem. So ging es, bis der Scheitel des Gebirges überschritten war. Jenseits des Brenners senkte sich der Weg, und wehte ihnen eine spürbar mildere Luft entgegen, schien der Himmel blank und blau. Das war der Süden.

»Kutscher«, rief Olga und sprang von ihrem Sitz auf, »das Verdeck auf, Kutscher!« Voller Entzücken atmete sie die sanfte, südliche Luft ein. »Das ist es, Mama, was dir helfen wird! Glaube mir, Mama, es wird die Kraft geben!«

In Genua schiffte man sich ein und erreichte endlich Anfang Oktober Palermo. Die für den Aufenthalt der beiden Damen samt zahlreichem Gefolge angemietete Villa lag in einem üppigen Garten. Mimosensträucher winkten schon von weitem, Rabatten von Veilchen und kurzstielige Rosen breiteten sich bis dicht ans Haus.

Das Befinden der Zarin schien sich schon bei diesem ersten Anblick zu bessern.

Olga beschloß alsbald, auf Sizilien nur ganz einfache Kleidung zu tragen und Strohhüte, wie die Bäuerinnen sie dort trugen. So gekleidet wurden Eselsritte, die sie weit über die Insel führten, zu ihrer Lieblingsbeschäftigung. Wind und Sonne ausgesetzt war ihr Dunkelblond binnen kurzem zu hellem Gold ausgeblichen, und zeigten ihre Züge nicht mehr jene vornehme Blässe, wie sie einer Dame eigentlich anstand, sondern gesunde Bräune und Frische. Olga genoß sichtlich das Dasein hier im Süden und grübelte über das eigene Schicksal in nichts mehr nach.

Und gerade da sollte dieses Schicksal Gestalt annehmen.

An einem Tag im November kam mit der Morgenpost ein Brief aus Stuttgart. Zarin Alexandra öffnete ihn, warf einen kurzen Blick darauf und reichte ihn dann an Olga.

»Hier, mein Kind, lies das«, sagte sie mit Wärme in der Stimme, »aber laß dir Zeit mit deiner Erwiderung. Du hast völlig freie Hand.«

Olga las den Brief sorgfältig. Der König von Württemberg fragte für seinen Sohn, Kronprinz Karl, an, ob dieser wohl zu Neujahr einen Besuch in Palermo machen dürfe. Es sei sein Wunsch, Olga Nikolajewna kennenzulernen.

Aha, dachte Olga, man hat also einen Bräutigam für mich ausgesucht. Eine Erregung verspürte sie bei diesem Gedanken nicht.

»Laß den Württemberger ruhig kommen, Mama«, stimmte sie ruhig zu.

Und richtig war Prinz Karl der erste, der zum Jahreswechsel 1846 der russischen Zarin und ihrer Tochter seine Glückwünsche überbrachte.

»Lassen Sie sich recht hübsch machen, Olga Nikolajewna«, hatte ihre Hofdame am Morgen noch geraten, »Sie sollten gerüstet sein für den Fall, daß...«

Und Olga war gerüstet. Ihr weißes Spitzenkleid mit der rosa Stickerei stand ihr wundervoll, die Farbe ihrer dunkelblauen Augen schien dem Meer entnommen, ebenso deren Glanz und Tiefe.

Die Zarin begab sich nach der Messe ins Empfangszimmer, bedeutete ihrer Tochter, einstweilen im Nebenzimmer zu warten. Olga gehorchte, froh darüber, zwischen sich und dem Schicksal noch einige Augenblicke der Besinnung zu haben. Die Tür nach nebenan stand nur angelehnt. Einzelne Worte konnte man nicht verstehen, aber deutlich war eine tiefe, junge Männerstimme zu hören, die unendlich sanft klang. Mit einem Mal fühlte Olga etwas ganz Unaussprechliches, nämlich die absolute Gewißheit: Er ist es! Obwohl ihr plötzlich das Herz bis zum Hals schlug, faßt sie nach der Türklinke und trat entschlossen ein. Wie blind nahm sie nur die Gestalt, noch nicht das Aussehen des Mannes wahr, der sogleich auf sie zutrat und sich leicht verbeugte.

Königin Olga von Württemberg, Tochter des russischen Zaren Nikolaus I., Gemälde von Franz Xaver Winterhalter aus dem Jahre 1865.

»Meine Eltern haben mich beauftragt«, sagte die sanfte Stimme, »Ihnen die herzlichsten Neujahrsgrüße zu überbringen.«

Später konnte sich Olga nicht mehr erinnern, wie ihre Antwort gewesen war.

Sechs Tage sahen sich der Prinz und die Großfürstin nur in Gesellschaft, dann aber, am siebten Tag, forderte die Zarin Olga auf: »Geh in den Garten, mein Kind, Karl wartet dort auf dich.« Und als Olga sich schon zum Gehen wandte, fügte die Mutter noch leise an: »Geh mit Gott, meine Olly!«

Regent mit mildem Zepter: König Karl von Württemberg. Kopie von H. Plock (1895) nach einem Gemälde von Richard Lauchert.

Eine ganze Weile gingen Karl und Olga schweigsam nebeneinander zwischen Oleander und Buchsbaum, schlenderten im Schatten der Zypressen, bis Karl plötzlich stehenblieb und ihre Hand ergriff. »Olga...« sagte er nur, weiter nichts. Und so, Hand in Hand, ohne ein Wort, gingen sie zur Villa zurück.

Drinnen, kaum mit ihrer Hofdame allein, jubelte Olga: »Ich bin verlobt, denken Sie nur, ich bin Braut!« »Erzählen Sie, Olga Nikolajewna, erzählen Sie«, bat die vertraute Freundin, »wie war es? Was hat er gesagt?«

»Gesagt?« stutzte Olga, »gesagt hat er eigentlich nichts... Karl und ich, wir haben uns wortlos verstanden! Ich nehme das für alle Zukunft als ein gutes Omen.«

Die Hochzeit zwischen der Großfürstin Olga Nikolajewna von Rußland und dem Kronprinzen Karl von Württemberg fand noch im selben Jahr in Sankt Petersburg statt. Am dreiundzwanzigsten September 1846 hielt Olga ihren Einzug in Stuttgart.

»Ich wollte schon immer einmal die Heimatstadt meiner Großmutter kennenlernen«, hatte Olga sich gewünscht, denn das Haus Württemberg war schon einmal mit den Romanows verbunden worden, als die Zarinmutter Maria Feodorowna, besser bekannt als ›Prinzessin Dörte‹ aus der Linie Mömpelgard, dem Großfürsten und späteren Zaren Paul von Rußland vermählt wurde.

Jetzt, gut hundert Jahre später, bereiteten die Stuttgarter der Enkelin einen jubelnden Empfang.

»Hoch lebe unsere neue Prinzeß!« so hörte man allerorten die Menschen rufen, »hoch lebe Olga!« Begeistert sahen sie die junge Frau von solcher Natürlichkeit, die ohne jeden Hochmut winkte und grüßte, und sie sahen ihren sonst so ernsten und in sich gekehrten Prinzen strahlend vor Glück und Stolz.

Das hohe Paar nahm im neuen Schloß Wohnung. Bereits am dritten Tag nach ihrer Ankunft hatte die Kronprinzessin, ihrer jetzigen Würde entsprechend, einem offiziellen Anlaß beizuwohnen. Die soeben fertiggestellte Bahnstrecke Cannstatt–Stuttgart sollte eingeweiht werden, gleichzeitig der neue Zentralbahnhof an der Schloßstraße. Das Wetter war herrlich und noch ganz sommerlich. Olga wählte daher ein Jackenkleid aus heller Seide mit einem Bänderhütchen, das ihr entzückend zu Gesicht stand. Der Bahnhof, ein Bau des Oberbaurats

Etzel, fügte sich harmonisch in die Fassadenansicht der Schloßstraße ein.

Pünktlich zwölf Uhr fünfzehn erwartete ein ausgewähltes, geladenes Publikum auf blumengeschmückter Tribüne die ebenfalls blumengeschmückte Lokomotive, die unter Brausen und Zischen mit ungeheurer Rauchentwicklung pünktlich einfuhr. Ihr Pfiff gellte von der Decke der Halle, nochmals ein kräftiger Ausstoß von Rußpartikelchen, und das Monstrum kam genau vor den königlichen Herrschaften zum Stehen. Olga ließ einen erschreckten Blick über ihr Kleid gleiten. Die helle Seide war von oben bis unten mit schwarzem Ruß bedeckt. Nein, da hatte sie ganz gewiß nicht die richtige Kleidung gewählt. Sie mußte wohl noch viel lernen.

Und sie lernte. Sie lernte alles über Land und Leute und über den sozialen Status Württembergs. Sie befaßte sich mit dem rasanten Anwachsen der Industrie und des Großgewerbes und der als Folge daraus entstehenden Verarmung von Landwirtschaft und Kleinbetrieben. Sie erfuhr von erschreckender Kindersterblichkeit, unter anderem durch die einseitige Ernährung mit Mehlbrei, ferner von dem unseligen Brauch armer Mütter, ihre Säuglinge mit alkoholischen Getränken ruhigzustellen, während sie selbst in den Fabriken zwölf Stunden täglich arbeiten gingen. Am schlimmsten aber traf Olga das statistisch belegte Ansteigen der Zahl von Kretins und Schwachsinnigen, das offenbar in obigem Brauch begründet war.

So entstand in der künftigen Königin ein deutliches Bild von dem, was ihres Amtes sei und wie sie dem Land nützlich sein könne. Olga gründete ›Krippen‹ für die Kinder arbeitender Mütter, ebenso ›Kleinkinderasyle‹ und ›Kinderpflegevereine‹. Aber sie erkannte auch, daß sie nicht nur den Kindern beizustehen hatte. Weit mehr noch brauchten Erwachsene ihre Hilfe, nicht zuletzt jene, die zur Bürde der Armut noch die der Unvollkommenheit von Geist und Körper zu tragen hatten. Olga übernahm das Protektorat über den bereits bestehenden ›Versorgungsverein‹, gründete Blindenschulen, in denen die sogenannte ›Stuttgarter Blindenschrift‹ gelehrt wurde. Und sie scheute sich nicht, auch Irrenanstalten zu besuchen.

Was sie vielerorts vorfand, ließ sie den Glauben an menschliche Aufklärung verlieren. Ihr Kampf galt vornehmlich der Unterscheidung von Geistesschwachen und Geisteskranken, die oftmals nicht nur Tisch und Zelle miteinander teilen mußten, sondern sogar das Bett. Olgas Rat und Zuspruch war von tausend und abertausend Rubeln aus ihrer privaten Apanage begleitet.

Wenn Olga von ihren Besuchen im Spital oder Waisenhaus oder auch in den Gefängnissen ins Schloß zurückkehrte, konnte es passieren, daß ihr Gemahl ausrief:

»Aber Olly, dein Kleid! Es ist ja ganz beschmutzt und voller Flecke!«

»Nun, Lieber«, war dann die Antwort, »ich hab' mich eben nicht auf Parkett bewegt, sondern war in Krankensälen, Operationsräumen, habe Küchen inspiziert!« Und mit sanftem Vorwurf fuhr sie dann wohl fort: »Karl! Du und ich, wir werden einmal geradestehen müssen für jedes Weh und Ach in unserem Lande, werden Not und Elend verantworten müssen. Ein Volk zu regieren, Karl, genügt nicht, man muß für es sorgen!«

Karl ergriff dann wohl Olgas Hände, die in keineswegs blütenreinen Handschuhen steckten.

»Olly, was immer du tust, du tust es recht, denn du tust es von Herzen!«

Von nun an sah man immer öfter Karl und Olga gemeinsam Waisenhäuser, Krankenanstalten, Altenheime, ja Gefängnisse besuchen, und Karl unterstützte nach besten Kräften die Aktivitäten seiner Frau.

Die Villa Berg, das erste der Renaissance nachempfundene Gebäude in Stuttgart, war 1853 als Landhaus von Kronprinz Karl und seiner Frau Olga eingeweiht worden. Lithographie von F. F. Wagner (um 1860).

Das Kronprinzenpaar arbeitete wirklich Hand in Hand, und auch ihre eheliche Verbindung war von großer Harmonie geprägt. Doch ein großer Kummer lastete auf ihrem Glück: Es gab bei Olga keinerlei Anzeichen auf Nachwuchs. Von der dynastischen Frage einmal abgesehen, läßt sich leicht vorstellen, wie sehr sich eine so mütterliche Frau wie Olga ein Kind wünschte. Kuren sollten helfen, die Quellen von Bad Liebenzell. Aber nichts tat sich, und die Hoffnung schwand von Jahr zu Jahr. Arbeit, vor allem im sozialen Bereich, wurde Olga zur Droge. Immer öfter besuchte sie auch Schulen, vor allem im Katharinenstift, Erziehungsanstalt für höhere Töchter, konnte es passieren, daß Olga unangemeldet in eine Klasse platzte und für wenige Minuten selbst den Unterricht übernahm.

»Könnt ihr mir sagen, mit welchen Tieren Hannibal die Alpen überquerte?«

»Hannibal überquerte die Alpen mit Elefanten!« kam die Anwort fast im Chor.

Gänzlich neu war die Idee, sich für die Leibesertüchtigung der Mädchen einzusetzen. Die bessere Bürgerschicht fand so etwas unpassend und nicht salonfähig. Da war Olga aber anderer Ansicht: »Anstrengende Geistesarbeit verbraucht Blut. Deshalb ist es wichtig, auch dem Körper die nötige Schulung angedeihen zu lassen!« So begannen die Mädchen an Höheren Schulen tatsächlich zu turnen, wie es die Knaben schon lange taten. Auch hierin wirkte Olga segensreich.

Bad Kissingen erfreute sich im vorigen Jahrhundert großer Beliebtheit, vor allem bei allerhöchsten Herrschaften. So weilte im Juni 1864 auch das württembergische Kronprinzenpaar dort, da Olga sich von seltsamen Fieber- und Migräneanfällen zu erholen suchte. Am 25. Juni vermeldete ein Telegramm aus Stuttgart, daß Karls Vater, König Wilhelm I. von Württemberg, verstorben sei. Sofort befahl Karl, nun selber König von Württemberg, die Heimreise. Die Wagen warteten schon vor dem Hotel, als sich dem frischgebackenen Königspaar ein Besuch anmeldete: Kaiserin Elisabeth von Österreich wollte als erste zur neuen Würde gratulieren. Man verbrachte eine knappe Stunde miteinander, mußte dann die zur Abreise bereitstehenden Wagen noch einmal warten lassen, ein zweiter Gratulant ließ sich melden: König Ludwig II. von Bayern. Am 30. Juni endlich konnte das neue Königspaar im Marmorsaal des Stuttgarter Schlosses vom verstorbenen König Abschied nehmen. Das Begräbnis selbst fiel, nach seinem ausdrücklichen Wunsch, sehr bescheiden aus. Ein einfaches Gebet und ein einziger Kanonenschuß sollten die Zeremonie begleiten.

Zweimal machte Königin Olga mit dem Phänomen Krieg Bekanntschaft. Als 1866 Württemberg als Verbündeter Österreichs gegen Preußen Stellung nahm, Rußland aber zumindest politisch Preußen zur Seite stand, geriet Olga gefühlsmäßig »zwischen Baum und Borke«, aber über jede Politik hinaus stand bei ihr immer der einzelne kämpfende Soldat im Interesse. Ein zufällig auf ihrem Schreibtisch landender Augenzeugenbericht des Treffens bei Tauberbischofsheim löste schließlich Grundsätzliches bei ihr aus.

Auf einer von Roggen bedeckten Höhe hatten die Gewehre blutige Ernte gehalten, hieß es da. Der Stadtpfarrer von Bischofsheim reichte zwar mit aufrecht getragener Monstranz den Sterbenden die Sakramente, für die Verwundeten aber geschah nichts. Es waren dann preußische Soldaten und Krankenträger, die auf dem Felde hin und her liefen, dem hilflos sich überlassenen Feind jeden möglichen Liebesdienst erwiesen. In Mützen und Kochgeschirren trugen sie Wasser zu den durstig Flehenden. Preußische Korporäle gingen ihren Chirurgen zur Hand, die Freund und Feind Wunden nähten, Glieder schienten. Die ganze Sinnlosigkeit des Geschehens lag offen zutage.

Daß es um das militärische Sanitätswesen Württembergs nicht gut stand, das hatte sie schon gehört, der Bericht eines unbekannten Augenzeugen rüttelte sie auch in dieser Sache vollends wach. Konnte sie Kriegen schon nicht Einhalt gebieten, so wollte sie sich doch wenigstens seiner Opfer annehmen, den Verwundeten, Verstümmelten, Verkrüppelten.

Königin Olga unterstützte von nun an nicht nur den noch von König Wilhelm gegründeten »Württembergischen Sanitätsverein«, sie reiste auch nach Genf, um dort mit einem gewissen Henri Dunant Bekanntschaft zu machen. Dunant, der während der Schlacht von Solferino ähnliche Eindrücke gewonnen hatte wie jener Zeuge von Tauberbischofsheim, hatte daraufhin das Rote Kreuz gegründet. Nun rief Königin Olga zusätzlich zum »Sanitätsverein« einen neuen Landesverband des Roten Kreuzes ins Leben.

Und noch einmal wurde Württemberg in einen Krieg hineingezogen. Bismarck, ein künftiges Deutsches Reich im Sinn, forderte Frankreich heraus. Napoleon III., sich der Einmütigkeit

Der württembergische Sanitätsverein (bei einer Veranstaltung im großen Saal des Königsbaues zu Stuttgart) fand die nachhaltige Unterstützung der Königin (vorn, rechts hinter ihr König Karl).

deutscher Länder nicht ganz bewußt, erklärte Preußen den Krieg. Diesmal steht auch Württemberg einmütig hinter Preußen. Sieben Monate tobt schon der Krieg. Verluste auf beiden Seiten.

Am Cannstatter Bahnhof ist der nächste Verwundetentransport für vier Uhr morgens angesagt. Noch liegt der Bahnsteig im Dunkel der kalten Februarnacht, nur erleuchtet vom trüben Schein einer schwankenden Hängelampe. Doch schon herrscht fieberhafte Tätigkeit. Männer tragen Stapel von Decken, schieben Karren, stellen Tische auf, Frauen schleppen Körbe, bringen Kannen und Becher. So grau wie Uniformen, Kittel und Kleider, so grau ist der Morgen. Im ersten Licht schimmern hell weiße Armbinden, darauf ein rotes Kreuz. Von fern dann Räderrollen und der Pfiff einer Lokomotive. Einer von zweiundzwanzig Württemberger Lazarettzügen rollt herein. Der Zug hält, sofort füllt sich der Bahnsteig mit Menschen, überfluten Lärm, Rufe, Schreie, die Szene. Sanitäter heben ihre Tragen, Ärzte beginnen ihre Arbeit. Wer gehen kann, stützt einen Kameraden, der es nicht mehr kann.

»Wasser!« rufen Durstige, »Brot!« die Hungrigen, und sie bekommen, was sie fordern. Doch vielen fehlt die Kraft, zu rufen und zu fordern.

»Schwester!« flüstert heiser einer von diesen, »Schwester, ich hab' Schmerzen! Große Schmerzen, Schwester...«

Die Angesprochene, grauer Mantel, grauer Schleier, das rote Kreuz am Ärmel, beugt sich zu dem Soldaten.

»Gleich, guter Mann, gleich wird es besser«, tröstet sie, während ein Arzt auf ihren Wink dem Verwundeten Morphium gibt.

»Von wo kommen Sie, wo haben Sie gekämpft?«

»Ich war auf Feldwache in den Vogesen, Schwester, ich meine Bewachung der Bahntunnel, wissen Sie, Schwester, damit die Franzosen die nicht sprengen...« Der Mann spricht hastig.

»Erst war es nicht schlimm, Schwester, aber dann ... jede Nacht ... immer nachts ... und dann ... ach, Schwester ...« Plötzlich wird der Mann ruhig, zu ruhig. Der Arzt schüttelt den Kopf.

»Zwecklos, Euer Majestät, das ist schon das Koma.«

Erst als sie sich aufrichten will, merkt Königin Olga, daß der Soldat ihre Hand hält. Geduldig wartet sie, bis der Tod sie ihr freigibt.

»Oh, Majestät, entsetzlich, Majestät«, stöhnt die begleitende Hofdame, »Majestät haben Blut am Kleid!«

»Ich bitte Sie, Gräfin«, sagt Olga leise, »wir sind nicht hierher gekommen, um auf unsere Kleider zu achten.«

»Was sich diese Leute herausnehmen, Majestät!« entrüstet sich die Hofdame weiter, »man hätte ihnen besser sagen sollen, wen sie vor sich haben! Schwester hat er Sie genannt, Majestät, einfach Schwester!«

Mit einem langen Blick sieht Olga ihre Hofdame an. »Sie haben recht, Gräfin, Schwester hat er mich genannt, und noch niemals war ich auf einen Titel so stolz wie auf diesen!«

Im Juli des gleichen Jahres 1871 feierte das königliche Paar in Schloß Friedrichshafen seine Silberne Hochzeit. Olga legte in der dortigen Schloßkapelle erneut ihre Hand in die Karls und spürte deutlich den absichtsvollen Druck seiner Finger.

»Ja«, flüsterte sie leise ein zweites Mal auf eine Frage, die ein Priester vor fünfundzwanzig Jahren in Sankt Petersburg an sie gestellt hatte, »Ja, Karl, und immer wieder ja!« Sie war sich nicht sicher, ob Karl sie hörte, aber als sie unter Glockenklang und Chorgesang die Kapelle verließen, lag sein Blick in zärtlicher Dankbarkeit auf ihr. Beide standen jetzt am Ende des vierten Jahrzehnts, aber am Anfang einer Regierungszeit, die sie zum Wohl des Landes zu gestalten willens waren.

Über die sich unterordnende Rolle Württembergs in das neue Deutsche Reich waren beide nicht sehr glücklich. Doch Olga war klug genug zu wissen, wann es Sinn machte, gegen den Strom zu schwimmen. Allerorten begann das Volk bereits, nach Hoffmann von Fallersleben ›Deutschland über alles‹ zu singen, und sie war sich im klaren darüber, wie schwach ihr Stimmchen gegen diesen Chor anklingen würde. Wenn es allerdings nötig war, erhob sie ihre Stimme noch immer laut und hörbar, und nicht ohne Grund machte gerade ihr verschworener Gegenspieler Bismarck ihr das Kompliment:

»Die Königin ist der einzige Mann am Stuttgarter Hof.«

Von ihrer bewundernswerten Haltung ist noch heute viel zu spüren in Stuttgart und im Württemberger Land. Ihr eigenes Glück und Unglück hat Olga umgesetzt in tätige Hilfe, in wahre Wohltätigkeit. Wer heute durch Stuttgarts Olgastraße fährt, sollte sich daran erinnern und an die warmherzige Zarentochter, Königin Olga von Württemberg.

Clemens Siebler

Luise Marie Elisabeth von Baden

1838–1923

Als Tochter des Prinzen Wilhelm von Preußen, der seit 1861 preußischer König und seit 1871 deutscher Kaiser war, wurde Luise Marie Elisabeth, Großherzogin von Baden, am 3. Dezember 1838 in Berlin geboren. Ihre Mutter war Prinzessin Augusta von Sachsen-Weimar. Zur besseren Erhellung ihrer charakterlichen Anlagen und Fähigkeiten haben ihre Biographen immer wieder den Tatbestand zu bemühen versucht, daß sich aufgrund ihrer Abstammung zwei grundverschiedene Traditionen deutschen Lebens zu einer harmonischen Einheit verbunden haben: sittlicher Ernst und ausgeprägtes Pflichtbewußtsein, die gemeinhin als typisch preußische Tugenden gelten, und aus ihrer mütterlichen Erbmasse eine starke musische Veranlagung mit einem ausgeprägten Sinn für das Schöne in Kunst und Literatur. Den Namen Luise gab man ihr in Erinnerung an die Mutter des Vaters. Im Profil der gealterten Frau, die sich in ihrer Pflichttreue zeitlebens Friedrich den Großen zum Vorbild genommen hatte, war eine gewisse Ähnlichkeit mit dem Ahnen aus Potsdam erkennbar. Obwohl als Prinzessin und spätere Fürstengemahlin nicht im eigentlichen Sinn zu staatspolitischem Handeln berufen, hat sie nicht nur auf die Geschicke der Monarchien, sondern auch auf das politische Geschehen innerhalb der europäischen Staatenwelt des 19. und beginnenden 20. Jahrhunderts einen bestimmenden Einfluß genommen. In ihrem Leben und Lebensschicksal spiegeln sich zugleich die Höhen und Tiefen fast eines ganzen Jahrhunderts deutscher Geschichte wider.

Zusammen mit ihrem älteren Bruder Friedrich Wilhelm, dem späteren deutschen Kaiser Friedrich III. (1831–1888), wuchs Luise in Berlin auf. Politisch geprägt waren ihre Kinderjahre vom Herrschaftsstil ihres Onkels Fried-rich Wilhelm IV., der, als der »Romantiker auf dem Thron« von seinem Gottesgnadentum fest überzeugt, keine Bereitschaft zeigte, freiheitliche Zugeständnisse durch eine Verfassung zu machen. So brach auch in Preußen die Revolution aus, die Luise als neunjähriges Mädchen in Berlin erlebte. Wenn sie auch damals noch nicht den tieferen Sinn der Geschehnisse begreifen konnte, gingen doch auch an ihr die Sorgen und Aufregungen, denen die königliche Familie in jenen Tagen ausgesetzt war, nicht spurlos vorüber. In fester Erinnerung blieben der Barrikadenkampf, die Abreise nach Potsdam und die Trennung von ihrem Vater, der auf Befehl seines Bruders Berlin verlassen mußte und nach England auswich. Nach seiner Rückkehr im Juni 1848 erschien es der preußischen Regierung, selbst nach der siegreichen Gegenrevolution, nicht opportun, den mit dem Stigma des »Kartätschenprinzen« behafteten Wilhelm weiterhin am Regierungssitz zu belassen, und daher wurde er im Herbst 1849 zum Generalgouverneur im Rheinland und in Westfalen ernannt. Im Frühjahr 1850 folgte ihm die Familie an den neuen Wohnsitz im ehemaligen kurfürstlichen Schloß in Koblenz nach.

In der rheinischen Umgebung und Luft, wo Luise ihre Jugendjahre verlebte, gewann sie manche Eindrücke, die ihr weiteres Leben dauerhaft beeinflußt haben. Noch im hohen Alter bekannte sie, daß ihr im tiefsten Sinn die Rheinprovinz zur eigentlichen Heimat geworden war. Dank der militärischen Stellung ihres Vaters kam sie früh mit den adeligen Offiziersfamilien in persönlichen Kontakt. Ihre Mutter, die stets für das Neue aufgeschlossen war, unterließ nichts, was der Entfaltung der seelisch gemüthaften Werte ihrer Tochter förderlich sein konnte. Und da sie sich auch in karitativer Hinsicht nachhaltig engagierte, wurde Luise im Elternhaus in gleichem Maße auf ihre zukünftigen Führungsaufgaben vorbereitet und mit ihren besonderen sozialen Verpflichtungen zum Wohle der notleidenden Mitmenschen vertraut gemacht. Dem Leben in der Rheinprovinz, in der damals Kunst und Musik (Düsseldorf), Wissenschaft und Forschung (Bonn) blühten, hatte sie ebenso die volle Entfaltung ihrer intellektuellen und musischen Veranlagungen zu verdanken.

Wie in Adelskreisen meist üblich, erhielt auch Luise Privatunterricht. Als besonders bildungsfördernd galt das Reisen. Seit 1850 kam die junge Prinzessin von Koblenz auch zum alljährlichen Sommeraufenthalt nach Baden-Baden. Nur wenigen Wochen nach ihrer Konfirmation, die sie im Mai 1855 in der Charlottenburger Schloßkapelle feierte, wurde sie mit dem damaligen Prinzregenten Friedrich von Baden (1826–1907) bekannt gemacht. In der spannungsgeladenen Phase des Krimkrieges (1854–1856) fest davon überzeugt, daß letztlich nur Prinz Wilhelm von Preußen befähigt sei, Deutschland in die staatliche Einheit zu führen, hatte er nicht nur dessen Aufmerksamkeit auf sich gezogen, sondern auch seine persönliche Zuneigung gewonnen. Obwohl Friedrich allein aus politischen Gründen die sich anbahnende dynastische Verbindung mit dem Hause Hohenzollern genehm war, so entsprang es doch einem echten Herzenswunsch, um die Hand der noch jugendlichen preußischen Prinzessin anzuhalten. Noch im September desselben Jahres wurde die Verlobung in Koblenz öffentlich bekanntgegeben. Am 20. September des darauffolgenden Jahres, nur wenige Tage nach der Proklamation Friedrichs I. zum Großherzog von Baden (5. September 1856), fand im Berliner Schloß die Vermählung statt. Prinzessin Luise war kaum achtzehn Jahre alt, als sie an der Seite ihres Mannes auf der Hochzeitsreise rheinaufwärts nach Mannheim kam und von dort aus über Karlsruhe durch das badische Land zur Insel Mainau fuhr, die dem fürstlichen Paar lebenslang zum eigentlichen Lieblingssitz werden sollte.

Für ihre künftige Stellung als Fürstengemahlin und Landesmutter war Luise bestens vorbereitet, und für ihren hohen Beruf brachte sie einen wachen Verstand und Scharfblick mit. Nicht weniger war sie mit der Gabe ungewöhnlicher Redegewandtheit und bestechender Ausdrucksfähigkeit ausgestattet. Ihre ganz vom Geist der Pflichttreue und der Gottesfurcht geprägte Erziehung im Elternhaus hatte bewirkt, daß sich die junge Großherzogin anfänglich nur schwer mit dem sprichwörtlich liberalen Geist in Staat und Landeskirche am Oberrhein abfinden konnte. Doch Friedrichs geduldiges Bemühen, Luise von der besonderen Eigenart seines Landes zu überzeugen, sollte langfristig auch bei ihr Früchte tragen.

Das Schloß auf der Insel Mainau war der Lieblingssitz von Großherzogin Luise und Großherzog Friedrich I. von Baden.

Der Großherzog, der schon früh die außerordentlichen Verstandesgaben und die politische Urteilskraft seiner jungen Frau erkannt hatte, legte großen Wert darauf, sie systematisch mit den landesherrlichen Aufgaben vertraut zu machen. Daher wohnte Luise vor allem während der ersten Ehejahre regelmäßig den Vorträgen der Minister bei; und sie hatte auch die Gewohnheit angenommen, sich persönliche Aufzeichnungen über politische Vorgänge zu machen. Dennoch hat sie sich in weiser Zurückhaltung nie auf politischem Gebiet betätigt, obgleich sie auch hier das volle Vertrauen ihres Mannes besaß.

Allzugut wußte Luise, auf welchem Gebiet ihre besonderen Fähigkeiten und ihre Tatkraft gefragt waren. Durch das Vorbild ihrer Mutter geprägt, hatte sie sich in der neuen Heimat erstaunlich rasch mit den Sorgen und Nöten der Bevölkerung vertraut gemacht; und es kam ihr dabei zugute, daß sie schon bei ihren früheren Sommeraufenthalten in Baden erste Eindrücke von Land und Leuten gewonnen hatte.

Doch ihre ureigene Aufgabe als Fürstengemahlin und Landesmutter wurde der Großherzogin in einem weit umfassenderen und folgenschwereren Sinn durch die politischen Wechselfälle der Zeit zugewiesen. Nach Ausbruch des italienischen Einigungskrieges (1859), der großes Elend auslöste und ungeheuere Opfer an Menschenleben forderte, blieb auch Baden von der Kriegsangst nicht verschont, zumal sich dieser Konflikt anfänglich zu einer europäischen Krise auszuweiten drohte. Nachdem sich an verschiedenen Orten Vereinigungen zur Sammlung von Sach- und Geldspenden gebildet hatten, lag Luise daran, die vereinzelt gestarteten Initiativen in einem gemeinsamen Hilfswerk zu bündeln. Dies war die Geburtsstunde des Frauenvereins, der sich unter dem Protektorat der Großherzogin Luise noch im selben Jahr zu einem badischen Landesverein konstituierte. Seine vordringliche Aufgabe war, für die Krankenpflege der im Krieg Verwundeten Sorge zu tragen. Auch nachdem die Kriegsgefahr gebannt war, blieb er mit einer extensiv karitativen Zielsetzung bestehen. Auf Veranlassung der Großherzogin wurde wenige Jahre später der badische Frauenverein in seinem Organisations- und Tätigkeitsbereich mit der Programmatik der Genfer Konvention (1864) abgestimmt, der auch das Großherzogtum Baden beigetreten war.

Mit wachsendem Interesse und mit stets wachem Blick hatte Luise seit ihrer Einheirat in das Großherzoglich-Badische Haus die großen Ereignisse der Zeit begleitet. Ihre ganze Aufmerksamkeit und innere Anteilnahme schenkte sie denjenigen politischen Vorgängen, die unmittelbar ihr engstes Familienleben berührten. In der Folge der dynastischen Verbindung der Fürstenhäuser von Baden und Preußen galt dies nicht nur für die verfassungspolitische Entwicklung im Preußen der Neuen Ära (1858), sondern auch für die von Preußen beanspruchte Führungsrolle in der deutschen Frage. Bei der Dominanz der Politik, die auch von Luise nicht im geringsten bestritten wurde, erlebte sie gerade das erste Jahrzehnt ihrer Ehe als eine Phase menschlicher Hoffnungen und seelischer Schmerzen. Große Zustimmung fand in Karlsruhe der unter Wilhelm I. gesteuerte liberale Kurs in Preußen; und so war es nur folgerichtig, daß auch dessen Tochter, an der Seite ihres Gemahls, im Anti-Bismarckschen Lager der liberalen Opposition stand. Das großherzogliche Haus hielt treu zum Erben der preußischen Krone, als dieser selbst in den von Bismarck heraufbeschworenen Verfassungskonflikt des Sommers 1863 hineingezogen wurde. Und wie Bismarck in seiner Eigenmächtigkeit darauf bedacht war, die Person des Königs von Gemahlin und Sohn zu trennen, so war er nicht weniger bemüht, ihn von jeder Einwirkung der badischen Verwandtschaft fernzuhalten: Grund genug für die Betroffenen, mit Bitterkeit darauf zu reagieren. Schmerzlich durchlebte Luise die Jahre vor dem Kriegsausbruch 1866.

Trotz aller Versuche Großherzog Friedrichs, den Krieg durch Vermittlung zu verhüten oder wenigstens die Neutralität Badens zu erwirken, fand er sich schließlich doch im Lager der Gegner Preußens. Wenn auch König Wilhelm die politische Zwangslage seiner nächsten Verwandten zu würdigen wußte, so brachte dies für seine Tochter, die sich in Baden einer starken antipreußischen Strömung ausgesetzt sah, nur wenig Trost. In ihrer unmittelbaren Umgebung gab es kaum jemand, der ihr Mitgefühl für die Sache Preußens geteilt hätte.

Nach den Erschütterungen des Deutschen Krieges gestaltete sich das politische Leben für das großherzogliche Paar in einer weit entspannteren Atmosphäre. Zwar konnten die Bedenken, die gegenüber der Person und Staatsführung Bismarcks bestanden, nicht völlig ausgeräumt werden, aber man hatte in Karlsruhe die politische Neuordnung Norddeutschlands vorbehaltlos anerkannt. Groß war die Begeisterung, als der Krieg mit Frankreich den Weg zur Vollendung der Reichseinheit freimachte. Der Gewohnheit Friedrichs I., seiner Gemahlin während der langen Trennung im Kriege fortlaufend seine Tagebuchaufzeichnungen mitzuteilen, verdanken wir die wertvolle und einzigartige Quelle seines Versailler Tagebuches. Man mag ermessen, was Luise in der Stunde empfand, als ihr Gemahl in Versailles das erste

Großherzog Friedrich I. und GroßherzoginLuise von Baden. Brustbildnis von Hans Fechner aus dem Jahre 1902.

Hoch auf den deutschen Kaiser, der ja ihr Vater war, ausbrachte und sich wenigstens in diesem symbolischen Akt die einstigen Hoffnungen ihrer Mission, der Einheit Deutschlands unter Preußens Führung zu dienen, erfüllten.

Mit der Reichsgründung ging aus einsichtigen Gründen die Rolle, die das verhältnismäßig kleine Baden bislang mit seinem erstaunlichen Einfluß auf die europäischen Mächtekonstellationen zu spielen verstand, merklich zurück. Hinfort war es der engere Schauplatz der badischen Heimat, der für das Leben der Großherzogin mehr und mehr bestimmend wurde. Und hier waren es nicht mehr so sehr die politischen Ereignisse, die sie einst mit so großer Anteilnahme verfolgt hatte. Früh war ihr schon eine Domäne zugefallen, in der sie ihre ureigenen Fähigkeiten weit überzeugender zur Geltung bringen konnte. Der maßgeblich durch ihre Initiative entstandene Badische Frauenverein, der einst von der Idee der Krankenfürsorge und der Verwundetenpflege im Krieg seinen Ausgang genommen hatte, hatte mittlerweile eine Reihe weiterer gemeinnütziger Einrichtungen hervorgebracht: Häuser für Kleinkinderfürsorge, Diakonissenanstalten und Frauenarbeitsschulen. Eine wegen ihrer Breitenwirkung besonders zukunftweisende Innovation des Frauenvereins war die Einführung des Handarbeitsunterrichts für die schulpflichtigen Mädchen. Mit der dadurch notwendig gewordenen Anstellung von Fachlehrerinnen fanden viele junge Frauen eine gediegene Berufsausbildung.

In der Leitung des Frauenvereins, der nach und nach das ganze Land mit einem dichten Netz umfassender sozialer Fürsorge überzog, hatte die Großherzogin ihre lebenserfüllende Aufgabe gefunden. Ihre selbstlose Menschlichkeit entsprang echter Religiosität. daher hob sie immer auch das christliche Gebot der Nächstenliebe ins Bewußtsein, vornehmlich bei der Ausbildung der Krankenschwestern. Es wäre ihr zu wenig gewesen, für diesen Verein lediglich ihren Namen als fürstliche Protektorin zu leihen, ansonsten aber nur ein halbherziges Interesse an der Sache zu bekunden. Sie selbst nahm an den Beratungen des Landesvereins teil, voller Ideen und stets dazu bereit, neue Ideen aufzunehmen und zu geben und dieselben in die Tat umzusetzen, ganz zu schweigen von den oft großen Summen, die sie für wohltätige Zwecke und für kranke und in Not geratene Menschen gab. Die Großherzogin soll einmal, durch Krankheit verhindert, ihr Fernbleiben von einer Sitzung durch ein ärztliches Attest begründen haben lassen.

Die Kraft zu solch nimmermüdem Dienst am Nächsten erwuchs ihr vorrangig aus ihrer Familie, die im besten Sinn intakt war und ganz aus dem Worte Gottes lebte. Nur selten gab es einen Tag, an dem Luise ihrem Mann nicht einen Abschnitt aus der Bibel vorlas; nachdem die Augen ihren Dienst versagten, übernahm der Großherzog selbst diese Aufgabe. Drei Kinder gingen aus ihrer Ehe hervor. Der älteste Sohn und spätere Großherzog Friedrich II. wurde am 9. Juli 1857 geboren; auf ihn folgte am 7. August 1862 Victoria, die später Königin von Schweden wurde. Der am 12. Juni 1865 geborene zweite Sohn Ludwig Wilhelm starb schon im 23. Lebensjahr.

Das großherzogliche Paar, dessen Familienleben nachhaltig von Pflichteifer und Gottesfurcht geleitet war und wo täglich gegenseitige Treue und Rücksichtnahme geübt wurden, durfte viele gemeinsame Freuden erleben. Am Tag der Silbernen Hochzeit (20. September 1881) fand gleichzeitig die Vermählung der Tochter Victoria mit dem Kronprinzen Gustav von Schweden statt.

Im Jahr 1885 vermählte sich Erbgroßherzog Friedrich mit der Prinzessin Hilda von Nassau. Aber auch das Leid blieb der großherzoglichen Familie nicht erspart. Ein bitteres »Jahr der Tränen« kam 1888. Als das großherzogliche Paar vom Krankenlager des deutschen Kronprinzen aus San Remo zurückkehrte, erfuhr es in Basel vom unerwarteten Tod des jüngeren Sohnes Ludwig Wilhelm, der am 23. Februar in Freiburg an einer Lungenentzündung gestorben war. Diesen Verlust hat Luise nie verwinden können. Unmittelbar darauf hatte sie am 9. März den Tod ihres Vaters zu beklagen. Dann verlor sie am 15. Juni ihren einzigen Bruder, Kaiser Friedrich III. Kaum zwei Jahre später betrauerte sie den Tod ihrer Mutter, der Kaiserin Augusta. Diese in ihrer Familie in nur kurzen Intervallen eingetretenen Todesfälle brachten in das Leben der Großherzogin einen tiefen Einschnitt. Seitdem verweilte sie in ihren Gedanken gern in der Vergangenheit, in der Zeit des Familienglücks. Um so größer war ihre Freude, wenn sie Menschen begegnete, die ihren Eltern nahegestanden hatten.

Mit dem Tod ihrer Eltern hatte sich für Luise nicht nur ein Generationenwechsel vollzogen, sondern für sie selbst hatte auch ein merklich stillerer Lebensabschnitt begonnen. Die bisher regelmäßigen Familienbesuche in Berlin wurden seltener; schmerzlicher aber für sie war, daß die dort eingetretenen personellen Veränderungen nicht ohne nachhaltige Auswirkungen auf die Politik blieben. Schon im August 1890 hatte Graf Alfred von Waldersee vermerkt: »Großherzog und Großherzogin, die sehr genaue Beobachter sind, beginnen um den Kaiser entschieden besorgt zu werden. Sie fürchten, daß er an Boden verliert und übereilt handelt.« Was sich damals in der Leitung des Deutschen Reiches als »Neuer Kurs« ankündigte, hatte mit dem alten badischen Fürstenideal nur noch wenig gemeinsam.

Zunehmend stellten sich auch physische Beschwerden bei Luise ein. Ihrem langwierigen Augenleiden brachte 1897 eine erfolgreiche Staroperation merkliche Linderung. Noch einmal durfte die Großherzogin bei zwei denkwürdigen Familienfesten frohe Stunden erleben: anläßlich des 80. Geburtstages ihres Mannes (9. September 1906) und der Feier der Gol-

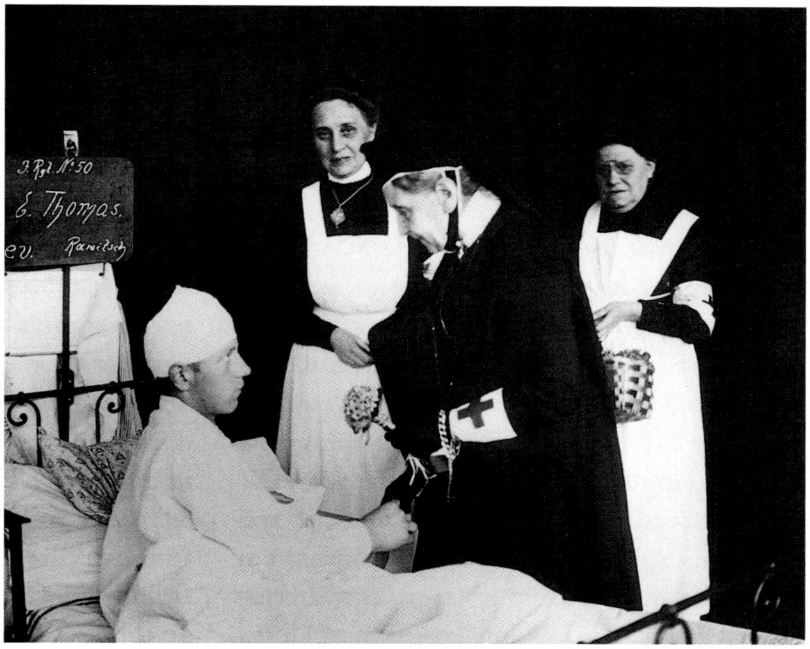

Großherzogin Luise von Baden kümmerte sich im Ersten Weltkrieg tatkräftig um die verwundeten Soldaten in den Lazaretten – übrigens auch um verletzte Franzosen. Ihr soziales Engagement war stark religiös motiviert.

denen Hochzeit, nur wenige Tage danach. Sie war vielleicht das letzte glanzvolle Fest des alten monarchischen Deutschlands. Ein Jahr später, am 28. September 1907, wurde ihr Friedrich durch den Tod entrissen: das Ende einer Lebensgemeinschaft, die für Luise eigentlicher Lebensinhalt war. Neben ihrem Platz im Empfangszimmer des Karlsruher Schlosses stand fortan immer eine Staffelei mit dem Bild des Großherzogs. Auch über seinen Tod hinaus sollte der Verstorbene stets als sichtbarer Zeuge zugegen sein.

Daß die gebürtige Preußin in einem der süddeutschen Staaten des 19. Jahrhunderts sich nicht allenthalben der ungeteilten Zuneigung der Bevölkerung erfreuen durfte, war kaum verwunderlich. Die im Zuge der Reichsgründung etablierte Vormachtstellung der Hohenzollern, die damals noch stark empfundenen konfessionellen Gegensätze, vor allem aber die sozialen Umwälzungen als Folge der Industrialisierung hatten gegenüber Luise zahlreiche Ressentiments geweckt. Da ihre Willensstärke und ihr Durchsetzungsvermögen sprichwörtlich waren, hatten es die Kritiker nicht schwer, alle unliebsamen Vorkommnisse in der badischen Staatsführung dieser Frau anzurechnen, von der man unumwunden sagte, daß sie in Karlsruhe die eigentliche und wahre Gebieterin sei. Nachweislich blieb »die alte Luise« noch immer die stärkste Figur am badischen Hofe, auch nachdem die Regierungsgeschäfte bereits auf ihren Sohn übergegangen waren.

Indessen konnte den unvoreingenommenen Zeitgenossen nicht entgehen, daß Luise für die ihr gestellten Aufgaben ein Höchstmaß an Begabung und Befähigung mitgebracht hatte. Ihrem sozialen Engagement zollte ohnehin jedermann respektvolle Anerkennung. Diesem Bedürfnis, das bei ihr auffallend stark religiös motiviert war, hatte sie schon in früheren Jahren zusätzlich durch eine Reihe christlicher Erbauungsschriften sichtbaren Ausdruck verliehen.

Das sozial-karitative Lebenswerk der Großherzogin Luise bestand seine Bewährungsprobe nach Ausbruch des Ersten Weltkrieges. Damals kamen auf die Anstalten des Badischen Frauenvereins, die unverzüglich auf den Krieg umgestellt wurden, denkbar hohe Anforderungen zu. Fest davon überzeugt, daß Deutschland für eine gerechte Sache kämpfe, konnte sie durch Wort und Tat einen unerschütterlichen Glauben an das Gelingen verbreiten. Je mehr sich der Krieg in die Länge zog und die allgemeine Not um sich griff, desto mehr half sie selbst tatkräftig, kümmerte sich um die verwundeten Soldaten in den Lazaretten und besaß die Größe des Herzens, auch verletzte Franzosen zu besuchen und ihnen Trost und Mut zuzusprechen. Daß ihr 1917 die Medizinische Fakultät der Universität Freiburg die Ehrendoktorwürde verlieh, war mehr als eine konventionelle Geste gegenüber einer hochbetagten Fürstin und verdienten Landesmutter.

Großes Ungemach widerfuhr Großherzogin Luise im November 1918, denn der militärische Zusammenbruch des Reiches bedeutete zugleich auch das Ende der Monarchien in Deutschland. Im Zuge der Novemberrevolution blieb auch ihre Person nicht vor zahllosen Schmähungen verschont, wenn sie auch nicht alle unmittelbar an ihr Ohr drangen. Luise ertrug sie ohne Groll und Bitterkeit, in ihrem Innersten sogar bereit, ihren Feinden die versöhnliche Hand zu reichen.

Nach der Flucht aus der Residenz lebte Luise nach kurzen Zwischenaufenthalten (Schloß Zwingenberg/Neckar und Schloß Langenstein/Hegau) zunächst auf der Insel Mainau, bis sie im Spätsommer 1919 nach dem Schloß Baden-Baden übersiedeln konnte. Dort verstarb sie am 23. April 1923 im 85. Lebensjahr.

Ihre letzte Ruhestätte fand sie an der Seite ihres Gemahls im Großherzoglichen Mausoleum in Karlsruhe.

Unbeirrbar in ihrer Zielstrebigkeit und von außergewöhnlicher Durchsetzungskraft war Großherzogin Luise eine Persönlichkeit, die sich nicht weniger durch warme Mitmenschlichkeit auszeichnete. Ohne Zweifel zählte sie im Deutschland der zu Ende gehenden Monarchie zu den bedeutendsten Frauen im fürstlichen Rang, und den beiden Fürstenhäusern, deren Namen Luise trägt, gereicht es dauerhaft zu großer Ehre, daß in der Stunde des revolutionären Umsturzes eine Frau von der politischen Bühne abtrat, die sich lebenslang als eine umsichtige und hilfreiche Fürstin erwiesen hatte und die mit hohen Gaben des Geistes und des Herzens ausgestattet war.

Wolfgang Heger

Margarete Steiff

1847–1909

Die Geschichte einer der bedeutendsten Frauen in der Spielzeugindustrie beginnt in einem Arbeitsbereich, der noch heute der »typischen« Frauenarbeit zugeschlagen wird. Denn Margarete Steiffs Markenproduktion verdankt ihre Herkunft einem Modejournal und dem Nähkästchen. Ein von ihr gefertigtes Nadelkissen stand am Anfang einer Revolutionierung des Weltspielzeugmarktes. Es wäre wohl beim einfachen Nähen von Bekleidung geblieben, hätte Margarete Steiff nicht im Jahr 1880 zur Zierde eines Nadelkissens einen Elefanten aus Filz darauf gesetzt. Die Idee entnahm sie einer Modezeitschrift, in der das Modell eines Elefanten zum Nacharbeiten abgebildet war. Aber Margarete Steiff verwendete anstelle der im Journal vorgeschlagenen Stoffe den Filz aus der heimischen Industrie. Filz, ein Material, das im Gegensatz zu anderen gebräuchlichen Materialien der Zeit robuster und trotzdem weich war. Zum Ausstopfen verwendete sie entgegen der Vorlage kein hartes Material, sondern weiche Wolle. Der erste Schritt zum strapazierbaren, weich gestopften Spielzeug war gemacht. »Von einer ›Erfindung‹ des Stofftieres durch Margarete Steiff kann jedoch in dieser Ausschließlichkeit nicht die Rede sein, denn die Übergänge von den Fell- und Filztieren mit hartem Kern zu weicheren Stofftier-Körpern waren fließend.«

Die Filzelefanten fanden schnell den Weg vom Nähtisch in die Spielzeugkiste. Diese Kuscheltiere standen am Beginn einer sehr ungewöhnlichen Leistung. Margarete Steiff gelang es, sich in einer Zeit und in einer Branche als Firmengründerin durchzusetzen, die damals noch stärker als heute von Männern bestimmt wurde. Sie bewegte sich äußerst erfolgreich im Wirtschaftsleben und war dennoch doppelt benachteiligt. Denn Margarete Steiff war zum einen Frau und zum anderen zeitlebens an den Rollstuhl gefesselt. Der Aufstieg der von ihr begründeten Firma, die Geburtsstunde einer Weltmarke könnte der Stoff sein, aus dem die Spielzeugträume sind. Doch der Lebensweg Margarete Steiffs ist, nüchtern betrachtet, nicht allein der Erfolg einer zündenden Idee. Der Spielzeugmarkt war bereits damals heiß umkämpft, die Konkurrenz groß. Früh schon gelang es Margarete Steiff, mit ausgeprägtem Gefühl für Qualität und einem Sinn für Marktlücken und neue Ideen ein Markenbewußtsein bei ihrer Kundschaft zu etablieren, das bis heute nichts von seinem Stellenwert verloren hat.

»Der ›Knopf im Ohr‹ markierte als trotzig störendes Accessoire, daß man in Giengen auf der Schwäbischen Alb nicht gewillt war, den Wettlauf um den bestechendsten Ramsch mitzumachen.« Die Auseinandersetzung mit der Konkurrenz und die permanenten Streitereien um Schutzmarken führten zur Begründung einer ausgeprägten und bis heute anhaltenden Markenbindung: »Zu den Milliarden ›Steiff-Tieren‹, die bereits die Welt ›bevölkern‹, kommen zur Zeit jährlich ca. zwei Milliarden hinzu.«

Eine Produktion von Spielwaren in fast unvorstellbarer Größenordnung, die um 1880 ihren Anfang nahm und Wirtschaftsgeschichte, aber auch Kinder- und Kulturgeschichte schrieb. »Filz-, Samt- und Plüschtiere wurden nun zu den Freunden und Tröstern der kleinen Kinder, zu ihren liebsten Bettgenossen und schließlich zu einem der typischsten Spielzeuge unseres Jahrhunderts.«

Margarete Appolonia Steiff wird am 24. Juli 1847 in Giengen an der Brenz auf der Schwäbischen Alb geboren. Sie hatte zwei ältere Schwestern Maria und Pauline sowie einen jüngeren Bruder Friedrich. In ihrem Tagebuch setzt Margarete Steiff mit ihrer Krankengeschichte ein: »Mit eineinhalb Jahren wurde ich von einer Krankheit befallen, nach welcher ich nicht mehr gehen konnte, der linke Fuß war vollständig, der rechte teilweise gelähmt, auch der rechte Arm war sehr geschwächt.« Margarete Steiff war unheilbar an Kinderlähmung erkrankt.

Die Jugendjahre werden geprägt von der Auseinandersetzung mit der Behinderung, von Wechselbädern zwischen Hoffnung und Ernüchterung, sie sind gekennzeichnet von zahllosen Heilversuchen und Kuraufenthalten, die Margarete Steiff in ihren Erinnerungen genauso nüchtern schildert wie ihre Versuche, sich mit ihrer eingeschränkten Bewegungsfreiheit zu arrangieren. Margarete versteht es, sich trotz ihrer Behinderung eine bemerkenswert normale Jugend mit Kinderspielen und Schule einzurichten, von einer Isolation des Mädchens kann keine Rede sein. Überall ist sie dabei, wird mitgenommen, von ihren Mitschülern abgeholt und wieder zurückgebracht. Ihr Ideenreichtum im Geschichten ausspinnen und ihre Spiel- und Lernfreude machen ihr das Leben leichter. Doch der Gedanke an Heilung muß aufgegeben werden, »denn das unnütze Suchen nach Heilung läßt den Menschen nicht zur Ruhe kommen«.

Die geistige und körperliche Regsamkeit, die Margarete Steiff entwickelt, zeigt bereits deutlich, daß sie keineswegs daran denkt zu resignieren, daß sie nicht willens ist, die Hände in den Schoß zu legen. Nicht ohne Selbstironie beschreibt sie ihre Reiselust: »Das sehr wahre Sprichwort ›Der Mensch treibt just das am gernsten, wozu er am wenigsten Beruf hat‹ habe ich deutlich illustriert, indem ich zu gerne reise.« Die durch die Krankheit erzwungene körperliche Passivität gleicht sie durch um so stärkere geistige Beweglichkeit und ihren starken eigenen Willen aus: »Ich war nie so brav und folgsam gewesen wie meine Schwestern, es hieß oft, die böse Gret.«

Die Behinderung befreit sie zwar von gesellschaftlichem Erwartungsdruck und weiblichem Rollenzwang, aber auch die Angst vor dem Alleinsein und der Zukunft lernt sie kennen, als sich ihre drei Geschwister nach und nach zwischen 1870 und 1874 verheiraten. Dennoch: vielleicht bringt gerade die Behinderung mit all ihrer Benachteiligung für Margarete Steiff die Befreiung von der bürgerlichen weiblichen Normbiographie, die es ihr ermöglicht, weit über das gängige Maß an Verwirklichungsmöglichkeiten der Frauen ihrer Zeit hinauszuwachsen und erfolgreich in eine auch heute noch typische Männerdomäne einzudringen. Bemerkenswert dabei ist, daß sie sich über ihre Ausbildung in der Nähschule zunächst noch ganz im gängigen Kanon der Frauen zugedachten Berufe und Beschäftigungen bewegt. Die Fru-

Der von Margarete Steiff in Giengen an der Brenz gefertigte Filzelefant stand am Beginn der Produktion von Spielwaren in fast unvorstellbarer Größenordnung – ein Stück Wirtschafts- und Kulturgeschichte des deutschen Südwestens.

stration und das Gefühl der Nutzlosigkeit, das Margarete Steiff wohl dann und wann überkommen haben muß, ist in ihren Aufzeichnungen nur sparsam angedeutet. »Meinen beiden Schwestern habe ich viel Kummer gemacht, die waren so fleißig und geschickt, während ich alles verkehrt anfaßte. Sie hatten schon die Hoffnung aufgegeben (...). Das Nähen ist mir aber auch sehr schwer gefallen. Der rechte Arm tat mir bei geringer Anstrengung weh und links hatte ich kein Geschick.« Trotzdem hält sie mit ausgesprochener Zähigkeit an ihren Vorhaben fest. Neben ihren Handarbeiten, für die sie bald etwas Geld erhält, nimmt sie Unterricht im Zitherspielen. Als sie das Instrument beherrscht, erteilt sie selbst Unterricht und bessert mit dem verdienten Geld ihren »Sparhafen« auf.

Schon 1868, mit der Eröffnung eines Putz- und Kleidergeschäfts der Schwester Pauline, die von Margarete unterstützt wird, zeigt sich der Familiensinn und die Zähigkeit, welche auch die weiteren Unternehmungen Margaretes bestimmen sollten. Sie erfüllt zunächst die Bekleidungswünsche von Verwandten und Nachbarschaft, dennoch denkt sie auch über den regionalen Tellerrand hinaus. Sie spezialisiert sich auf die Filzkonfektion und errichtet 1877 im Elternhaus ein eigenes Geschäft, inseriert in der Zeitung und erweitert ihre Kundschaft bis in den Stuttgarter Raum. Dabei ist anzumerken, daß Margarete Steiff ihren gesamten Filzbedarf für die Kleider- und später auch für die Spielwarenkollektion von den »Vereinigten Filzfabriken« bezog, die in Giengen ihren Stammsitz hatten. Sie weiß sich »seit der Zeit des Entstehens der Filzfabrik... aufs innigste damit verbunden«. Mehr noch: Margarete Steiff hat auch verwandtschaftliche Beziehungen zur Familie des Begründers der Filzfabrik. Hans Hähnle war ein Onkel von Margarete Steiff und hatte in Giengen 1858 die erste deutsche Filzfabrik, die »Württembergische Wollfilzmanu-

Mit dem Teddy-Bären, benannt nach dem amerikanischen Präsidenten Theodore Roosevelt, der eine Vorliebe für die Bärenjagd hatte, gelang Margarete Steiff (hinter ihrem Arbeitstisch) der internationale Durchbruch.

faktur« gegründet. Aber die engen Verbindungen zur Honoratiorenfamilie Hähnle gehen weit darüber hinaus. 1871 findet eine bemerkenswerte Doppelhochzeit statt. Hans Hähnle, später Aufsichtsratsvorsitzender der Filzfabriken, und Lina Hähnle, die 28 Jahre später die Begründerin des »Bundes für Vogelschutz« werden sollte, und Margaretes Cousine, Marie Hähnle, und Herr Adolf Glatz, der ab 1881 Generaldirektor der Vereinigten Filzfabriken ist, werden an diesem Tage verehelicht. Glatz ist damit nicht, wie in der autorisierten Werkschronik »Knopf im Ohr« dargestellt, der Schwiegersohn Hans Hähnles.

Zur Familie Glatz besteht ein enger freundschaftlicher Kontakt, es werden gemeinsame Reisen und Besuche unternommen. Damit eröffnen sich für Margarete Steiff Perspektiven, die über die Schwäbische Alb hinausweisen. Die Familie Steiff gilt zwar nicht als arm, sie ermöglicht der kranken Tochter teure Ärzte, lange Kuraufenthalte und eine vergleichsweise gründliche Ausbildung der Kinder. Dennoch bewegt sich die Familie Hähnle in einer anderen Welt: »Das waren ganz andere Leute als man in unserer Familie gewohnt war, wo man immer nur Sorgen und Arbeit hatte und sich kaum seines Lebens freuen durfte.«

Der einflußreiche Filzunternehmer Adolf Glatz wird für Margarete Steiff zum Mentor, veranlaßt die mittlerweile Dreißigjährige zur Eröffnung eines Filzgeschäfts und unterstützt sie nach Kräften. Damit muß die romantisierende Vorstellung der armen Margarete, die völlig aus eigener Kraft und ohne Unterstützung von außen eine Weltfirma hochgezogen habe, im Sinne der Tellerwäscherin, die zur Millionärin wird, in den Bereich des Mythos verwiesen werden. Der Lebensweg Margarete Steiffs ist beeindruckend genug und kann auf derlei Rührseligkeit verzichten, denn gerade der Verzicht auf die Mystifizierung des »Spielzeugwunders« könnte die eigentliche unternehmerische Leistung dieser Frau erhellen.

Ein erster Vermerk über einen zugeschnittenen Filzelefanten taucht in Notizen vom Dezember 1880 auf. Wenig später verkauft Margarete Steiff bereits fünf dieser Tiere an Lina

Hähnle. Sie ist die erste Abnehmerin ihrer Filzelefanten.

Nachdem das Filzgeschäft einschlägt, verkauft Margarete Steiff zunächst Kleidung verschiedenster Art und fertigt nebenher weitere kleine Stofftiere. Das Geschäft entwickelt sich, die »Filz-Spielwaren-Fabrik« wird im März 1893 ins Handelsregister eingetragen. Als in der Folgezeit vor allem die Stofftiere langsam zum Verkaufsrenner werden, wird die Spielwarenproduktion nach und nach zum entscheidenden wirtschaftlichen Faktor des kleinen Unternehmens.

Mit unternehmerischem Weitblick ausgestattet, gelingt es Margarete Steiff, die Möglichkeiten in der Spielzeugbranche richtig einzuschätzen. Sie stellt immer mehr Mitarbeiterinnen ein und wandelt die Firma in einen effizienten Familienbetrieb um. Ihre sechs Neffen, die sich in ihren Fähigkeiten ideal ergänzen, treten nach Abschluß ihrer Ausbildung, die sie unter das Interesse der Firma stellen, in den Jahren 1897 bis 1927 in die Firma ein. Die Firma Steiff beginnt, internationale Kontakte zu knüpfen, und versteht es, ihre Kundschaft neben der anhaltend hohen Qualität ihrer Produkte auch durch gute Kundenbetreuung und überzeugende Werbung zu halten. Der amerikanische Markt beschert, bedingt durch einen glücklichen Zufall, schließlich eine wirtschaftliche Sensation.

Richard Steiffs Erfindung, ein Bär mit beweglichen Gliedmaßen, der sich wie eine Puppe bewegen läßt, ist eine Neuheit, die auf dem Markt zunächst nicht so recht greifen will. Selbst Margarete Steiff ist anfangs skeptisch, läßt sich aber von ihrem begabten Neffen überzeugen. Auf der Leipziger Messe 1903 findet der Bär bis zur letzten Minute kein Gefallen, dann aber taucht ein Amerikaner auf, der die ganze Kollektion aufkauft. Im Verein mit der Begeisterung der Amerikaner für ihren populären bärenjagenden Präsidenten Theodore Roosevelt bricht in den Vereinigten Staaten nach Bekanntwerden einer publikumswirksamen Karikatur, die ihn mit einem wehrlosen Jungbären zeigt, den er auf der Jagd nicht erschießen wollte, eine wahre Bärenhysterie aus. Die Firma Steiff nennt ihr Bärenprodukt nach dem Spitznamen des amerikanischen Präsidenten »Teddy«.

Mit diesem Teddybären tritt eine nicht geschlechtsspezifisch belegte Kuschel-Puppe ins Kinderleben. Eine vom Absatzmarkt her gesehen brillante Idee, weil damit der Abnehmerkreis praktisch verdoppelt wird. Aber er war auch pädagogisch wichtig, denn der Teddy ermöglichte es nicht nur den Mädchen, sondern auch den Jungen, für die das Spiel mit Puppen ohnehin verpönt war, das Bedürfnis nach Zärtlichkeit und Trost auszuleben. In den erfolgreichen »Bärenjahren« gelingt Margarete Steiff durch das hohe Exportvolumen ein sensationeller marktwirtschaftlicher Durchbruch. »Noch 1903 verließen an die 12000 Teddies die von Einheimischen bald so getaufte ›Bärenfabrik‹ auf der Alb; vier Jahre später näherte man sich der Millionengrenze.«

Aus der Arbeit Margarete Steiffs an der Nähmaschine für das kleine private Umfeld war ein eigenes Geschäft, war eine Firma entstanden. Durch das grassierende »Bärenfieber« war plötzlich ein Großbetrieb gefordert. Eine ungeahnte Expansion, die im Mai 1906 zur Umwandlung in die »Margarete Steiff G.m.b.H.« führte, in der die Gründerin 50 Prozent der Geschäftsanteile hielt. »Mit 800 Beschäftigten rangierte die Giengener Firma vor dem Ersten Weltkrieg in der Spitzengruppe der Spielwarenbranche, wobei anzumerken wäre, daß noch während der Nachkriegsjahre eine Produktionsstätte mit 100 Personen als Großbetrieb galt.«

Die gelähmte Frau hatte umsichtig und mit eiserner Disziplin ihren Familienbetrieb bis zur Weltgeltung geführt.

Reinhard Hübsch

Louise Adolpha Le Beau

1850–1927

»Die Schrecken des badischen Aufstandes zitterten noch in den Gemütern nach, als ich am 25. April 1850 um die Mittagsstunde in Rastatt das Licht der Welt erblickte« – so beginnt Louise Adolpha Le Beau ihre »Lebenserinnerungen einer Komponistin«, die 1910 in Baden-Baden erschienen. In einer Mischung aus Stolz und – vor allem, wenn sie die letzten Lebensjahre Revue passieren läßt – gekränkter Eitelkeit schildert sie Aufstieg und Fall einer Musikerin und Komponistin, die sich – allen Erfolgen zum Trotz – nicht angemessen beachtet und beurteilt fühlt.

So stolz und gekränkt zugleich sie auf ihr Leben zurückblickt, so widersprüchlich äußern sich auch Zeitgenossen und Musikhistoriker über sie: Für die einen ist sie »eine der besten Pianistinnen und ohne Zweifel die erste Komponistin unserer Zeit«, für andere lediglich von »solider musikalischer Bildung«, in deren Kompositionen man aber »einer kühnen Wendung oder überraschenden Episode kaum begegnen« könne. »Die meisten Biographen«, so schrieb die Musikwissenschaftlerin Ulrike Keil, »stempeln sie gern als schrullige alte Jungfer ab, die völlig frustriert war und im Endeffekt gesagt habe, sie entsagt der Musik, weil keiner ihre Genie anerkennt.«

Ob nun »erste Komponistin« oder nur wenig originell, ob »schrullige alte Jungfer« oder aber »Genie« – Louise Adolpha Le Beau konnte ihren musikhistorischen Stellenwert ganz gut einschätzen, wenn sie im Vorwort ihrer Autobiographie schreibt: »Hermann Ritter vergleicht in seiner ›Enzyklopädie der Musikgeschichte‹ das Musikschaffen des 19. Jahrhunderts mit einem großen Walde und sagt, daß nicht nur die wenigen Riesenbäume den Wald ausmachen, sondern daß auch die kleinen Bäume, Sträucher und Moose nötig seien, um demselben den eigentlichen Charakter zu verleihen. Ich weiß sehr gut, daß ich nicht zum großen Gehölz gehöre.«

»Meine Wiege stand in der Herrenstraße Nr. 9 über dem Hexengäßchen, welches in die Herrenstraße mündet. Die badischen Regimenter befanden sich damals in häufigem Wechsel und mein Vater war bereits in Mannheim in Garnison, als ich geboren wurde. Er kam sofort nach Rastatt und wärmte mir die ganze erste Nacht hindurch meine kalten Händchen! Für Musik zeigte ich sehr früh Interesse und Begabung. Meine Eltern erzählten, daß ich Melodien nachsang, ehe ich sprechen konnte. An Neujahr 1856 begann das Lernen. Vater und Mutter teilten sich meinen Unterricht. Mit einem Buchstabenspiel lernte ich lesen. Auch mit dem Klavier wurde begonnen. Mein Vater ließ mich Töne erraten, Intervalle treffen; er lehrte mich die Anfänge der Harmonie und ich phantasierte bald munter drauf los.« Und so erlebte die kleine Louise Adolpha eine ganz ungewöhnliche Kindheit, welche die Musikwissenschaftlerin Eva Weissweiler so beschreibt: Der Vater »Wilhelm Le Beau verstand es bemerkenswert gut, politische Obrigkeitshörigkeit mit persönlicher Unkonventionalität zu verbinden. Entgegen allen damals üblichen Rollenvorschriften bereitete er seine einzige Tochter auf eine Laufbahn als Musikerin vor. Bis 1863 übernahm er ihren Unterricht selbst. Den Besuch einer öffentlichen Schule hielt er für gesundheitsschädlich, weil Louise, ein ›so zartes, kleines Ding‹, nur mit ›wohlerzogenen‹ Kindern spielen sollte.«

»Mein Vater ließ mich auch Violine lernen und ich erhielt zum ersten Mal einen Lehrer. Zu Ende 1859 wurde mein Vater nach Karlsruhe versetzt. Wir zogen sehr gerne in die Residenz, da wir Freunde und Verwandte dort hatten; auch bot die größere Stadt Gelegenheit, gute Musik zu hören. Als Violinlehrer empfahl Hofkapellmeister Strauß den Hofmusikus Mittermayr. Dieser war ein braver, aber sehr mürrischer Mann, geplagt mit Proben und Unterrichten. Zuweilen wurde er so unausstehlich, daß mir die Tränen über die Violine rannen.

Im Herbst 1863 wurde in Karlsruhe ein neues Institut für Mädchen gegründet, an dem hervorragende Lehrkräfte wirken sollten. Meine Eltern hielten es für geboten, mich der Sprachen und der Literatur wegen als Hospitantin anzumelden. Verschiedene Fächer wie Rechnen, Geographie, Geometrie und Weltgeschichte hatte ich immer noch bei meinem Vater, der darin mein einziger Lehrer blieb. Trotz vieler Aufgaben war ich froh, auch bei ihm noch Unterricht zu haben – denn über meine Eltern ging mir nichts! Was Vater und Mutter mir sagten, galt mir als Evangelium.« Aufgewachsen in dieser wohl- und überbehüteten Atmosphäre, ist es »für die Le Beau sehr schwierig gewesen, sich aus dieser Eltern-Beziehung zu lösen, und sie hat es ja wohl auch gar nicht geschafft. Als Problem war ihr das wohl auch nicht bewußt.«

»Ostern 1865 wurde ich konfirmiert. Aus dem darauf folgenden Winter datieren nun meine ersten eigentlichen Kompositionen.

Meine Institutszeit neigte nun zu Ende. Der Ernst des Lebens begann für mich. Ich fühlte mehr und mehr, daß ich in mancher Beziehung anders geartet war als andere, daß ich nicht verstanden wurde. Allerdings hielt ich ja auch unverrückt fest an dem Weg, den meine Eltern mir vorgezeichnet hatten und den ich selbst zu gehen wünschte – den dornenvollen Künstlerpfad! Da ich das Klavier zu meinem Hauptinstrument erwählt hatte, wurde nun allen Ernstes an einen künstlerischen Unterricht für mich gedacht. Karlsruhe besaß in Hofkapellmeister Wenzel Kalliwoda einen feinsinnigen und sehr beliebten Klavierspieler, der jedoch dafür bekannt war, daß er ungern Unterricht gab. Ab 16. April 1866 hatte ich dann die erste Stunde. Ich übte außerordentlich fleißig, um meinem Lehrer Freude zu machen und hatte auch die Genugtuung, daß dieser sehr mit mir zufrieden war. Ich bekam nun große Aufgaben und sollte schon im kommenden Winter zum ersten Male in einem Konzert spielen; indessen erkrankte Kalliwoda im Spätherbst an einem schweren Nervenfieber, so daß er zehn Monate keinen Dienst im Theater tun konnte und so lange auch keine Privatstunden gab.

Der Winter 1866/67 wäre ohne jede Anregung für mich geblieben, hätte nicht Kammersänger Anton Haizinger Ende September eingewilligt, mich als Schülerin anzunehmen. Obgleich meine tiefe Altstimme keineswegs stark war, galt ich doch viel bei dem alten Herrn. Im Laufe der nächsten drei Jahre lernte ich bei ihm.«

Im November 1867 gibt sie ihr erstes Konzert, »das Publikum war sehr freundlich, rief mich jeweils hervor und auch die anwesende Großherzogin applaudierte. Am 9. Dezember 1868 spielte ich alsdann im Abonnementskonzert und hatte mit Mendelsohns G-Moll-Konzert einen schönen Erfolg. Der ganze Hof war anwesend. Man fand meine Fortschritte überraschend; auch die Kritik äußerte sich übereinstimmend sehr günstig, so daß ich zufrieden sein konnte. Der Winter 1869 auf 1870 sah mich wieder fleißig beim Studium. Konzert-Aufforderungen von Basel, Augsburg und Heidelberg brachten mir auch auswärtige freundliche Erfolge. Ich spielte überall mit Orchester und verschiedene Solostücke. Am interessantesten gestaltete sich für mich mein Spiel in Heidelberg, wo ich den Generalmusikdirektor Franz Lachner aus München kennenlernte. Der alte Herr bewies mir viel Wohlwollen und auch späterhin stets ein gütiges Interesse.«

1873 mieteten die Eltern Le Beau eine Sommerwohnung in Baden-Baden, wo Louise Adolpha Clara Schumann kennenlernte, »diese gewiß große Künstlerin«, die »mir persönlich so wenig sympathisch gewesen ist. Als ich sie kennenlernte, war Frau Schumann 54 Jahre alt; ihr Wirken war abgeschlossen, ihr Leben meist Mühe, Arbeit und Kummer gewesen. Ich wußte dies. Andererseits hatte Frau Schumann aber auch viel Gutes im Leben erfahren: Reiche Freunde unterstützten sie, und jeder Musiker war ihr mit Freuden gefällig, wenn es galt, Konzerte zu arrangieren. Nach so vielen Ehren und so vielen künstlerischen Förderungen, wie Frau Schumann sie erleben durfte, hätte doch wohl nach allem Leid noch ein Rest von Wohlwollen für junge, aufstrebende Talente zurückbleiben müssen, wie solches in ihrem Herzen ja früher

In ihren Lebenserinnerungen blickt Louise Adolpha Le Beau stolz und gekränkt auf ihr Leben zurück.

Raum gehabt hatte! Leider habe ich davon aber nichts verspürt, und diese meine Wahrnehmungen wurden mir später von sehr vielen Personen bestätigt, die mit Frau Schumann in künstlerische Berührung kamen.«

In der an der Lichtentaler Allee gelegenen Villa von Clara Schumann erhielt sie Klavierunterricht, »in der ersten Stunde gingen wir Beethovens Cis-Moll-Sonate durch; es war eines der wenigen Stücke, welche Frau Schumann mir vorspielte. Meine Tagebuchnotiz lautete: ›Ihre Auffassung ist wirklich sehr schön und ich kann viel bei ihr lernen, wenn sie auch nicht so brummig sein sollte, wie sie ist! Liebenswürdigkeit besitzt sie nicht; sagt alles so ungeduldig, selbst brutal, daß ich leider wenig Sympathie für sie behalten kann.‹ Ich spielte noch zwei

Stücke von Schumann und sagte dann, ich wolle mich bemühen, alles nach ihrem Wunsch zu lernen. Ob ich wohl nachholen könne, was mir fehle? Sie gab keine Antwort. Daß sie mich indessen verstanden hatte, merkte ich bald – denn es kamen mir unwillkürlich die Tränen, und als sie dies bemerkte, wurde sie höflicher: ›Ich habe Ihnen den Mut doch nicht genommen? Es war ja alles ganz gut studiert; Sie haben ja nicht viel nachzuholen!‹ Es war plötzlich, als ob ein Schloß von ihrem Mund gefallen wäre, nun konnte sie reden!«

Louise erkrankte wenig später (»Als ich nun gar vor Aufregungen und Skrupeln heftig erkrankte und meine Eltern ein Nervenfieber befürchteten, bereute mein Vater tief, mich zu Frau Schumann gebracht zu haben!«) und bricht dann den Unterricht bei der berühmten Komponistin ab. Für Eva Weissweiler »endete die Lehrer-Schüler-Beziehung zwischen diesen beiden dominierenden Persönlichkeiten mit einem furchtbaren Fiasko«.

»So ging das bewegte Jahr 1873 zu Ende und brachte mir noch ein Konzertengagement für fünf Städte in Holland für den Februar 1874. Meine Tournee begann in Utrecht, den zweiten Abend spielte ich in Arnheim, den folgenden in Rotterdam; nach einem Ruhetag fand das vierte Konzert im Haag statt und das letzte in Amsterdam.

Inzwischen waren wir nach München übergesiedelt. Es fiel mir nicht schwer, Karlsruhe zu verlassen, obgleich ich ja meine ganze Jugend dort verlebt hatte; aber die musikalischen Zustände waren damals in dieser Stadt so trostlos, daß ich künstlerisch hätte verkümmern müssen! Ich nahm nun meine Studien bei Professor Sachs in München mit Eifer auf und wurde durch dessen trefflichen Unterricht sehr rasch gefördert. Neben Übungen im ein- bis vierfachen Kontrapunkt begann Professor Sachs mit mir auch bald die Formenlehre und gab mir zunächst die Aufgabe, ein kleines Klavierstück in Liedform zu schreiben. Ich zeigte ihm in der nächsten Stunde das Fantasiestück, welches ich dann bald als Opus I herausgab und Hofkapellmeister Kalliwoda widmete. Er fand es ganz fehlerlos und sagte, man könne glauben, ich hätte schon zwanzig solche Stücke geschrieben.

Auch Professor Rheinberger sah öfters Kompositionen von mir durch, er fand meine Violin-Sonate Opus 10 ›männlich, nicht wie von einer Dame komponiert‹ und erklärte sich nun bereit, mich als Schülerin anzunehmen, was eine große Ausnahme war, da er keinen Unterricht an Damen gab. Mit Beginn des Jahres 1876 wurde ich also Rheinbergers Schülerin.«

Ab 1878 arbeitete Louise Adolpha Le Beau auch als Kritikerin, sie schrieb Rezensionen für die »Allgemeine Deutsche Musik-Zeitung« in Berlin, in der Eugen Lüning im gleichen Jahr unter dem Titel »Über die Reform unserer Musikschulen« »allerlei Ungereimtheiten über die Leistungen der Damen auf musikalischem Gebiet zum Besten gab«, wie sich Le Beau später erinnerte. In scharfer Polemik erwiderte sie Lüning im gleichen Blatt: »Der Herr Verfasser spricht der Frau die Fähigkeit ab, das komplizierte Stimmengewebe großer Tonschöpfungen zu überschauen, bezeichnet sie als ›vollständig unfähig zur Direktion und Einstudierung größerer Chor- und Orchesterwerke‹ und findet es schließlich beklagenswert, daß unsere Musikschulen in der neuesten Zeit auch Komponistinnen hervorbringen. Ja, er schreibt es hauptsächlich diesen zu, wenn die Kunst im Laufe der Zeit zu einem angenehmen Ohrenspiel ›emporsinkt‹.

Sollten die wenigen Kompositionsversuche, welche von Frauenhand vorliegen, wirklich zu solch ernsten Befürchtungen berechtigen? Vergißt man, wie viele männliche Komponisten sich berufen fühlen, die Welt mit mittelmäßigen Ergüssen zu überschwemmen? Und warum sollen denn nur die Frauen an allein von dem Herrn Verfasser gefürchteten Unheil schuld sein? Vermißt man bei Frauen im allgemeinen tieferes Eingehen in ein Kunstwerk, so ist der Grund hierfür nicht in der Unfähigkeit des weiblichen Geschlechts, sondern zunächst in der mangelhaften, oft verspäteten Ausbildung zu suchen.«

Die Frau in der Musik – hier liegt der Kern der Auseinandersetzungen um und in Louise Adolpha Le Beau. Im männlich dominierten Kulturbetrieb des 19. und auch des 20. Jahrhunderts wurde sie als Störenfried wahrgenommen; aufgrund ihres Geschlechts – so die vorherrschende Meinung – zu originärer künstlerischer Leistung gar nicht in der Lage, mischte sie (die aufgrund ihrer Erziehung und ihres Temperaments nicht gerade zu diplomatischem Verhalten neigte) sich auf eine als ungehörig empfundene Weise in Verhältnisse ein, in denen sie, nach Ansicht der Männergesellschaft, nichts zu suchen hatte. Zunehmend spürte sie, daß ihre Arbeit nach Kriterien beurteilt wurde, die außerkünstlerischer Natur waren und die sie deshalb nicht akzeptieren konnte.

Prototypisch zeigt sich das Problem in der Le Beau-Rezeption bei Eduard Hanslick, der über die Komponistin schrieb:

»Fräulein Louise Adolpha Le Beau aus München hat sich jüngst dem Wiener Publikum als Komponistin vorgestellt. Eine komponierende Dame erregt immer Interesse – ein Interesse freilich, dem ein klein wenig Mißtrauen beigemischt ist.

Was von weiblichen Kompositionen bekannt geworden, erhebt sich äußerst selten über den mittleren Dilettantismus; sein Inhalt wirkt anempfunden, unselbständig zu sein, die Form locker und mürbe. Selbst das Beste darunter übt nicht den allermindesten Einfluß auf den Gang der Tonkunst. Relativ am glücklichsten gelingen noch die kleinen Formen. Neun Zehnteile der vorhandenen Damen-Kompositionen gehören dem Liede an, das ja die allergeringste technische Meisterschaft erfordert.

Außer dem Liede kultivieren unsere Komponistinnen auch noch das Klavierstück knappster Form, meist im Salongeschmack, ohne damit die Aufmerksamkeit ernster Kunstfreunde auf sich zu lenken.

Bloß zwei Damen treten meines Wissens mit größeren mehrsätzigen Werken der Kammer- und Orchestermusik an die Öffentlichkeit: Frau Marie Jaëll und Fräulein Louise Le Beau. Der Salon-Walküre Jaëll gegenüber erscheint das Fräulein Le Beau als Muster einer wohlerzogenen, gewandten Hausfrau, die ihr mäßiges Vermögen auf die reinlichste Art verwaltet, keine Schulden macht und ihre Gäste durch bescheidene Freundlichkeit für sich einnimmt. Von origineller schöpferischer Kraft keine Spur, hingegen eine tüchtig geschulte Hand und natürliche Empfindung für Form und Wohlklang.

Was Frl. Le Beau speziell charakterisiert, ist die solide musikalische Bildung, welche sie befähigt, sich in größeren, sonst nur vom starken Geschlecht bewältigten Kunstformen zu versuchen. Aus ihrem Klavierquartett, dem Klaviertrio und der Phantasie mit Orchester sprechen unverkennbar die guten klassischen Meister, an denen sie sich unter den Augen Franz Lachners und Josef Rheinbergers gebildet. Überall symmetrische Verhältnisse, gesunde Harmonie und Modulation, korrekt und selbständig einschreitende Bässe, wie man sie bei einer Dame kaum suchen würde. Einer kühnen Wendung oder überraschenden Episode wird man bei dieser Dame kaum begegnen, und ist sie doch einmal in eine entferntere Modulation geraten, so überlegt sie, echt weiblich, sofort, wie sie am schnellsten wieder nach Hause finde. Die großen Formen der Kammermusik erzwingen unseren Respekt für die Komponistin, rechtfertigen aber auch manche Besorgnis. Denn sie bringen eine nicht reiche Erfindungskraft notwendig in Gefahr, breit und redselig zu werden.

Virtuosin im modernen Sinne ist Fräulein Le Beau nicht, wohl aber eine fertige, solide Pianistin etwa in Hummels Geschmack.«

»Ihre musikhistorische Bedeutung«, so bilanziert Ulrike Keil, »liegt weniger darin, daß sie mit ihren Kompositionen die Musikgeschichte oder die Kompositionslehre vorangetrieben hat, sondern mehr darin, daß sie eine Frau war und als Frau bestimmte Sachen zuerst gemacht hat. Aber ich glaube, man darf nicht jeden Komponisten danach einordnen, wieweit hat er jetzt die Musikgeschichte vorangebracht. Man muß bei ihr mehr sehen, das ist eine Frau, die doch sehr frei erzogen worden ist – zumindest nicht in den damals üblichen Traditionen – und von daher sich auch frei entfalten und entwickeln konnte, und die hat's dann einfach ausprobiert: Was kann ich machen?«

Die Frau in der Musik – nicht alle Rezensenten äußern sich derart sarkastisch, derart abfällig über Louise Adolpha Le Beau wie der eingefleischte Chauvinist Hanslick; doch die einflußreichen Männer des deutschsprachigen Musikbetriebs denken wie er.

Doch es gab auch Lob: »Als Klavierspielerin braucht Frl. Le Beau den Vergleich mit den besten Pianisten nicht zu scheuen«, schrieb etwa der Wiener »Sonn- und Feiertags-Kurier« 1884, »sie spielt nicht nur mit vollendeter Technik, sondern auch mit Geschmack und Empfindung.« Und die »Allgemeine Kunst-Chronik« urteilte: »Eine Fantasie für Klavier und Orchester in A-Moll zeigte eine sehr tüchtige musikalische Schulung und dann entsprechende Behandlung der Form und des Technischen, so daß manche Männer von ihr lernen könnten.«

Doch auch das bereits zitierte Wiener »Fremden-Blatt« muß den männlichen Maßstab bemühen, wenn es lobt: »Es ist merkwürdig, welche Logik in diesem Mädchenkopf steckt, über welche Hilfsmittel sie verfügt, wie männlich sie die musikalischen Formen beherrscht. Frl. Le Beau ist eine der besten Pianistinnen und ohne Zweifel die erste Komponistin unserer Zeit.«

Man(n) war ihr gewogen wie einem weißen Raben – das zeigte sich auch bei einem internationalen Kompositions-Wettbewerb 1882 für Cello-Kompositionen, den sie als einzige weibliche Teilnehmerin gewann: »Ich sandte meine Sonate für Violoncello und Klavier Opus 17 sowie die Cellostücke Opus 24 ein und erhielt für die letzteren einen Preis, während die Sonate als ›eine verlagswürdige Bereicherung der Literatur‹ von den Preisrichtern an einen Verleger empfohlen und herausgegeben wurde.«

Doch noch im gleichen Jahr sollte sich zeigen, welche Maßstäbe die Regel bildeten:

Im Sommer 1882 schrieb sie die Partitur des Chorwerkes »Ruth – Biblische Szenen für Soli, Chor und Orchester« fertig, das Anfang November in kleinem Rahmen auszugsweise aufgeführt wurde, »deren erfreuliches Resultat die Zusage der Aufführung war. Sie fand am 5. März 1883 statt«, und zwar in München. Das Werk, u. a. in Baden-Baden, Wiesbaden, Salzburg und Wien gespielt, wurde in ihrer badischen Heimat vom Kritiker Richard Pohl »in den üblichen wohlwollend-herablassenden Phrasen« rezensiert:

»Man erwartet solche Solidität der theoretischen Durchbildung, solche Gewandtheit in der Formbehandlung wie in der Orchesteration von Damen für gewöhnlich nicht. Hier finden wir einen männlich ernsten Geist. Es ist fast Chopin'scher Geist darin.«

Nicht nur die Kritiker und Rezensenten verärgerten zunehmend die Le Beau, auch im Umgang mit den komponierenden Herren – die lieber ihre eigene Bedeutung zelebrierten als sich mit der begabten Kollegin ernsthaft auseinanderzusetzen – wuchs ihr Unwille gegenüber dem Musiker-Patriarchat:

»Im Herbst 1883 rüstete ich mich abermals zu einer Kunstreise. Unser erstes Ziel war Weimar, wo wir Liszt aufsuchen wollten. Meine Empfehlungsbriefe hatte ich von München aus direkt an Liszt gesandt und ließ nun fragen, wann ich ihn besuchen dürfe. Seiner Einladung gemäß ging ich um halb zwölf Uhr zu ihm. Ich hatte einen alten würdigen Mann erwartet, der, wenn auch im Leben leichten Sinnes, doch künstlerisch ernster Meinung sei; Liszt machte mir dagegen den Eindruck eines alten Scharlatan, mit dem kein vernünftiges Wort zu reden war. Ich spielte ihm meine Fantasie vor; er las die Partitur nach und sagte oft ›bien‹. Dann trank er Wein und lud mich ein, auszuruhen. Alsbald kam Frau Jaëll, die er offenbar schon vorher benachrichtigt hatte, daß ich kommen würde, und von der er mir sagte: ›Sie haben hier eine Kollegin, die komponiert auch Konzerte.‹ Ich spielte noch zwei Sätze meines Klavierquartetts, wobei Liszt und Frau Jaëll mitsangen: ›Erstes Thema, zweites Thema.‹ Von ernstem, anständigem Musizieren war keine Rede mehr! Dann lud ›der Meister‹ mich ein, ›heute nachmittag beim Klavierrummel‹ (wie er selbst seine Stunden bezeichnete) die Fantasie mit Begleitung eines zweiten Flügels zu spielen, für welchen Frau Jaëll sich anbot. Ich konnte ihre Mitwirkung nicht ablehnen und mußte nach Tisch zu dieser Intrigantin gehen, um auf zwei Flügeln zu probieren.

Am nächsten Abend trafen wir beim Essen im Hotel einige Damen aus Weimar. Ich merkte bald, daß es die beiden Fräulein Stahr und eine Schülerin von Liszt, Frau Lina Schmalhausen waren. Ich sprach mich in den nächsten Tagen bei den recht liebenswürdigen Damen Stahr über den Ton bei Liszt offen aus und hörte zu meiner Genugtuung, daß sie denselben ebenfalls mißbilligten.

Wir bleiben noch über Liszts Geburtstag in Weimar. Zur Vorfeier fand eine Matinee statt, zu der Liszt mich eingeladen hatte. Die beiden trefflichen Pianisten Siloti und Eckhoff teilten sich die Ausführung des Programms. Sämtliche Kompositionen waren von Liszt und zum Teil sehr ungenießbar. Der ›Meister‹ saß während dieser Vorträge in einem mit Rosen bekränzten Armstuhl; man sah, wie wohl ihm die Ovation tat. Er mußte immer einen Schweif um sich haben, was mich an einem genialen Manne wundert. Und was konnte ihm diese unbedeutende ›Bande‹ denn bieten, die er überall mit hin nahm?«

Louise Adolpha Le Beau verbittert aufgrund dieser Erfahrungen zunehmend, wie Eva Weissweiler bilanziert: »In den Lebenserinnerungen spiegelt sich deutlich wider, daß die 35jährige Komponistin jetzt wirklich eine tragische Entwicklung nahm. Obwohl sie respektiert wurde – sie gewann Schülerinnen, konzertierte, führte ihre Werke auf und erhielt keine schlechteren Rezensionen als vorher –, klingen ihre Tagebuchnotizen resigniert, müde und verbittert. Louise erscheint darin als eine Frau, die die Hoffnung auf künstlerische Anerkennung und, was noch schlimmer ist, auf positiven Kontakt zu ihren Mitmenschen endgültig aufgegeben hat; die sich nur noch von ihren ›guten Eltern‹, in deren ›trautem Heim‹ sie immer noch lebt, gewürdigt, verstanden und gerecht behandelt fühlt.«

Nach den zwölf Münchener Jahren zieht sie 1885 nach Wiesbaden, fünf Jahre später, im April 1890, von dort mit ihren Eltern nach Berlin, wo sie – nurmehr Zurückweisung und Kränkungen erwartend – sich in ihren Vor-Urteilen bestätigt sieht: »Nach einigen Wochen begann ich, die mir bekannten Künstler zu besuchen und kehrte auch bei Herrn Dr. Stern ein, dem damaligen Redakteur der ›Neuen Berliner Musikzeitung‹, welcher mich um Aufsätze für sein Blatt bat und um biographische Notizen, da er eine kurze Biographie von mir schreiben wollte. So erfreulich dies für mich war, so wenig anregend waren manche Eindrücke, die ich bei meinen Kollegen empfing: Es fiel mir zunächst eine ungeheure Blasiertheit auf. Ich fand häufig Schwindel und wenig Geist; viel Einbildung und Ruhmrederei. Aber die Berliner verlangen auch von jedem, daß er sein eigenes Aushängeschild sei und fallen auf solches Renommieren immer wieder herein, obgleich sie doch von sich selbst wissen müßten, daß nichts dahinter steckt! Mir war dieses ewige Hersagen der eigenen Heldentaten unausstehlich.

Über die Schwierigkeiten, neue Kompositionen zu verbreiten, sprach ich auch einmal mit meinem Verleger, Herrn Raabe. Ich erfuhr von ihm, daß Sänger wie Sängerinnen ihm ganze Stöße neuer Lieder zurückschickten und sich beklagten, es sei nichts Brauchbares dabei. Wenn aber Frau Joachim oder eine andere Berühmtheit ein neues Lied sang, kamen sie mit Vorwürfen, daß ihnen dies nicht zugeschickt worden sei. ›Sie haben es ja bekommen, aber es gefiel Ihnen nicht‹, erwiderte Herr Raabe. Den meisten Sangesbeflissenen und auch vielen Instrumentalisten fehlt leider die Fähigkeit, neue Kompositionen zu beurteilen, sie haben keine eigene Auffassung. Erst wenn sie ein Stück oder ein Lied vortragen hören, gefällt es ihnen. Dann kommen aber auch andere Rücksichten hinzu: hat ein Komponist zum Beispiel eine Stellung als Intendant, Kapellmeister oder Vereinsdirigent, so werden seine Lieder schleunigst von vielen in Konzerten gesungen, weil sie dadurch Engagements zu erlangen hoffen. Auf meine Bemerkung, man könne doch froh sein, wenn unter zwanzig Sängerinnen eine ein neues Lied singe, erwiderte Herr Raabe: ›Legen Sie einen Hundertmarkschein hinein, dann singen sie's!‹ – dies läßt sich wohl auf manchen Dirigenten und auf andere Künstler leider ebenfalls anwenden. Hätte ich damals zwanzig- bis dreißigtausend Mark zur Verfügung gehabt, dann wären meine Kompositionen bekannter geworden; denn Berlin war für die übrigen Städte ausschlaggebend – so wenig musikalisch auch das dortige Publikum ist! Die meisten Dirigenten wagen sich nur an das, was sie in Berlin und anderen Großstädten aufgeführt lesen; dies führen sie dann auch auf und meinen, es sei absolut schön. Eigenes Urteil und Mut, es zu bekennen, ist leider nicht eines jeden Sache. Was mir sonst noch auffiel, war auch nicht geeignet, mir Berlin lieber zu machen!«

»Das musikalische Berlin ist ihr in Wirklichkeit nicht so feindlich gesonnen, wie sie es darstellt«, bestätigt denn auch Eva Weissweiler den Mechanismus der *self-fullfilling prophecy* der Le Beau: »Die großen Konzertagenturen bieten ihr wiederholt Tourneeverträge an, der Direktor eines Konservatoriums will sie als Dozentin für Harmonielehre verpflichten. Louise aber lehnt immer wieder kategorisch ab. 1893 erhält sie die für eine Komponistin einmalige Chance, Autographen zur Weltausstellung nach Chicago zu schicken. Doch auch hier wieder eisige Ablehnung: Manuskripte gebe sie prinzipiell nicht aus der Hand, und schon gar nicht an Amerikaner, bei denen man ja nie genau wisse, woran man sei.«

Niemand scheint sie aus dieser pathologischen (Selbst-)Wahrnehmung herausführen zu können, und so nimmt die Katastrophe denn auch ihren Lauf. Schon vor Jahren hatte sie, die seit Jahren Viktor von Scheffels »Ekkehard« verehrte, angefangen, die Hadumoth-Episode als Handlung für ein Chorwerk zu gestalten. Es sollte ihr *opus maximus* werden, und wurde doch und in mehrfacher Hinsicht zum Inbegriff ihres Scheiterns:

»Victor von Scheffel«, so Eva Weissweiler, »war der Lieblingsschriftsteller des gehobenen deutschen Bürgertums im ausgehenden

19. Jahrhundert. Sein Rückzug in die Sprache des frühen Mittelalters, in eine ungeschichtliche, von edlen Menschen bevölkerte Welt war symptomatisch für die Grundhaltung seiner Leserschaft, die nach dem Scheitern der Revolution die Augen vor der politisch-sozialen Realität verschlossen hatte. Daß auch Louise zu Scheffels Traumwelt Zuflucht nahm, kann als Zeichen ihrer endgültigen sozialen und künstlerischen Resignation gedeutet werden. Der kämpferische Ausbruch ihrer Jugendjahre, der Anschluß an eine musikalische Emanzipationsbewegung war aufs Ganze gesehen mißglückt. Aus der mit den Rollenvorschriften brechenden Komponistin war eine vom Leben verbitterte Einzelgängerin geworden, die schon mit vierzig Jahren Kunst und Gesellschaft ihrer Zeit nicht mehr verstand und sich musikalisch in die alemannische Vergangenheit zurückträumte.«

»Hadumoth« mußte zwangsläufig scheitern – übrigens nicht wegen tatsächlich oder scheinbar mangelnder Qualität: Allein 240 Frauen- und fast ebensoviel Männerstimmen waren für die Aufführung vorgesehen – daß sich für ein solches Mammutwerk angesichts der riesigen Kosten kein Verleger, kein Aufführungsort finden wollte, ist nachvollziehbar. »Louise aber betrachtete jeden ablehnenden Bescheid als persönlichen Angriff.«

Ende September 1893 siedelte sie mit ihren Eltern schließlich nach Baden-Baden um, und am 19. November 1894 wird ihr Traum von der Hadumoth-Aufführung Wirklichkeit. Die Presse zeigt sich begeistert: »Wir haben in Baden-Baden wieder einmal eine Premiere gehabt, und zwar eine Premiere im vollsten Sinne des Wortes, die auch für auswärts von Bedeutung ist. Ein interessantes Werk hat hier zuerst das Licht des Konzertsaales erblickt und eines ungewöhnlichen Erfolges sich zu erfreuen gehabt.

Frl. Le Beau hat ein schönes, reiches Werk uns geboten, das von hier aus wohl bald seinen Weg auch in andere Konzertsäle machen wird. Stilistisch schließt sich Frl. Le Beau der Schumannschen Richtung an, ohne ihre Selbständigkeit aufzugeben. Stürmischer Applaus.«

»Die ganze Aufführung dauerte etwas über anderthalb Stunden, der Beifall steigerte sich von Nummer zu Nummer. Am Schluße wurde die Komponistin und Herr Kapellmeister Hein stürmisch gerufen. Als Frl. Le Beau an der Hand des Herrn Hein auf dem Podium erschien, erscholl ein vielstimmiges Bravo und prächtige Lorbeerkränze und zahlreiche Blumenspenden wurden der gefeierten Komponistin gespendet. Nach anerkanntem sachverständigem Urteil schuf sie ein Werk von bleibendem Wert, von unverwelkbarer Schönheit.«

Louise Adolpha Le Beau bemühte sich nun, weitere Aufführungen der Oper »Hadumoth« anzuregen. In Konstanz, Speyer und Pforzheim fand »Hadumoth« interessierte Zuhörer, doch das findet kaum ihre Beachtung. Mehr und mehr verbeißt sie sich in die Absagen: So konnte sie »den bisher gemachten traurigen Erfahrungen noch manche neue hinzufügen. Auf Grund der vorzüglichen Berichte fragte ich bei einem Dirigenten in Freiburg im Breisgau an, ob er die Partitur zu Ansicht wolle und erhielt gar keine Antwort!

Hofkapellmeister Obrist schrieb mir aus Stuttgart, er finde ›Hadumoth‹ absolut fachmännisch behandelt, ja besser, als vieles männliche Geschreibsel‹ – habe aber in seinen Konzerten keinen Platz dafür, denn es sei ein Überfluß an Einsendungen, die alle zurückgewiesen werden müßten. – Von Würzburg und Wiesbaden erfolgten ähnliche Erwiderungen; überall Lob, aber kein Platz frei!«

»In Baden-Baden fand Louise zumindest quantitativ zu ihrer alten Produktivität zurück«, faßt Eva Weissweiler das Spätwerk der Komponistin zusammen. In der Tat: »Meine inzwischen vollendete Sinfonie Opus 41 hatte

Ansicht von Baden-Baden, wo Louise Adolpha Le Beau seit 1893 lebte und 1927 starb. Aquarell von Arthur Grimm aus ihrem Todesjahr.

Herrn Kapellmeister Heins Beifall gefunden. Er beschloß, sie aufzuführen«, und so konnte das »Badener Badeblatt« am 4. April 1895 lobend vermelden:

»Das Symphonie-Konzert der vergangenen Woche war das interessanteste der ganzen Wintersaison, ja, wir möchten sagen, das interessanteste, das wir überhaupt gehabt haben. Das Programm war ein höchst apartes. Das Konzert begann sofort mit einer Novität, einer Symphonie (in F-Dur) von Frl. Louise Adolpha Le Beau. Eine Symphonie von einer Dame haben wir noch nicht gehört; sie dürfte auch ein Unikum sein. Der Grund liegt in dieser Kunstform selbst. Die Symphonie macht die höchsten Ansprüche an die Leistungsfähigkeit des Komponisten, sowohl an die intellektuelle, wie an die technische. Wer in dieser großen Form sich ausspricht, muß viel wissen und viel zu sagen haben; er muß nicht nur den großen orchestralen Körper in allen seinen Teilen vollständig beherrschen, sondern er muß auch Gedanken haben, die Mühe und Arbeit wert sind. Dies gilt ganz besonders für unsere Zeit. Zu Haydns Zeiten ging dieser Werdeprozeß einfacher, naiver vor sich; man kam mit einem kleinen Orchester sehr gut aus, und machte weniger Ansprüche. Wer aber jetzt in dieser Form die sich seit Beethoven so großartig erweitert hat – sich kundgeben will, der muß viel auf dem Herzen und einen langen Atem haben. Denn sonst liegt kein Grund vor, weshalb er nicht ein Kammermusikwerk daraus geformt hat, sondern ein kleines musikalisches Heer dazu in Bewegung setzt. Wir dürfen nun sagen, daß Frl. Le Beau diese hohe Aufgabe in überraschend günstiger Weise gelöst und unsere Erwartungen übertroffen hat.«

Im Sommer 1897 beendete Le Beau die Arbeit an der Partitur der sinfonischen Dichtung »Flohenbaden«, die am 25. Februar 1898 in einem Sinfoniekonzert in Baden-Baden uraufgeführt wurde.

Sosehr sie also als Komponistin geschätzt wurde, so erfolgreich war sie auch als Kritikerin tätig: »Von meiner früheren Musikschriftstellerei hatte ich hier in Baden-Baden nie ein Wort verlauten lassen, auch nicht als Pohl, Redakteur des Badeblattes, einst zu mir sagte: ›Sie sollten statt meiner die Kritik schreiben!‹, denn ich beabsichtigte nicht, dies zu tun. Nun fügte es sich aber, daß der Nachfolger Pohls verreisen mußte, während einer Serie von Opernvorstellungen, die im Mai 1898 außer Abonnement stattfanden. Der Herr Redakteur kam zu mir und bat mich, in seiner Abwesenheit diese Opern zu besprechen. Von nun an schrieb ich zuweilen aushilfsweise für das Badeblatt. Ende des Jahres starb plötzlich der Redakteur und ich wurde gebeten, das Musikreferat zu übernehmen.

Damals ahnte ich ja noch nicht, welch eine schwierige Aufgabe es besonders in Baden ist, Kritiken zu schreiben! Hier, wo jeder nach Lob lechzt und gleich beleidigt ist. Ich sollte es bald erfahren.«

Was immer also auch geschieht, was immer ihr widerfährt – Louise Adolpha Le Beau, die offenbar gänzlich ihren Depressionen und einer monströsen Selbstgerechtigkeit erlag, kann nur noch klagen, von der in ihr tief sitzenden Kränkung, von der Überzeugung, die Welt stehe ihr feindlich gegenüber, ist sie nicht mehr zu befreien:

»Baden-Badens Oberbürgermeister Gönner war in letzter Zeit sehr verändert in seinem Benehmen gegen mich, was ich mir gar nicht erklären konnte. Erst nach Monaten erfuhr ich durch Zufall, daß ich das Wohlwollen des Herrn Oberbürgermeisters wegen meiner Kritik über eine Sängerin verlor, die ein Honorar von 1400 Mark erhalten, aber nicht besonders gefallen hatte. Wie immer, war ich auch damals bemüht gewesen, die guten Sangeseigenschaften der betreffenden Dame zu erwähnen, schrieb aber von einem ›Achtungserfolg‹, denn mehr ward ihr auch nicht zuteil. Und dieser Ausdruck entzog mir das Wohlwollen eines Mannes, dessen langjährige Verdienste um Stadt und Land allgemein anerkannt und auch von mir gewürdigt wurden! Gerade von einem solchen Mann hätte ich Verständnis für meine kritische Aufgabe erwartet. Ich war ja im Gegensatz zu früheren Zeiten, wo die Referenten hier vom Kurkomitee bezahlt wurden (eine Stellung, die ich niemals angenommen hätte), ganz frei und unabhängig! In welch schiefe Beleuchtung wären meine Referate gekommen, wenn ich alles ohne Unterschied gelobt haben würde! Ich war doch gewiß rücksichtsvoll, schonte so viel wie möglich. Aber ich mußte doch meinen künstlerischen Standpunkt wahren und dies hätte zum mindesten Achtung verdient! Das Publikum war froh, eine unabhängige und sachverständige Kritik zu besitzen; aber die Herren des damaligen Kurkomitees fühlten sich durch ein weniger starkes Lob gleich beleidigt, als ob sie selbst gesungen oder gespielt hätten.

Die Erfahrung, daß meine besten und ehrlichsten Absichten damals so sehr mißverstanden wurden, bestärkte natürlich meinen Hang zur Zurückgezogenheit. Wie schon manchmal bei derartigen Erlebnissen, griff ich um so emsiger zur Arbeit und suchte ganz im geheimen nach einem Stoff zu einer Märchenoper. Ich kam auf Hauffs ›Geschichte vom Kalif Storch‹, welche ich umänderte. Als Titel wählte ich ›Der verzauberte Kalif‹ und komponierte diesen Text im Sommer 1901. Ich brauchte für all die Schreiberei Zeit bis zum Anfang des Jahres 1903.

Ich wollte den Versuch einer anonymen Einsendung an das Hof- und Nationaltheater in Mannheim wagen. Auf eine Geduldsprobe war ich gefaßt!«

Wie dieses Warten ausging, läßt sich denken: Louise Adolpha Le Beau drängte die Intendanz mehrfach und auf unterschiedliche Weise zu einer Entscheidung; als sie argwöhnte, man werde – trotz angekündigter wohlwollender Prüfung – das Werk möglicherweise nicht aufführen, zog sie es prophylaktisch zurück:

»Ich fühle die Pflicht zu bekennen, daß ich keineswegs aus Bescheidenheit mich zurückzog, sondern aus wohlberechtigtem Künstlerstolz. Nach den Erlebnissen der letzten Jahre hielt ich mich denn doch für zu gut, um meine Werke von Leuten, die künstlerisch nicht hochstanden, aburteilen zu lassen. Verdient wird heute nur noch etwas mit schlechter Musik. Wer weiß, ob das, was jetzt so bejubelt wird, in fünfzig Jahren noch irgend etwas gilt! Es sind Erzeugnisse ruheloser Menschen, die keine Befriedigung an sich haben und musikalischen Gourmands, die gestachelt und gezwickt sein wollen, weil ihrem verdorbenen Magen der Appetit für gesunde Kost fehlt, finden in den Äußerlichkeiten und der Klangduselei eine ihrem Lebenskatzenjammer verwandte Stimmung!

Das Neue in der Musik ist es nicht, was mich abstößt, sondern das Äußerliche. Ich verlange Innerlichkeit von der Musik; mehr Tiefe und Ernst auch in der Lebensauffassung, als heute von der Mehrzahl der Menschen angestrebt wird.

Es ist schwer, sich mit solchen Verhältnissen abzufinden.« Mit diesem Satz schließt ihre Autobiographie – sie ist mittlerweile eine resignierte, verbitterte Alte, die »nach dem Tode ihrer Eltern im Jahre 1900 vollends zur mürrischen Eigenbrötlerin« geworden war. »Sie entwickelte pathologischen Geiz und seltsame religiöse Ideen, litt an nicht näher definierten Krankheiten und verscherzte sich durch ihre überspitzten Reaktionen schließlich sogar das Wohlwollen des Baden-Badener Oberbürgermeisters, der sie bis dahin vorbehaltlos gefördert hatte.«

Am 17. Juli 1927 verstarb sie 77jährig in Baden-Baden, wo sie auch beerdigt wurde. Ihre Grabstelle ist bis heute erhalten, ihr umfangreiches Œuvre von mehr als 60 Werken wird gelegentlich in der Kurstadt an der Oos aufgeführt, und die Musikbibliothek der Stadt Baden-Baden trägt ihren Namen: »Louise Adolpha Le Beau-Musikbibliothek« – karge Reminiszenzen an eine Komponistin, die an einer Männerwelt scheiterte – und an ihrer Mutlosigkeit.

Irene Ferchl

Isolde Kurz

1853–1944

Mit demselben Recht wie Stuttgart könnten auch Esslingen und Tübingen, München und Florenz, selbst Forte dei Marmi an der östlichen Riviera Isolde Kurz als ihre Ehrenbürgerin reklamieren, hat sie doch überall mehr Lebenszeit verbracht als in ihrer Geburtsstadt. Hier erinnert wenig an sie: Die einzige Isolde-Kurz-Straße befindet sich im Vorort Riedenberg, und nur ein sehr aufmerksamer Spaziergänger wird die Plakette entdekcken, die 1988 in der Paulinenstraße 19 angebracht wurde und dokumentiert, daß Isolde Kurz an dieser Stelle geboren ist. In Stuttgart lebte sie gerade fünfeinhalb Jahre, bis die Familie im Frühjahr 1859, nach zwei Umzügen innerhalb Stuttgarts, nach Oberesslingen zog, wo es, ihren Erinnerungen nach, immer Sommer war.

Aus der frühen Stuttgarter Kindheit waren andere Eindrücke geblieben: »... frischgefallener Schnee in den Straßen von Stuttgart, den ich mit inniger Freude für Streuzucker ansah«, der tägliche Spaziergang durch die Königstraße, wo die Geschwister sich in einem Bäckerladen eine »Seele« vom Ladentisch langen durften, aber auch »eine Stunde unvergeßlichen Jammers«: »Unsere Josephine hatte mich im Wägelchen auf den Schloßplatz geführt und war unter der sogenannten Ehrensäule, die auf einem, wie mir schien, himmelhohen Unterbau eine Gruppe von Steinfiguren trägt, mit mir angefahren. In einer dieser Gestalten glaubte ich unsere Mutter zu erkennen und rief sie erschrocken an herabzukommen. Da sie sich nicht regte, schrie ich immer ängstlicher und flehender, mein ›Mamele, komm lunter‹.« Das Kind brach in fürchterliches Wehgeschrei aus und wurde schreiend die ganze Königstraße entlang nach Hause geführt, wo erst der Anblick der leibhaftigen Mutter es trösten konnte.

Die Mutter, Marie von Brunnow, stammte aus altem Adel, war gebildet und unterstützte von Jugend an so begeistert die Sache des Volkes, daß sie ihren Adelstitel aufgab und sich als überzeugte Demokratin in der 48er Revolution engagierte. Die Tochter charakterisierte sie später als eine unbegreifliche Frau, »die in ihrem Bekennermut immer bereit war, ihr Jahrhundert in die Schranken zu fordern, in allen äußeren Dingen hilflos [...]. Keinem, der sie kannte, wäre es eingefallen, daß sie jemals mehr eine Reise unbegleitet machen (als junges Mädchen tat sie es), allein im Gasthof eine Nacht schlafen oder ein Geldgeschäft selber besorgen könnte. Sie hat auch kaum je einen Tag verbracht, ohne wenigstens eines ihrer Kinder um sich zu haben.«

In Stuttgart verlebte Isolde Kurz ihre frühe Kindheit. Blick auf den Schloßplatz. Lithographie von Zimmermann nach Christian Abele (1863).

Isolde Kurz hat ihr in einem eigenen Buch (»Meine Mutter«, Tübingen 1926) ein Denkmal gesetzt, aber auch eingestanden, daß die Fürsorge für die alternde Frau, die gleichzeitig »durch unbeugsame Willenskraft wie durch äußerste Hilflosigkeit« herrschte, »mit der Zeit zur heimlichen Marter« ihres Lebens wurde.

Dennoch war es die Mutter mehr als der Vater, der Schriftsteller, Redakteur des »Beobachter« und Bibliothekar Hermann Kurz, die das nach Bruder Edgar zweitgeborene Kind zu Selbständigkeit, ja Eigensinn erzog. Die Tochter – mit Namen Isolde, »von der Mutter unter die Sterne der Poesie gegriffen«, und dazu Clara Maria – wurde nicht in die Schule geschickt, »weil die Eltern nicht viel Gutes von den damaligen Mädchenschulen erwarteten«. Marie Kurz unterrichtete sie selbst: Schillers und Uhlands Balladen, sozialistisches Schrifttum und Literatur der klassischen Antike gehörten zum Lehrstoff, wobei die Bekanntschaft mit Geschichte und Mythos der antiken Götter und Heroen ihre Sehnsucht nach dem Süden weckte.

Die unkonventionelle, areligiöse Erziehung machte die fünf Kurz-Kinder (nach Isolde wurden noch drei Söhne geboren, Erwin, Alfred und Balde, eigentlich Garibaldi nach dem italienischen Freiheitskämpfer) in Kirchheim und zumal in Tübingen zu einem Gegenstand öffentlichen Mißtrauens. Das Mädchen, das nichts lieber tat als Reiten und Schwimmen, provozierte dadurch die schwäbische Umgebung und rief sogar die Behörden auf den Plan, die angesichts solcher sportlichen Betätigungen den Untergang der Sitten fürchteten. Ihre daraus resultierende heftige Abneigung gegenüber den schwäbischen Spießern hat Isolde Kurz zur einzigen Landflüchtigen werden lassen; außerdem ist Kleinstadt-Borniertheit zu einem ihrer Topoi neben Traum Liebe und Tod geworden.

Von Kind an hat sie nicht nur im väterlichen Bücherzimmer viel gelesen, sondern sich Geschichten und Märchen für den kranken Bruder Balde ausgedacht, Stücke verfaßt (und wieder vernichtet); seit dem 12. Lebensjahr arbeitet sie an Übersetzungen aus dem Italienischen, Französischen und Russischen für Zeitschriften und den von Hermann Kurz gemeinsam mit Paul Heyse edierten Novellenschatz.

Einige Zeit nach dem Tod des Vaters im Jahr 1873 entschließt sich Isolde Kurz zu ihrem ersten Befreiungsversuch von Heimat und Mutter, zieht nach München – wo der Bruder Erwin als Kunststudent lebt – und plant, von Übersetzungen und Sprachunterricht zu leben. Zwar gibt sie von ihrem ersten großen Honorar gleich 1000 Gulden für ein Marmordenkmal aus, das sie auf dem Alten Tübinger Friedhof für Hermann Kurz errichten läßt, doch es gelingt ihr rasch, in den Münchner Künstlerkreisen Fuß zu fassen und sogar einen Prosatext in einer Zeitschrift zu veröffentlichen. Schon im Jahr darauf folgt sie gemeinsam mit der Mutter, deren Hilferufe (»Ich weiß mir nicht zu helfen ohne mein junges Mütterlein«) sie auch in München erreicht hatten, und dem jüngsten Bruder der Einladung von Edgar nach Italien. Dieser hat sich kurz zuvor in Florenz als Arzt niedergelassen und führt bereits eine erfolgreiche Praxis.

Die Stadt wirkt auf Isolde Kurz vom ersten Augenblick an »bezwingend und stilgebend«, sie glaubt den Abglanz der Antike dort auch in der Gegenwart wiederzufinden, schwärmt vom »zwecklos Schönen« in der großen Linie, der herrschenden Form – und liebt das wohlig milde Klima.

Freilich sind dem Leben einer gerade mal Vierundzwanzigjährigen in Italien noch engere Grenzen gesetzt, denn für eine junge Frau gehört es sich dort nicht, allein auszugehen, schon gar nicht abends ins Theater. Wenn Isolde Kurz, eine auffällige Erscheinung so groß und blond, dennoch unbegleitet das Haus verläßt, erregt sie Aufsehen. Ihr ist das nicht nur peinlich, sondern es behindert sie auch und verleidet ihr das Licht des Südens. Ein Fluchtversuch zurück nach München, wo Paul Heyse ihr eine Bürostelle besorgt hat, boykottiert die Mutter: »Ihre Tochter, an der ihr größter Ehrgeiz hing, ein Bürofräulein!« Isolde Kurz bleibt also in Florenz, liest am Damentisch in der Bibliotheca Nazionale Jacob Burckhardts »Kultur der Renaissance in Italien«, durchwandert mit dem Lehrer und Künstler Althofen die Galerien und will mit ihm gemeinsam einen Cicerone verfassen. Nach dessen plötzlichem Tod formt sie aus dem recherchierten Stoff ihre »Florentiner Novellen« die 1890 bei Cotta verlegt werden. Dies ist bereits ihre dritte selbständige Publikation. 1888 hat sie ihren ersten Band mit Gedichten veröffentlicht und gleichfalls 1890 bei Göschen in Stuttgart die gesammelten »Phantasien und Märchen«, die zuerst in Zeitschriften erschienen waren. So kann Isolde Kurz außer von der Brotarbeit des Übersetzens, von Abdrucken in der »Gartenlaube« oder »Nord und Süd« und einer Art Agententätigkeit – für den ebenfalls in Stuttgart ansässigen Kröner Verlag soll sie nach interessanter italienischer Romanliteratur fahnden – ganz gut leben; ihre Werke werden von der zeitgenössischen Kritik gelobt und stoßen beim Publikum auf große Resonanz; gelegentlich ist man allerdings schockiert von der freimütigen Behandlung erotischer Beziehungen.

In längeren Abständen, denn Isolde Kurz war eigenwillig genug, sich nicht zu wiederholen und einem einmal gehabten Erfolg nachzuschreiben, folgen 1895 die in der Gegenwart spielenden »Italienischen Erzählungen«, 1900 »Von Dazumal. Geschichten aus meiner Jugendwelt« und 1905 der Aphorismen-Band »Im Zeichen des Steinbocks«. Nach der litera-

Isolde Kurz mit 27 Jahren in Italien, wo sie seit 1874 lebt und arbeitet.

rischen Hommage an den Vater gedenkt sie in den »Florentinischen Erinnerungen« (1910 bei der Deutschen Verlags-Anstalt) der Brüder Edgar und Alfred, der Freunde Arnold Böcklin und Adolf Hildebrandt, der ihr das Sommerhaus in Forte dei Marmi gebaut hat. Denn gelegentlich braucht sie Distanz zur Familie und deren Anforderungen an eine unverheiratete Schwester und Tante, einfach auch das berühmte »Zimmer für sich allein« zum Arbeiten.

Nach 1905 lebt sie mit der Mutter, die sie bis zu deren Tod 1911 pflegt, abwechselnd in München und in dem Badeort an der Riviera, wo sie im Volksmund – in Anspielung auf ihren Schönheitssinn, die Betonung des Ästhetischen – die »Poetessa« hieß.

In ihrem Lebensentwurf ist Isolde Kurz eine Ausnahmeerscheinung. Sie hat sich, da sie nicht »nach Geborgenheit und landläufigem Glücklichsein« verlangte, gegen eine Heirat entschieden, denn sie fürchtete »die Dienstbarkeit, die Eros für die Frau mitbringt. [...] Den emanzipierten Mann, der die Frau als seine ihm ebenbürtige Partnerin akzeptiert, gibt es noch nicht.«

In dem Epos »Die Kinder der Lilith« (1908) zeichnet sie die mythologische Figur der Lilith als von Gott geschaffene erste Frau, eine begeisternde, fordernde, wirkliche Partnerin für Adam, der ihr freilich »die seelenlose Puppe« aus seiner Rippe, die ihn anhimmelnde Eva (übrigens ein Geschöpf des Teufels) vorzieht.

Doch zwischen vorsichtigen feministischen Ansätzen (zum Beispiel existiert von einem (nur) geplanten Buch der Titel: »Hat der Mann ein Seelenleben oder ist er nur ein Gefäß zur Aufnahme von Flüssigkeit?«) und Chiffren für die Sensibilisierung weiblicher Wahrnehmung einerseits, andererseits einer Ignoranz gegenüber der zeitgenössischen Frauenbewegung und der Idealisierung eines konservativen, von Verzicht geprägten Frauenbildes klaffen tiefe Widersprüche. Der Schlüssel liegt wohl in der Kindheit, als ihre Selbstwahrnehmung als eine Außenseiterin in das Gefühl, etwas Besonderes zu sein, mündete, und sie sich später gern zum unangepaßten, ja unabhängigen Individuum stilisierte, das Ansprüche an ihre Umgebung stellt. In ihren letzten Jahren hat sie dann zwar »die tapferen Wegbereiterinnen« gerühmt, die »den Nachkommenden einen Boden geschaffen« haben, aber die ambivalente Haltung zwischen Flucht und Heimkehr, Emanzipation und Festhalten, erschwert die Rezeption bei Lesern und der Wissenschaft. Sie paßt in kein Schema und bedürfte einer äußerst differenzierten Betrachtung.

Denn Isolde Kurz hat, obwohl zeitlebens eher unpolitisch und sicher gar keine Kriegstreiberin, 1916 mit »Schwert aus der Scheide« ein nationales Gedicht verfaßt und sich gegenüber dem Nationalsozialismus zwiespältig verhalten. Anfangs erhoffte sie sich von ihm eine Rettung der deutschen Kultur, jubelte über den Anschluß Österreichs, war aber mit dem Antisemitismus gar nicht einverstanden – leider hat sie das nicht lautstark erklärt...

1911 kehrte ihr Jugendfreund Ernst von Mohl als Witwer aus Rußland zurück und stand ihr bis zu seinem Tod 1929 als Lebensgefährte zur Seite; Isolde Kurz beschrieb ihn später als »Ein Genie der Liebe«. Gemeinsam unternahmen sie 1912 eine lang ersehnte Reise nach Griechenland (»Wandertage in Hellas«), eine zweite führte durch Deutschland; 1933 fuhr sie als 80jährige nach Kleinasien, wo sie »Troja, das früheste Wunschziel, so spät noch« besuchte. Einen anderen Höhepunkt konnte sie 1913 erleben: »Zur glänzenden Hundertjahrfeier meines Vaters in Stuttgart, für die ich den Prolog dichtete, hatte Tübingens philosophische Fakultät ihren Dekan, den Literaturforscher und Herausgeber der Werke meines Vaters, dorthin entsandt, mir feierlich in Gegenwart des Königspaares das Doktordiplom honoris causa als erster Frau, der von dieser strengen Stelle her solche Ehre widerfuhr, zu überreichen.«

1925 bringt der Georg Müller Verlag, München, ihre »Gesammelten Werke« in sechs Bänden heraus (nachdem ihre Gedichte, Erinnerungen und Romane zuvor fast alle in Stuttgart oder Tübingen erschienen waren), und Isolde Kurz schreibt unermüdlich weiter, erinnert sich an Menschen und Zeiten, erzählt von Geschichten und Schicksalen in einem Geist, der immer human, weltoffen und grenzüberschrei-

Isolde Kurz im Alter von 85 Jahren.

tend wirkt. Wie Ironie klingt es deshalb, wenn sie nach einem Vortrag über das Thema »Deutsche und Italiener«, den sie 1919 in Stuttgart hält, der »Ausländerei« bezichtigt wird, weil sie für Toleranz gegenüber der südländischen Kultur wirbt.

Freilich findet Isolde Kurz trotz handwerklicher Perfektion in ihren Texten kaum zu einer zeitgemäßen Form: Sie bleiben dem Ästhetizismus der Jahrhundertwende verhaftet und wirken entsprechend epigonal. Allerdings gibt es in ihrem Werk durchaus literarische Perlen, wunderbar anschauliche Schilderungen vergangener Epochen, von leiser Ironie durchzogene Betrachtungen oder eine Novelle von feinem Humor wie »Die Humanisten« über die Gelehrsamkeit der Württemberger zur Zeit Graf Eberhards, im Vergleich mit der der Florentiner. Diese Erzählung hat sie übrigens um 1890 bei einem Stuttgart-Aufenthalt in der Hölderlinstraße verfaßt.

In den Jahren nach 1933 weilte Isolde Kurz öfter in Stuttgart, Lesungen und Vorträge im Bürgermuseum, im Haus des Deutschtums und bei der Jahresversammlung des Schwäbischen Schillervereins, zu dessen Ehrenmitglied sie ernannt wurde, sind dokumentiert. Anläßlich ihres 80. Geburtstags (aber erst einige Wochen später, im Juni 1934) wurde auf Veranlassung der Stuttgarter Stadtverwaltung eine Bronzetafel an ihrem Geburtshaus angebracht, gestaltet von Professor Daniel Stocker. Das Portrait zeigt die Dichterin im Profil, mit dem gern getragenen Schleier, wie ihr Bruder, der Bildhauer Erwin Kurz, sie Jahre zuvor modelliert hatte.

1940 erhielt sie von der Stadt Stuttgart einen sogenannten Ehrensold von 1200 RM, der auch für 1941 und wohl noch für die Folgejahre gewährt wurde. Als »Seniorin unserer Dichtkunst« apostrophierte sie der NS-Kurier, und zu ihrem 90. Geburtstag ließen es sich die regionalen Nazi-Größen nicht nehmen, persönlich zu gratulieren. Während einer Feier im Tübinger Tropengenesungsheim am 23. Dezember 1942 überreichte »in Vertretung von Gauleiter Reichsstatthalter Murr Gaupropagandaleiter Hauptbereichsleiter Mauer die ihr vom Führer verliehene Goethe-Medaille für Kunst und Wissenschaft« und die Glückwünsche von Reichsminister Goebbels. Weiter heißt es, nach Aufzählung aller Gratulanten aus den umliegenden Städten und der Universität: »Von Generalfeldmarschall Rommel traf ebenfalls ein Schreiben ein, über das die Dichterin ebenfalls große Freude äußerte.« Die Presseberichte verschweigen wohlweislich, warum die greise Dame wenige Wochen zuvor nach Tübingen, der Stadt ihrer Jugend heimgekehrt ist, nämlich nicht aus Herzeleid und Sehnsucht eines jeden Schwaben nach der Heimat – ihre Wohnung in der Münchener Ainmillerstraße 18 war ausgebombt worden.

Als Isolde Kurz, die in der Nacht vom 5. auf den 6. April 1944 gestorben war, auf dem Tübinger Friedhof beigesetzt wurde, paradierte noch einmal ein vergleichbares Aufgebot an Prominenz, und es klingt mitten im Zweiten Weltkrieg und in einer Zeit unvorstellbarster Verbrechen gegen die Menschlichkeit mehr als makaber, wie sie von den Nazis vereinnahmt wird: »Das Werk dieser großen und reinen Humanistin, die nun an der Seite von Hölderlin, Uhland, Silcher und an der Seite ihres Vaters ruht, legen wir nun zum großen heiligen Horte der Nation.«

Zu den runden Geburts- und Todestagen werden bis heute Würdigungen verfaßt, einige wenige Werke von ihr und über sie sind auf dem Buchmarkt erhältlich, aber eigentlich ist Isolde Kurz in Vergessenheit geraten. Irgendwann wird jemand den Nachlaß im Schiller-Nationalmuseum bearbeiten, ihre Bibliothek, die zur Zeit im Stuttgarter Rathausturm verstaubt, als einen kulturgeschichtlichen Fund präsentieren und sie als eine deutsche Dichterin, als eine landflüchtige Poetessa, als eine Frau, die von »Sehnsucht nach dem Leben in all seinem Reichtum« beflügelt war, wiederentdecken.

Julia Scialpi

Clara Zetkin

1857–1933

»Ich will dort kämpfen, wo das Leben ist.« Diese Worte, gesprochen auf dem außerordentlichen Parteitag der Unabhängigen Sozialdemokratischen Partei Deutschlands (USPD) in Berlin im März 1919, charakterisieren das Schaffen Clara Zetkins. 1919 konnte die Einundsechzigjährige bereits auf ein Leben voll vitaler Schaffenskraft und ungebrochenem Kampfesmut zurückblicken, die sich bis zu ihrem Tod 1933 fortsetzen sollten. Zeitlebens engagierte sie sich für die proletarische Frauenbewegung im In- und Ausland. Als temperamentvolle Rednerin verstand sie es, das Auditorium für ihre Idee vom Sozialismus zu begeistern, als sprachgewandte Journalistin bestach sie durch scharfsinnige Argumentation, als berufstätige Mutter zweier Söhne lebte sie ihr Verständnis einer selbständigen Frau vor. In Stuttgart, ihrer Wahlheimat für 35 Jahre, nahm die Mitarbeit Clara Zetkins innerhalb der deutschen und internationalen Arbeiterbewegung in führender Position ihren Ausgang.

Clara wurde am 5. Juli 1857 in Wiederau, einem kleinen sächsischen Dorf am Fuße des Erzgebirges, als Tochter des Dorflehrers Gottfried Eißner geboren. Während ihrer Schulzeit lernte sie früh das Elend ihrer Mitschüler kennen, deren Eltern als heimarbeitende Weber oder Arbeiter in der nahen Textilfabrik mit mühsamer Arbeit gerade genug verdienten, um ihre Familien zu ernähren. Die weltoffene Mutter Josephine Eißner, Gründerin eines Vereins für Frauengymnastik in Wiederau, pflegte engen Kontakt mit Auguste Schmidt, einer der Pionierinnen der bürgerlichen Frauenbewegung. Die Mitbegründerin des Allgemeinen Deutschen Frauenvereins hatte in Leipzig ein Lehrerinnenseminar ins Leben gerufen, um jungen Frauen die Möglichkeit einer beruflichen Ausbildung zu eröffnen. 1872 nahm Clara dort ihr Studium moderner Fremdsprachen auf, das sie 1878 in Dresden abschloß.

Ihre russische Mitschülerin Warwara aus Sankt Petersburg führte Clara noch zu Leipziger Studienzeiten in einen Zirkel emigrierter russischer Studenten ein, in dem oft nächtelang über Fragen der Zeit diskutiert und gestritten wurde. Einer der Teilnehmer dieser Runde war der sieben Jahre ältere Ossip Zetkin aus der Ukraine, der sich, beeinflußt durch das politisierte Umfeld in Leipzig, offen zum Sozialismus bekannte. Leipzig stellte zu diesem Zeitpunkt eines der Machtzentren der Sozialistischen Arbeiterpartei dar, die 1875 aus dem Zusammenschluß der Sozialdemokratischen Arbeiterpartei und des Allgemeinen Deutschen Arbeitervereins hervorgegangen war.

Ossip Zetkin brachte Clara sozialistische Schriften nahe und integrierte sie bei wichtigen politischen Versammlungen und Kundgebungen der Genossen. Schon von Kindheit an für soziale Spannungen und Klassengegensätze sensibilisiert, konnte die junge Clara schnell für die Ideen des Sozialismus gewonnen werden. Von Anfang an stand sie in der Öffentlichkeit zu ihrer politischen Haltung, was zum Bruch mit der Familie führte. Noch 1878 trat Clara der Sozialistischen Arbeiterpartei Deutschlands bei. Von ihrer Radikalität vor den Kopf gestoßen, ließ auch Auguste Schmidt ihre Schülerin trotz hervorragender Leistungen fallen.

In den nächsten vier Jahren verdiente sich Clara ihren Lebensunterhalt als Hauslehrerin. Den größten Teil ihrer Aufmerksamkeit widmete sie aber der politischen Arbeit, die durch Bismarcks Sozialistengesetzgebung von 1878, vor allem durch das Versammlungs- und Druckverbot und die Ausweisungsmöglichkeit sozialistischer Agitatoren, stark erschwert wurde. Die Sozialistische Arbeiterpartei war nun gezwungen, ihre Zeitung *Der Sozialdemokrat* in der Schweiz herauszubringen und nach Deutschland zu schmuggeln, wo sie von engagierten Helfern wie Clara verteilt wurde.

Im September 1880 wurde Ossip Zetkin auf einer geheimen Versammlung in Leipzig von der Polizei festgenommen und des Landes verwiesen. In aller Eile beschloß er, nach Paris ins Exil zu gehen. Offensichtlich waren sich Clara Eißner und Ossip Zetkin sehr nahe gekommen, denn Clara faßte wenige Monate später den Entschluß, ebenfalls Deutschland zu verlassen und ihm zu folgen. Über Umwege, die Clara zunächst für einen längeren Aufenthalt zu ihrer Freundin Warwara nach Zürich führten, gelangte sie schließlich im Herbst 1882 in die Stadt an der Seine, wo sie Ossip wiedersah.

In Paris hielt sich das Paar mit Übersetzungsarbeiten über Wasser. Am 1. August 1883 brachte Clara ihren Sohn Maxim zur Welt, eineinhalb Jahre später erblickte ihr zweites Kind Kostja das Licht der Welt. Beengte Wohnungsverhältnisse und die unregelmäßigen Einkünfte erschwerten die Situation. Finanzielle Engpässe konnten oft nur dank der Unterstützung anderer in Paris lebender sozialistischer Emigranten aus Rußland überbrückt werden. Eine Heirat schloß Clara aus, um den beiden Söhne die deutsche Staatsangehörigkeit zu bewahren. Bei den Behörden in Paris wurde Clara Eißner dennoch unter dem Namen ihres Lebensgefährten geführt – der Name, den sie ihr Leben lang beibehalten sollte.

In Paris blieben beide in politischen Zirkeln aktiv und engagierten sich auch in der französischen sozialistischen Bewegung. Neben Beruf, politischem Engagement, Haushalt und Kindererziehung fand Clara Zetkin in ruhigen Abendstunden außerdem noch die Zeit, sich intensiv mit der marxistischen Lehre auseinanderzusetzen. In ihrer politischen Anschauung gereift, unternahm Clara Zetkin in den Pariser Jahren ihre ersten journalistischen Gehversuche und veröffentlichte Beiträge in *Le Socialiste*, der Zeitung der französischen Arbeiterpartei. Bald konnte sie sich in Parteiorganen außerhalb Frankreichs, vor allem in Österreich und in Deutschland, als Korrespondentin aus Paris etablieren.

Ein harter Schlag traf die junge Familie, als Ossip Zetkin 1887 am Rückenmark unheilbar erkrankte und mit Lähmungen der unteren Körperhälfte an das Bett gefesselt war. Nun mußte Clara Zetkin alleine für den Unterhalt sorgen und ihren Mann, der unter starken Schmerzen litt, pflegen. Am 29. Januar 1889 starb Ossip Zetkin im Alter von 39 Jahren.

»Es war mir, als müsse auch mein Leben still stehen«, so beschrieb Clara noch Jahre später diesen Moment tiefster Verzweiflung. Doch in dieser scheinbar ausweglosen Lage fand Clara Zetkin wieder zu ihrem Lebensmut und ihrer Schaffenskraft zurück, wobei ihr die beiden kleinen Kosaken, wie sie die Söhne zärtlich nannte, den nötigen Rückhalt gaben.

Zudem wurde sie vor neue Aufgaben gestellt: Die Führer der deutschen Sozialdemokratie legten ihr die deutsche Vertretung innerhalb des Vorbereitungskomitees zum Internationalen Sozialistenkongreß, dem Gründungskongreß der II. Internationale, ans Herz, der anläßlich des 100jährigen Jubiläums des Sturms auf die Bastille vom 14. bis 20. Juli 1889 in Paris stattfinden sollte. Neben organisatorischen Tätigkeiten übernahm sie bereits im Vorfeld die Berichterstattung für die deutsche sozialistischen Presse, z.B. für die *Berliner Volkstribüne*. Zudem wurde sie beauftragt, auf dem Kongreß ein Referat zur Frauenfrage zu halten.

Mit ihrer Rede »Für die Befreiung der Frau!« setzte sie einen Meilenstein in der proletarischen Frauenbewegung. Sie forderte die soziale und politische Gleichberechtigung der Frau, wobei sie die Frauenfrage in den Kontext der sozialen Frage einordnete: »Die von ihrer ökonomischen Abhängigkeit dem Manne gegenüber befreite Frau ward der ökonomischen Herrschaft der Kapitalisten unterworfen; aus einer Sklavin des Mannes ward sie die des Arbeitgebers: Sie hatte nur den Herrn gewechselt.«

Für sie konnte die Befreiung der Frau nur im Zuge der Überwindung des kapitalistischen Systems gelingen. Deshalb schloß sie ihre Rede mit dem Appell, Frauen als »Waffengenossen ... unter gleichen Bedingungen in die Reihen der Kämpfer« aufzunehmen.

Der Pariser Kongreß brachte Clara Zetkin internationale Anerkennung ein und bestärkte sie in ihrem Entschluß, sich für die Emanzipation der Frau stark zu machen. Die aus der Rede im gleichen Jahr hervorgegangene Broschüre »Die Arbeiterinnen- und Frauenfrage« machte als eine der ersten Schriften die Emanzipation der Frau im sozialistischen Kontext zum Thema.

Als 1890 die Verlängerung der Sozialistengesetze im Reichstag abgelehnt und kurz darauf Bismarck als Reichskanzler entlassen wurde, sah Clara Zetkin die Chance gekommen, nach Deutschland zurückzukehren und dort für ihre Sache weiterzukämpfen.

Die Strapazen der vergangenen Monate gingen allerdings nicht spurlos an ihr vorbei. Sie war gesundheitlich schwer angeschlagen. Der Verdacht auf Tuberkulose zwang sie dazu, sich in einem Sanatorium in Nordrach im Schwarzwald Erholung zu gönnen.

Wieder zu Kräften gekommen, ließ sie sich 1891 mit ihren beiden Söhnen in Stuttgart nieder, nicht zuletzt weil in Württemberg ein liberaleres politisches Klima herrschte als in den meisten anderen Ländern des Deutschen Reiches. Hier war es Frauen erlaubt, an politischen Versammlungen teilzunehmen.

In Stuttgart bezog Clara Zetkin mit ihren beiden Söhnen eine bescheidene Dachgeschoßwohnung in der Rotebühlstraße 147, nur wenige Schritte vom Haus des Parteigenossen und engen Freundes Karl Kautsky entfernt.

Kautsky war Chefredakteur der *Neuen Zeit*, die eines der zentralen Presseorgane der nach 1890 in Sozialdemokratische Partei Deutschlands umbenannten sozialistischen Partei war. Die *Neue Zeit* wurde vom sozialdemokratischen Stuttgarter Verleger Heinrich Dietz getragen, der Clara Zetkin auf Empfehlung Kautskys für sein Blatt als Frankreichexpertin engagierte. Außerdem schrieb sie einige Artikel für die Frauenzeitschrift *Die Arbeiterin*, in denen sie ganz im Sinne ihrer Rede vor dem Pariser Kongreß Schutzrechte für Arbeiterinnen und die rechtliche Gleichstellung der Frau einforderte. Als *Die Arbeiterin* 1891 von Dietz übernom-

Clara Zetkin während des Internationalen Arbeiterschutzkongresses in Zürich 1897.

men wurde, vertraute er Clara Zetkin nicht zuletzt aufgrund ihrer hervorragenden Reputation als Journalistin die Redaktion an. Unter dem neuen Titel *Die Gleichheit. Zeitschrift für die Interessen der Arbeiterinnen* erschien die erste Nummer des Blattes im Januar 1892 mit der Auflage von 2000 Stück. Für das nächste Vierteljahrhundert sollte die *Gleichheit* untrennbar mit dem Namen Clara Zetkins verknüpft bleiben.

Unter ihrer Redaktion entwickelte sich das Blatt von Stuttgart aus zum richtungsweisenden Organ der internationalen sozialistischen Frauenbewegung. Clara Zetkin verstand ihre Zeitung in erster Linie als Aufklärungs- und Informationsorgan, um engagierte Leserinnen »auf den Boden der Sozialdemokratie zu stellen und sich nicht von der bürgerlichen Frauenrechtelei durchseuchen zu lassen«.

Zu Artikeln, die zur politischen Bildung der Frau im Geiste des Marxismus beitragen sollten, gesellten sich handfeste Tips und Anweisungen für die praktische politische Arbeit. Neben Berichten über die soziale Lage der Frauen in Beruf und Familienleben wurden wichtige Termine von Versammlungen und Veranstaltungen der Frauenbewegung bekanntgegeben. Nach der Jahrhundertwende schnellten die Abonnements rasant in die Höhe, nachdem das Blatt um die Rubriken »Für unsere Mütter und Hausfrauen« und »Für unsere Kinder« erweitert worden war. Wurde die *Gleichheit* 1902 noch in einer Auflage von 4000 Stück gedruckt, verzeichnete sie 1905 bereits 28700 und bei Kriegsausbruch sogar 125000 Leserinnen. Als man Clara Zetkin, die schon längst über die Grenzen des Reiches hinaus bekannt war, 1907 zur Sekretärin des 1. Internationalen Frauensekretariats wählte, wurde die *Gleichheit* von der Sozialistischen Fraueninternationale als Zentralorgan anerkannt.

Auch privat stabilisierte sich ihr Leben: Bei einer Streikaktion der Stuttgarter Kunststudenten 1896 lernte sie den jungen Maler Friedrich Zundel kennen, dem sie über ihre Kontakte zu dem kunstsinnigen, der SPD nahestehenden Handwerker-Unternehmer Robert Bosch einträgliche Aufträge besorgte. Alle Bedenken ihrer Umwelt beiseite schiebend, heiratete Clara Zetkin drei Jahre später den 18 Jahre jüngeren Mann. 1903 zog das Paar zusammen mit den beiden Söhnen von Stuttgart hinauf nach Sillenbuch in ein eigenes Haus mit großem Garten, das bald zum beliebten Treffpunkt für politische Diskussionen avancierte. Parteigenossen, darunter auch Rosa Luxemburg, waren genauso gern gesehene Gäste wie die Freunde ihres Mannes aus der Stuttgarter Künstlerszene.

Diese vielseitigen Kontakte fanden auch in Clara Zetkins theoretischen Ausführungen ihren Niederschlag. 1911 hielt sie vor den Mitgliedern der Kulturkommission der Stuttgarter Arbeiter eine Rede zum Thema Kunst und Proletariat. Darin entfaltete sie die Idee, daß eine sozialistische Ordnung eine neue geistige Weltanschauung hervorbringe, die in einer vom Bürgertum emanzipierten Kunst ihren Ausdruck fände: »Es kann sich dabei nicht um blindes, kritikloses Anempfinden und Anbeten bürgerlicher Kunst handeln. Wohl aber gilt es, ein Kunstempfinden und Kunstverständnis zu wecken und zu pflegen, dessen feste Grundlage der Sozialismus als Weltanschauung ist, die gewaltige Ideologie des kämpfenden Proletariats und eines Tages der befreiten Menschheit.«

Nicht nur in Stuttgart trat sie als Rednerin auf, ihre Vortragstätigkeit führte sie schon seit der Rückkehr aus Paris in alle größeren Städte des Reiches und in das europäische Ausland, vor allem nach Frankreich, Holland und Großbritannien. Ihr rhetorisches Talent wurde von vielen Frauen bewundert, von den Männern eher mit Argwohn beäugt, denn bei den Parteigenossen stieß das wachsende Selbstbewußtsein der Frauen nicht unbedingt auf Gegenliebe. Einer der Parteifunktionäre kommentierte eine Rede Zetkins auf dem Parteitag von 1898 mit den Worten: »Wenn das das unterdrückte Geschlecht ist, was soll dann einmal werden, wenn das frei und gleichberechtigt ist. Tatsächlich waren die Genossinnen auf der Führungsebene immer unterrepräsentiert. Clara Zetkin aber war stets mit von der Partie. Sie wurde von 1891 bis zum Ausbruch des Ersten Weltkrieges zu allen Parteitagen als eine der wenigen Frauen delegiert. Dabei kam ihr nicht zuletzt auch ihr Engagement auf lokaler parteipolitischer Ebene in Stuttgart zugute.

Clara Zetkin arbeitete als Leiterin des Frauensekretariats der sozialistischen Internationale eng mit Rosa Luxemburg zusammen. Das Foto zeigt die beiden auf dem Wege zum Magdeburger Parteitag der SPD im Jahre 1910.

Auf dem Sozialistenkongreß in Stuttgart 1907 gelang es Clara Zetkin, eine Resolution zum Kampf um das Frauenstimmrecht durchzusetzen, das sie als soziale Lebensnotwendigkeit und soziale Mündigkeitserklärung begründete. Durch das Wahlrecht für die Frau könne man das Interesse besonders der Arbeiterinnen für ihre politischen Belange wecken und so zu ihrer politischen Erziehung beitragen. Spätestens mit der Annahme der Resolution wurde die Reform des Wahlrechts als zentrales Postulat von der sozialistischen Frauenbewegung im Deutschen Reich aufgegriffen. Um diese Forderung wachzuhalten, beschloß die II. Internationale Sozialistische Frauenkonferenz in Kopenhagen 1910 auf einen Antrag Clara Zetkins hin, einen Internationalen Frauentag ins Leben zu rufen: »Im Einvernehmen mit den klassenbewußten politischen und gewerkschaftlichen Organisationen des Proletariats in ihrem Lande veranstalten die sozialistischen Frauen aller Länder jedes Jahr einen Frauentag, der in erster Linie der Agitation für das Frauenwahlrecht dient.« Erst der Rat der Volksbeauftragten sollte 1918 das aktive und passive Frauenwahlrecht verwirklichen, das schließlich in Artikel 22 der Weimarer Reichsverfassung gesetzlich verankert wurde.

Früh erkannte Clara Zetkin die Gefahr eines Krieges. Auf dem Internationalen Sozialistenkongreß in Basel versuchte sie schon 1912, ihren Genossen mit einer flammenden Rede gegen Militarismus und Krieg die Augen zu öffnen. Der Schriftsteller Louis Aragon hielt seinen Eindruck im Roman »Die Glocken von Basel« fest: »Sie spricht wie eine Frau, deren Denken sich in der Unterdrückung, mitten in der unterdrückten Klasse gebildet hat ... Sie ist die Frau von morgen, oder besser, wagen wir es auszusprechen: Sie ist die Frau von heute. Die Frau, die dem Mann gleich ist.«

Als die sozialdemokratische Reichstagsfraktion der Bewilligung von Kriegskrediten zustimmte, gehörte Clara Zetkin wie Rosa Luxemburg, Karl Liebknecht und Franz Mehring zu den wenigen Kritikern dieses Beschlusses. Nach Kriegsausbruch empfand sie es als ihre oberste Pflicht, entgegen offizieller Parteipolitik einen eigenen feministisch-pazifistischen Weg zu gehen: »Meiner Ansicht nach ist es das stolze Vorrecht und die Ehrenpflicht der Sozialistischen Fraueninternationale, jetzt in dem Kampf für den Frieden, den Frauen aller Klassen und Länder weckend und führend voranzugehen.«

So berief sie auf eigene Faust 1915 eine Internationale Frauenkonferenz nach Bern ein, wo Delegierte aus Deutschland, Frankreich, Großbritannien, Italien, Polen, Rußland und der Schweiz zusammentrafen. Dort wurde ein von Clara Zetkin ausgearbeitetes Manifest an die Frauen der ganzen Welt einstimmig angenommen, in dem sie dazu aufgerufen wurden, im Kampf gegen den Krieg Eigeninitiative zu entwickeln: »Die Männer der kriegführenden Länder sind zum Schweigen gebracht worden. Der Krieg hat ihr Bewußtsein getrübt, ihren Willen gelähmt, ihr ganzes Wesen entstellt. Aber ihr Frauen, [...] worauf wartet ihr noch, um euren Willen zum Frieden, euren Protest gegen den Krieg zu erheben. Was schreckt ihr zurück? Bisher habt ihr für eure Lieben geduldet, nun gilt es, für eure Männer, für eure Söhne zu handeln. [...] Nieder mit dem Krieg! Durch zum Sozialismus!«

Im Kampf gegen den Krieg mußte Clara Zetkin selbst erfahren, als Mutter in der Heimat um das Leben der Söhne an der Front zu bangen: Beide waren eingezogen worden, und auch ihr Mann hatte sich bereits zu Kriegsbeginn freiwillig gemeldet. Vielleicht stärkte gerade dies den Kampfeswillen der mittlerweile ergrauten Frau, den auch ihr schwer angeschlagener gesundheitlicher Zustand und weitere Unbill nicht mindern konnten.

Als ihre Urheberschaft an dem Manifest, das in Deutschland illegal verbreitet wurde, an die Öffentlichkeit gelangte, wurde Clara Zetkin von der kaiserlichen Regierung unter der Anklage des versuchten Hochverrats in Karlsruhe inhaftiert.

Auch nach ihrer Entlassung aus dem Gefängnis ließ sie sich nicht einschüchtern und machte ihre pazifistische Haltung in der Gleichheit weiterhin publik. Clara Zetkin mußte dabei nicht nur ständige polizeiliche Überwachung ertragen, auch aus den eigenen Reihen war nicht

Clara Zetkin (Mitte) war Mitbegründerin des Spartakusbundes und der USPD, die sie im württembergischen Landtag vertrat. Seit 1919 Mitglied der KPD, gehörte sie von 1920 bis 1933 dem Reichstag an. Das Foto zeigt sie als Abgeordnete der KPD vor dem Reichstagsgebäude in Berlin.

immer mit Unterstützung zu rechnen. Die Parteispitze entzog ihr wegen ihrer Agitation gegen die Leitung der Sozialdemokratischen Partei 1917 die Redaktion der *Gleichheit*, die bereits 1905 zusammen mit dem Dietz-Verlag in das Eigentum der Sozialdemokratischen Partei übergegangen war. Dabei nahm man Clara Zetkins wachsende Sympathie für den linken Flügel der Partei, die USPD, zum Anlaß. Mit dem unfreiwilligen Abschied Clara Zetkins von der *Gleichheit*, die sie 25 Jahre lang redigiert hatte, wurde die Zeitschrift zur »gehorsamen Magd der Vorstandspolitik« degradiert. Im Oktober 1923 wurde ihr Erscheinen eingestellt.

Begeistert von der russischen Oktoberrevolution, wuchs in Clara Zetkin immer stärker der Wunsch, das neue Rußland kennenzulernen. Bereits im Februar 1917 hatte sie an die Freundin und Sekretärin Rosa Luxemburgs, Mathilde Jacob, geschrieben: »Alles zieht mich nach Rußland. Unter den Russen habe ich jung meine Heimat gefunden, politisch, menschlich, unter ihnen möchte ich bis ans Ende arbeiten, kämpfen.« Sicherlich trug der Bruch mit Friedrich Zundel im Jahr 1917 dazu bei, daß Clara Zetkin neue Perspektiven suchte. Die Trennung hatte sie schwer mitgenommen, doch schöpfte sie neue Kraft aus ihrer Hoffnung auf die Verwirklichung des Sozialismus.

Vorerst blieb sie aber in Deutschland, wo sie als Rednerin in Esslingen, Stuttgart und Ulm in der Revolution von 1918 ihren Beitrag zur Durchsetzung des Sozialismus leisten wollte. Ihr Engagement brachte ihr bei den Wahlen am 12. Januar 1919 ein Mandat in den württembergischen Landtag ein.

Im Frühjahr 1919 trat Clara Zetkin in die im Dezember 1918 gegründete Kommunistische Partei Deutschlands ein. Sie war enttäuscht von dem Verhalten der USPD, die in ihren Augen die Möglichkeit einer Diktatur des Proletariats versäumt und ihre Ideale an die Diktatur der Besitzenden, wie sie die SPD anstrebe, verkauft habe. Das Verhalten der USPD während der Januarunruhen 1919 und besonders der Mord an Rosa Luxemburg und Karl Liebknecht festigten ihre Überzeugung, den Grundsätzen der Spartakisten treu zu bleiben: »Unsere Totenklage für die entrissenen Führer ist ein Kampfschwur, unsere Trauer um sie Kampfrüsten, nicht Entmutigung und müde Resignation.« Den Kampf versuchte Clara Zetkin vor allem in publizistischer Tätigkeit fortzusetzen. Im Auftrag der KPD gab sie 1919/20 in Stuttgart die Zeitschrift *Die Kommunistin. Frauenorgan der Kommunistischen Partei Deutschlands* heraus, die inhaltlich an die *Gleichheit* anknüpfte, allerdings einen schärferen Ton anschlug.

Im Juni 1920 wurde sie als Spitzenkandidatin der KPD in den Deutschen Reichstag gewählt. Als Abgeordnete war sie nun an Berlin gebunden und immer seltener in Sillenbuch anzutreffen.

Im Herbst 1920 unternahm sie ihre lang ersehnte erste Reise nach Sowjetrußland. Dort traf sie Lenin, mit dem sie seit 1917 in regem Briefkontakt stand. Er brachte ihr großes Vertrauen entgegen und beauftragte sie, ein westeuropäisches Frauensekretariat in Berlin auf zubauen. Darüber hinaus sollte sie die Grundsätze für die kommunistische Frauenarbeit ausarbeiten. Die Kooperation mit sowjetischen Frauenrechtlerinnen führte sie in die entlegensten Gebiete der Sowjetunion.

Mit dieser Aufgabe betraut, gehörte sie der Exekutive der III. Internationale an. Die Anerkennung, die ihr in der Sowjetunion zuteil wurde, versagte ihr die KPD häufig, weil sie dem ultralinken Flügel eine kopflose Politik vorwarf, die zur Entfremdung der Basis von den Zielen der Partei führe. Vielleicht ist darin ein Grund zu suchen, warum sich Clara Zetkins Lebensmittelpunkt immer mehr nach Moskau verlagerte. Als sie nur noch wegen der Parlamentsarbeit nach Berlin kam, verkaufte sie 1927 ihr Haus im Schwäbischen und zog nach Birkenwerder, einem Vorort von Berlin.

Clara Zetkins Lebensmittelpunkt verlagerte sich seit den zwanziger Jahren immer mehr in die Sowjetunion, wo sie mehr Anerkennung erfuhr. Das Foto zeigt sie im Sommer 1925 in Shelesnowodsk.

In ihren letzten Lebensjahren geriet sie innerlich offenbar in Konflikt mit Stalin, der nach dem Tod Lenins 1924 seine Alleinherrschaft in der Sowjetunion mit brutalen Mitteln ausbaute. Maria Reese, Anhängerin der SPD und enge Freundin Clara Zetkins, berichtete in ihren Memoiren: »Sie haßte Stalin mit großer Leidenschaft und machte ihn verantwortlich dafür, daß von ihren Idealen nur ein Trümmerhaufen übrigblieb. ›Sozialismus bedeutet Glück für die Menschheit und nicht Tyrannei und Hunger‹, erklärte sie immer wieder.«

Doch auch der Blick nach Deutschland spendete der schwerkranken Frau keinen Trost. 1932 schrieb sie an Maria Reese: »Bei den Wahlen war ich auf harte Schläge und Lehren gefaßt. Die Wirklichkeit hat jedoch das Vorgestellte übertroffen. Ich sehe die Situation im Lichte der internationalen proletarischen Klassenbewegung. Sie spiegelt leider ein erschrekkend niedriges Niveau des proletarischen Klassenempfindens wider.«

Bei den Reichstagswahlen vom Juli 1932 erzielten die Nationalsozialisten einen Stimmenanteil von 37,3 Prozent und konnten so ihr Wahlergebnis vom September 1930 fast verdoppeln. Die KPD dagegen lag mit 14,5 Prozent nur unwesentlich über ihrem letzten Wahlergebnis.

Die Opposition Clara Zetkins gegen Stalin blieb im Verborgenen, was ihr den Ruf einer Anhängerin des Stalinismus einbrachte; aus ihrer Verachtung Hitlers dagegen machte sie keinen Hehl. Sie war eine erbitterte Gegnerin des Faschismus. Am 30. August 1932 hielt sie als Alterspräsidentin die Eröffnungsrede im neugewählten Reichstag. Ungeachtet ihres angeschlagenen gesundheitlichen Zustandes hatte die fünfundsiebzigjährige die lange Reise von Moskau nach Berlin auf sich genommen, um mutig über alle Parteigrenzen hinweg zur Bildung einer Einheitsfront aller Werktätigen gegen den Faschismus aufzurufen. Noch kurz vor ihrem Tod appellierte sie an die Genossen in aller Welt: »Wir alle dürfen nicht rasten und ruhen, bis der Faschismus, der blutige Unterdrückung, Terror, Hunger und Krieg im Gefolge hat, zerschmettert am Boden liegen wird.«

Völlig entkräftet kehrte sie ein letztes Mal nach Moskau zurück, wo Louis Aragon die Frau, die 1912 in Basel so großen Eindruck auf ihn gemacht hatte, noch einmal traf: »Noch damals, in Moskau, erschöpft von Krankheit und Alter, abgemagert und außer Atem nach jedem ihrer Sätze, die wie Pfeile aus der lebendigen Vergangenheit zu kommen schienen, die sie verkörperte – noch damals hatte sie diese übergroßen und herrlichen Augen, die Augen des ganzen werktätigen Deutschland, blau und lebendig.«

Am 20. Juli 1933 starb Clara Zetkin in Archangelskoje bei Moskau. Erst der Tod konnte ihrem mutigen Kampf für die Ideale, von denen sie aus tiefstem Herzen überzeugt war, ein Ende setzen.

Horst Ferdinand

Pauline Mailhac

1858–1946

Die großherzogliche Hofoper in Karlsruhe erlebte in den letzten drei Jahrzehnten des 19. Jahrhunderts unter den Generalintendanten Gustav Gans Edler zu Putlitz – »Exzellenz« – und Albert Bürklin ihre bis heute glanzvollste Periode. Putlitz amtierte von 1873 bis 1884, Bürklin von 1889 bis 1904. Die damals vielgebrauchte Bezeichnung Karlsruhes als »Klein-Bayreuth« ist neben der Engagementspolitik der beiden Intendanten vor allem den Dirigenten Herman Levi (1839–1916) und Felix Mottl (1856–1911) zu verdanken, die in den Jahren 1864 bis 1872 bzw. 1881 bis 1903 die Karlsruher Hofoper auf eine Höhe der gesanglichen, instrumentalen und darstellerischen Leistungen führten, mit der sich im Deutschen Reich der Wilhelminischen Zeit nur wenige Opernbühnen vergleichen konnten. Levis Nachfolger war der Wiener Felix Otto Dessoff (1835–1892), der die Hofoper von 1875 bis 1880 leitete. Mottl schilderte ihn als »praktisch, tüchtig, formgewandt«. 1880 gab Dessoff die Funktion des Karlsruher Operndirigenten auf – seine Stärke lag ohnehin im Konzertsaal; Brahms war sein Freund – und schlug Mottl als seinen Nachfolger vor.

Unter den Sängerinnen jener Jahre war Pauline Mailhac als »Erste Hochdramatische« der Star: Von 1883 bis 1901 sang sie in einem Kreis von erlesenen Kolleginnen und Kollegen, die ihr nicht nur in der Qualität der gesanglichen Darbietung, sondern auch in der darstellerischen Intensität gewachsen waren. Wer war jene Pauline Mailhac, die heute so gut wie vergessen ist und deren Namen nur noch wenige Fachgelehrte kennen?

Geboren wurde sie am 4. Mai 1858 in Wien als Pauline Rebeka. Der Vater Franz Rebeka (1827–1898) war Schneidermeister von Beruf, nach anderer Quelle Kaufmann; die Mutter Rosa Katharina Johanna (1827–1909) trug den Mädchennamen Mailhac. Ihn wählte später Pauline als Künstlernamen. Die Vorfahren des Vaters stammten aus einem der musikalischen Kernlande Europas, aus Mähren, die der Mutter aus Böhmen.

Pauline hatte vier Geschwister, und in der Familie wurde viel musiziert. Die musikalische Begabung der Geschwister überstieg jedoch nicht ein gewisses Mittelmaß, während bei Pauline schon in den Kinderjahren eine kräftige und glockenreine Singstimme hervortrat. Das Kind muß, ein richtiger Singvogel, alles, was es bewegte, in Tönen wiederzugeben versucht haben. So erhielt schon die Neunjährige erste Singstunden; der ehemalige Regenschori an der

Wiener Karlskirche, Professor Ruprecht, erkannte das ungewöhnliche musikalische Talent des Kindes und betrat mit ihr vorsichtig die ersten Stufen ihrer Laufbahn. Sie sang im Kirchenchor mit, und bald schon konnten der Heranwachsenden kleine Solopartien bei Messen und anderen liturgischen Gelegenheiten anvertraut werden.

Fülle und Schönheit der Stimme wuchsen, als sie bei einem der berühmten Gesangsmeister der Epoche, Professor Otto Uffmann, einem früheren Wiener Hofopernsänger, unterrichtet wurde. Alexander Seitz unterwies sie im Klavierspiel und den unerläßlichen theoretischen Fächern. Nach relativ kurzem, aber intensivem zweijährigem Studium erklärte Uffmann, sie habe ausgelernt, und nach erfolgreichem Vorsingen unterschrieb die Zwanzigjährige ihren ersten Vertrag, am Stadttheater Würzburg. Zu dieser Zeit beherrschte sie bereits 24 Partien! Als erste Rolle wählte sie die der Valentine in den »Hugenotten«; damit konnte sie ihr schon in sehr jungen Jahren beträchtliches Können gut präsentieren, ist doch diese Rolle eine der schwierigsten Sopranpartien der Opernliteratur. Darstellerischen Unterricht hat sie nie genossen. Sie muß etwas wie ein Naturtalent auf diesem Gebiet gewesen sein; wie ein späterer Rezen-sent bescheinigte, sei sie auch in der Darstellung bewegter Augenblicke nie vor dem »stärksten Realismus zurückgeschreckt«; »mitten im Sturm der Leidenschaften wahrt sie doch die Größe«.

Ruf und Ruhm der jungen Sängerin verbreiteten sich schnell. 1880 folgte sie einem Ruf an das Stadttheater in Königsberg als »Erste Dramatische« und debütierte dort als Aida, wieder in einer der schwierigen Partien ihres Fachs. In diesen Anfängerjahren – allerdings kann man eine Sängerin der Aida nicht mehr als »Anfängerin« bezeichnen – wuchsen Repertoirekenntnis und Bühnensicherheit. Wieder winkte ein größeres Theater mit einem Vertrag, diesmal für zwei Jahre, und sie blieb von 1881 bis 1883 in Mainz. Auch dort wählte sie die Valentine als Antrittsrolle und erlebte in der Mainzer Zeit viele beifallumrauschte Aufführungen. In einer dieser Aufführungen – »Figaros Hochzeit«, sie sang die Gräfin – hörte sie der Karlsruher Regisseur und Sänger August Harlacher (dem wir später noch begegnen werden) und war so begeistert, daß er sie zu einem Probegastspiel in Karlsruhe einlud. Der Intendant von Putlitz meinte jedoch, erst nach einem zweiten Probegastspiel könne ihr ein Engagement angeboten werden. Wieder wählte sie als Debütrolle die Valentine, und der Erfolg des Gastspiels am 17. Oktober 1882 war so überwältigend, daß der Intendant nach Schluß der mit stürmischem Beifall bedachten Vorstellung auf die Bühne eilte, ihr erklärte, auf das zweite Probegastspiel verzichten zu wollen, und ihr sofort einen vorteilhaften Vertrag anbot. »Damit ging am Himmel der badischen Residenz ein Stern auf, der seine Strahlen leuchtend in die Herzen aller Kunstfreunde ergoß«, schrieb ein Zeitgenosse.

1883 begannen die erfolgreichsten Jahre in der Laufbahn Pauline Mailhacs. In der Karlsruher Hofoper empfing die Fünfundzwanzigjährige ein siebenundzwanzigjähriger Hofkapellmeister: Felix Mottl. Er war ein gebürtiger Wiener und stammte aus kleinen Verhältnissen, sein Vater war Kammerdiener. Mottl war als Dirigent grandios, und mindestens ebensogut war sein wienerischer Charme entwickelt. Mit einer »ruchlosen Heiterkeit« sei er ausgestattet, sagte er von sich selbst. Als Charakter war er leider schwach und – später – gegenüber Pauline sogar hinterhältig. In unglaublich kurzer Zeit war er zu einem der bekanntesten Dirigenten im deutschen Sprachgebiet geworden. Nach fünfjährigem Studium am Wiener Konservatorium – einer seiner Lehrer war Anton Bruckner – korrepetierte er drei Jahre lang an der Wiener

An der Karlsruher Hofoper erlebte die Sängerin Pauline Mailhac ihre erfolgreichsten Jahre. Ihr wichtigster künstlerischer Partner war Hofkapellmeister Felix Mottl.

Hofoper. In diesen Jahren erwarb er sich von der Pike auf eine umfassende Kenntnis des damaligen Repertoires, Wagner und Liszt waren seine Halbgötter. Die erste Kapellmeisterstelle trat er an der Wiener Komischen Oper an und wechselte, nach zwei Jahren, von dort nach Karlsruhe. 1880 wurde er Hofkapellmeister, 1887 Direktor der Hofoper und Hofkapelle, 1890 erhielt er den signaturmäßigen Status eines Hofbeamten – heutzutage: Beamter auf Lebenszeit –, 1893 wurde er zum Generalmusikdirektor ernannt, der erste in Karlsruhe überhaupt. Er wurde von seiten des großherzoglichen Hofes mit Privilegien verwöhnt – Freistellung zu lukrativen Gastspielen etc. –, aber er hat diese Noblesse des Karlsruher Hofs nicht vergolten: 1903 brach er das dem Großherzog Friedrich I. gegebene Versprechen, zu dessen Lebzeiten Karlsruhe nicht zu verlassen, und ging an die Metropolitan Opera in New York.

Dieser hochbegabte und mitreißende Dirigent sollte für die Jahre von 1883 bis 1901 Paulines wichtigster künstlerischer Partner werden. Mottl war von der verblüffenden Musikalität, dem unermüdlichen Fleiß und der ausgeprägten Gewissenhaftigkeit der Sängerin sehr angetan und förderte sie, wo immer er konnte. »Ohne Pauline Mailhac hätte Felix Mottl in Karlsruhe niemals das erreichen können, was er an Großem und Schönem in der Tat erreicht hat. Mottl ist an Mailhac und diese an ihm gewachsen«, urteilte ein zeitgenössischer Kenner der Szene.

Besondere Beziehungen Mottls verbanden ihn mit Bayreuth. Hans Richter (1843–1916), der enge Freund Richard Wagners und viele Jahre Dirigent der Bayreuther Festspiele, hatte Mottl schon während seiner Studienzeit bei Cosima Wagner eingeführt, die ihn in die »Nibelungen-Kanzlei«, einen Freundeskreis musikalischer Assistenten Wagners, aufnahm. In späteren Jahren nannte Cosima Mottl ihren »Spielmann«. Er dirigierte im Lauf der Jahre in Bayreuth alle Opern Richard Wagners, mehrere erstmals während der Festspiele, und korrespondierte viele Jahre mit Cosima. Für die Besetzung der Bayreuther Partieen, bei der Auswahl der Sängerinnen und Sänger, hatte er ein gewichtiges Mitspracherecht. In Karlsruhe hatte er in den Jahren von 1883 bis 1887 jeweils einen der vier Teile des »Rings« einstudiert und 1884 erstmals einen »Tristan« in Karlsruhe herausgebracht. Im »Ring« konnte Pauline Mailhac mit ihren Paraderollen, der Walküre und den beiden Brünnhilden, glänzen, und die Zusammenarbeit mit Mottl war in jenen Jahren für beide Seiten inspirierend. 1890 bis 1892 und 1894 trat die Sängerin in Bayreuth als Ortrud, Kundry und Venus auf. Ihre Leistungen wurden vom Publikum und der Kritik gerühmt. Cosima Wagner schätzte sie sehr hoch. Wahrscheinlich waren die Bayreuther Auftritte die Höhepunkte ihrer Laufbahn.

Wie eng die Verbindung zwischen Karlsruhe und Bayreuth in diesen Jahren geworden war, zeigen einige Zahlen: 1898 entsandte die Karlsruher Hofoper nicht weniger als 14 Chormitglieder und 14 Mitglieder des Hofopernorchesters – neben zahlreichen Solisten – zu den Festspielen. Ein Dictum jener Jahre lautete, daß der Bayreuther Betrieb nur dann voll funktionsfähig war, wenn der Sonderzug aus Karlsruhe eingetroffen war.

Pauline Mailhac als Brünnhilde in Richard Wagners »Ring der Nibelungen«.

Durch die großen Erfolge der Sängerin in Bayreuth wurde sie international bekannt. Die Metropolitan Opera in New York lud sie nicht weniger als dreimal zu Gastspielen ein, natürlich in der Absicht, sie zu engagieren. Aber sie wollte Karlsruhe nicht verlassen. Auch höchst ehrenvolle Rufe an die Hofopern in München und Berlin lehnte sie ab. Großherzog Friedrich I. belohnte diese Treue: Schon 1889 ernannte er die Dreißigjährige zur Großherzoglich badischen Kammersängerin. In Bayreuth war sie immer in Gesellschaft einiger Karlsruher Solistinnen und Solisten jener Jahre, und da das Umfeld, in dem sie sich 18 Jahre lang bewegte, untrennbar zur Lebensgeschichte Pauline Mailhacs gehört, seien einige wenige ihrer Karlsruher Kolleginnen und Kollegen hier kurz skizziert. Dies ist schon deshalb unumgänglich, weil zwei ihrer Kolleginnen schicksalhafte Parts im persönlichen Leben Paulines einnahmen.

An erster Stelle der Sängerinnen ist Luise Reuss-Belce zu nennen (1862–1945). Sie sang, gerade zwanzigjährig, bei der Uraufführung des »Parsifal« 1882 eines der Blumenmädchen. 1882 bis 1896 wirkte sie an der Karlsruher Hofoper. Danach hatte sie eine große internationale Laufbahn, einschließlich eines Engagements an der Metropolitan Opera in New York. Sie war eine ganz vorzügliche Elsa und Fricka, Cosima Wagner pries ihr »unvergleichliches Darstellungstalent«. 1895 wurde sie von Henriette Mottl, der Frau des Dirigenten, von der noch die Rede sein wird, rüde und hartherzig aus Karlsruhe verdrängt. 1945 kam sie bei der Zerstörung Dresdens um. Sie war 1945 die letzte lebende Sängerin, die noch unter der Stabführung Richard Wagners gesungen hatte.

Elise Harlacher-Rupp (*1859) gehörte 1878 bis 1891 dem Karlsruher Ensemble an; sie war vielseitig verwendbar und sang u. a. den Cherubino, die Frasquita (»Carmen«) und den Siebel (»Faust«). Ihr Ehemann war der Tenor August Harlacher (1842–1907), von 1871 bis 1893 Mitglied des Karlsruher Ensembles. Harlacher, Heldentenor, später vielbeschäftigter Regisseur und auch mit Cosima Wagner in Bayreuth in vielfacher Verbindung –, er beriet sie in Ausstattungs- und anderen Aufführungsfragen – ist, wie oben geschildert, der »Entdecker« von Pauline Mailhac. 1888 war er Spielleiter der Bayreuther »Meistersinger«.

An Karlsruher Kollegen, die mit Pauline in Bayreuth auftraten, ist an erster Stelle der Bariton Fritz Plank (1848–1900) zu nennen, ein meisterhafter Kurwenal und ein großartiger Hans Sachs, Verdi-Falstaff und »Freischütz«-Kaspar. Diese letztere Rolle wurde ihm, einem populären Sänger im Karlsruhe der Jahrhundertwende, leider zum Verhängnis: Bei einer Aufführung dieser Oper stürzte er 1900 in eine versehentlich nicht geschlossene Versenkung auf der Bühne und starb drei Wochen später.

Berühmte Karlsruher Kollegen Paulines, die wie Plank oft in Bayreuth auftraten, waren Emil Gerhäuser (1868–1917), ein sensationeller Bayreuther Siegfried und Lohengrin; 1893 sprang er ohne Probe für einen erkrankten Kollegen in dieser Rolle ein. Der Bassist Hans Keller (1865–1925) war ein berühmter Marke und Pogner.

Wie gut das Einvernehmen auf der Karlsruher Bühne in den beiden letzten Jahrzehnten des Jahrhunderts gewesen sein muß, zeigt am besten eine Szene aus dem dritten Akt der Walküre, in der Pauline Mailhac die Brünnhilde und der Bariton Fritz Plank einen gewaltigen Wotan sangen. Die Vorgeschichte dieser Szene: Einige Tage davor waren die halbwüchsigen Söhne Planks, richtige Lausbuben, die in Karlsruhe so bekannt waren wie ihr Vater, dadurch aufgefallen, daß sie ein aus einer Konditorei kommendes Mädchen, das ein Tablett mit Süßigkeiten trug, so lange foppten, bis das Blech herunterfiel und die Buben sich die Taschen vollstopften und in Windeseile verschwanden. Die schlimme Tat sprach sich herum, und als die wenige Tage später zu Füßen des Göttervaters liegende Brünnhilde um Vergebung flehend Wotan anzusingen hatte »Du zeugtest ein edles Geschlecht«, zischte ihr dieser während des folgenden, von den Bläsern markig intonierten Wälsungen-Leitmotivs zu: »Du mußt mich auch noch duzen, Pauline, mit meinen bösen Buben!«, so daß die Sängerin alle in dieser Zeit schon gut entwickelte Selbstbeherrschung und Routine aufwenden mußte, um nicht loszulachen.

Aber 1892 warf ein Ereignis Schatten auf die bis dahin so ungetrübte und erfolgreiche Laufbahn Paulines: In dem Jahr heiratete Mottl die Sängerin Henriette Standthartner (1866–1933), auch sie eine Wienerin. Da sie wohl zur Bedingung gemacht hatte, ihre bis dahin erfolgreiche Karriere – sie hatte 1889 an der Wiener Hofoper begonnen und große Partien gesungen – in Karlsruhe fortsetzen zu können, erwirkte der an der Hofoper so gut wie allmächtige Mottl einen Vertrag. Sie übernahm das Fach von Luise Reuss-Belce. Aber die in Frau Mottl gesetzten Erwartungen erfüllten sich nicht. »Frau Mottl singt alles, was gut und teuer ist, und sie singt durchaus nicht alles gut«, hieß es in der Presse.

Mottl versuchte sie auch in Bayreuth unterzubringen und stellte sie Cosima und Siegfried Wagner vor; sie wollte die Elsa singen. Aber Henriettes Vorsingen und -spielen führte bei diesen beiden nur zu einem allgemeinen Schütteln des Kopfes; im Spiel habe sie auch noch alles zu lernen, meinte Siegfried. Gleichwohl befand Cosima die Sängerin als »sehr schön« – Fotos zeigen eine durchaus aparte Erscheinung –, aber sie trug sie in ihr Tagebuch als »junge Zentaurin« ein, »mit einer latenten Kraft, die ausschlagen will«. Später äußerte sich Cosima einer vertrauten Freundin gegenüber noch viel drastischer: »Hast Du vielleicht ihr Kinn bemerkt, es ist völlig das einer Hexe, und dazu diese starren Augen, von denen man annehmen könnte, daß sie einen versteinern; der arme weiche Spielmann dazu.« Cosima empfahl ihrem »Spielmann«, Henriette solle mit der kleinen Anfängerrolle des Hirten im »Tannhäuser« in Bayreuth beginnen, und erbot sich darüber hinaus, die Elsa mit ihr zu studieren, aber aus beidem wurde natürlich nichts. Die stimmlichen Mittel der Sängerin erschöpften sich etwa 1903/1904. Sie kündigte in Karlsruhe zum 1. Januar 1904.

Leider hatte es mit dem künstlerischen Scheitern Henriette Mottls nicht sein Bewenden. Es folgte eine menschliche Tragödie. Cosimas »junge Zentaurin« zeigt ihre »latente Kraft, die ausschlagen will«, bald ganz offen. Sie war ehrgeizig, herrschsüchtig und anspruchsvoll. »Nun hat sie auch Macht und terrorisiert das ganze Theater«, schrieb Cosima ihrer Freundin. In der Presse erschienen Berichte über Versuche Henriettes, sie wolle Partien Pauline Mailhacs an sich reißen. Das Karlsruher Publikum reagierte: Es bedachte Pauline mit sich von Vorstellung zu Vorstellung steigerndem ostentativen Beifall.

Die Verschwendungssucht Henriettes brachte Mottl trotz sehr guter Einkünfte in immer schwerere finanzielle Bedrängnis. Um den Ansprüchen der Dame gerecht zu werden, verließ er 1903 Karlsruhe und folgte einem glänzenden Vertragsangebot nach New York, Metropolitan Opera. 1904 bis 1911 wirkte er als Generalmusikdirektor in München, wo er 1911, ruiniert und vorzeitig verbraucht, im Alter von erst vierundfünfzig Jahren starb. Seit 1904 lebte er von Henriette getrennt, 1910 wurde er geschieden.

Ein Albumblatt im Jugendstil aus den neunziger Jahren, veröffentlicht durch das Karlsruher Hoftheater, spricht Bände: abgebildet sind in der Mitte des Blattes der Generalintendant Bürklin, rechts und links von ihm sind die Sänger Plank und Gerhäuser plaziert. Über dem Intendanten thront Felix Mottl, und darunter nicht etwa die weibliche Stütze des Ensembles Pauline Mailhac, sondern – Henriette Mottl.

Es bedarf keiner besonderen Phantasie, sich vorzustellen, wie sich die Beziehungen Mailhac-Mottl im Laufe der Jahre entwickelten. Man kann das an Briefen Mottls an Cosima und an

Rechte Seite: Henriette Mottl, die Ehefrau des großen Dirigenten (unten auf dem Albumblatt des Karlsruher Hoftheaters), terrorisierte das ganze Theater. Schließlich entschloß sich Pauline Mailhac, Karlsruhe zu verlassen.

Das Grossherzoglich badische Hoftheater zu Karlsruhe.

Generalmusikdirektor Felix Mottl

Fritz Plank — Generalintendant Dr. Albert Bürklin — Emil Gerhäuser

Henriette Mottl

Passagen in deren Tagebüchern ablesen. Pauline sei »Mottls beste Schülerin, was Vortrag und Gesinnung betrifft«, heißt es anfangs bei Cosima, »nicht nur ihre Schönheit, sondern auch die Außerordentlichkeit ihrer Leistung« seien einem mit Cosima befreundeten Sänger »in lebhafter Erinnerung geblieben«, heißt es später. 1891 ermahnt Cosima ihren »Spielmann«, der Mailhac an einem Abend als Norma und am Tag darauf als Brünnhilde eingesetzt hatte, er möge nicht aus der Mailhac eine »Heilmagd« machen, das heißt sie nicht so schonungslos mit schwierigsten Aufgaben überlasten. Aber einige Zeit darauf hört man, sicher unter dem Einfluß Henriette Mottls, erstmals von »schlechten Leistungen« Mailhacs – berichtet von Mottl –, und dies in einer Zeit, wo sie im Zenit ihrer Kunst stand! Kurz vorher war sie noch von Cosima als Mitglied »unserer Schule von Bayreuth« hochgelobt worden, als »Träger dieses Stiles nach außen...«

Mottl jedoch ging im Bemühen, Pauline herabzusetzen, noch weiter. Er und Cosima benutzten in ihrer Korrespondenz als Chiffrenamen für Pauline »Mororsini«, und so finden sich in einem Brief der Bayreuther Meisterin an ihren »Spielmann« vom 22. November 1893 die folgenden fatalen Sätze: »Daß unsere Morosini die Wahrheit schonte, nehme ich ihr nicht übel, da ich weiß, wie das Rampenlicht das Verhältnis zum Tageslicht aufhebt. Wie gut bezeichnen Sie das Sichselbstvernichtende, was in ihr und ihrem Talente liegt! Das ist wirklich ihre Größe und zugleich ihre Unbequemlichkeit.« Wenn es zutrifft, daß mit »Morosini« Pauline Mailhac gemeint ist – und dies scheint festzustehen –, fragt man sich, was der windige Charmeur Mottl in seinem Brief an Cosima alles zusammenphantasiert haben mußte, natürlich unter dem Einfluß seiner intriganten Ehefrau.

Das Verhältnis Mottls zu Pauline kühlte also im Lauf der Jahre ab. In den ersten neun Jahren, bis zur Heirat Mottls, war es eng und freundschaftlich; »sie wuchs an ihm und er an ihr«. Sicher hatte sie sich Hoffnungen gemacht, die sich mit der Person Felix Mottls verbanden. 1892 aber, mit der Heirat Mottls, erloschen diese Hoffnungen. Sie mögen wiederaufgeflackert sein, als es in der Ehe Mottls schon nach kurzen Jahren bedenklich kriselte. Die letzte Hoffnung jedoch schwand, als Mottl 1899 die Sängerin Zdenka Faßbender (1879–1954) engagierte und sofort eine Romanze mit ihr begann. Nun war diese junge Sängerin – sie war zwanzig Jahre jünger als Pauline – eine erstklassige Künstlerin, sie blieb in Karlsruhe bis 1905, als sie der mittlerweile aus Karlsruhe entwichene Mottl nach München holte. In den sechs Karlsruher Jahren wurde sie die unmittelbare Nachfolgerin von Pauline Mailhac als Erste Hochdramatische. In München blieb sie bis 1924 als eines der prominentesten Mitglieder der Münchener Hof- bzw. Staatsoper. Gastspiele führten sie des öfteren ins Ausland, in der Vorkriegszeit sang sie etwa unter Sir Thomas Beecham Isolde und Elektra in London. Mottl heiratete sie 1911 auf dem Sterbebett.

Pauline wurde in diesen für sie schwierigen Jahren durch Zeichen öffentlicher Anerkennung ermutigt, ihre Laufbahn unverändert fortzusetzen, was auch ihrem Pflichtbewußtsein entsprach. Das Karlsruher Publikum blieb ihr wie vom ersten Tag an treu und gewogen. 1894 wurde sie zu den Münchener Festspielen eingeladen, wo sie mit großem Erfolg ihre Wagnerpartien sang. Großherzog Friedrich I. verlieh ihr 1896 die Goldene Medaille für Kunst und Wissenschaft, eine von ihr besonders hochgeschätzte und selten verliehene Auszeichnung.

Ihr Repertoire war übrigens keineswegs auf Wagner beschränkt; in der Uraufführung der Oper »Les Troyens« von Hector Berlioz am 6./7. Dezember 1893 in Karlsruhe – bis zur nächsten Aufführung sollte es fast achtzig Jahre dauern – sang sie die Hauptpartie der Didon. In »La Juive« von Halévy gab sie die Rachel. Sie gastierte an den meisten deutschen Opernbühnen. Vielfach folgte sie auch Einladungen zu Konzerten, so in Belgien und Holland. Andere Rollen, die sie oft verkörperte, waren die Leonore (»Fidelio«), Frau Fluth (»Lustige Weiber«), Donna Anna (»Don Giovanni«). Die Künstlerin verschmähte aber auch nicht ihren Einsatz in einem Genre, das dem heutigen Musical entsprechen dürfte. Als »Nandl« in einem oberbayrischen Singspiel gefiel sie dem greisen Kaiser Wilhelm I. im Baden-Badener Theater. Dieses war 1862 erbaut worden, und das Hoftheater spielte einmal wöchentlich dort, wenn der Hof in Baden-Baden weilte, auch öfter.

Die Kritiken, die Pauline Mailhac in Karlsruhe erhielt, waren oft hymnisch, meist sehr gut. Natürlich fand der eine oder andere Kritikus auch etwas an ihr auszusetzen: Sie sei zwar eine »Sängerin voll Temperament, Geist und Feier«; man vermisse jedoch bei ihr manchmal die Mezza voce und die technische Geläufigkeit. »Das eigentliche Feld des Fräulein Mailhac sind die Wagnerschen Musikdramen.«

Bestürzung, Unmut und Verwirrung entstanden im Frühjahr 1901, als der Entschluß der Künstlerin bekannt wurde, Karlsruhe zu verlassen. Das Publikum konnte nicht verstehen, daß eine Sängerin in der Vollkraft ihrer Jahre, mit einem Repertoire von 88 Partieen und hohem nationalen und internationalen Ansehen, urplötzlich die Stätte ihrer Triumphe verließ. Aber es gab eben, hinter den Kulissen, Gravamina auf der persönlichen Ebene, von denen das Karlsruher Publikum nichts wissen konnte. Daß sie nicht mehr nach Bayreuth eingeladen wurde, muß sie tief geschmerzt haben. Das Verhältnis zu ihrem Meister Mottl hatte seit 1892 einen Sprung, der nicht zu kitten war.

Einen weiteren ausschlaggebenden Grund für den frühzeitigen Abbruch ihrer Karriere hat sie öffentlich nie genannt, er ist jedoch offenkundig, und man ahnte ihn auch in der Öffentlichkeit: Einer Künstlerin mit dem Pflichtbewußtsein Paulines und den hohen Anforderungen, die sie an sich selbst stellte, konnte es nicht verborgen geblieben sein, daß sie in den letzten Jahren nicht mehr wie früher aus dem Vollen schöpfen konnte und daß – nach den immensen stimmlichen Anstrengungen, die einer Hochdramatischen während langer Jahre zugemutet wurden – die Überzeugung, ein schlackenfreies »Produkt« liefern zu können, nicht mehr so gefestigt war wie in den Anfangsjahren. Und nicht zu übersehen: Seit 1899 hatte sie in der Person Zdenka Faßbenders erstmals eine echte Rivalin in ihrem Fach, mit vergleichsweise frischen und unverbrauchten stimmlichen Mitteln.

So kam es zu dem schwerwiegenden Entschluß Paulines, in einen sichern Port, in den der Familie nämlich, zurückzukehren und Glanz und Glorie des Theaterlebens hinter sich zu lassen. Die Abschiedsvorstellung fand am 15. Juni 1901 statt; die Künstlerin hatte eine ihrer geliebten Wagnerpartien, die der Brünnhilde in der »Götterdämmerung«, gewählt. Ein Pressebericht von diesem Ereignis gibt gut die Stimmung wieder, die in der Karlsruher Hofoper an diesem Tag herrschte. Einige wenige Passagen dieses Berichts seien hier wiedergegeben: »Pauline Mailhac hat nun Abschied genommen von der Stätte langjähriger Wirksamkeit und damit von der Bühne überhaupt... Mit ungewöhnlichen Gaben des Geistes und Körpers ausgerüstet, schenkte sie uns in ihrer Walküre, Isolde, aber auch in Rollen älterer Werke, zum Beispiel in Beethovens Leonore Gestalten, eigenartig und Jedem unvergeßlich, der sie gesehen. Ihre gestrige Brünnhilde in der Götterdämmerung zeigte uns nochmals die ungewöhnliche Gestaltungskraft dieser Frau. Leidenschaftlicher mag keine Wotanstochter auf der deutschen Bühne gespielt worden sein... Das Abschiednehmen der Mailhac gestaltete sich zu einem hier unerhörten Triumph. Von Aktschluß zu Aktschluß steigerten sich die Beifallsstürme des dichtbesetzten Hauses, in die auch das großherzogliche Paar einstimmte... Ein Blütenregen übergoß unaufhörlich die Künstlerin, die zuerst fassungslos in die Arme einer Kollegin sank... Vor dem Theater aber hatte sich eine nach Tausenden zählende Menge angesammelt, deren Hochrufe den vierspännigen und rosenumwundenen Wagen der Sängerin begleitete. Zu beiden Seiten schritten jugendliche Fackelträger und die Straßen, durch die der Zug ging, waren stellenweise festlich beleuchtet. Eine Stunde lang schien ganz Karlsruhe in einem Taumel sich zu befinden... Eine Königin der Kunst, hat sie unter uns nun fast zwei Jahrzehnte gelebt, wie eine Königin ist sie bei ihrem Scheiden gefeiert worden. Schmerzlich mag ihr der Abschied in der Vollkraft der Jahre gewesen sein, aber der größte Schmerz bleibt ihr so erspart, zu fühlen, wie die Kraft allmählich versiegt.«

So kehrte die Künstlerin nach insgesamt 23 Theaterjahren im Sommer 1901 in den Schoß ihrer Familie zurück – oder soll man diese Rückkehr eher eine Flucht nennen? Im idyllischen Burghausen (Oberbayern) hatten sich kurz zuvor ihre Angehörigen – ihre Mutter, drei Schwestern und der verheiratete Bruder – niedergelassen. Die Familie kaufte dort ein ansehnliches Anwesen und verfügte über einiges Vermögen. Dort bezog Pauline ihre Pension, ca. 800 Reichsmark, ein für die damaligen Verhältnisse hoher Betrag, und lebte im übrigen still und zurückgezogen. Die Kammersängerin aus der Großherzoglichen Residenz, die Freundin der Königlichen Hoheiten – davon spricht noch heute ein kostbarer elfenbeinerner Fächer im Nachlaß, ein Geschenk der Großherzogin Luise – nahm zu der eher dörflich geprägten Bevölkerung des kleinen Städtchens kaum Verbindung auf. Eine umfangreiche Korrespondenz verband sie mit Kolleginnen und Kollegen aus ruhmreichen Tagen. Es sollten ihr noch 45 Jahre geschenkt werden, in denen sie der Erinnerung an die glanzvollen Stationen ihrer Karriere nachgehen konnte. Mit dem Abschied aus Karlsruhe war auch das wichtigste Kapitel ihres Lebens, die Musik, definitiv abgeschlossen.

Gelegentlich gab es noch Erinnerungen an die Theaterjahre: Mit großer Freude nahm sie 1906 die Ernennung zum Ehrenmitglied des Karlsruher Hoftheaters entgegen. Und auch ihr Karlsruher Publikum hatte seine »Erste Hochdramatische« nicht vergessen; noch zum 70. Geburtstag im Jahre 1928 erschienen mehrere ehrende Gedenkartikel in der örtlichen Presse. Die reichen Geschenke aus ihrer Opernlaufbahn kamen der Familie nach den Vermögenseinbußen im Ersten Weltkrieg und in der Inflation sehr zustatten. Leider blieb auch ihr eine zweite Notzeit im Zweiten Weltkrieg und danach nicht erspart. Hochbetagt starb Pauline Mailhac am 9. April 1945 in Burghausen.

Clemens Siebler

Sophie Marie Victoria von Baden

1862–1930

Die zwischen der badischen Prinzessin Victoria und dem schwedischen Kronprinzen und späteren König Gustav V. 1881 eingegangene Ehe war dem ersten Eindruck nach eine jener zahlreichen Verbindungen, die in den adelig-monarchischen Kreisen seit undenklichen Zeiten meist unter rein politisch-dynastischen Gesichtspunkten angestrebt wurden. Und dennoch kommt diesem fürstlichen Ehebund, gerade weil er nicht vorrangig auf den Zugewinn von Macht und Besitz angelegt war, eine Stellung besonderer Art zu. Gustavs und seiner Gemahlin Verdienste bestehen vor allem darin, bei internationalen Spannungen immer wieder vermittelnd und friedenstiftend eingewirkt und Kriegsnot gelindert zu haben. Unvergessen ist, wie sehr Victoria dem badischen Fürstenhaus in den Tagen der Novemberrevolution 1918 durch ihren persönlichen Einsatz helfend und schützend beistand.

Sophie Marie Victoria, geb. Prinzessin von Baden und seit 1907 Königin von Schweden, wurde am 7. August 1862 in Karlsruhe geboren. Ihre Eltern waren Großherzog Friedrich I. (1826–1907) und Großherzogin Luise (1838–1923). Am großherzoglichen Hof wuchs sie auf und erhielt dort zunächst Privatunterricht. Später wurde sie in der eigens für sie gegründeten Prinzessinschule mit gleichaltrigen Mädchen aus verschiedenen Gesellschaftsschichten unterrichtet. Sie war erst fünfzehn Jahre alt, als man erste Anläufe zu ihrer standesgemäßen Verehelichung machte. Ihre Eltern traten damals in nähere Kontakte mit der aus dem Hause Nassau gebürtigen Königin Sophie von Schweden (1836–1913), als diese sich aus gesundheitlichen Gründen im Jahre 1877 in Heidelberg aufhielt. Auch der Tag der Konfirmation (1. Dezember 1878) bot Gelegenheit, um unter den zahlreichen Gästen nach einem geeigneten Gatten für die heranwachsende Tochter Ausschau zu halten.

Schon zwei Jahre später hielt der schwedische Kronprinz Oskar Gustav Adolf (1858–1950) um die Hand der badischen Prinzessin an, als er anläßlich der Vermählung des preußischen Prinzen Wilhelm und späteren deutschen Kaisers Wilhelms II. mit Prinzessin Auguste Viktoria von Schleswig-Holstein-Sonderburg-Augustenburg im Februar 1881 in Berlin weilte. Die Verlobung war am 12. März 1881 in Karlsruhe. Ebenfalls in der badischen Residenz fand am Tag der Silbernen Hochzeit des großherzoglichen Paares (20. September 1881) die Vermählung statt. Nur einen Monat nach ihrer Hochzeit kam Victoria, zusammen mit ihrem Gemahl, wiederum nach Karlsruhe, um ihren ernsthaft erkrankten Vater aufzusuchen. Schon damals war diese Besorgnis Ausdruck ihrer besonderen Anhänglichkeit an das Elternhaus; und tatsächlich sollten sich in der weiteren Zukunft nur wenige bedeutende Ereignisse am badischen Hof zutragen, bei denen die Tochter und Schwester nicht gemeinsam mit ihrer Familie Freude oder Leid geteilt hätte. So fand sie sich auch im März 1888 in Berlin ein, um zu-

Die Eltern von Prinzessin Victoria: Großherzog Friedrich I. und Großherzogin Luise von Baden.

sammen mit ihren Eltern am Sterbebett ihres Großvaters, Kaiser Wilhelms I., zu stehen.

Es war nur selbstverständlich, daß sich Victoria hauptsächlich in den ersten Ehejahren ganz ihrer jungen Familie widmete, zumal ihr binnen weniger Jahre drei Söhne geschenkt wurden. Prinz Gustav Adolf (VI.) (1882–1973), der erst 1950 Nachfolger seines Vaters wurde; danach Prinz Wilhelm (1884–1965) und Prinz Erik (1889–1918).

Victoria fehlte es nicht an der gebotenen Einfühlsamkeit, an der Seite des Kronprinzen sich vornehmlich den Aufgaben zuzuwenden, die ihr aufgrund ihrer Rangstellung am königlichen Hof zukamen. Noch war ihr Gemahl Thronanwärter und sollte erst 1907 Staatsoberhaupt werden. Trotz ihrer beständigen Sorge um das Wohl der Familie, zu der auch das Elternhaus zählte, lag ihr nicht weniger an der glücklichen Zukunft des schwedischen König-reiches sowie am einträchtigen Zusammenleben der Völker Europas. Lebhaft begrüßte sie daher jeden Versuch ihres Gemahls, vor allem dann seinen Einfluß bei den europäischen Regierungen geltend zu machen, wenn es um die Verminderung internationaler Spannungen ging.

Schweden, das unter Karl XV. (1859–1872) an der Seite Frankreichs eine deutschfeindliche Haltung eingenommen hatte, vollzog bald nach dem Regierungsantritt Oskars II. (1872–1907) eine Wendung zu einem dauerhaften freundschaftlichen Verhältnis mit dem Wilhelminischen Reich. Auf diesem Hintergrund ist auch die 1881 eingegangene Ehe des damaligen Kronprinzen Gustav mit Prinzessin Victoria einzuordnen. Die seitdem guten deutsch-schwedischen Beziehungen wurden jedoch erneut Belastungen ausgesetzt, als Norwegen 1905 die seit dem Wiener Kongreß bestehende Union mit Schweden aufkündigte und die deutsche Regierung keine Anstrengungen unternahm, die schwedischen Interessen gegenüber dem nach Unabhängigkeit strebenden Norwegen wirksam zu unterstützen. Es war sicher ein Glücksfall, daß im unmittelbaren Umfeld dieser Krise 1907 mit Gustav V. ein Mann den schwedischen Thron bestieg, der nicht nur in enger Verbindung mit den deutschen Fürstenhöfen stand und der selbst der deutschen Sprache so mächtig wie ein Deutscher war, sondern der zudem mit einer Frau verheiratet war, die zum damaligen Zeitpunkt die beste Gewähr für ein einvernehmliches Verhältnis zwischen den beiden betroffenen Staaten bot, ehrlich und ernsthaft darum bemüht, die deutschen und schwedischen Interessen in Übereinstimmung zu bringen. So war es im Hinblick auf den Ersten Weltkrieg für das Deutsche Reich von großem Vorteil, daß Schweden neutral blieb – trotz der für das Land bedrohlichen Befestigung der Ålandinseln durch Rußland (1916), trotz innenpolitischer Agitationen zugunsten der Triple-Entente und trotz der Aufforderung der USA zum Kriegseintritt (1917).

Wo immer Victoria im öffentlichen Interesse Initiativen ergreifen wollte, hat sie stets nur mit der ausdrücklichen Zustimmung ihres Mannes gehandelt. Da er selbst überaus vertrauenerweckend und hilfsbereit war und sich nie wankelmütig zeigte, bedurfte es ihrerseits keiner großen Worte, um ihn für ihre hochherzigen Pläne zu gewinnen. Gerade die Jahre des Ersten Weltkrieges liefern viele Beweise für ihre edle Denkart und Herzenswärme. Im teilnehmenden Gespräch mit Freunden und Bekannten, aber auch mit den Notleidenden war sie unkompliziert, natürlich und liebevoll.

Gleich nach Kriegsbeginn zeigte sie sich als eine Frau der helfenden Tat, als unter ihrem Vorsitz das »Zentralkomitee der Königin« gebildet wurde. Ihm oblag die Organisation und Leitung der privaten Hilfsaktionen, die damals von zahlreichen schwedischen Vereinigungen gestartet wurden, um die materielle Not in Deutschland zu lindern. Ein Vorgang aus den Jahren bitterster Entbehrung, der von der nicht minder edlen Hochherzigkeit ihrer großherzoglichen Mutter Luise berichtet, eignet sich gleichermaßen, um auch die Hilfsbereitschaft Victorias zu würdigen. »Als die Vorräte an Kleidern und Schuhen und an Lebensmitteln im Lande beinahe erschöpft waren, mutete es wie ein Wunder an, als uns die Großherzogin ihre Geburtstags- und Weihnachtsgaben zeigte. Von und durch ihre Tochter, der Königin von Schweden, waren aus Schweden Säle voll Geschenke gekommen, Berge von Stiefeln, Hemden, Kleider für groß und klein, Nahrungsmittel, kurz Dinge, die für uns in jener Zeit einfach märchenhaft waren...« Es darf angenommen werden, daß bei diesen von Victoria koordinierten Hilfsaktionen der von ihrer Mutter bereits 1859 gegründete badische Frauenverein Pate gestanden hat. Nach seinem Vorbild haben die schwedischen Hilfsvereinigungen auch nach Kriegsende ihren Kampf gegen die Not in Deutschland fortgesetzt. Der Effizienz dieses Wohltätigkeitsprogramms war sicher zuträglich, daß ihr nicht nur viele helfende Hände, sondern auch die notwendigen diplomatischen Kanäle zur Verfügung standen.

Wenn auch die Novemberrevolution in Baden (1918) einen vergleichsweise ruhigen Verlauf genommen hatte, so war es für die großherzogliche Familie in Karlsruhe doch von Vorteil, daß in der kritischen Phase des Umsturzes die Königin von Schweden sich in unmittelbarer Nähe aufhielt. Mit dem großherzoglichen Paar begab sie sich auf Anraten der provisorischen Volksregierung in das leichter zu sichernde Schloß, und nach der nächtlichen Schießerei am 11. November ging auch sie mit Mutter, Bruder und Schwägerin nach Schloß Zwingenberg am Neckar und wenige Tage später nach Schloß Langenstein im Hegau. Zwar hatte die Vorläufige Badische Volksregierung den ausdrücklichen Schutz der »Allerhöchsten Herrschaft« zugesichert. Daß diesen Schutz telegraphisch auch die vorläufige Reichsregierung (Rat der Volksbeauftragten) zum Ausdruck brachte und zugleich darum bat, die Umgebung des Schlosses Langenstein möglichst nicht mit Truppen zu belegen, war allein der Anwesenheit Victorias zu verdanken, für deren Sicherheit – als Monarchin eines neutralen Landes – die Reichsregierung sich nachdrücklich verbürgte. Ihr hätte nach dem Zusammenbruch nichts unliebsamer sein können, als durch irgendwelche unbedachten Übergriffe auf die ausländische Fürstin der so kostbaren Neutralität Schwedens verlustig zu gehen, zumal man sicher war, daß im Falle ihrer Behelligung französische Truppen – mit oder ohne Auftrag der schwedischen Regierung – in das badische Seegebiet einrücken und Sanktionen verhängen würden.

Victoria, die im Besitz der auch für ihre Familie vorteilhaften Immunität war, litt in jenen Tagen nicht weniger unter der deutschen Niederlage, denn auch sie war von der Unbesiegbarkeit des deutschen Heeres fest überzeugt. Wie düster sie damals die Lage beurteilte, erhellt ein Brief, den sie am 11. Januar 1919 von Schloß Langenstein an den mit der schwedischen Königsfamilie befreundeten Forscher Sven Hedin schrieb: » Es wird überall schlimm und schlimmer, und man fragt sich: was kommt nun? Ich glaube nicht, daß wir in Deutschland dem Bolschewismus entgehen können, sondern ich meine, daß wir ganz und gar in den Abgrund stürzen werden. Möge Schweden wenigstens verschont bleiben! Hierzulande ist es ja bedeutend ruhiger als oben in Preußen, aber es heißt, daß Spartakus verzweifelte Anstrengungen macht, auch hier Unordnung zu stiften. Man fühlt sich vollkommen zerknirscht, und all das ist zu schmerzlich, um davon zu sprechen.«

Victorias Rückkehr nach Schweden hatte sich unerwartet um mehrere Monate verzögert. dabei standen die schlechten Verkehrsverhältnisse im Vordergrund, die den Reiseantritt Mitte November für nicht günstig erscheinen ließen: für die schwedische Presse Anlaß, am 1. Mai 1919 die Falschmeldung zu kolportieren, daß die Königin in Baden regelrecht gefangengehalten werde, weil sie von der dortigen

Seit 1907 war Prinzessin Victoria als Gemahlin Gustavs V. Königin von Schweden.

Regierung gewarnt worden sei, ihren derzeitigen Aufenthalt zu verlassen. Tatsache ist, daß auch familiäre Gründe sie noch immer von der Rückkehr nach Stockholm abhielten. Nun war es der besorgniserregende Gesundheitszustand ihrer Mutter, der es nicht geraten erscheinen ließ, die Heimreise nach Schweden anzutreten. Und doch hatte auch diesmal die Diplomatie wieder ihre Hand im Spiel. Da man im Frühjahr 1919 mit einer Besetzung Badens durch französische Truppen rechnete, wollte Victoria noch einmal ihren politischen Status in die Waagschale werfen, um einen möglichen militärischen Übergriff auch auf die Insel Mainau zu unterbinden, wohin sich die großherzogliche Familie inzwischen zurückgezogen hatte.

Zumindest vordergründig war es ihre Anhänglichkeit an das Elternhaus, die Victoria seit ihrer Heirat bewogen hatte, in mehr oder minder regelmäßigen Abständen die alte Heimat aufzusuchen; und nicht selten verband sie mit diesen Besuchen auch eine diplomatische Mission. Dagegen war der breiten Öffentlichkeit nur wenig bekannt, daß die Königin gern jede Gelegenheit benutzte, um möglichst oft das rauhe Klima Schwedens zu meiden und neue Kräfte im wärmeren Süden, sei es am milden Gestade des Bodensees oder unter der Sonne Italiens zu suchen. Schon im Winter 1890/91 hatte sie sich aus gesundheitlichen Gründen in Ägypten aufgehalten; sie hat ihre Reiseeindrücke in einem ausführlichen Tagebuch niedergeschrieben. Um ihren dauerhaft leidenden Zustand wußte nur ihr engster Freundes- und Bekanntenkreis, und so war es keineswegs verwunderlich, daß die jährlichen Reisen nach dem Süden immer wieder der öffentlichen Kritik ausgesetzt waren. Oft setzte ihr ein schmerzhafter Husten zu, und mit fortschreitendem Alter klagte sie über Atemnot, so daß ihr das Gehen zunehmend schwerfiel. Wie sehr sich in den letzten Lebensjahren ihr Gesundheitszustand verschlechterte, wird an der Tatsache ersichtlich, daß sie zur Beisetzung ihres Bruders, Großherzog Friedrichs II., der am 9. August 1928 in Badenweiler verstorben war, nicht nach Karlsruhe kam. Durch testamentarische Verfügung ging damals die Insel Mainau in das Eigentum der schwedischen Königsfamilie über.

Ihre krankheitsbedingte häufige Abwesenheit vom königlichen Hof verlangte vor allem ihrem Gemahl viel Verständnis ab. Bei seinem Pflichtbewußtsein und seiner Selbstlosigkeit wußte er am besten, was er ihrer instabilen Gesundheit schuldig war. In ergreifenden Worten hat Dr. Axel Munthe, der oberste Leibarzt der Königin, die wachsende Unruhe geschildert, mit der Gustav V. die hoffnungslose Krankheit der Königin verfolgte, und die Trauer und den Schmerz beschrieben, die ihn beim Tod der Gattin befielen: »Erhobenen Hauptes kämpfte unsere Königin, solange sie konnte, um ihr Leben und ihre Krone. Von Kopf bis Fuß eine Königin, konnte sie nicht nachgeben. Noch trug sie die königliche Krone, doch war es eine Dornenkrone, die sich in ihrer gefurchten Stirn drückte. Zuletzt begann sie, sogar sie, ermüdet von dem hoffnungslosen Kampf zu wanken. Die Last ihres Kreuzes senkte sich immer schwerer und schwerer auch auf die Schultern des anderen – dessen, der auf der langen Via Dolorosa ihres Leidens an ihrer Seite schritt, mit Worten des Trostes und des Verstehens auf den Lippen und Trauer im Herzen, ritterlich, treu und zart, bis endlich der Befreier kam, Er, der barmherziger als das Leben ist.«

Victoria starb während eines Romaufenthaltes am 4. April 1930. Ihre Beisetzung in der Riddarholmskirche in Stockholm fand am 12. April statt. Unter den Trauergästen waren zahlreiche Vertreter des europäischen Hochadels, an ihrer Spitze die gekrönten Staatsoberhäupter der skandinavischen Länder sowie der finnische Staatspräsident.

Noch fehlen der Nachwelt und damit auch der historischen Forschung detailliertere Kenntnisse über Leben und Lebenswerk Victorias, da der im Stockholmer Reichsarchiv aufbewahrte Briefwechsel der Königin laut testamentarischer Verfügung bis zum Jahre 2000 gesperrt ist. Trotz aller Lückenhaftigkeit des bisher ausgewerteten Materials werden unschwer die großen Verdienste sichtbar, die sich Victoria dank ihrer Herzensgüte und Menschenfreundlichkeit erworben hat. Bereits zum Zeitpunkt ihres Todes war man sich in Schweden darüber einig, mit dieser Frau eine der liebenswertesten Fürstinnen der jüngeren Geschichte verloren zu haben. Über Schweden hinaus wurde diese Ansicht auch in den Staaten Skandinaviens geteilt.

Brigitte Baumstark

Margarethe Hormuth-Kallmorgen
1857–1916

Jenny Fikentscher
1869–1959

Die 1857 geborene Margarethe Hormuth und ihre zwölf Jahre jüngere Künstlerkollegin Jenny Fikentscher (geb. Nottebohm) waren sicher keine engen Freundinnen, und wir wissen nicht, inwieweit sie sich künstlerisch austauschten, doch zwischen ihnen bestehen zahlreiche äußere Gemeinsamkeiten. Die Gegenüberstellung ihrer Lebenswege zeigt zwei sehr unterschiedliche Persönlichkeiten, die jede auf ihre Weise Anteil nimmt an der Emanzipation der Frauen zur Jahrhundertwende.

Margarethe Hormuth-Kallmorgen und Jenny Fikentscher stammten beide aus bürgerlichen Verhältnissen, und die Eltern waren bereit, die künstlerische Ausbildung der Töchter zu finanzieren. Den jungen Frauen genügte es jedoch nicht, sich zeichnend und malend die Zeit zu vertreiben, wie es für adlige Damen und ihre Geschlechtsgenossinnen aus dem Bürgertum durchaus üblich war, sie wollten vielmehr ihren männlichen Kollegen in Schaffenskraft und Konsequenz nicht nachstehen.

Zunächst gab es für die angehenden Künstlerinnen wesentliche Einschränkungen, denn Frauen waren an der Akademie, der klassischen Ausbildungsstätte für bildende Künstler, nicht zugelassen. Sie mußten auf andere, wesentlich teurere Ausbildungsmöglichkeiten ausweichen. An den Akademien wurden in der Malerei verschiedene »Fächer« wie Historien-, Portrait-, Genre- und Landschaftsmalerei gelehrt.

Im Laufe ihrer Ausbildung spezialisierten sich die Maler auf eine dieser Richtungen. Für die Frauen hatte man das Fach Blumenmalerei vorgesehen, das natürlich an der Akademie nicht unterrichtet wurde. Wenige Künstlerinnen durchbrachen diese ungeschriebene Regel und schufen Portraits sowie Genrebilder.

In der badischen Residenzstadt Karlsruhe waren die Ausbildungsmöglichkeiten für junge Künstlerinnen im späten 19. Jahrhundert überdurchschnittlich vielfältig. Seit Johann Wilhelm Schirmer, dem Gründungsdirektor der Karlsruher Akademie, unterwiesen die Professoren traditionell Schülerinnen im Privatunterricht. Darüber hinaus boten freischaffende Künstler privaten Malunterricht an. Zu ihnen gehörte als einzige Frau die Malerin und Grafikerin Alwine Schrödter, die in Karlsruhe hoch geschätzt wurde.

Seit 1885 gab es die Möglichkeit, eine künstlerische Ausbildung an der Malerinnenschule zu absolvieren. Diese Ausbildungsstätte – vergleichbare Institutionen bestanden damals nur in Berlin und München – wurde auf Anregung Großherzogin Luises von Baden gegründet. Sie nahm ihren Betrieb im September 1885 auf. Selbst in dieser für Frauen eingerichteten Schule waren in den 38 Jahren ihres Bestehens die Lehrer in Überzahl. Die 22 Künstler unterrichteten Zeichnen nach dem lebenden Modell, malerische Perspektive sowie Figur- und Portraitstudien. Sie leiteten die Gips- und die Landschaftsklasse. Den vier Lehrerinnen blieben die traditionell »weiblichen« Themen Blumen- und Stillebenmalerei vorbehalten. Für Margarethe Hormuth kam diese Einrichtung zu spät, denn sie hatte ihre Ausbildung bereits 1878 begonnen. Doch Jahre später sollte sie mit dieser Institution näheren Kontakt bekommen. Jenny Fikentscher nahm im Wintersemester 1888/89 als Hospitantin am Unterricht teil.

Zu den bedeutenden künstlerischen Erscheinungen der Zeit gehört die Malerkolonie in Grötzingen, wenige Kilometer von Karlsruhe entfernt. Zunächst war der landschaftlich reizvoll gelegene Ort ein beliebtes Ausflugsziel für Studenten und Professoren der Karlsruher Akademie, die die malerischen Winkel des Dorfes zeichneten. Solch ein Tag wurde im Gasthaus »Zum Schwanen« mit Vesper und Wein beschlossen. Seit 1889 ließen sich Maler in Grötzingen nieder, um in dieser ländlichen Umgebung zu wohnen und zu arbeiten. So entstand die Künstlerkolonie nach dem Vorbild der ersten Künstlerkolonie im französischen Barbizon, unweit von Paris. Etwa gleichzeitig mit den Grötzinger Künstlern schlossen sich die Worpsweder Maler zusammen. Ausschlaggebend war der Wunsch, sich von der akademischen Enge zu befreien und mitten in der Natur den Wechsel der tages- und jahreszeitlichen Stimmungen im Bild festzuhalten. Nur in der Worpsweder und der Grötzinger Kolonie gehörten Frauen zum aktiven Kreis. Ansonsten wissen wir von zahlreichen, meist namenlosen Schülerinnen, die sich in jedem Sommer in den Künstlerkolonien einfanden, um ihre künstlerische Ausbildung zu vervollkommnen.

Im Jahre 1896 wurde in Karlsruhe eine sezessionistische Künstlervereinigung, der Karlsruher Künstlerbund, gegründet. Meinungsverschiedenheiten, die an der Akademie schon lange schwelten, bildeten den Hintergrund. Der Auslöser war die Auswahl der badischen Bilder, die auf der Jubiläumsausstellung der Akademie in Berlin gezeigt werden sollten. Dem Künstlerbund konnten Künstlerinnen als ordentliche Mitglieder beitreten. Margarethe Hormuth-Kallmorgen nahm diese Möglichkeit bereits im Gründungsjahr wahr, Jenny Fikentscher 1899. Die bedeutendste Initiative des Künstlerbundes war die Einrichtung einer Druckerei für Lithographie. Sie bot Karlsruher Künstlern eine lukrative Erwerbsmöglichkeit, denn diese konnten den Bürgern mit den Steindrucken künstlerisch hochwertigen Wandschmuck zu einem günstigen Preis anbieten. In dieser Werkstatt wurden Jennys qualitätvolle Lithographien gedruckt, die rasch in ganz Deutschland Verbreitung fanden.

Margarethe Hormuth wurde 1857 in Heidelberg geboren. Als sie neun Jahre alt war, entschlossen sich die Eltern, nach Amerika zu gehen. Ihr Stiefvater, der Bauingenieur Wilhelm Hormuth, erhielt eine Anstellung bei der Eisenbahngesellschaft, die die große Ost-West-Achse durch Nordamerika anlegte. Die Familie ließ sich in Keokuk in Iowa nieder. Maggie, wie sich das junge Mädchen in Amerika nannte, besuchte dort die Schule, und Indianerkinder waren ihre Klassenkameraden. Bereits 1869 kehrte die Familie nach Deutschland zurück und zog nach Waldshut am Hochrhein, wo Margarethe wieder die Schule besuchte. Den Gepflogenheiten der Zeit entsprechend wurde sie danach in ein Mädchenpensionat geschickt. Dort sollte sie die Bildung erhalten und die Umgangsformen lernen, die man von einer »höheren Tochter« erwartete. Diese Jahre verbrachte sie in Freiburg.

1878 kam sie in die Residenzstadt Karlsruhe, wo sich inzwischen ihre Familie niedergelassen hatte. Sie beschloß, Künstlerin zu werden, und ging als Privatschülerin zu Ferdinand Keller. Der bekannte Maler hatte seit 1870 eine Pro-

Margarethe Hormuth-Kallmorgen, Pfingstrosen. Öl auf Leinwand.

fessur für Portrait- und Historienmalerei an der Karlsruher Akademie inne. Seit er 1875 den Wettbewerb um die Gestaltung des Theatervorhangs für die Dresdner Semperoper gewonnen hatte, trug er den Beinamen der »badische Makart«. Wie der Wiener Maler Franz Makart schuf Keller großformatige Gemälde mit vielfigurigen Szenen der deutschen und europäischen Geschichte, die er malerisch rein aus der Farbe heraus gestaltete. Gemeinsam mit ihrer Kollegin Hermine von Preuschen arbeitete Margarethe nun in einem Atelier im neuen Kunstschulgebäude. Sie studierte somit in direkter Nachbarschaft zu ihren männlichen Kollegen. Inwieweit mit diesen ein künstlerischer Austausch stattfand, ist nicht überliefert.

Obwohl sich Margarethe, den Gepflogenheiten der Zeit entsprechend, auf Blumenmalerei spezialisierte, ist das Vorbild des Lehrers deutlich in ihren Arbeiten spürbar. Die Staffagen seiner großen historischen Szenenå wie der rote Samtvorhang, die kupferne Vase und die üppigen Blüten der Pfingstrosen werden bei ihr zum alleinigen Bildinhalt, wobei sie die Stofflichkeit der Gegenstände hervorragend in Malerei umsetzte. In manchen Gemälden verzichtete sie auf Staffage. Vor einem neutralen Hintergrund setzte sie den zarten Schmelz der Blüten und Pflanzen in delikater Farbigkeit wirkungsvoll ins Bild.

Bereits zu Beginn ihrer Ausbildung lernte sie bei der Malerin Alwine Schrödter, die zahlreiche Künstler aller Sparten um sich scharte, den Kollegen Friedrich Kallmorgen kennen. Dieser studierte damals bei dem schwedischen Landschaftsmaler Hans Frederik Gude. In seinen Lebenserinnerungen schrieb Kallmorgen über seine künftige Frau: »Sie gefiel mir auf den ersten Blick – ein eigenartiger, feiner Kopf mit nicht zu großen, fein geschnittenen, dunklen Augen, lockigem, dunklen Haar, auf dem sie mit Vorliebe einen großen breitrandigen Hut trug, worauf sie bis zum Ende ihrer Tage ungern verzichtete. Eine schlanke ebenmäßige Figur.«

Bald wurde sie zur wichtigsten Ratgeberin für den jungen Maler. Wie sie in einem Brief an ihren Verlobten formulierte, war ihr diese Rolle besonders wichtig: »Ich will keine Frau sein, die mit ein bißchen süßem Geschwätz den Mann unterhält, ihm ein kostbares Spielzeug ist oh nein – ich als Frau von einem Künstler will vollen Anteil an seinen Werken haben, ich will die anregende, fördernde Kraft sein. Mit mir, durch mich.«

In seinen Lebenserinnerungen würdigte Kallmorgen die Arbeit seiner späteren Frau und berichtete von ersten Verkäufen: »Meine Braut war Schülerin Ferdinand Kellers und malte Stilleben und Blumenstücke mit großem technischem Geschick und feinem poetischem Empfinden. Beinahe ein Jahr jünger als ich leistete sie, von der Anerkennung ihres Lehrers gefördert, schon damals Tüchtiges und schritt rasch zu Leistungen vor, die ihr neben der Bewunderung ihrer Kollegen vor allem die so wichtige Gunst der Bilderkäufer einbrachten. ... In den 80er und 90er Jahren war wohl niemand in Deutschland, der sich gleich tat in der technischen Vollendung duftig-blumigen Wesens, seidiger Stoffe, Draperien und glänzender Gefäße. Bei den Konkurrenzen für Blumenmalerei des Vereins bildender Künstlerinnen erhielt sie in diesen Jahren zweimal den ersten Preis. Kaiser Wilhelm I. kaufte drei ihrer Bilder. Fast alle ihre Arbeiten gingen in Privatbesitz über.«

Erst nachdem gesichert war, daß Friedrich Kallmorgen mit dem Verkauf seiner Gemälde eine Familie ernähren konnte, erlaubte sein Vater die Heirat nach einer fünfjährigen Verlobungszeit. Das Paar schloß am 10. September 1882 in Kallmorgens Heimatstadt Altona die Ehe. In Karlsruhe mietete es eine Wohnung in der Scheffelstraße 14.

Da heute von Margarethe Hormuth-Kallmorgen nur wenige Gemälde bekannt sind, war man in der Vergangenheit davon ausgegangen, daß sie sich nach der Heirat und der Geburt der Kinder vorwiegend um die Familie kümmerte und nur noch selten malte. Eine neuere Publikation zu ihren Tagebüchern und Briefen zeichnet ein verändertes Bild der Künstlerin. Nachdem im Sommer 1883 der Sohn Walther zur Welt gekommen war, zog Margarethes Schwester Anna zu der jungen Familie und kümmerte sich um den Haushalt und die Kinder. Margarethe konnte sich weiter der Malerei widmen, und bis zur Geburt der Tochter Helene war sie noch Schülerin von Ferdinand Keller. Sie erhielt Aufträge für Gemälde, sie beschickte regelmäßig Ausstellungen, wo ihre Arbeiten in der Regel verkauft wurden, und seit 1884 unterrichtete sie immer wieder Privatschülerinnen. Margarethe war nach Kräften bemüht, mit ihrem Verdienst das Haushaltsgeld aufzubessern. Dabei teilte sie ihre Zeit gewissenhaft ein: »Abends strickend, morgens malend, nachmittags Frau für alles«, wie sie 1885 ihre Situation beschrieb. Die bedeutenden künstlerischen Erfolge Friedrich Kallmorgens und die Bilderverkäufe ermöglichten es dem Paar, 1889 in Gröt-

Margarethe Hormuth-Kallmorgen, Mohnblumen. Öl auf Leinwand.

zingen ein Haus für den Aufenthalt im Sommer zu bauen.

Jenny Nottebohm wurde 1869 im oberschlesischen Kattowitz geboren, wo ihr Vater August Nottebohm eine Stelle als Regierungsbaumeister innehatte. Nachdem sich die Familie in Karlsruhe niedergelassen hatte, beschloß auch sie, Künstlerin zu werden. Im Wintersemester 1888/89 war sie Hospitantin an der Malerinnenschule. Im Laufe des Jahres 1889 zog sie mit ihrer verwitweten Mutter Elisabeth Nottebohm in die Augustenburg nach Grötzingen. Außer diesen kargen Fakten wissen wir wenig über ihre Ausbildung und ihr Leben, da von ihr bisher keine Tagebücher und Briefe bekannt sind.

Grötzingen, in einer malerischen, fruchtbaren Landschaft am Ausgang des Pfinztales zum Rheintal gelegen, befand sich zum Ende des 19. Jahrhunderts in einer Umbruchsituation. In dem idyllischen Bauerndorf mit seinen Fachwerkhäusern wurden deutliche Anzeichen der Industrialisierung spürbar. Aus den Grötzinger Bauern, die sich nicht allein von den Erträgen ihrer aufgrund der Realteilung immer kleiner werdenden Äcker ernähren konnten, wurden Industriebauern. Frauen und Kinder bestellten das Feld; in der knappen Freizeit halfen die Männer mit.

Erste größere Betriebe wie die Fißlersche Eisenfabrik und die Filiale der Deutschen Metallpatronenfabrik, im Volksmund »Patron« genannt, siedelten sich dort an. Zudem pendelte ein großer Anteil der ländlichen Bevölkerung täglich in die Industriestandorte Durlach und Karlsruhe. Die Eisenbahnlinie machte es möglich, daß man die nahegelegene großherzogliche Residenz in zwölf Minuten erreichen konnte.

Auf dem Südhang, abseits des Dorfkerns, baute sich die Familie Kallmorgen ihr »Haus Hohengrund« als Wohnsitz während des Sommers. Von dem leicht erhöht liegenden Anwesen bot sich die malerische Aussicht in das Tal und auf die Augustenburg, den Wohnsitz der jüngeren Kollegen. Jedes Jahr wurde noch vor Ostern der aufwendige Umzug nach Grötzingen bewerkstelligt, und im Herbst ging es wieder »mit Sack und Pack« zurück in die Karlsruher Stadtwohnung. Das Leben auf dem Land war sehr abwechslungsreich, und Margarethe entwickelte eine große Selbständigkeit, da der Gatte als Landschaftsmaler zahlreiche Reisen unternahm und häufig abwesend war. Unterstützt von ihrer Schwester Anna und zusätzlichen Dienstboten, hatte sie bereits 1889 das Richtfest des Hauses ohne ihren Mann begehen müssen. Während der Sommermonate kamen zahlreiche Besucher, meist befreundete Künstler, aus Karlsruhe nach Grötzingen, die Margarethe mit Kaffee oder einem Abendessen bewirtete. Im Garten spielte man Croquet, und bald brach man gemeinsam zu Fahrradtouren in die nähere Umgebung auf.

Der Alltag war arbeitsreich. Da es in Grötzingen zu dieser Zeit noch keine Wasserleitungen gab, mußten Kallmorgens ihr Wasser am Brunnen holen, der talabwärts in der Nähe der Kirche stand. Margarethe unterrichtete in Grötzingen zahlreiche Schülerinnen, und gelegentlich besuchte sie ihre langjährige Schülerin, die Fürstin Lippe, in Detmold. Darüber hinaus arbeitete sie beständig an ihren eigenen Werken.

Einen Bericht über die Arbeitsweise seiner Gattin in Grötzingen verdanken wir ebenfalls Friedrich Kallmorgen: »Meine Frau malte im 2. Stock, wo sie in einem Nordzimmer mit Nische den für die Aufstellung ihrer Blumen und Stilleben günstigen Raum fand. Selten nur entschloß sie sich im Freien zu malen. Sie holte ihre Blumen ins Zimmer, stellte sie in ihre Vasen, baute mit Sonnenblumen oder Malvenstauden in Kupfergefäßen, Glas- und Zinnkrügen große Bilder auf und malte sie in dekorativer, farbi-

Jenny Fikentscher, Blühender Kirschbaum. Farblithographie aus dem Jahre 1899.

ger Wirkung oder mit dem ganzen farbigen Schmelz und Zauber, der den verschiedenen Arten eigen ist.«

Zeitgenössische Fotografien belegen jedoch, daß sie ihre Staffelei gelegentlich im Garten aufstellte. Doch die Malvenblüten, die man auf der Leinwand erkennen kann, werden nicht in ihrem Umfeld im Garten wiedergegeben, sondern sie entstehen vor einer neutralen Fläche. Eines der wenigen Gemälde Margarethes, das Pflanzen in ihrer natürlichen Umgebung zeigt, trägt den Titel »Mohnblumen«. Die Künstlerin gibt eine unspektakuläre Situation wieder. An der Ecke eines verwitterten Holzzaunes wächst eine Mohnpflanze. Ihre vollen, nahsichtig wiedergegebenen Blüten wenden sich nach verschiedenen Seiten, so daß die Künstlerin diese vielansichtig wiedergeben kann. Das Rot der

Blüten hebt sich strahlend vom Grün der umgebenden Wiese ab.

Diese intensive, kontinuierliche Arbeit führte zu beachtlichen Erfolgen, hatte doch der bekannte Kunstkritiker Adolf Rosenberg bereits 1885 die Stillebenmalerin Margarethe Hormuth-Kallmorgen »wegen ihres für eine Frau ganz ungewöhnlichen malerischen Könnens bewundert«. 1898 wurde sie in den Vorstand des Karlsruher Malerinnen-Vereins berufen. Seit 1900 gehörte sie dem Lehrkörper der Malerinnenschule an und lehrte Blumen- und Stillebenmalerei. Sie mußte diese Stelle jedoch 1902 aufgeben, als ihr Ehemann einen Ruf an die Berliner Akademie erhielt und das Paar nach Berlin umzog.

Im selben Jahr, in dem die Familie Kallmorgen ihr Sommerhaus fertigstellte, bezog Elisabeth Nottebohm mit ihrer Tochter, der Malerin Jenny Nottebohm, die Augustenburg. Jenny nahm Privatunterricht bei der Malerin Alwine Schrödter. Die damals bereits 69jährige Witwe konnte auf ein reiches künstlerisches Schaffen zurückblicken. Erst nach der Hochzeit mit dem Graphiker und Genremaler Adolf Schrödter wandte sie sich, angeregt durch die Arbeit des Gatten, ebenfalls der Kunst zu. Nach Karlsruhe zog das Paar 1859, da Adolf Schrödter als Professor für Ornamentzeichnen und Aquarellieren an das Polytechnikum berufen worden war. Hier arbeitete die Blumen-, Ornament- und Initialenmalerin vorwiegend als Graphikerin. Sie illustrierte Gedichte und Verse. Als Vertraute und Lehrerin Großherzogin Luises unterrichtete sie seit 1868 an der Kunststickereischule des Badischen Frauenvereins.

Einen hohen Bekanntheitsgrad erhielt sie durch die Veröffentlichung ihrer Vorlagensammlung »Blumensprache« im Jahre 1881, die ihr im Unterricht als Anschauungsmaterial diente. Dies belegen frühe Arbeiten ihrer Schülerin Jenny Fikentscher, die zwischen 1890 und 1895 – also bereits in Grötzingen – entstanden und sich heute in Privatbesitz befinden. Es handelt sich um Blätter mit reich verzierten Gedichten. Die Komposition bleibt immer gleich: Der Text, in schmuckreicher Kalligraphie gestaltet und zumeist mit einer aufwendigen Initiale versehen, steht auf der rechten Bildseite. Von der linken oberen Ecke des Textes entwickelt sich ein Blumenarrangement aus heimischen Pflanzen wie Kirschblüten, Christrosen oder den roten Blättern des wilden Weines. Obwohl diese Blütenarrangements deutlich auf den Textblock bezogen sind, entfalten sie ihr Eigenleben. Die malerisch rein aus der Farbe heraus gestalteten Blüten sind in Deckfarbe ausgeführt. Sie stehen vor dem neutralen Hintergrund des leicht getönten Papiers.

Während sich Jenny bei der Komposition des Gesamtarrangements und bei der Gestaltung des Textes noch deutlich an den Arbeiten ihrer Lehrerin orientierte, unterscheiden sich die dazugehörigen Pflanzen- und Blumenarrangements grundlegend. Alwine Schrödter legte sie eher im Sinne des Makart-Straußes an und verwendete exotische Pflanzen wie Orchideen. Ihre Schülerin stellte die heimische Pflanzenwelt dar und beschränkte sich im wesentlichen auf eine Sorte, deren Besonderheit sie herausarbeitete. Damit wird deutlich, daß Jennys Werke auf das direkte Studium der heimischen Natur zurückgehen, wie dies von zeitgenössischen Künstlern immer wieder gefordert wurde. Die Wirkung der Blüten vor einem neutralen Hintergrund erinnert an Bilder von Margarethe Hormuth-Kallmorgen.

Jenny Fikentscher lebte bereits seit zwei Jahren in Grötzingen, als sie am 26. Juni 1891 Otto Fikentscher heiratete. Wahrscheinlich hatten auch sie sich im Hause von Jennys Lehrerin Alwine Schrödter kennengelernt. Der sieben Jahre ältere Tiermaler studierte bei Hermann

Jenny Fikentscher, Malven. Farblithographie aus den Jahren 1901/02.

Baisch. Es ist jedoch überliefert, daß er über seine Jagdleidenschaft gelegentlich die Malerei vergaß.

Daß sich in der Augustenburg während der folgenden Jahre der engere Kreis der Grötzinger Malerkolonie zusammenfinden konnte, ist dem 29jährigen Industriellensohn Otto Fikentscher zu verdanken, der den historischen Gebäudekomplex 1890 von dem Grötzinger Bürgermeister Jordan erwarb und somit dessen Abriß verhinderte. Das barocke Gebäude war keine bequeme Behausung, wenn auch der Weg zum Brunnen nicht so weit war wie für die Kallmorgens. Nach und nach zogen mehrere Künstlerehepaare in das alte markgräfliche Schloß. Zunächst kam Gustav Kampmann, Sohn von Elisabeth Nottebohm aus erster Ehe und Halbbruder von Jenny. Im März 1891 zogen der Märchenmaler Franz Hein und seine Frau in die Augustenburg. Acht Jahre später folgten Karl

Biese und seine Frau. Franz Hein beschrieb die kleine Gemeinschaft in seinen Erinnerungen: »Mit wahrhaft mütterlicher Güte trat uns die alte Dame entgegen, während ihre Tochter Jenny sich wie eine Schwester an meine nur wenig ältere Frau anschloß. Ihr Bräutigam Fikentscher gewann uns durch seine ritterliche, liebenswürdige Art, und Kampmann ... den ich bis dahin nur wenig gekannt hatte, zeigte sich als ein gescheiter und unterrichteter Gesellschafter, dem die spaßhaften Geschichten, die an der Kunstschule über ihn im Schwange gewesen waren, wohl nur kollegiale Bosheit angedichtet hatte.«

Bereits ein Jahr nach der Hochzeit brachte Jenny ihre Tochter Gerta zur Welt. Bis 1907 sollten vier weitere Kinder folgen: 1894 Dorothee, 1897 Wolfgang, 1900 Henning und 1907 Rosemarie. Sicher stand auch ihr Personal zur Bewältigung des Haushalts und zur Betreuung ihrer Kinder zur Seite, wenn auch immer wieder erwähnt wird, daß bei Fikentschers Sparsamkeit herrschte. Vom alltäglichen Leben der Familie wissen wir wenig. Allein die Tochter des Malers Biese gibt in ihren Lebenserinnerungen einen knappen Einblick in die häusliche Situation: »Bei Fikentschers ging es immer etwas seltsam und ›natürlich‹ zu. ... in seiner Wohnung malte Fikentscher die Wände mit Tieren voll. Das hatte einmal eine köstliche Begebenheit zur Folge. Die Fikentscher Kinder waren bei uns zu Besuch und erkundigten sich bei unserer Mutter, wo unser ›Papagei‹ sei. Auf ihre Antwort – wir hätten keinen – stürmten sie heulend nach Hause und konnten diese Tatsache nicht begreifen. Die Lösung war einfach: Fikentscher hatte in das kleine Kabäuschen, also Örtchen, einen riesigen, bunten Papagei gemalt und nur dieses Wort kannten die Kinder dafür. Wie gesagt, bei Fikentschers ging es immer ganz unkonventionell zu, man lebte ganz nach seinem Gusto ... Beinahe möchte man sagen – sie lebten den Jugendstil. ... Und wenn Frau Fikentscher in losem Gewand durch den Garten schritt, quälten sich meine Mutter, Frau Hein und Kampmann noch mit engen Stangenkorsetts, weil sich das so ›gehörte‹.«

Im Kreis der »Augustenburger« war Jenny die einzige Künstlerin. Trotz des weitläufigen Anwesens mit dem Garten und trotz der stetig wachsenden Familie entstanden in diesen Jahren Jennys herausragende Kunstwerke. In Grötzingen wurde sie 1891 Schülerin von Franz Hein. Seit 1897 schuf sie ihre Lithografien, die sich in Formensprache und Komposition in den folgenden Jahren nur wenig verändern sollten. Deutlich wird, daß sie sich sehr von der Darstellungsart ihrer ersten Lehrerin Alwine Schrödter entfernt hatte. Jenny arbeitete wie ihre Kollegen im Freien. So sind zum Beispiel Zeichnungen und Aquarelle mit Ansichten aus Pfinzgauorten erhalten. Doch in der Regel scheint ihr das Schloß und seine direkte Umgebung die meisten Motive geboten haben. Sie zeichnete den wilden Wein auf dem Blatt »Unser Turmfenster«. Ein Aquarell mit dem Titel »Fenster im Schloß Augustenburg in Grötzingen mit wildem Wein« aus dem Jahre 1897 zeigt den Fensterausschnitt nahsichtiger. Die Weinranken umspielen die Fensteröffnung, und zwischen dem Laub wird der Ausblick in die Landschaft frei. Die intensive Rotfärbung des wilden Weines bestimmt auch die Lithographie mit dem Blick auf einen Turm der Augustenburg aus dem Jahre 1898. Im folgenden Jahr hielt sie auf dem Steindruck »Blühender Kirschbaum« den Blick von der Hofeinfahrt der Augustenburg auf den Turm der Grötzinger Kirche fest. Bereits diese frühen Arbeiten weisen die für die Künstlerin typischen Gestaltungsmerkmale auf: den ungewöhnlich engen Bildausschnitt und damit verbunden eine starke Nahsichtigkeit, eine differenzierte, leuchtende Farbigkeit, eine flächige, von unwesentlichen Details befreite Gegenständlichkeit und

Jenny Fikentscher, Schwarzwaldhaus, Farblithographie aus dem Jahre 1904.

die das Motiv konturierende Linie. Vorbild für diese Kompositionen waren japanische Farbholzschnitte, die seit den 1860er Jahren nach Europa gelangten und auf die Künstler des späten 19. Jahrhunderts großen Einfluß ausübten.

Neben den oben genannten, nahsichtigen Motiven gestaltete Jenny seit 1898 auch Blätter, auf denen sie Blüten und Pflanzen mit dem Blick in die weite Landschaft verknüpfte. Auf diesem Gegensatz beruht ihre eindrucksvollste und sicher berühmteste Lithographie »Die Feuerlilien«, die um 1904 entstand. Die Pflanzen mit ihren leuchtend roten Blütenkelchen scheinen direkt am vorderen Bildrand zu stehen und werden auch zum größten Teil überschnitten. Sie nehmen fast die gesamte Bildfläche ein. Nur zwischen den Blüten und am oberen Bildrand zeichnet sich eine weiche Hügellandschaft mit ihren Feldern ab. Der Turm der Grötzinger Kirche ist mehr zu ahnen als zu erkennen.

Die Würdigung ihrer Arbeiten durch Wilhelm R. Valentiner in der Zeitschrift »Die graphischen Künste« im Jahre 1905 zeigt, wie sehr sie bereits von ihren männlichen Zeitgenossen geschätzt wurde: »Bei einem ersten Blick auf die Werke Jenny Fikentschers würde man nicht auf den Gedanken kommen, daß sie von einer Künstlerin geschaffen sind. Breit und klar umzieht die Kontur die Form. Starke Farben bestimmen die Kompositionen. Wo Lichtwirkungen angewandt werden, sind sie geschlossen und von einer Intensität, daß die getroffenen Gegenstände von den Strahlen gleichsam verzehrt werden. Die Technik ist männlich, kräftig, bisweilen fast gewaltsam.«

Jenny Fikentscher war nicht nur eine herausragende Künstlerin; sie war auch eine liebenswürdige, unabhängige Persönlichkeit mit vielseitigen Interessen. Als hervorragende Gärtnerin bewirtschaftete sie ihren großen, dicht verwachsenen Garten selbst und pflegte so den direkten Umgang mit den Pflanzen, die sie auf ihren Arbeiten darstellte. Sie scheint sich auch für kunstgewerbliche Fragen interessiert zu haben. Möglicherweise kam die Anregung hierzu von ihrem Lehrer Franz Hein, der Professor an der Karlsruher Kunstgewerbeschule war. Zumindest stellte sie in der Karlsruher Jubiläumsausstellung 1906 anläßlich der goldenen Hochzeit von Großherzog Friedrich und Großherzogin Luise in der Abteilung Kunstgewerbe bestickte Schürzen aus. Zudem hatte sie sich nach 1900 der Wandervogelbewegung angeschlossen.

Obwohl sie nur ein Alterunterschied von zwölf Jahren trennte, gehörten Margarethe Hormuth-Kallmorgen und Jenny Fikentscher unterschiedlichen Generationen an. Margarethe war der Malerei der Gründerzeit verhaftet, und Jenny zeichnete sich als hervorragende Jugendstilkünstlerin aus. Interessanterweise wird beiden von zeitgenössischen Kritikern bescheinigt, daß ihre Kunst durchaus von einem Mann geschaffen sein könnte. Während Margarethe einer eher bürgerlichen Lebensweise verpflichtet war, pflegte Jenny ein eher bohemehaftes Leben. Sie gestaltete ihre Wohnung eigenwillig und trug das umstrittene Reformkleid.

Auf der Höhe ihres Erfolges erlahmte das künstlerische Interesse der beiden Frauen. Es gibt nur sehr vereinzelt Hinweise auf Faktoren, die dazu beitrugen. Eine schlüssige Erklärung ließ sich bislang jedoch nicht finden. Bald nach 1900 änderte sich die private Situation der sechsundvierzigjährigen Margarethe Hormuth-Kallmorgen grundlegend. Die erwachsenen Kinder wurden selbständig, und ihre familiären Verpflichtungen gingen zurück. Mit der Berufung ihres Mannes an die Berliner Akademie war die Familie endgültig finanziell abgesichert, und der materielle Druck ließ nach. Der Umzug nach Berlin führte zu einer gewissen Entwurzelung der Künstlerin. Hier fehlte ihr der direkte Kontakt zur Natur, der die Grundlage für ihre Kunst bildete. Statt dessen entstanden neue gesellschaftliche Verpflichtungen. Gelegentlich begleitete sie nun ihren Mann auf seinen Reisen. Doch in dieser Zeit stellten sich bei ihr immer häufiger depressive Stimmungen ein.

Bei Jenny Fikentscher findet man noch weniger Anhaltspunkte auf die Frage, warum sie um 1905 ihre künstlerische Tätigkeit aufgab. Einige äußere Gegebenheiten änderten sich: In dieser Zeit löste sich die Gemeinschaft der »Augustenburger« auf, und Jenny gebar 1907 ihr fünftes Kind. Aber daraus lassen sich keine Rückschlüsse ziehen. Sie scheint ganz einfach ihr Interesse auf andere Gebiete verlegt zu haben, wie die Wandervogelbewegung und ihren Garten. »In späteren Jahren verkaufte sie regelmäßig selbst gezogenes Obst und Gemüse aus ihrem Grötzinger Garten auf dem Karlsruher Wochenmarkt und war wegen ihres unkonventionell-individuellen Lebensstils bald eine stadtbekannte Persönlichkeit.«

Wolfgang Bocks

Marie Baum

1874–1964

Marie Baum konnte sich zu den wenigen privilegierten deutschen Frauen zu Ende des 19. Jahrhunderts zählen, die ihr Abitur machen und studieren durften. Dies war allerdings nicht in der vom Ideal des preußischen Offiziers bestimmten Männergesellschaft des Kaiserreichs möglich, sondern im liberalen Zürich, wo am dortigen eidgenössischen Polytechnikum seit 1873 für Männer und Frauen gleiche Zulassungsbedingungen galten.

Am 23. März 1874 in Danzig geboren, wuchs Marie Baum unter drei Schwestern und zwei Brüdern gleichberechtigt auf. Die Trennung von Erziehung und Ausbildung nach Geschlechtern gab es in der Familie Baum nicht. Es war vor allem die Mutter, Fanny Auguste Florentina, geborene Lejeune-Dirichlet, die ihren Kindern einen Beruf ermöglichen wollte, der ihren jeweiligen Neigungen entsprach. Ihr Vater war Mathematikprofessor in Göttingen und Nachfolger des bekannten Karl Friedrich Gauß. Mütterlicherseits entstammte sie der berühmten jüdischen Familie Mendelssohn-Bartholdy. Ihr Bruder war Reichstagsabgeordneter. Geistig wurzelte sie in der Aufklärung und vermittelte ihren Kindern kritischen Geist, eine umfassende bürgerliche Bildung, aber auch Hilfsbereitschaft und Verantwortung. Marie Baums Vater Wilhelm Georg leitete das städtische Krankenhaus in Danzig und wurde in der ganzen Stadt wegen seiner aufopfernden Tätigkeit für seine Patienten geschätzt. Als Privatarzt verzichtete er meist auf Bezahlung und gefährdete so das schmale Familienvermögen. Marie hat ihn häufig bei seinen Patientenbesuchen begleitet und früh Leid und Tod, aber auch die Selbstlosigkeit sozialen Engagements kennengelernt.

Mit den sich langsam formierenden Fraueninteressen kam sie früh in Berührung, als ihre Mutter 1889 die Leitung des neugegründeten Vereins »Frauenwohl« übernahm, der neben den üblichen Koch- und Haushaltungskursen auch über juristische Fragen informierte. Entscheidend aber war die Einrichtung von Realkursen, in denen sich Marie Baum zwei Jahre lang auf ihr Abitur vorbereiten konnte.

Mit 19 Jahren schickten ihre Eltern sie dann 1893 zum Polytechnikum nach Zürich, wo ihr nach den Weiten Ostpreußens eine völlig neue Welt begegnete, die von Liberalität und demokratischem Geist geprägt war. Nachdem sie als Beste die Aufnahmeprüfungen bestanden hatte, lag der Schwerpunkt des Studiums in Mathe-

Marie Baum mit Margarete von Üxküll (rechts) in der Tracht von Walliser Bäuerinnen, Zürich 1896.

matik, Biologie und vor allem in Chemie. Prägend für ihr weiteres Leben war vor allem aber der Kreis an gleichgesinnten Frauen, der sich als feste Freizeit- und Diskussionsgesellschaft rasch zusammenfand. Zwischendurch leitete sie sogar den Studentinnenverein. Das Zentrum des Kreises bildete die zehn Jahre ältere spätere Schriftstellerin Ricarda Huch, die seit 1887 in Zürich studierte. Sie und Marie Baum verband eine lebenslange, tiefe Freundschaft. Ricarda blieb ihr der »liebste Mensch«, das »Maß« ihres Lebens, das Alter ego. 1007 Briefe von ihr an Marie Baum im Deutschen Literaturarchiv in Marbach zeugen von diesem ständigen Austausch. Marie Baum hat ihr in einer großen Biographie ein Denkmal gesetzt.

Eine weitere Freundin wurde Käthe Kollwitz, die Malerin, Bildhauerin und Graphikerin des deutschen Großstadtproletariats. Neben vielen anderen soll noch Margarete von Üxküll erwähnt werden, mit deren Hilfe sie im Ersten Weltkrieg Kinder nach Holland zur Erholung schicken konnte.

Das freie, selbstgestaltete Leben, der Zusammenhalt der Frauen verschiedenster Nationen, die stark antibürgerliche Stimmung, die aber nie das Revolutionäre streifte, ein Kokettieren mit dem Sozialismus und das Gefühl des Aufbruchs in eine neue Zeit haben Marie Baums weiteres Leben entscheidend mitgeprägt.

Im Wintersemester 1896 mußte sie nach Danzig zurück, um ihren kranken Vater zu pflegen. Nach seinem frühen Tod lastete zum erstenmal Verantwortung auf ihr, indem sie rasch zu Ende studieren mußte, um die Familie finanziell zu entlasten. Die Vertretung einer Assistentenstelle in einem Chemielabor an der ETH Zürich, bei der sie sechzig überwiegend männliche Studenten der ersten Semester zu betreuen hatte – im Deutschen Reich damals kaum vorstellbar –, verschaffte ihr ein erstes kleines Einkommen. Als sie diese Stelle am chemischen Institut dann fest antreten sollte, wollte die zuständige Unterrichtsbehörde lieber einen Mann, vor allem einen Schweizer Mann einsetzen. Ihre Professoren konnten sich erfolgreich für sie einsetzen. Die Erfahrung, als Frau in der Berufswelt der Männer diskriminiert zu werden, sollte nicht ihre letzte gewesen sein. Jedenfalls stand Marie Baum seit ihrem 23. Lebensjahr finan-ziell auf eigenen Füßen. Als sie sich zwei Jahre später 1899 nach erfolgreicher Promotion in der Nordschweizer chemischen Industrie um einen Arbeitsplatz bewarb, wurde sie mit der Begründung abgelehnt, daß »die Frau für die rauhe Luft des Fabrikbetriebs zu schade sei«. Sie fragte sich ironisch, warum die Unternehmer diesen Maßstab nicht auch für ihre Fabrikarbeiterinnen anwenden.

Dafür waren die Preußen verständnisvoller. Am 1. Oktober 1899 konnte Marie Baum ihre Stelle in der Patentabteilung der Agfa in Berlin-Treptow antreten. Zuvor war sie noch von Zürich aus zu Fuß über das Engadin in die Poebene und von dort per Bahn nach Triest gereist, um Ricarda Huch, die inzwischen mit dem italienischen Arzt Dr. Ceconi verheiratet war, bei der Geburt ihrer ersten Tochter zu helfen – ein für beide Frauen bewegendes Erlebnis.

Die Arbeit in Berlin bestand darin, Patente zu sichten, zu ordnen oder ins Englische und Französische zu übersetzen. Befremdlich fand sie es, als sie aufgefordert wurde, Patente anderer Firmen so zu verändern, daß sie gewinnbringend für die Agfa eingesetzt werden konnten. Daneben arbeitete sie im Labor an der Entwicklung eigener Patente. Von Anfang an fühlte sie sich in dieser Arbeit nicht wohl, und der Gedanke, die nächsten Jahrzehnte ihr Leben ohne innere Befriedigung und tiefere Motivation in der Industrie zu verbringen, ließ sie ihren Vertrag vorzeitig im Jahre 1902 auflösen. Ihre Entscheidung für einen sozialen Beruf war gefallen.

Es war Zufall, daß sie im Juni ein Brief der ersten deutschen Fabrikinspektorin, Dr. Else Jaffe-von Richthofen, aus Karlsruhe erreichte, der sich seinerseits mit einer Anfrage Marie Baums an die badische Fabrikinspektion kreuzte. Über die bekannte Sozialpolitikerin Alice Salomon hatte sie von der Kündigungsabsicht erfahren. Im Gegensatz zu anderen Ländern des Deutschen Reiches hatte das Großherzogtum das weibliche Fabrikinspektorat als Beamtenstelle eingerichtet, so daß Else von Richthofen folglich die erste deutsche Beamtin war. Baden wollte die Aufsichtsbeamtinnen nicht nur mit Kontrollaufgaben versehen, sondern sie auch mit der sozialwissenschaftlichen Erforschung der gesamten Lebens- und Arbeitsbedingungen der Arbeiterinnen im Lande betrauen, um dadurch die Gesetzgebung weiter beeinflussen zu können. Deshalb kamen nur Akademikerinnen in Frage. Außerdem befand sich eine wissenschaftlich geschulte Beamtin den Unternehmern gegenüber in einer wesentlich besseren Position. Damit war sie auch den männlichen Kollegen gleichgestellt. Dieses Konzept war von dem in Deutschland sehr populären ersten badischen Fabrikinspektor Friedrich Woerishoffer in Abstimmung mit dem Soziologen Max Weber entworfen und durchgesetzt worden. Weber gelang es auch, die neue Stelle mit seiner Lieblingsstudentin Else von Richthofen zu besetzen. Sie zählte zu den ersten vier Studentinnen, die in Heidelberg immatrikuliert worden waren, und zu den ersten Frauen, die in Deutschland promoviert wurden. Mit Webers Frau Marianne, die bereits eine führende Rolle in der deutschen Frauenbewegung spielte, war sie eng befreundet.

Marie Baum trat also eine Aufgabe an, die in der Öffentlichkeit mit größter Aufmerksamkeit verfolgt wurde. Zum erstenmal wurde sie jetzt während ihrer Inspektionsreisen mit den Schattenseiten der Industrialisierung, dem vielfachen Elend von Kindern, Jugendlichen, Arbeiterinnen und Arbeitern in Industrie, Hausindustrie und Heimarbeit konfrontiert. Die »Verlassenheit, das Ausgestoßensein der Arbeiter« empfand sie oft physisch, vor allem wenn sie nach den Betriebsbesichtigungen wieder in die schöne badische Landschaft eintauchen konnte. Zur Überwachung waren ihr »diejenigen Betriebe übertragen, in welchen ausschließlich oder vorzugsweise weibliche Arbeiter und jugendliche Arbeiter beschäftigt werden, insbesondere die Konfektionswerkstätten, Spinnereien, Webereien, Zigarrenfabriken und dergleichen, auch die Werkstätten der Hausindustrie. Zugleich ist ihr ... die Bearbeitung der zur Prüfung eingereichten Arbeitsordnungen übertragen«, wie es in ihrer Dienstanweisung hieß. Zu Fuß, per Fahrrad, mit der Eisenbahn oder im Wagen durchquerte sie die Industriegebiete in Karlsruhe, Mannheim, der neu entstehenden Elektrochemie am Hochrhein, der patriarchalisch geführten Textilindustrie des Wiesentals und Hochrheins, der Tabakfabriken der Rheinebene, der Uhrenfabrikation des Schwarzwaldes, der gerade elektrifizierten Bandweberei des Hotzenwaldes oder der Gewerbegebiete des Bodenseeraumes. Immer wieder stellte sich Marie Baum die Frage, ob die »Zerstörung menschlicher Werte« nicht ein zu hoher Preis für den wirtschaftlich-technischen Fortschritt sei. Wie ihr spätere Erfahrungen im südlichen Ruhrgebiet zeigten, waren die schlechten Verhältnisse der Arbeiter, die Gegensätze der Klassen und die Härte der politischen Auseinandersetzung im Großherzogtum im Vergleich zu dort sehr abgemildert. Ihre Untersuchung »Drei Klassen von Lohnarbeiterinnen in Industrie und Handel der Stadt Karlsruhe« fand große Beachtung. Es war dies die erste sozialwissenschaftliche Studie über die Lage von Arbeiterinnen in Deutschland. Verhängnisvoll sah Marie Baum die Lage der verheirateten, geschiedenen oder verwitweten städtischen Fabrikarbeiterinnen über 30 Jahre, die immerhin ein Drittel der weiblichen

MARIE BAUM

Leuchtende Spur

DAS LEBEN RICARDA HUCHS

Rainer Wunderlich Verlag Hermann Leins

Tübingen

Die Sozialpolitikerin Marie Baum hat ihrer Freundin, der Schriftstellerin Ricarda Huch, in einer großen Biographie ein Denkmal gesetzt.

Die Schriftstellerin Ricarda Huch (1864–1947). Radierung aus dem Jahre 1904 v. Johann Lindner.

Arbeitskräfte ausmachten, da sie bei der Doppelbelastung mit Familie beziehungsweise Kindern und Beruf und völlig fehlenden beruflichen Fortbildungsmöglichkeiten keine Chance auf Verbesserung ihrer erbärmlichen Situation hatten. Eine weitere wichtige und zum erstenmal statistisch erwiesene Erkenntnis war der Zusammenhang zwischen Kindersterblichkeit und industrieller sowie ländlicher Frauenarbeit.

Das Echo auf diese Arbeit war so groß, daß Marie Baum vom »Deutschen Verein für Armenpflege und Wohltätigkeit« 1906 nach Mannheim zur Generalversammlung zu einem Vortrag über »Säuglingssterblichkeit und Säuglingsfürsorge« eingeladen wurde.

Innerhalb der badischen Fabrikinspektion erzeugte Baums Popularität auch Neid. Dem neuen Leiter der Behörde, dem Preußen Karl Bittmann, gingen ihre Eigenständigkeit und Selbständigkeit zu weit. In einer Dienstanweisung versuchte er ihre gleichberechtigte Stellung einzuschränken. Es begann eine Zeit unangenehmer Querelen, an deren Ende 1907 die Kündigung stand. Max Weber, der über alle Vorgänge bestens informiert war, ergriff öffentlich für sie Partei. Ihm war bewußt, daß ihre Einschränkungen ein Resultat der »männlichen Geschlechtseitelkeit« waren. »Die Differenzierung nach dem Geschlecht muß jeden Versuch mit der Anstellung weiblicher Beamten von vornherein diskreditieren und es ist daher zu wünschen, daß er nunmehr überhaupt unterbleibt. Man muß das Experiment mit der weiblichen Fabrikinspektion in Baden meines Erachtens als gescheitert sehen«, befürchtete er am 24. Januar 1907 in der *Frankfurter Zeitung*.

Die Frauenbewegung war enttäuscht, und auch die Arbeiterpresse sah den Schutz der Arbeiterinnen gefährdet. Politisch galt Marie Baum in Karlsruhe als links; ihr Spitzname war das »rote Bäumchen«. Gefühlsmäßig stand sie der Sozialdemokratie nahe, von der sie die eigentlichen Impulse für sozialen Fortschritt erwartete; den Eintritt in die Partei hat sie aber nie erwogen. Geschadet hat ihr diese Einstellung im liberalen und toleranten Baden nicht. In einem persönlichen Schreiben an den Großherzog beurteilte der damalige Innenminister Schenkel 1903 Marie Baum wie folgt: Sie sei »eine Dame von feineren Umgangsformen« und eigne sich »durch Vorbildung und Eifer sehr gut für ihre Aufgabe... In ihrer sozialpolitischen Auffassung folgt sie ihrer Vorgängerin, indem sie von weit nach links gerichteten sozialpolitischen Idealen erfüllt ist und wie mir scheint nicht ganz eines der Frau manchmal eignen theoretischen Fanatismus ermangelt.« Erstaunlich für die Zeit ist sein Plädoyer für politische Pluralität in einer staatlichen Behörde: »An sich halte ich es für ganz sachentsprechend, wenn die thatsächliche Verschiedenheit der Weltanschauung auf dem sozialpolitischen Gebiete auch bei der Zusammensetzung der Beamtenschaft der Gewerbeaufsichtsbehörde zum Ausdruck gelangt.« Diese Rückendeckung hatte Marie Baum auch ihrem väterlichen Freund Ferdinand Lewald zu verdanken, der als Präsident des Großh. Verwaltungsgerichtshofes und als führender Kopf der Ersten Kammer ein Mann von großem politischen Einfluß war.

Nach ihrem Abschied studierte Marie Baum ein Sommersemester lang in Heidelberg. Hier lernte sie den späteren Justizminister Gustav Radbruch kennen. Ferner konnte sie die Kontakte zu Else Jaffe-von Richthofen, bei der sie zwischendurch wohnte, und zu Marianne und Max Weber enger knüpfen. Sie verliebte sich in den Philosophen Emil Lask, blieb aber zeit ihres Lebens unverheiratet.

Schließlich verließ sie ihr – trotz aller Enttäuschung – inzwischen geliebtes Baden für zwölf Jahre und übernahm im Regierungsbezirk Düsseldorf als Geschäftsführerin den »Verein für Säuglingsfürsorge und Wohlfahrtspflege«. Das Gebiet umfaßte fünfzehn Stadt- und Landkreise mit annähernd drei Millionen Einwohnern. Die Menschen im Bergwerksrevier, die polnischen Gastarbeiter, die Frauen und Kinder des Niederrheins mit seiner Textilindustrie und die vielen Heimarbeiterinnen zählten ab jetzt zu ihren Schützlingen. Ihr war es oft unfaßbar, »daß in solcher Umgebung Menschen ihr Leben verbringen, Kinder aufwachsen sollten«. Sie initiierte eine Reihe von Sozialstudien, weil nur durch eine Gesamtübersicht der sozialen Probleme gezielte Einzelmaßnahmen staatlicher Politik möglich waren. So zeigte es sich, daß die Wohnungsfluktuation von Arbeiterfamilien bei 100 Prozent lag, manche Familien wechselten dreimal im Jahr ihr Zuhause – ein eindeutiger Hinweis auf die katastrophale Wohnungssituation, unter der vor allem die Kinder zu leiden hatten. Jedes sechste eheliche und jedes dritte uneheliche Kind von Arbeiterfrauen starb im ersten Lebensjahr, »ein ungeheurer Verlust an Menschenleben«, wie Marie Baum empört feststellen mußte. Es gab Anfang des Jahrhunderts weder eine Familienfürsorge, noch Jugendämter, Mütterberatung oder Kinderkliniken. Eine ihrer großen Lebensleistungen war es, die Institutionalisierung staatlicher Familienpolitik in die Wege geleitet zu haben. Dabei war für sie die Hilfe zur Selbsthilfe für die Familien immer wichtiger als das staatliche Fürsorgeprinzip. Parallel dazu organisierte sie die Professionalisierung von Fürsorgerinnen und Wanderlehrerinnen über ihren Verein und über verschiedene Kommunen. Dieses Berufsprofil wurde Vorbild

Die Malerin, Graphikerin und Bildhauerin Käthe Kollwitz (1867–1945). »Selbstbildnis im Profil nach Links II« aus dem Jahre 1889.

für das gesamte Deutsche Reich. Inzwischen war sie auch Mitglied des »Deutschen Vereins für öffentliche und private Fürsorge« und des »Bundes Deutscher Frauenvereine« geworden, der unter der Leitung ihrer Freundin Gertrud Bäumer stand.

Zentral war für sie die Frage, in welchem Rahmen die Frau ihre »Fähigkeit und Neigung zu persönlicher Lebensgestaltung« verwirklichen könne, wie sie 1910 vor dem »Evangelisch-sozialen Kongress« in Chemnitz referierte. Mit analytischer Schärfe sah sie voraus, daß nicht die Frau am Herd den künftigen Typus der Frau abgeben werde, sondern die arbeitende Frau in »ihrer Doppelstellung zu Ehe und Erwerbsarbeit«. Und hier sah sie das generelle Versagen von Staat und Gesellschaft: »Eltern, Erzieher, Mitarbeiterschaft, Gesellschaft und Staat, sie alle stecken vor offensichtlichen Tatsachen den Kopf in den Busch wie der Vogel Strauß, weil sie nicht sehen wollen, was zu sehen ihnen gefühlsmäßig widerstrebt – nämlich, daß sie mit dem Heimischwerden der Frau, auch der verheirateten Frau, in der Erwerbsarbeit überhaupt und im besonderen in der Industrie als mit einer unabwendbaren Tatsache zu rechnen haben.«

Hier sollte die Frau – genau wie der Mann – die Chance zu beruflicher Qualifikation durch Aus-, Fort- und Weiterbildung erhalten und durch Heime, Krippen oder Horte in ihrer Rolle als Mutter entlastet werden. »Daß angesichts so ernster Erziehungs- und Ausbildungsarbeit manche Bundesstaaten, vor allem Preußen, heute noch den obligatorischen Fortbildungsschulunterricht für Mädchen versagen, ist eine kulturelle Ungeheuerlichkeit, die von völligem Verkennen der herrschenden Entwicklungsrichtungen zeugt.« Marie Baum war eine Frau, die ihre Meinung nicht diplomatisch einkleidete, sondern direkt und unverhohlen aussprach. Zu halbherzigen Kompromissen war sie nie bereit.

Der Ausbruch der Ersten Weltkrieges traf sie unvorbereitet, da sie sich bis dahin nicht mit Außenpolitik beschäftigt hatte. In den ersten Kriegstagen war sie Kummerkasten für die vielen verzweifelten Frauen und Mütter in Düsseldorf und versuchte, möglichst viele verheiratete Frauen vor dem Einsatz in der Rüstungsproduktion zu schützen. Ihren Verein stellte sie in den Dienst der Kriegswohlfahrtspflege. 1915 wurde sie vom Danziger Oberbürgermeister in ihre alte Heimatstadt gerufen, um dort nach Düsseldorfer Muster die Kriegsfürsorge aufzubauen. Im Herbst des gleichen Jahres erfolgte die Aufforderung nach Brüssel, in dem besetzten Land die Fürsorgearbeit für die belgischen Mütter und Kinder in die Hand zu nehmen, eine Arbeit, die sie aber nach Besuchen vor Ort ablehnte. Die Organisation der belgischen Fürsorge erschien ihr so gut, daß sie keinerlei deutsche Hilfe benötigte. Inzwischen hatte sie Kontakt mir ihrer Freundin aus Züricher Tagen, Margarete von Üxküll-von Nieuwenhuis, aufgenommen, mit deren Hilfe sie Kindertransporte in das unbesetzte Holland organisierte. Nach einigen Wochen konnten die Kinder »gut genährt und gekräftigt« wieder nach Hause zurückkehren. Das ganze Unternehmen dauerte bis 1926 und hat – vor allem in der Nachkriegs- und Inflationszeit – etwa 60000 Kindern ein Leben jenseits von Not zeigen können.

1916 folgte Marie Baum der Bitte ihrer Freundin Gertrud Bäumer nach Hamburg, um die neu gegründete Anstalt »Soziale Frauenschule und sozialpädagogisches Institut« zu leiten. Hier sollte ehrenamtliches Engagement mit sachlicher Schulung und beruflicher Fortbildung verknüpft werden. Gertrud Bäumer bemerkt dazu in ihren Memoiren: »Die Anstalt ist von Marie Baum für den praktischen Teil und von mir für den theoretischen entsprechend diesem Doppelsinn aufgebaut worden. Wir waren damals durch Prüfungen und Berechtigungen noch nicht eingeengt und frei, unserem Werk aus seinem Sinn heraus Gestalt zu geben. Marie Baum brachte für ihre Aufgabe die praktischen Erfahrungen sowohl der Gewerbeinspektorin mit wie einer aus eigenster schöpferischer Initiative ausgebauten Familienfürsorge im Regierungsbezirk Düsseldorf und eine impulsive sichere Fühlung für notwendige Revolution der Bürokratie durch Frauen.«

Fronterfahrungen sammelte Marie Baum, als sie für Gertrud Bäumer in Lothringen Vorträge vor Soldaten über die Situation in der Heimat hielt, namentlich zu Fragen der Kriegsfürsorge, Gesundheit, Ernährungslage und Kriegswirtschaft.

Den Zusammenbruch des Kaiserreiches erlebte sie in Hamburg. Für sie stand es außer Frage, daß sie ihre Kraft ihrem »aus den Fugen geratenen Volk« zur Verfügung stellen wollte, nachdem der Kanzler Max von Baden im Oktober 1918 das Wahlrecht für Frauen eingeführt hatte. Sie war inzwischen der Deutschen Demokratischen Partei Friedrich Naumanns beigetreten, dem Sammelbecken liberaler Intellektueller, zu denen auch Gertrud Bäumer, Max und Marianne Weber zählten. Sie gehörte zu den ersten 36 deutschen Parlamentarierinnen, als sie in die Weimarer Nationalversammlung gewählt wurde. In Sachfragen arbeiteten diese – anders als die Männer – interfraktionell zusammen. So waren sich alle weiblichen Abgeordneten einig in der Ablehnung des Versailler Vertrages. Einigkeit herrschte auch in der Ablehnung der Politik vieler Demobilmachungsausschüsse, die rigoros alle auf Kündigung angestellten Frauen entließen, um Platz für die heimkehrenden Männer zu schaffen. Die ganze Arbeit, z. B. für die Ausbildung von Fürsorgerinnen, war hiermit sinnlos geworden. Die Universitäten sperrten ihr Tore für Studentinnen, Lehrerinnen wurden nicht mehr in den Schuldienst eingestellt. Marie Baum vertrat die von allen weiblichen Abgeordneten unterschriebene Interpellation im Parlament. 1920 kandidierte sie erneut und wurde in Schleswig-Holstein wiedergewählt. Seit 1918 war sie Vorstandsmitglied des Bundes Deutscher Frauenvereine und blieb bis 1931 in dieser Funktion.

Von der zunehmenden Brutalisierung der politischen Auseinandersetzung abgeschreckt, verzichtete sie nach eineinhalb Jahren auf eine erneute Kandidatur für den Reichstag und siedelte nach Karlsruhe um. Dort war ihr bereits 1919 die Stelle als Referentin für Wohlfahrtspflege im badischen Arbeitsministerium übertragen worden, um den notleidenden und hungernden Kindern helfen zu können. Die Zeit nach dem Krieg war voll mit dringenden Problemen. Die Kriegswirtschaft wurde auf Friedenswirtschaft umgestellt; Kriegsbeschädigte und Kriegshinterbliebene mußten versorgt werden; das halbe Volk hungerte, und viele Menschen waren krank; die Wohnungsnot war groß, da Tausende aus dem Elsaß nach Baden strömten. Die Gemeinden waren mit der Fülle der sozialen Aufgaben überfordert, vor allem mit der Versorgung von Kindern, »die völlig ungenügend ernährt und ungepflegt in überfüllten, verschmutzten Wohnungen zu verkommen drohten«. Auf ihrer Suche nach Unterbringungsmöglichkeiten für diese Kinder stieß Marie Baum auf den »Heuberg«, einen bis 1913 benutzten Truppenübungsplatz mit Kasernen in der Nähe von Stetten am Kalten Markt. Die Reichsstellen und die örtliche Verwaltung gaben ihre Einwilligung, so daß sich rasch ein überkonfessioneller Zweckverband badischer und württembergischer Gemeinden bildete, da das Gelände auf der Grenze beider Bundesländer lag. Vorsitzende dieses Verbandes war faktisch, wenn auch nicht amtlich, Marie Baum. Sie baute die Anlage zu *dem* Musterkinder- und -jugendheim der Weimarer Republik aus. Schon am 15. Juni 1920 konnten die ersten 1000 Kin-

Im April 1933 erhielt Marie Baum Berufsverbot. Sie war mit dem Komponisten Felix Mendelssohn Bartholdy verwandt.

der in ihre vorübergehende neue Heimat einziehen, betreut von ausgesuchtem und gut geschultem Personal. Unter den schlimmen Auswirkungen der Inflation wurde das Heim auch für Kinder aus dem gesamten Reich geöffnet. Unterstützt wurde sie von ihrer Freundin Elisabeth von Thadden. Bis 1933, als die Nationalsozialisten den »Heuberg« schlossen, haben 100000 Kinder an dieser »Stätte der Ordnung und des Friedens« Erholung gefunden.

Daneben kümmerte sich Marie Baum um die Sozial- und Kleinrentner, die durch die Inflation besonders geschädigt wurden, organisierte Arbeitsbeschaffung für ältere Frauen sowie den Verkauf von Handarbeiten und bereitete Gesetzesvorlagen für die Rentner und Kriegsopfer vor. Als 1926 das Arbeitsministerium aufgelöst und in das Innenministerium integriert wurde, änderte sich das Klima: Die Freiräume und Geldmittel von Baums Referat wurden beschnitten, sozial geschulte Hilfskräfte wurden entlassen, und der »Heuberg« fand beim neuen Minister kaum noch Unterstützung. Zum zweitenmal nach 1907 gab sie in Karlsruhe entnervt eine einflußreiche Stelle auf, da ihr in der männlichen Bürokratie die Luft zum Atmen und die Kreativität des Handelns genommen wurden.

Nach Studien über »Familienfürsorge« und »Erholungsfürsorge für Kinder und Jugendliche« im Auftrag führender Reichsverbände und Mitwirkung an der Untersuchung zu »Bestand und Erschütterung der Familie in der Gegenwart« erhielt Marie Baum 1928 einen Lehrauftrag an der Heidelberger Universität für soziale Fragen. Die neu gewonnene Freiheit nutzte sie, um mit Ricarda Huch eine umfangreiche Reise durch Deutschland zu machen, meist in der vierten Klasse, weil es billiger war und man andere Bevölkerungsschichten kennenlernte. Weitere Reisen führten sie nach Italien, England und 1931 in die USA, wohin sie eine alte Freundin aus Zürich eingeladen hatte. 1932 zog Ricarda Huch für zwei Jahre zu ihr nach Heidelberg, wo Marie Baum im ehemaligen Karmeliterkloster am Friesenberg eine Wohnung gefunden hatte.

Die Machtergreifung der Nationalsozialisten bildete einen Wendepunkt in ihrem Leben. Mit dem »Gesetz zur Wiederherstellung des Berufsbeamtentums« vom April 1933 erhielt sie Berufsverbot, da sie mütterlicherseits mit dem Juden Felix Mendelssohn Bartholdy und seiner Schwester Fanny Hensel verwandt war. Die vielgerühmte Gelehrtenrepublik der Heidelberger Universität zeigte wenig Widerstandsgeist gegen den neuen »braunen Geist«. 65 der 200 Professoren und Dozenten mußten aus politischen oder rassistischen Gründen ihren Dienst quittieren. »Daß festes Zusammenhalten, mannhafter Widerstand aller Dozenten gegenüber der Zerstörung der Selbstverwaltung der Hochschulen und der willkürlichen Entlassung zahlloser nichtarischer Kollegen im Jahr 1933 noch genützt haben würde, ist meine feste Überzeugung«, stellte sie im Rückblick fest.

Vielen ihrer Freundinnen drohte ein ähnliches Schicksal wie ihr. Käthe Kollwitz wurde aus der Preußischen Akademie der Künste und Wissenschaften ausgeschlossen, als sie sich für Verfolgte des Naziregimes eingesetzt hatte. Ricarda Huch erklärte bereits im März ihren Austritt aus dieser Akademie und begründete ihn in ihrem Schreiben vom 4. April, verfaßt in Marie Baums Wohnung: »Was die jetzige Regierung als nationale Gesinnung vorschreibt, ist nicht mein Deutschtum. Die Zentralisierung, den Zwang, die brutalen Methoden, die Diffamierung Andersdenkender, das prahlerische Selbstlob halte ich für undeutsch und unheilvoll.« In ihrer Biographie über Ricarda beschreibt Marie Baum die ersten Jahre der Nazidiktatur wie folgt: »Den ganzen Tumult der ersten zwei Jahre des neuen Regimes haben wir in Heidelberg zusammen erlebt und Ricarda hat mir über drückende Stunden durch ihre überlegene Ruhe hinweggeholfen. Der Boykott des 1. April 1933 [der jüdischen Geschäfte] entsetzte uns. Auch hier wurden jüdische Menschen verfolgt. ... Am 1. Mai des gleichen Jahres sehe ich uns bei herrlichem Sommerwetter auf den Heiligen Berg wandern, wo man außer einigen wenigen gleich uns geflüchteten, meist jüdischen Menschen keine Seele traf und das wilde Treiben von unten aufreizend in die Stille herauf tönen hörte. Das Jahr 1934 brachte die Verbrechen des 30. Juni [gemeint sind die Morde im Anschluß an den sog. Röhm-Putsch] und mit ihnen die Erkenntnis, daß fortan Recht und Gerechtigkeit unter der neuen Herrschaft nicht mehr zu finden sein würden.«

Marie Baum war nun Teil des »anderen Deutschlands«, der diskriminiert und ausgegrenzt war. Aber viele der alten Freunde hielten zusammen. Von der Universität gejagt wie sie war Gustav Radbruch, der Sozialdemokrat und frühere Reichsjustizminister. Beide kannten sich seit 1907. Elisabeth von Thadden verkehrte in ihrer Wohnung, die nach einer Denunziation am 8. September 1944 in Berlin-Plötzensee hingerichtet wurde. Eng blieb auch die Verbindung zu Marianne Weber und zu Else Jaffe-von Richthofen, ihrer Vorgängerin im Amt als Fabrikinspektorin in Karlsruhe.

Aktive Hilfe für Verfolgte und ihre jüdischen Mitbürger leistete Marie Baum als engste Mitarbeiterin des evangelischen Stadtpfarrers von Heidelberg, Herrmann Maas. Eines seiner zentralen Anliegen war von Beginn seiner Tätigkeit an die Aussöhnung zwischen Juden und Christen. 1877 in Gengenbach geboren, hatte er bereits über seinen Vater, der ebenfalls Pfarrer war, Kontakte zur jüdischen Gemeinde seines Geburtsortes. Stark geprägt hatte ihn 1903 eine Begegnung mit Theodor Herzl, dem Propagandisten eines eigenen jüdischen Staates in Palästina, im Rahmen des 6. Zionistischen Weltkongresses in Basel. Maas arbeitete mit dem Berliner Pfarrer Heinrich Grüber zusammen und hatte in Heidelberg eine Außenstelle des »Büros Grüber« übernommen. In Kontakt mit dem Bischof von Chichester und der jüdischen Emigrantenzentrale in London warben sie jüdische Mädchen für Hausdienste in England an. Über jüdische Freunde in England gelang es auch, jüdischen Akademikern zur Emigration zu verhelfen. Auch über die Schweiz lief Hilfe. Hunderte Menschen konnten so in Sicherheit gebracht werden, bevor die Massendeportationen einsetzten. Im August 1940 erreichten die Nazis die Absetzung von Maas als Standortpfarrer, 1943 mußte er sein Pfarramt aufgeben. Der Evang. Oberkirchenrat hatte lange versucht, ihn zu decken.

Hilflos erlebten Marie Baum und ihre Freunde dann den Abtransport der badischen Juden in das Konzentrationslager Gurs in den Pyrenäen. Sie hat lange Gewissenskonflikte gehabt, weil sie es nicht wie der Mannheimer Arzt Dr. Eugen Neter fertiggebracht hat, die Deportierten nach Frankreich zu begleiten. Natürlich stand sie unter der Beobachtung der Gestapo. Diese verhörte sie, weil Telegramme aus der Schweiz an sie abgefangen wurden, in denen von der Bereitstellung von Devisen für Emigranten die Rede war. Sie ließ sich nicht einschüchtern, auch dann nicht, als man mit dem möglichen Entzug der Staatspension drohte.

»Ein andermal kam ein gefährlicherer, anfänglich aalglatter Gestapomann in meine Wohnung, gleichfalls um mich wegen meiner meist auf Devisen bezüglichen Auslandskorrespondenz zu verhören. Je ruhiger ich meine übrigens im Rahmen des Legalen verbliebene Handlungsweise zugab und verteidigte, um so mehr ereiferte er sich. Zuletzt schrie er mir zu, warum ich denn nicht auswanderte, da mir die Regierung so wenig zu passen schien. ›Weil ich 67 Jahre alt bin und meinem Lande immer treu gedient habe.‹ Er entwich, Schwefelgeruch hinter sich zurücklassend«, wie sie sich in ihrem Rückblick erinnert.

Im November 1941 stellte die Gestapo stundenlang ihre Wohnung auf den Kopf. Sie hatte in mehrfacher Hinsicht Glück. Mehrere Briefe des Münsteraner Bischofs von Galen, der ein offener Gegner des Naziregimes war, hatte sie am Tage vorher ausgeliehen. Den gerade mit der Post gekommenen Brief einer jüdischen Freundin konnte sie unbemerkt vernichten und Schriftstücke verstecken, die mehrere Freunde stark belastet hätten. Die Gestapo konfiszierte wichtige Unterlagen, die sie für ihre Hilfsaktionen benötigte. Besonders empört war sie, weil 50 Bücher aus ihrer Bibliothek mitgenommen, also eigentlich gestohlen wurden, die, wie sie vermutete, für die Büchereien der SS-Ordensburgen bestimmt waren.

Marie Baum hatte bereits in der Schweiz vom Aufbau der Konzentrationslager erfahren. Die Namen Buchenwald, Dachau, Ravensbrück, Theresienstadt und Auschwitz waren ihr ebenfalls zu Ohren gekommen. Sie hatte Informationen über die Tötung von Juden im Zusammenhang mit dem Krieg im Osten erhalten. Aber das gesamte Ausmaß der Judenvernichtung war auch ihr bis 1945 nicht bekannt.

Ricarda Huch war 1937 in die Schußlinie des Naziregimes geraten. Bei einer Gesellschaft in ihrem Hause in Jena hatten sie und ihr Schwiegersohn Franz Böhm, der an der Universität Freiburg einen Lehrstuhl für Wirtschaftswissenschaften innehatte, sich gegen die Diskriminierung der Juden gewandt. Ein anwesender Offizier war, wie keiner ahnte, SS-Führer und Vertrauter aus dem Kreise Hitlers, der beide denunzierte. Böhm wurde wegen Vergehens gegen das »Heimtückegesetz« angeklagt und aus seiner Stelle gejagt. Er verstand es erfolgreich, Revision gegen das Urteil einzulegen, die Lehrbefugnis blieb ihm aber entzogen. Ricarda Huch wurde mehrfach verhört und erfuhr erst später, daß auch sie angeklagt war. Marie Baum war über den Ablauf stets durch die Briefe ihrer Freundin im Bilde. Franz Böhm stand 1944 mit den Männern des 20. Juli in Kontakt und entging nur durch ein Wunder der Verhaftung und damit dem sicheren Tod.

Der Zusammenbruch des Naziregimes und der Einmarsch der Amerikaner am 30. März 1945 in Heidelberg wurden von Marie Baum als Erlösung empfunden. Der erste Mensch, den sie auf der Straße traf, war Marianne Weber.

Während des gesamten Jahres 1945 war Baums Wohnung Obdach, oft nur für eine Nacht und eine Mahlzeit, für Menschen, die im Chaos der Nachkriegsmonate auf der Suche nach Verbliebenen oder Familienangehörigen waren, die sich in ihre Heimatorte durchschlugen oder von dort vertrieben waren, und für politisch Verfolgte, die aus Gefängnissen oder Zuchthäusern kamen.

Kurz nach Wiedereröffnung der Heidelberger Universität am 1. Januar 1946 wurde ihr wieder die Lehrerlaubnis erteilt. Die Vorlesungen der inzwischen 71jährigen waren den Themen Sozialpolitik und soziale Fragen gewidmet. Wichtig war ihr der Kontakt mit den Studentinnen und Studenten, mit deren Hilfe sie ein besseres Deutschland aufzubauen hoffte. Eine neue Studentenverbindung, die sich mit sozialen Aufgaben befassen wollte, ist in ihrer Wohnung gegründet worden. Ihre Vorlesungstätigkeit dauerte bis 1952. Die Universität Heidelberg ernannte sie 1949 zu ihrer Ehrenbürgerin.

Eine weitere Lebensaufgabe für sie war der Neuaufbau der von Elisabeth von Thadden gegründeten Wieblinger Schloßkirche, die als Realgymnasium weitergeführt wurde. Die Schule in Heidelberg erhielt den Namen der von den Nazis umgebrachten Gründerin und begann im Januar 1946 mit dem Unterricht. Vorsitzende des Schulausschusses war Marie Baum, unterstützt u. a. von Pfarrer Hermann Maas.

Politisch, aber nicht parteipolitisch, schloß sie sich einer Arbeitsgruppe unter Alfred Weber, dem Bruder Max Webers, und Alexander Mitscherlich an, die für einen »Freien Sozialismus« eintraten. Nach den totalitären Erfahrungen mit Hitlerdeutschland und auch im Hinblick auf die Sowjetunion Stalins verstanden sie darunter die Beschränkung des Staates auf ein Minimum, um die entscheidenden Aufgaben der Gesellschaft selbst und dem einzelnen, namentlich auch den Frauen, zu überlassen. Eigentätigkeit, Selbsthilfe und Eigenverantwortung waren dabei ihre Schlüsselbegriffe.

Als 1954 Marianne Weber starb, sorgte Marie Baum dafür, daß der »Marianne-Weber-Kreis«, eine Institution im akademischen Leben Heidelbergs, erhalten blieb, der sechs- bis achtmal im Jahr jeweils an einem Sonntagnachmittag zu Vorträgen und Diskussionen zusammentraf. So blieb sie auch im hohen Alter noch in geistigem Austausch mit der Geistes- und Sozialwissenschaft.

Marie Baum starb 90jährig am 8. August 1964 nach einem Leben voller sozialer Verantwortung in ihrer zweiten Heimat Heidelberg.

Horst Ferdinand

Frieda Elise Kwast-Hodapp

1880–1949

Die in dem Dörfchen Bargen im Großherzogtum Baden (heute Ortsteil von Engen, Baden-Württemberg) am 13. August 1880 geborene Künstlerin war eine der bedeutendsten Pianistinnen unseres Jahrhunderts und hat wegen der engen Zusammenarbeit mit Max Reger und wegen ihres Eintretens für dessen Klavierwerk in der Musikgeschichte unserer Zeit einen festen Platz.

Frieda war die Tochter des Dorfschulmeisters Anton Hodapp, der aus der Aachener Gegend kam; die Mutter Maria Berschle stammte aus dem Hegau und war, wie Frieda betonte, »Alemannin«. Beide Elternteile kamen aus Familien mit je 16 Kindern. Anton und Maria Hodapp selbst hatten 14 Kinder. Frieda war die älteste Tochter, vier Geschwister starben im Kindesalter. Ihre badische Heimat liebte Frieda sehr; sie kehrte später immer wieder in den Hegau und den Schwarzwald zurück.

Das Manuskript einer – nicht vollendeten – Autobiographie der Künstlerin hat sich erhalten; sie schrieb sie in den dreißiger Jahren. Diese Aufzeichnung gibt einen unmittelbaren Einblick in ihre Lebensgeschichte und in das Werden ihrer künstlerischen Persönlichkeit. Ihr Heimatdorf beschrieb sie so: »Eine sehr arme Bevölkerung bewohnte das Dorf. Neben der bäuerlichen Tätigkeit verdienten Frauen und Kinder durch Heimarbeit einige Pfennige. Sie nähten für die Knopffabrik in Engen Porzellanknöpfe auf zuckerhutblaues Papier... Je drei Dutzend Knöpfe mußten Zuhause auf eine Karte aufgenäht werden, um sie tadellos und sauber dann wieder abzuliefern. Kein Fadenknoten durfte auf der Rückseite zu sehen sein. Für jede Karte bekam man dann einen Pfennig. Ich selbst habe als 13jähriges Kind, zu Besuch dort weilend, meinen kleinen Freundinnen geholfen und konnte bei zehnstündiger Arbeit und flinker Technik 62 Pfennig am Tag verdienen, die ich stolz und beglückt zu Hause abgab.«

Nach wenigen Jahren in Bargen siedelte die Familie, mit zu dieser Zeit drei kleinen Kindern, nach Karlsruhe um, wo der Vater eine durch ein Stipendium finanzierte Zusatzausbildung absolvierte, die ihn zum Unterrichten an Gewerbeschulen berechtigte. Danach wurde er nach Schonach bei Triberg versetzt, und hier wurde die musikalische Begabung Friedas entdeckt: »Mein Vater hatte für seinen Kirchenchor, den er leitete, eine lateinische Messe komponiert. Da ich alles sofort auswendig sang und das absolute Gehör zeigte, beschloß er, mich Musik lernen zu lassen. Er gab mir selbst Unterricht, obwohl er nie jemanden künstlerisch spielen gehört und von höherer Wiedergabe keine Ahnung hatte. Ich war viereinhalb Jahre, als der Unterricht begann.«

Notenlesen lernte sie noch vor dem Lesen in der Schule; den Wert der Noten brachte ihr der Vater mit Hilfe eines Strohhalms bei, der in Halbe, Viertel und Achtel geschnitten wurde. Sie machte rasche Fortschritte, mußte allerdings um fünf Uhr morgens aufstehen, um mit dem Vater zu üben, der anschließend seinen Schuldienst antrat. Schon mit sechs Jahren konnte sie ihr erstes kleines Konzert geben, ein Vorspiel im Bekanntenkreis, »das gut ausfiel«. Die Eltern waren in dieser Zeit in großer finanzieller Bedrängnis, so daß eines Tages der Gerichtsvollzieher erschien, der das mühsam erstandene Klavier abholen wollte. Frieda spielte ihm auf Geheiß des Vaters vor, und der Beamte war so gerührt, »daß er uns nicht nur das so gut verteidigte Klavier beließ, sondern mir noch 30 Pfennige schenkte«.

Der Vater erkannte die Notwendigkeit einer planmäßigen und umfassenden Ausbildung des Kindes und nahm mit der Karlsruher Musikschule Verbindung auf. Als Siebenjährige wurde sie dort aufgenommen, nachdem sie von dem Schulleiter Carl Will mit Erfolg geprüft worden war. Großherzogin Luise von Baden (1838–1923) wurde ihre Protektorin, und »im Verein mit einigen vornehmen Familien« sicherte sie die Bezahlung der Studienkosten. In den Ferien durfte das sehr unter Heimweh leidende Mädchen nach Hause, wo sie jedesmal ein neues Brüderchen oder Schwesterchen vorfand. Es wurde beschlossen, daß sie in den Ferien ihre musikalischen Fähigkeiten einsetzen solle, um die immer mißliche finanzielle Lage der Familie zu verbessern. »Ich spielte in benachbarten Städten in kleinen Konzerten, die mein Vater arrangierte. Ich tat es gerne – aber ich mußte selbst das Geld einsammeln, und das empfand ich trotz der Jugend in meinem Kindergemüt demütigend und beschämend. Ich konnte aber doch an solchen Abenden 15 bis 25 Mark einnehmen, und wenn ich dieses Geld meiner Mutter abgab, so war ich sehr glücklich... Oft kamen wir um zwölf oder halb ein Uhr (nachts) nach Hause. Meine Mutter wartete auf uns, kochte mir Cacao, zu dem ich einen Wasserweck bekam, und wenn wir dann das errungene Geld zählten, so waren wir selig.«

1891 war unter dem Publikum eines Prüfungskonzerts der Karlsruher Musikschule, in dem Frieda auftrat, eine Schülerin des Klaviervirtuosen James Kwast – dem wir noch begegnen werden –, und diese Zuhörerin, Magda Eisele, die über das Können der Elfjährigen sehr überrascht war, schlug ihr vor, ihr Studium am Frankfurter Konservatorium – wo Eisele als Musiklehrerin tätig war – fortzusetzen. Wieder fanden sich Gönner, die Studium und Aufenthalt bezahlten, und nach sieben langen und arbeitsintensiven Studienjahren schlug Professor Kwast vor, daß sich Frieda, inzwischen 18 Jahre alt, an dem damals berühmten Mendelssohn-Wettbewerb beteiligen solle. »Ich meldete mich an und fuhr zum ersten Mal nach Berlin. Ich... hatte als Programm das fis-Moll-Präludium und Fuge aus dem Wohltemperierten Klavier II. Teil, ferner 12 Etüden op. 25 von Chopin und die f-Moll-Sonate von Brahms... Nachdem ich stundenlang gewartet hatte, spielte ich einen Teil dieser Stücke. (Joseph) Joachim (1831–1907), einer der großen Violinvirtuosen des 19. Jahrhunderts und Direktor der Berliner Musikhochschule, reichte mir am Schluß freundlich die Hand und sagte: ›Fräulein Hodapp: Hut ab.‹ Ich reiste sofort nach Frankfurt zurück, und einige Tage später kam die Nachricht, daß ich den Preis errungen hätte.«

Das Preisgeld, die für Frieda ungeheure Summe von 1500 Mark, ermöglichte ihr die Aufnahme ihrer Virtuosenlaufbahn. Im Richard-Wagner-Verein in Darmstadt trat sie erstmals öffentlich als Pianistin auf, und wieder war sie, wie öfters in ihren frühen Jahren, vom Glück begünstigt: Im Hause des kunstsinnigen Ehepaars Otto und Lili Wolfskehl – der Eltern des Schriftstellers Karl Wolfskehl (1869–1948) – lernte sie Großherzog Ernst Ludwig von Hessen (1869–1937) kennen, der von ihrem Spiel sehr angetan war und ihr nach einiger Zeit empfahl, »ein größeres Wirkungsfeld« kennenzulernen:

Die Pianistin Frieda Elise Kwast-Hodapp ging als Max-Reger-Interpretin in die Musikgeschichte ein. Mit sieben Jahren wurde sie von der Karlsruher Musikschule aufgenommen – Großherzogin Luise sicherte die Bezahlung der Studienkosten –, und 18jährig gewann sie den damals berühmten Mendelssohn-Wettbewerb in Berlin.

die älteste Schwester des Großherzogs, Elisabeth Fjodorowna (1864–1918), die Ehefrau des russischen Großfürsten Sergius, entwarf bei einem Besuch in Darmstadt einen Reiseplan für die junge Virtuosin, die 21jährig ihre erste Auslandskonzertreise – und gleich in ein ihr völlig unbekanntes riesiges fremdes Land – antrat.

Gleich zu Beginn ihres Aufenthalts im zaristischen Rußland sollte sie in St. Petersburg der Zarin Alexandra Fjodorowna (1872–1918), der Schwester des hessischen Großherzogs, vorspielen: »Sie ließ mich holen, und erregten Herzens kam ich in das Winterpalais. Der Flügel, auf dem ich spielte, war bemalt und schön. Eine kleine Gesellschaft war geladen, nur verwandte Großfürsten und die engste Umgebung. Die Czarin erschien im rosa Seidenabendkleid und war anmutig majestätisch anzuschauen. Nach der Begrüßung spielte ich. Dazwischen wurden Erfrischungen gereicht, geplaudert, und die Czarin mit ihrem wehmütig schmerzlichen Ausdruck des Mundes und Antlitzes frug mich vieles nach ihrer Heimat und ihrem großherzoglichen Bruder. Sie war von meiner Kunst erfreut, wie auch die Gäste, aber da alles im gedämpften Ton gesprochen wurde, kam ich mehr beklommen als beglückt nach Hause und hatte ein trauriges Gefühl. Noch einige Male sah ich die Czarin, aber nie in fröhlichem Glanz, sondern immer umhüllt von einer gewissen Wehmut.«

Danach öffneten sich ihr die Salons des russischen Hochadels. Zeit ihres Lebens fühlte sich übrigens die Tochter des Dorfschulmeisters zum Adel und zu gekrönten Häuptern besonders hingezogen. Die Konzertreise, die sie auch nach Moskau führte – dies hatte der Großfürst Sergius arrangiert –, war ein voller Erfolg, auch finanziell. Später ernannte Großherzog Ernst Ludwig Frieda zur Großherzoglich-Hessischen Kammervirtuosin – diesen Titel trug sie mit Stolz und führte ihn bis in ihre späten Jahre auf ihrer Visitenkarte.

1902 heiratete der Lehrer die hübsche Schülerin. James (Jacob) Kwast (1852–1927), ein gebürtiger Holländer, war einer der prominentesten Klaviervirtuosen und -pädagogen seiner Zeit. Als Lehrer und Professor war er an den großen Konservatorien in Köln, Frankfurt und Berlin tätig und zählte u. a. die Komponisten Walter Braunfels (1882–1954) und Hans Pfitzner (1869–1949) sowie den Dirigenten Otto Klemperer (1885–1973) zu seinen Schülern. 1877 wurde Pfitzner Kwasts Schwiegersohn, er heiratete dessen Tochter aus erster Ehe, Tony Hiller, Tochter des Komponisten und Musikpotentaten Ferdinand Hiller (1801–1884). Diese Ehe scheiterte. Kwast war 28 Jahre älter als seine zweite Ehefrau Frieda. Als er 1927 starb, schrieb Frieda: »Ich hätte keinen besseren Lebenspartner haben können.«

Nach der Hochzeitsreise in Kwasts holländische Heimat folgte eine erste gemeinsame Konzerttour des Ehepaars nach Großbritannien. 1902/03 schloß sich eine zweite Rußlandreise an, in der Kwast und Frieda an zwei Flügeln konzertierten. Wieder, wie schon beim ersten Besuch Friedas in Rußland, sammele sie unvergeßliche Eindrücke, etwa von einer Festlichkeit zur Osterzeit, als das Zarenpaar auf der Treppe des Kreml erschien: »Als es sichtbar wurde, ertönten alle Glocken Moskaus. Wer das jemals erlebt hat, wird es nie vergessen. Hunderte von Kirchen, die Moskau birgt, alle mit mehreren Glocken, vom höchsten Ton in schnellstem Tempo sich wiederholend bis zum tiefsten Klang, der nur in langen Zwischenräumen erklingt. Es war überwältigend, die Menschen knieten alle nieder, und mir stürzten die Tränen aus den Augen vor Erregung und Ergriffenheit.«

Auch diese Tournee war so erfolgreich wie die vorige, und Friedas Reiselust war geweckt. Man reiste – für damalige Verhältnisse abenteuerlich – von Moskau nach Konstantinopel, wo das Ehepaar hoffte, beim Sultan eingeführt zu werden. Aber wegen des damaligen türkisch-russischen Gegensatzes wurde nichts daraus. »Darüber war ich sehr betrübt, denn eine Künstlerin konnte damit rechnen, daß wenn sie beim Sultan gespielt hatte, sie auch für den Harem aufgefordert würde, und das hätte mich sehr interessiert. So konnten wir nur in öffentlichen Konzerten auftreten und in einigen einflußreichen Salons.« An sich war geplant, daß auf der Rückreise nach Berlin noch Athen und Sofia besucht werden sollten, aber dazu war die Zeit zu knapp, da Kwast in Berlin erwartet wurde. Ein Besuch in Bukarest ließ sich jedoch noch einschieben, denn dort war eine Königin, eine rheinische Prinzessin, die Kwast von Köln her kannte: Carmen Sylva, wie ihr Dichtername lautete, geboren als Elisabeth Ottilie Luise, Prinzessin zu Wied (1843–1916) und Gattin des rumänischen Königs Karl I. (1839–1914), eines Hohenzollern.

Die Königin war von dem Spiel des Ehepaars so angetan, daß sie versuchte, die beiden zum Bleiben in Bukarest zu überreden. Aber Frieda wollte Berlin nicht verlassen, da sie glaubte, die dortigen Studiumsmöglichkeiten seien für ihre weitere künstlerische Entwicklung vorteilhafter. So nahm sie, von ihrem Mann angeleitet, nach der Rückkehr von der großen Reise ihr Studium wieder auf, aber auch ihre Unterrichtstätigkeit in Darmstadt, die sie jedoch nach einigen Jahren wegen der Fülle verlockender Konzertengagements abbrechen mußte. Dafür unterrichtete sie von 1902 bis 1905 am Konservatorium Klindworth-Scharwenka in Berlin und von 1905 an am dortigen Sternschen Konservatorium. Die geregelte Unterrichtstätigkeit behielt sie bis 1915 bei; später veranstaltete sie aber noch häufig sogenannte Meisterkurse, so 1922/23 an der Musikhochschule in Mannheim und in den letzten Jahren ihres Lebens in Heidelberg.

Im Jahre 1906 ereignete sich eine für den Lebensweg Friedas ausschlaggebende Begegnung. Sie hatte die Bach-Variationen von Max Reger (1873–1916) erarbeitet, und das Stück hatte sie so beeindruckt, daß sie den Komponisten kennenlernen wollte. Kurz entschlossen meldete sie sich bei Reger an, fuhr nach Leipzig und spielte ihm das sehr schwierige Werk auswendig vor.

Beim ersten Reger-Fest im Mai 1910 in Dortmund trat Frida Kwast-Hodapp mit Regers Bach-Variationen auf.

»Jetzt weiß ich erst, was für ein Stück ich geschrieben habe«, war der Kommentar des verblüfften Komponisten, »ich werde für Sie ein Stück schreiben.«

Dies war der Beginn einer der produktivsten Künstlerfreundschaften der neueren Musikgeschichte. Im Mai 1910 fand das erste Reger-Fest in Dortmund statt, in dessen Programm Frieda mit den Bach-Variationen auftrat. Sie hatte sich wochenlang darauf vorbereitet, und der Erfolg war überwältigend. »Ich war selig, es war einer der schönsten Momente meines Lebens.« Mit Reger konzertierte sie in Dortmund – und später auch bei anderen Gelegenheiten – an zwei Klavieren. Der Komponist machte sein Versprechen wahr und schuf für Frieda eines seiner Hauptwerke, das monumentale Klavierkonzert in f-Moll. Frieda hatte alle Stationen der Entstehung des Werkes mit größtem Interesse und mitfühlender Anteilnahme begleitet. Es wurde 1910 unter der Stabführung von Arthur Nikisch (1855–1922), einem der von Frieda – neben Furtwängler – besonders verehrten Dirigenten, uraufgeführt. Bei einer Vorprobe sagte Nikisch zu Frieda: »Das wollen Sie auswendig spielen?« Aber es gelang »ganz ausgezeichnet«, wie Frieda notierte, und Reger schenkte ihr nach dem erneuten großen Erfolg das Manuskript. (Es ist leider nach dem Zweiten Weltkrieg spurlos verschwunden.) Aber die Rezeption des in vieler Beziehung unerhört neuen Werks war zuerst vielfach ablehnend; eine Berliner Zeitung bezeichnete es als einen »Himalaja von Unrat«, und in einer anderen Zeitung wurde Frieda aufgefordert: »Zurück, du rettest den Freund doch nicht!« Aber die Künstlerin ließ sich in ihrem Einsatz für den Komponisten nicht einschüchtern und trat in der Folge immer wieder mit diesem Konzert auf, bis es sich nach einiger Zeit ganz durchsetzte.

Auch ein anderes Klavierwerk Regers, die James Kwast gewidmeten Telemann-Variationen, hob Frieda im Sommer 1914 aus der Taufe, obwohl sie zuerst die »leichtfertige Art« dieses Stücks ablehnte. Reger, darauf angesprochen, erklärte ihr, »man will nicht immer nur schweren Bordeaux trinken, sondern sich auch einmal an einem Moselwein erfreuen«. Frieda ließ sich überzeugen, nahm auch dieses Werk in ihr Repertoire auf und führte es zum Erfolg. (Leider ist auch dieses Manuskript, das Frieda besaß, nach dem Zweiten Weltkrieg verschollen.)

»Wie ein Blitzstrahl« wurden Frieda und Kwast von der Nachricht vom Tode Regers am 11. Mai 1916 in Jena getroffen. Beide waren tief erschüttert und nahmen an den Beisetzungsfeierlichkeiten teil. Einige Wochen darauf fand das erste Reger-Fest der Universität Jena statt, und Frieda wurde eingeladen, die Bach- und die Telemann-Variationen zu spielen. »Ich selbst war so ergriffen, als ich die ersten Töne vor dieser schweigenden, trauernden Gemeinde erklingen ließ, daß mir Herz und Hand erzitterten.«

Das Ehepaar setzte während des Ersten Weltkriegs seine Konzerttätigkeit fort. Aber überfüllte Züge, mangelhafte Verpflegung, kalte Räume und schlechte Beleuchtung erschwerten die Reisetätigkeit sehr. »Ich ertrug aber all die Leiden und Entbehrungen im Glauben, daß Deutschland siegen würde und meine Aufgaben als treue Pflichterfüllung für mich und das geliebte Vaterland notwendig seien.« Ähnlich schwierig war die Nachkriegs- und Inflationszeit; »es ging nur von Woche zu Woche, und gewöhnlich war das Geld kaum mehr etwas wert, wenn man es erhielt«.

In diese schwierige Zeit fällt eine zweite wichtige Begegnung Friedas mit einem zeitgenössischen Komponisten, Ferrucio Busoni (1866–1924). Der Komponist war ein glänzender Pianist, und Frieda erlebte ihn in Berlin, als er »in grandioser Weise« seine Klavierwerke vortrug. Von der Freundschaft, die Kwast und Frieda mit Busoni schlossen, spricht dessen Phantasie für zwei Klaviere, die »Fantasia contrappuntistica«, die Busoni dem Ehepaar widmete. 1922 spielten sie dieses Werk bei den Salzburger Festspielen.

Erwähnenswert ist auch die Begegnung mit Hans Pfitzner, dem Schüler und Schwiegersohn Kwasts. Pfitzner hatte ein Klavierkonzert mit Orchester geschrieben, das Frieda gefiel und das sie studierte. Sie spielte es mehrfach unter der Stabführung von Pfitzner selbst und von Wilhelm Furtwängler. Aber bald gab es, wie meist bei Pfitzner, Schwierigkeiten. Der Komponist und Frieda konnten sich über Tempofragen bei der Interpretation des Klavierkonzerts nicht einigen, und nach hartem Wortwechsel verlangte Pfitzner das Manuskript des Konzerts, das er Frieda geschenkt hatte, zurück. »Was ich ihm auch daraufhin schickte, und wir haben seitdem, obwohl er der Schwiegersohn meines Mannes ist, nicht wieder den Weg zueinander gefunden. Ich bewundere den Ernst und die Tiefe seiner Schöpfungen und achte seine geistige Persönlichkeit.«

In den Jahren 1925 bis 1927 reiste das Ehepaar konzertierend in viele europäische Länder: Nach Belgien, Großbritannien, Frankreich, Österreich, Schweden, Ungarn und in die Schweiz. Frieda und Kwast standen in diesen Jahren im Zenit ihres Könnens und Erfolgs. Da traf Frieda ein unerwarteter schwerer Schlag. Nach Konzerten in Danzig und Elbing kehrte sie am 31. November 1927 nach Berlin zurück. Bei der Ankunft auf dem Bahnhof erfuhr sie, daß ihr Mann vor wenigen Stunden entschlafen war. Er wurde 75 Jahre alt. »Seit meinem 11. Lebensjahr war mein Mann mir Führer und Freund. Meine ganze Entwicklung, die künstle-

Die Freundschaft zwischen Frida Kwast-Hodapp und Max Reger erwies sich als äußerst produktiv.

Max Reger schuf für die Pianistin eines seiner Hauptwerke, das Klavierkonzert in f-Moll.

rische Entfaltung wurde von ihm in Fürsorglichkeit betreut und miterlebt... Er gestaltete das Leben für mich so, daß ich mich frei entfalten und meine ganze Persönlichkeit so entwickeln konnte, daß ich nirgends ein Hemmnis fand oder empfand... Aus den Hunderten von Beileidsbriefen konnte ich ersehen, welch starken Einfluß mein Mann als Lehrer ausgeübt hatte.« Besonders rührte sie das Beileid Wilhelm Furtwänglers: »Für mich war Ihr Mann einer von den Wenigen, bei denen ich das Gefühl habe und von Anfang an hatte, daß wir dieselbe Sprache sprechen. Nicht nur durch und durch Musiker, nicht nur ein wahrhafter Charakter, sondern ein voller ganzer Mensch.«

Bis 1932 setzte Frieda die Unterrichts- und Konzerttätigkeit fort. Meist stand Max Reger im Mittelpunkt ihrer Programme. Bis zum Ende ihrer Tage hielt sie ihm die Treue.

Die allgemeine Überraschung, ja Bestürzung in der Musikwelt war groß, als sich die 52jährige Künstlerin, nach einer ernsten Lebenskrise, aus dem Musikleben zurückzog. Ende der zwanziger Jahre hatte sie den Industriellen Otto Krebs (1873–1941) kennengelernt, mit dem sie in Heidelberg und Holzdorf bei Weimar bis zu dessen Tode zusammenlebte. Krebs war eine ungewöhnliche Persönlichkeit. Von Hause aus war er Philosoph, und in diesem Fach hatte er in Zürich über einen der schwierigsten Denker des 19. Jahrhunderts, Rudolf Hermann Lotze (1817–1881), promoviert. Aber von den Glasperlenspielen der Theorie wandte er sich bald der wirtschaftlichen Praxis zu und wurde ein erfolgreicher Unternehmer. Er besaß die Strebel-Werke in Mannheim, die moderne Heizkessel und Zentralheizungen produzierten. Zweigstellen bestanden überall in Europa. Zeitweise beschäftigte Krebs über 7000 Arbeiter und Angestellte.

In Heidelberg nahm Frieda Verbindung mit dem Universitäts- und Landeskirchenmusikdirektor Hermann Meinhard Poppen (1884–1956) auf, und aus dieser Verbindung wurde bald eine herzliche Freundschaft, deren Basis die beiderseitige Beziehung zu Max Reger war: Poppen war Mitarbeiter und Freund des Komponisten und ist der Autor der ersten Biographie Regers. Auch mit dem Direktor des Heidelberger Konservatoriums, Fritz Henn, arbeitete sie eng zusammen; im Nachlaß Henns fand sich das Manuskript von Friedas unvollendeten Lebenserinnerungen. In Verbindung mit Poppen und Henn nahm Frieda in der zweiten Hälfte der dreißiger Jahre ihre Unterrichtstätigkeit wieder auf und gab wieder Klavierabende.

Auch während des Zweiten Weltkriegs konzertierte sie, allerdings in, verglichen mit früher, eingeschränktem Umfang. Aber ihr Name »zog« nach wie vor, es kamen Anfragen wegen ihrer solistischen Mitwirkung bei Konzerten des Gewandhausorchesters in Leipzig, von der Dresdner Staatskapelle, von den Berliner Philharmonikern, vom Kölner Gürzenich-Orchester und anderen. Natürlich waren solche Anfragen nach der Unterbrechung ihrer Konzerttätigkeit eine große Freude. Zwischen diesen Auftritten lagen vor dem Krieg ausgedehnte Reisen mit ihrem Lebensgefährten Otto Krebs, etwa nach New York. Das Paar lebte abwechselnd in Heidelberg und Holzdorf, wo der vermögende Industrielle 1917 ein herrschaftliches Rittergut gekauft hatte.

Am 26. März 1941 starb Krebs in Heidelberg. Wenige Tage vor seinem Tod heiratete er Frieda und setzte sie in seinem Testament als Universalerbin seines beträchtlichen Vermögens ein. Der Universität Heidelberg vermachte er die Erträge seiner Werke, die diese in eine Stiftung einbrachte, mit Hilfe derer Projekte auf dem Gebiet der Krebs- und Scharlachforschung finanziert wurden.

Während des Zweiten Weltkriegs wohnte Frieda wie zuvor abwechselnd in Holzdorf – das sie ihr »Paradies« nannte – und Heidelberg. Aus ihrer Unterrichtstätigkeit in dieser Zeit gibt es ein Zeugnis: Sie habe, schrieb sie im August 1944 aus einem »nicht fürstlichen Hotelzimmer« in Breslau an Professor Poppen, dieses ihr »Paradies« verlassen, »um mein Wort zu halten und hoffe, in der Pflichterfüllung und dem Einhalten (eines Versprechens) liegt doch ein Segen, ohne den wir nicht auskommen«. Frieda hatte versprochen, in Breslau einen ihrer »Meisterkurse« zu veranstalten. »An den Künsten halten sie in Breslau fest«, schrieb sie im Sommer 1944.

Von Mai 1945 an war der Künstlerin ihr »Paradies« versperrt; als Besitzerin eines Ritterguts hätte sie ohnehin unter den damaligen Zeitumständen in der sowjetisch besetzten Zone Deutschlands wenig Aussicht auf Wahrung ihres Besitzes gehabt. Das war bedauerlich, wenn nicht tragisch: Krebs hatte das Holzdorfer Gut nicht nur aufs kostbarste ausgestattet, sondern dort lagerte in einem mit einer Stahltür versehenen Anbau seine Gemäldesammlung. Er hatte sich auf Impressionisten spezialisiert und besaß – Friedas Erbe – etwa 70 Gemälde u. a. von Renoir, Manet, Degas, Monet, Cézanne, van Gogh, Gauguin, Matisse, Liebermann, Corinth. Diese Gemäldesammlung, zu der auch viele Zeichnungen gehörten, stellt nach dem Urteil eines Fachmanns nach heutigen Maßstäben ein »Vermögen jenseits der Milliarden-D-Mark-Grenze« dar.

1945 rückte die Rote Armee in Thüringen ein, und der Oberbefehlshaber der russischen

Streitkräfte, Marschall Wassili Iwanowitsch Tschuikow, schlug im Holzdorfer Rittergut sein Hauptquartier auf. Als er 1950 Deutschland verließ, war die Stahltür des oben erwähnten Anbaus aufgebrochen, und die Gemäldesammlung war 45 Jahre lang wie vom Erdboden verschwunden. 1995 wurden 55 der geraubten Gemälde in der Eremitage in St. Petersburg ausgestellt, und es war für die Kunstwelt eine Sensation, welche Bilder auftauchten: Krebs hatte, da einige der Gemälde im »Dritten Reich« als »entartet« galten, die Sammlung nur engen Freunden gezeigt. In einer zweiten Ausstellung, die in der Eremitage im gleichen Jahr veranstaltet wurde, konnte man eine Reihe der in Holzdorf gestohlenen Zeichnungen besichtigen.

In der Nachkriegszeit gab Frieda wieder Klavierstunden, für ausgewählte Schüler, und konzertierte auch noch. In Heidelberg war die Erscheinung der meist weißgekleideten matronenhaften Dame stadtbekannt. Ihre »Meisterkurse« in der Aula der Alten Universität waren stets sehr gut besucht. Über den Beifall konnte sie sich bis zuletzt freuen. »Die vielen positiven Stimmen, die ich in den letzten Tagen hören konnte, haben mich froh gemacht«, schrieb sie Professor Poppen. »Ebenso bedeutet es für mich etwas, mit meinem Spiel einigen jungen Menschen helfen zu können.« Neuem gegenüber blieb sie während ihrer ganzen Laufbahn aufgeschlossen; der junge Wolfgang Fortner (1907–1987) widmete ihr 1943 ein Klavierkonzert. Noch am 7. April 1948 spielte sie in Berlin mit dem RIAS-Sinfonieorchester das Regersche Klavierkonzert, und auch die Telemann-Variationen brachte sie in ihren letzten Lebensjahren vielfach zu Gehör.

Frieda Kwast-Hodapp starb am 14. September 1949 im Hause ihrer Freunde Paul und Eva Rieppel in Bad Wiessee. Als Reger-Interpretin ging sie in die Musikgeschichte unserer Zeit ein; sie hatte sich jedoch im Lauf der Jahrzehnte ein umfassendes Repertoire erarbeitet, das auch die großen Klaviersonaten und -konzerte Beethovens, Liszts und Brahms' enthielt.

Sie hatte eine Vorliebe für das Monumentale, einen im Forte stählernen Konzertton, aber auch für die Lyrik und Beseeltheit langsamer Sätze. In der Bewertung ihrer Wiedergabe der Bach- und Chopin-Klavierwerke war die Kritik eher zurückhaltend, manchmal auch deutlich ablehnend. Aber Reger blieb vierzig Jahre lang der Mittelpunkt ihres Künstlertums. Ein kundiger zeitgenössischer Rezensent, Walter Niemann, beschrieb die »ernste Innerlichkeit und Geistigkeit« ihres Vortrags, die »vollkommene technische Meisterschaft und den feinen Sinn für die besondere Eigenart des vor allem im Piano in tausend seelischen und klanglichen Strahlenbrechungen aufgelösten und ein ungemein elastisches und verbreitertes Tempo verlangenden Regerschen Klavierstils«.

Julia Fendesack

Berta Geissmar

1892–1949

Als einziges Kind musikbegeisterter und wohlhabender Eltern kam Berta Geissmar 1892 in Mannheim zur Welt. Die Mutter stammte aus einer alteingesessenen Mannheimer Patrizierfamilie, der Vater unterhielt eine erfolgreiche Anwaltspraxis. Das Haus Geissmar stellte einen etablierten Treffpunkt für Liebhaber der schönen Kunste und distinguierten Diskussionen dar. Es fanden allwöchentlich konzertante Aufführungen des väterlichen Quartetts statt, verbunden mit einem ständigen Kommen und Gehen berühmter Künstler, die in Mannheim gastierten. In diesem musikalischen Umfeld entwickelte Berta Geissmar schon früh ein ausgeprägtes Musikverständnis, das durch Violinunterricht beim Vater unterstützt wurde.

Rückblickend schrieb Berta Geissmar über ihre Kindheit und Jugend: »Ein Elternhaus solcher Art gibt etwas mit auf den Lebensweg, das stark und unabhängig macht, eine Art Schutz gegen alles, was einen von außen bedrängen mag, etwas, das einem niemand rauben kann.«

Noch konnte Berta Geissmar nicht ahnen, welche wichtigen Begegnungen, aber auch welche Bedrängungen auf sie zukommen sollten.

Zunächst begann Berta Geissmar 1910 das Studium der Philosophie, der Psychologie, der Kunstgeschichte und der Archäologie in Heidelberg. Ihre Wahl der Studienfächer war auch Ausdruck ihres freien und individuellen Geistes, der sich oftmals über althergebrachte gesellschaftliche Rollenverteilungen hinwegsetzte. Entgegen dem väterlichen Wunsch, sich ausschließlich der Musik zu widmen, konnte sie ein Universitätsstudium durchsetzen. Sie war zum Zeitpunkt ihres Studiums die einzige Frau an der Heidelberger Universität, die Philosophie im Hauptfach studierte.

Das Philosophiestudium hatte sie ganz in Bann gezogen. Am Anfang des Jahrhunderts war Heidelberg noch angefüllt von einer Aura der Verehrung für Professoren. Eine gewisse heilige Ernsthaftigkeit lag über dem Ganzen. Auch Berta Geissmar spürte diese Atmosphäre: »Es war in dieser Zeit wunderbar für einen jungen und enthusiastischen Studenten, in Heidelberg zu studieren ... Die berühmten Professoren, die damals in Heidelberg wirkten, wurden von den Studenten fast wie Götter angesehen, und wir saßen hingerissen zu ihren Füßen, mit einer Begeisterung, die das ganze Leben in diesen Studienjahren beschwingt.«

Zunächst war es ihr Vater, der mit Bedacht die Vorlesungen für sie auswählte. Berta Geissmar entwickelte rasch großes Interesse für die griechische Philosophie, was ein nachlassendes Interesse an der Außenwelt zur Folge hatte. Ihre Familie beobachtete den Studieneifer ihrer Tochter mit leichtem Argwohn, denn sie befürchtete, Berta werde sich zu einem »Blaustrumpf« entwickeln. Um dieser Entwicklung entgegenzuwirken, beschloß die Familie, Berta für einige Monate nach England zu schicken. In dieser Zeit lernte sie eine ihr bislang unbekannte Freiheit und Unbekümmertheit kennen, die ihrer individuellen Veranlagung sehr entgegen-

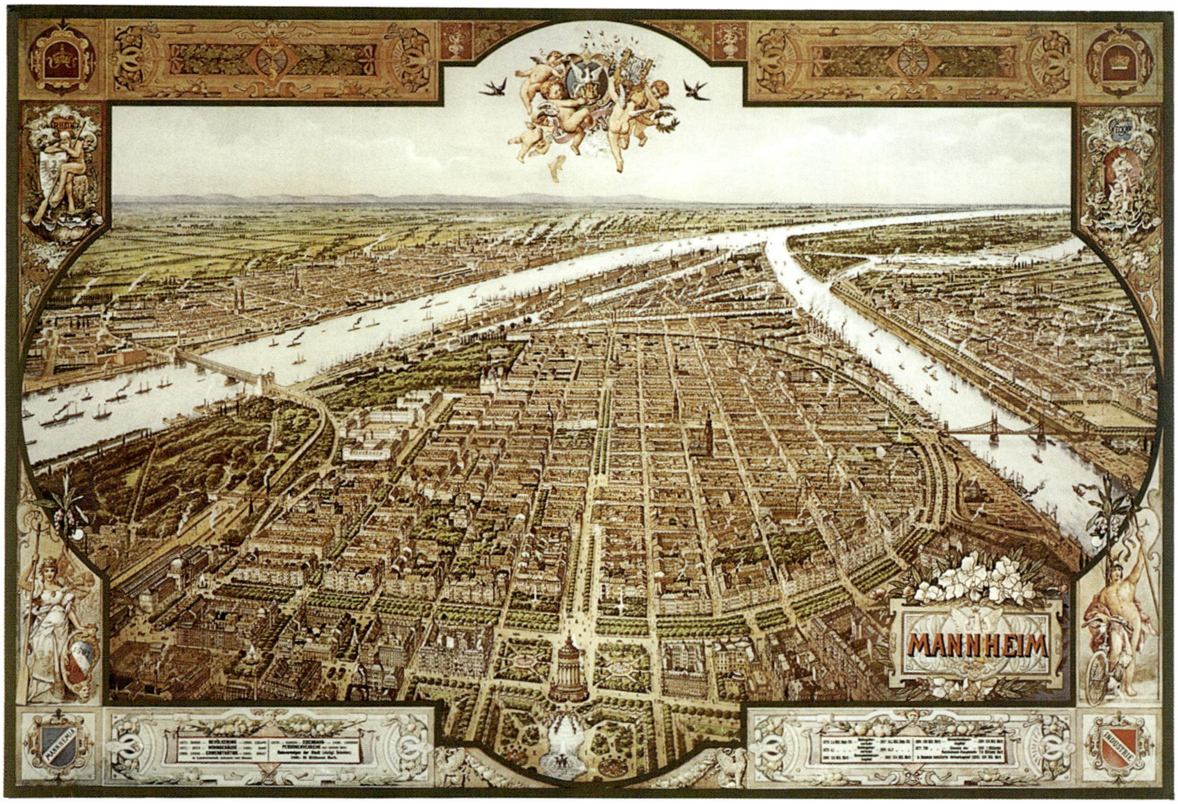

Berta Geissmars Geburtsstadt Mannheim Ende des 19. Jahrhunderts aus der Vogelschau.

kam und sie verstärkt zum Ausdruck kommen ließ. Sie selbst charakterisierte sich damals als »schüchtern und leicht verlegen, doch habe sie viel davon ... in England verloren, wo ich zum ersten Mal fühlte, was es heißt, in einem wirklich freien Land zu leben«.

Die Jahre der Sorglosigkeit und des emsigen Studierens nahmen 1914 durch den Beginn des Ersten Weltkriegs ein vorläufiges Ende: Die meisten ihrer Kommilitonen wurden sofort eingezogen. Auch für Berta Geissmar war die Zeit als ordentliche Studentin zunächst unterbrochen, da sie und ihre Mutter nun in Mannheimer Lazaretten arbeiteten. Die Verbindung zur Universität und zum Lehrer Windelband blieb aber bestehen, da Berta Geissmar zu der kleinen Gruppe Studierender zählte, die an privaten Seminaren in Windelbands Hause teilnahm.

Auch das kulturelle und insbesondere das musikalische Leben war durch den Krieg keinesfalls völlig zum Erliegen gekommen: »Vielleicht genoß man ein gutes Theaterstück oder eine Oper noch mehr als in normalen Zeiten. Die Menschen kamen in zwangloser Weise zusammen; mehr denn je spielten wir zu Hause Quartett.«

Eben in diese Zeit hinein fiel die bedeutendste und prägendste Begegnung für den weiteren Verlauf ihres Lebens: Im September 1915 trat der damals achtundzwanzigjährige Wilhelm Furtwängler die Nachfolge von Arthur Bodansky als erster Dirigent der Oper und Leiter der Musikalischen Akademien in Mannheim an.

Die Familien Geissmar und Furtwängler waren bereits miteinander bekannt. Sowohl die gesellschaftliche Stellung der Familien wie auch ihre politische Orientierung machten sie zu Gleichgesinnten: dem Grundgedanken des Völkischen und der deutsch-nationalen Gesinnung hingen beide Seiten mit tiefer Überzeugung an, der nach griechischen Idealen erzogene Wilhelm Furtwängler nicht weniger als die assimilierte, großbürgerliche Familie Geissmar. Nicht nur im musikalisch-kulturellen Bereich, sondern auch hinsichtlich gesellschaftlicher und geschäftlicher Beziehungen bewegte man sich im Elternhaus Berta Geissmars auf hohem Niveau. Manche Verbindungen hatten hier ihren Anfang genommen, deren gänzliche Ausprägung in späteren Jahren und in einer gewandelten politischen Lage erfolgen sollte. So fiel Wilhelm Furtwänglers Debüt in Mannheim mit einem der ersten Opernbesuche des damals zehnjährigen Albert Speer zusammen, dessen Vater wiederum ein häufiger Gast im Hause Geissmar gewesen war.

Auch den akademischen Kreisen fühlten sich sowohl Wilhelm Furtwängler als auch Berta Geissmar verbunden. Durch ihr Studium gewann Berta Geissmar Abstand von der politischen Gesinnung ihrer Familie und nahm nun eine liberalere Geisteshaltung ein. Während ihres Studiums stand sie nicht nur mit Wilhelm Windelband in engem Kontakt, sie pflegte auch regen Austausch mit Max Weber, Karl Jaspers, Friedrich Gundolf und Heinrich Rickert. Trotz mancher musikalischen Zusammenkünfte im Hause Geissmar begründete sich die Freundschaft zwischen Berta Geissmar und Wilhelm Furtwängler in den akademischen Diskussionsrunden Heidelberger Gelehrter. Insbesondere der Archäologe Ludwig Curtius stellte ein wichtiges Bindeglied zwischen den beiden dar. Als ehemaliger Privatlehrer Wilhelm Furtwänglers und vormaliger Assistent bei dessen Vater, Adolf Furtwängler, war er nun als Professor an die Heidelberger Universität berufen worden und dort einer jener von Berta Geissmar als »Geist von Heidelberg« titulierten Gelehrten.

Auf dem Weg von einer der unzähligen Heidelberger Abende zurück nach Mannheim überwand Berta Geissmar ihre verehrungsvolle Zurückhaltung gegenüber Wilhelm Furtwängler: »Eines Tages wurde aber meiner Befangenheit ein Ende bereitet. Wir hatten uns zufällig auf der Gesellschaft bei einem Heidelberger Professor getroffen und gingen zusammen nach Hause. Als wir an die alte Neckarbrücke kamen, mit ihrem schönen Blick auf das Heidelberger Schloß, saß dort ein altes verhutzeltes Weiblein und verkaufte die ersten Kirschen. Furtwängler erstand eine Tüte voll und erklärte: ›Jetzt wollen wir mal sehen, wer am weitesten spucken kann.‹ Da standen wir also und spuckten unsere Kirschensteine voller Vergnügen in den Neckar. Dieser Moment war es eigentlich, der unsere jahrelange Freundschaft besiegelte.«

Wilhelm Furtwängler zog Berta Geissmar in sein Vertrauen. Er begann, persönliche Pläne sowie berufliche Angelegenheiten mit ihr zu besprechen, und sie nahm als Zuhörerin häufiger an seinen Proben teil, so daß Berta Geissmar peu á peu zu einer »vertraulichen Sekretärin« wurde. Die Bezeichnung Sekretärin ist in diesem Fall allerdings sehr umfassend zu verstehen, wie die folgenden Jahre zeigen werden.

Ein Todesfall in ihrer Familie unterbrach diese trotz des Weltkriegs einigermaßen unbeschwerte Zeit: Im Juli 1918 starb ihr Vater nach schwere Krankheit. Doch Wilhelm Furtwängler war zur Stelle und gab ihr neuen Lebensmut, ja hat Berta Geissmar, wie sie es ausdrückt, »auf meinen eigenen Füße« gestellt. In der immer umfassender werdenden Tätigkeit für Furtwängler sah Berta Geissmar ihren Lebenssinn: »Ich fühlte, daß ich benötigt wurde, und das war es, wonach ich mich stets mehr als nach irgend etwas anderem gesehnt hatte.«

In dieser Zeit kam die emanzipierte Haltung Berta Geissmars immer mehr zum Vorschein. War sie in Heidelberg die einzige Philosophiestudentin gewesen, so betrat sie auch in Mannheim ein bislang als Männerdomäne erachtetes Gebiet: Sie wurde zum Vorstandsmitglied des von ihrem Vater gegründeten Konzertvereins gewählt. Immer deutlicher stellte sich die Musik und ihre Aufführungsorganisation als zukünftiges Betätigungsfeld Berta Geissmars heraus.

Ihr Studium schloß Berta Geissmar 1920 mit einer Doktorarbeit über »Kunst und Wissenschaft als Mittel der Welterfassung« ab. Der Nachfolger des emeritierten Wilhelm Windelband, Heinrich Rickert, hatte die Arbeit zunächst abgelehnt, Berta Geissmar jedoch angeboten, sie unter seiner Leitung umzuarbeiten. Doch der Wunsch eines zügigen Studiumabschlusses überwog bei Berta Geissmar, woraufhin sie nach Frankfurt zog, weil ihre Dissertation an der Universität in Frankfurt/M. angenommen und sie dort promoviert wurde. Unterdessen hatte Wilhelm Furtwängler weitere Vertragsverpflichtungen angenommen: Bereits vor dem Auslaufen seines Vertrags in Mannheim übernahm er 1919 die Leitung des »Wiener Tonkünstlerzyklus«. Von 1920 bis 1922 dirigierte er als Nachfolger Richard Strauss' die Berliner Staatskapellenkonzerte und die Frankfurter Museumskonzerte.

1921 bewog er Berta Geissmar zu einem Umzug nach Berlin, dem Zentrum des damaligen kulturellen Lebens. In Berlin arbeitete Berta Geissmar sowohl für Furtwängler als auch für den »Verband der konzertierenden Künstler Deutschlands«, in dessen ehrenamtlich tätigen Vorstand sie gewählt worden war. Bei ihrer Tätigkeit für Furtwängler beobachtete sie genau die unterschiedlichen Entwicklungen in der Konzert- und Kulturwelt Berlins, sie besuchte viele Aufführungen und schrieb lange Berichte für Furtwängler, der permanent zwischen Berlin, Leipzig und Wien pendelte. 1922 fiel ihm nach dem Tode Arthur Nikischs die Leitung der Berliner Philharmoniker zu, ebenso die Leipziger Gewandhaus-Konzerte. Das Zentrum seiner Tätigkeiten aber blieb Berlin, und Berta Geissmar war für Organisation und Abstimmung der Verpflichtungen Furtwänglers verantwortlich: »Ich mußte ihm bei der Aufstellung seines Jahresplans, bei der zweckmäßigen Verbindungen seiner gesamten Verpflichtungen und bei der Festlegung der Programme behilflich sein. Dies war die faszinierendste Aufgabe, die man sich vorstellen konnte. Die Besuche und Verhandlungen mit Solisten, Komponisten und Verlegern rissen nie ab, und das Leben war übervoll. Die internationale Musikwelt interessierte sich natürlich für den jungen Nikisch-Nachfolger, und es entwickelten sich schnell Verbindungen mit ausländischen Konzertinstituten.«

In dieser Tätigkeit und als Vorstandsmitglied des »Verbands der konzertierenden Künstler Deutschlands« trat Berta Geissmar zunächst in Konkurrenz mit Louise Wolff, der Witwe Hermann Wolffs, des Begründers der Berliner Philharmonischen Konzerte und Chef der Konzertdirektion Wolff und Sachs. Doch hatte sich die Situation bald in beidseitigem Einvernehmen gelöst: Von nun an wurden alle Verträge Wilhelm Furtwänglers mit in- und ausländischen Konzertagenturen ausschließlich über Berta Geissmar abgewickelt. Auch auf Furtwänglers Konzertreisen ins Ausland begleitete ihn Berta Geissmar, und 1924 übertrugen die Berliner Philharmoniker Berta Geissmar die Verantwortung und Organisation der Leitung ihrer Tourneen. So arbeitete Berta Geissmar nun sowohl für Furtwängler als auch für das Orchester. Sie organisierte die Konzertreisen, stellte mit Furtwängler die Programme für die jeweiligen Aufführungsorte zusammen, kümmerte sich um den Fahrplan und die Gepäckbeförderung sowie die Unterbringung von Dirigent und Musikern. Zwar gab es drei Geschäftsführer der Philharmoniker, doch kein eigenes Büro. Berta Geissmar arbeitete zunächst von einem Zimmer mit Schreibmaschine und Schlafsofa aus. Erst als ihr eine Stenotypistin zur Verfügung gestellt wurde, entstand 1924 das Orchesterbüro der Berliner Philharmoniker.

Zu den europäischen Konzertverpflichtungen kamen weitere in Amerika: Von 1925 an dirigierte Furtwängler alljährlich für vier Wochen das New York Philharmonic Orchestra, 1927 traten die Berliner Philharmoniker in Großbritannien auf, zudem dirigierte Furtwängler seit diesem Jahr die Wiener Philharmoniker.

Die folgenden Jahre bestehen aus den üblichen Konzertreisen und Verpflichtungen in In- und Ausland. Im Dezember 1931 übernahm Furtwängler die Gesamtleitung der Bayreuther Richard Wagner-Festspiele. Auch in diese Verhandlungen war Berta Geissmar involviert, und sie war häufig als Gast Winifred Wagners in Bayreuth. Die älteste Tochter Cosima Wagners, Daniele Thode, war Berta Geissmar noch aus Heidelberger Studienzeiten bekannt: »Ich kannte Frau Thode von meinem ersten Heidelberger Semester her, wo sie als Gattin des Kunsthistorikers Henry Thode die Etikette ›Wahnfried‹ in einer Weise aufrechterhielt, wie sie an einem Hof nicht formvollendeter hätte sein können.«

Doch die Arbeit in Bayreuth stand unter keinem guten Stern. Zu sehr prallten die Vorstellungen der jüngeren Generation bezüglich des Umgangs mit dem Erbe Richard Wagners auf die sorgfältig gehütete Tradition. Dazu ereignete sich noch die unerwartete Abreise Toscaninis aus Bayreuth im August 1931. Auch Furtwängler trat noch vor der ersten Aufführung von seinem Posten zurück.

Berlin wurde nun für Berta Geissmar zur zweiten Heimat, und sie genoß ihre Arbeit und das damit verbundene Lebensgefühl: »Es war ein erfülltes und tätiges Leben, das wir in jener Zeit führten.« Es war ein Leben im Zentrum der Kunst und Kultur, mit regem gesellschaftlichen Austausch im Kreis der führenden Persönlichkeiten der Zeit. Ausdruck dieses »Zeitgeists« ist das auf Seite 229 abgebildete Foto, welches eine Aufnahme anläßlich Furtwänglers 46. Geburtstag zeigt:

»Orchestermitglieder und berühmte Solisten führten die Kindersymphonie von Haydn auf. Alle waren als Kinder angezogen. Der unerschöpfliche Hindemith hatte außerdem eine Parodie zur ›Holländer‹-Ouvertüre komponiert ... Es war ein ungemein heiterer und harmonischer Abend, der große Künstler und führende Persönlichkeiten Deutschlands vereinte.«

Es war der 25. Januar 1933. »Niemand ahnte, wie nahe der Sturm war.« Das Berliner Philharmonische Orchester begann am folgenden Tag seine alljährliche Europatournee durch England, Holland und Belgien. Man verließ die Weimarer Republik und kehrte im März 1933 in ein politisch grundlegend gewandeltes Deutschland zurück: Das »Dritte Reich« hatte begonnen.

Die unmittelbaren Folgen der nun einsetzenden nationalsozialistischen Herrschaft mußte Berta Geissmar alsbald erfahren, als die Gerüchte über bevorstehende Bestimmungen zur Beschäftigung sogenannter »Nichtarier« sich verdichteten. Auf einmal existierte eine zuvor nicht – oder zumindest nicht in solch erschreckendem Ausmaße – verspürte Trennung zwischen Deutschen und Juden, »Ariern« und »Nichtariern«. Die Welt Berta Geissmars, angefangen bei ihrem deutsch-nationalen Elternhaus über die Heidelberger Studienjahre bis hin zur verantwortungsvollen Tätigkeit für Wilhelm Furtwängler, war, ihrer Darstellung zufolge, frei von rassistisch motivierter Verachtung und Diskriminierung. Man schätzte Berta

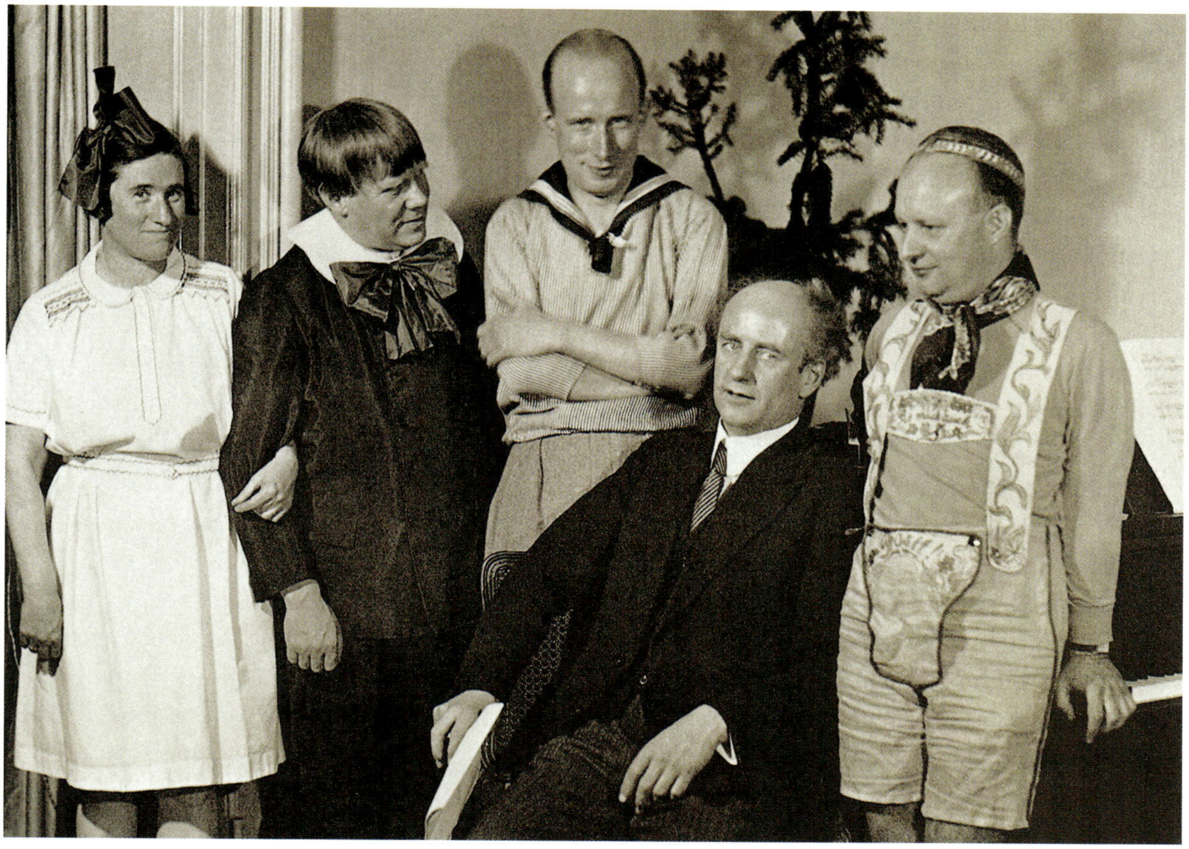

Am 25. Januar 1933 feierten (von links) Berta Geissmar, Edwin Fischer, Georg Kulenkampff und Paul Hindemith den 46. Geburtstag Wilhelm Furtwänglers (sitzend).

Geissmar wegen ihres musikalischen Sachverstands, ihren organisatorischen Fähigkeiten und ihrer großen, selbstlosen Einsatzbereitschaft für die Musik. Zugleich wurde sich Berta Geissmar aber auch bewußt, daß die Welt der Musik und Kultur nur einen Teilaspekt des Lebens in Deutschland darstellte.

Ihre Selbsteinschätzung angesichts der gewandelten Situation ist kennzeichnend für weite Gesellschaftskreise, denen besonders Künstler, Intellektuelle, Wissenschaftler und gerade auch assimilierte Juden zuzurechnen sind: »Ich war in dieser Zeit von einem undefinierbaren Gefühl bedrückt. Meine Arbeit hatte mich durch die Welt geführt, aber wie so viele andere hatte ich den Fehler begangen, nicht auf die Entwicklung der politischen Lage in der Heimat zu achten. Nie hatte ich ›Mein Kampf‹ gelesen, nie den Fall Hitler ernst genommen. Unsere Tätigkeit hatte nichts mit Propaganda und Politik zu tun; ihr Inhalt war die Pflege der Musik, nichts anderes. Was konnte mehr im Interesse des wahren Deutschland sein als unsere Arbeit im Dienste der Kunst? Nur wenige erkannten damals, auf was die Nazis hinzielten ... Ich wurde mir zwar mehr und mehr der seltsamen Zeit, in der wir lebten, bewußt, doch ich war noch gänzlich ahnungslos bezüglich ihrer Auswirkungen auf mich selbst. Ich war Protestantin jüdischer Abstammung. Die meisten der alten kultivierten jüdischen Familien, die seit Jahrhunderten in Deutschland lebten, hatten sich dem deutschen Leben assimiliert. Die ›jüdische Frage‹, wie sie durch Hitler heraufbeschworen wurde, hatte für uns kaum existiert.«

Eine unmittelbare Bedrohung mußte Berta Geissmar zunächst nicht fürchten, denn Furtwängler legte die ganze Berühmtheit seiner Person im In- und Ausland ins Gewicht und konnte dadurch einstweilen die jüdischen Orchestermitglieder und Mitarbeiter vor dem Zugriff der Nationalsozialisten bewahren. Bei der offiziellen Gründungsfeier des »Dritten Reiches« am 21. März 1933 nahm Berta Geissmar an der von Furtwängler dirigierten Festaufführung der »Meistersänger« teil, nur wenige Logen entfernt von Hitler und Hindenburg. Es sollte sich aber nur um eine Schonfrist handeln. Durch die Einmischungen des nationalsozialistischen Kulturministeriums in die Angelegenheiten der Berliner Philharmoniker kam es zu immer rigoroseren Einschränkungen der Arbeitserlaubnis jüdischer Mitarbeiter in der Konzert- und Theaterbranche, viele Künstler waren mit Auftrittsverboten belegt. Es herrschte große Unsicherheit und Besorgnis.

Furtwänglers beherztes und couragiertes Eintreten für betroffene Musiker und Mitarbeiter hatte nicht nur positive Auswirkungen. Bereits auf der ersten Konzertreise im April 1933 zeigte sich die verheerende Wirkung der nationalsozialistischen Kulturpropaganda: Die Konzertsäle waren nur mäßig gefüllt, denn sowohl die eingeschüchterten jüdischen Musikfreunde als auch die überzeugten Nationalsozialisten blieben den Auftritten fern, denn es wirkten nach wie vor jüdische Musiker bei den Aufführungen mit. Im Ausland gestaltete sich die Situation ähnlich diffizil, wenn auch unter anderen Vorzeichen. Hier galt Furtwängler vielen als prominenter Repräsentant des neuen Regimes in Deutschland, so daß wiederum Erklärungsbedarf zu stillen war, bevor es zu den Aufführungen kommen konnte. Gerade auf diesem heiklen Gebiet zeigte Berta Geissmar viel diplomatisches Gespür und Feinfühligkeit. Dies erregte Mißfallen in den Emigrantenkreisen, wo sie durch ihre Arbeit für Furtwängler quasi als Verräterin gesehen und zum Beispiel im *Pariser Tageblatt*, einer Emigrantenzeitung, als »Hitlerjüdin« gezeichnet wurde.

Furtwängler wurde von den neuen Machthabern ebenso umworben wie unter finanziellen Druck hinsichtlich der Berliner Philharmoniker gesetzt. Er nahm 1933 die Ernennung zum Preußischen Staatsrat und Reichskultursenator sowie zum Vizepräsidenten der Reichskulturkammer entgegen.

Als Konsequenz bekam Berta Geissmar von verschiedenen Seiten unmißverständlich zu verstehen, daß sie ihre Anwesenheit in Gegenwart Furtwänglers sowie in der Philharmonie einzuschränken habe, da diese dem Ansehen Furtwänglers schaden würde. Auch war die Situation jüdischer Orchestermitglieder, trotz des von Furtwängler so verstandenen Kompromisses mit der Reichskulturkammer, weiterhin unsicher. Noch einmal setzte Furtwängler alles auf eine Karte, als er mit dem Rücktritt von allen Ämtern drohte und so nochmals einen Aufschub für die Betroffenen gewann.

Auf den Auslandstourneen in Holland, Belgien und Frankreich des Jahres 1934 verkehrte Berta Geissmar zwar nach wie vor mit Diplomaten und hohen Persönlichkeiten der jeweiligen Länder, doch ist eine Distanzierung zu ihrer Person unverkennbar, die mit der Sympathie mancher europäischer Regierungen mit der nationalsozialistischen Politik einherging.

Desungeachtet bemühte sich Berta Geissmar darum, ihren Aufgaben für Furtwängler so gut wie möglich nachzukommen. Das führte mitunter zu wahrhaft kuriosen Situationen: Während der Frankreichtournee 1934 wurde Berta Geissmar vom italienischen Botschafter Cerruti angerufen, der eine kurzfristige Einladung der Philharmoniker nach Rom aussprach. Unter der Bedingung, daß es zu einem Treffen zwischen Furtwängler und Mussolini kommen werde, disponierte Berta Geissmar die Tournee um. Dieses Treffen ereignete sich denn auch – jedoch sollte es nach der Rückkehr Berta Geissmars in Berlin zu einigem Erzürnen in der obersten Parteiebene führen, wodurch die Diskussion um ihre Person und Tätigkeit erneut begann.

In dieser Situation kam ein hilfreiches Angebot aus England von Sir Thomas Beecham, Leiter des Covent Garden Opernhauses. Er bot Berta Geissmar an, für ihn in London tätig zu werden, wenn ihr ein Verbleiben in Deutschland unmöglich gemacht werden würde.

Die Bemühungen der nationalsozialistischen Kulturbeauftragten, irgend etwas an Berta Geissmars Aktivitäten für Furtwängler im In- oder Ausland zu finden, das neben ihrer jüdischen Abstammung zusätzlich Anlaß gäbe, ihre Entlassung oder gar Verhaftung zu fordern, verstärkten sich zunehmend. Gedanken an einen Rücktritt kamen Berta Geissmar nun häufiger, zumal sie auch Furtwängler nicht unnötig strapazieren wollte. Auf der anderen Seite wurde ihr indirekt zu verstehen gegeben, daß Göring selbst erklärt hatte, sie solle sich nicht sorgen, denn man hätte eingesehen, daß Furtwängler sie brauche. Dies würde sie schützen. So war der Verbleib Berta Geissmar in Furtwänglers Nähe wie auch in Deutschland abhängig geworden von dem Wohlwollen der Männer in unmittelbarer Umgebung Hitlers.

Als jedoch Furtwängler durch sein Eintreten für Paul Hindemith deutlich und auch für das Ausland ersichtlich Position gegen die Kulturpolitik des »Dritten Reiches« bezog, folgte als Konsequenz dessen sein Rücktritt von der Leitung der Bayreuther Festspiele und der Direktion der Berliner Staatsoper im Dezember 1934. Nun bestand auch für Berta Geissmar keine Hoffnung auf milde Behandlung von nationalsozialistischer Seite her: Im Sinne der nationalsozialistischen Propaganda wurde das Verhalten Furtwänglers auf den »jüdischen« Einfluß Berta Geissmars zurückgeführt. Sie wurde von nun an auf Schritt und Tritt beobachtet, ihr Telefon abgehört, ihr Paß willkürlich eingezogen. Daraufhin verließ sie Berlin und lebte in Ebenhausen (Bayern) bei Freunden, während Furtwängler derweil in Berlin versuchte, eine Ausreisemöglichkeit für Berta Geissmar zu erwirken. Voller Überraschung erfuhr sie über den Rundfunk von Furtwänglers »Versöhnung« mit dem nationalsozialistischen Regime im März 1935. Trotzdem blieb er weiterhin mit ihr in Kontakt, besuchte sie nach Möglichkeit und sprach für sie bei den entsprechenden Stellen vor. Nach vielen Eingaben bei den unterschiedlichen Behörden und weiteren Schikanen bekam Berta Geissmar ihren Paß zurück.

Freunde im Ausland hielten nach wie vor die Freundschaft zu ihr aufrecht, so daß von mehreren Seiten Angebote über Emigrationsziele und Beschäftigungen an sie gerichtet wurden. Sie reiste schließlich binnen weniger Tage zusammen mit ihrer Mutter nach Holland, dem Angebot des Musikologen Anton van Hoboken folgend, in dessen Auftrag sie in Amerika Autographen für seine Sammlung, dem Wiener Photogramm Archiv, erstehen sollte. »Nur wer es selbst erlebt hat«, schreibt sie, »kennt das Gefühl, mit dem man die Grenzen der Heimat für immer hinter sich läßt, aus welchen Gründen auch immer es geschehen mag. Man verliert etwas unwiederbringlich, was kein neues Leben einem je ersetzen kann. Jeder muß es mit sich selbst ausmachen, welches seine innere Beziehung zu seinem Vaterland ist, wenn er es aus politischem Zwang verläßt.«

Über Amsterdam, Paris und London brach Berta Geissmar am 4. Januar 1936 nach New York auf. Hier traf sie emigrierte Musiker und andere Freunde aus vergangenen Tagen, zu denen unter anderem Arthur Bodansky, Lauritz Melchior und Alma Mahler zählten: »Wie ungewohnt war es, wieder als freier Mensch, ohne Angst zu leben, zu telephonieren, Musik zu genießen, in die Oper zu gehen, wie in alten Zeiten die Künstler in ihren Garderoben zu besuchen, Zeitungen und Zeitschriften aus der ganzen Welt zu lesen, Briefe ohne Hemmungen zu schreiben und sich langsam aus dem unnatürlichen und verkrampften Zustand, in dem man sich befunden hatte, zu lösen.«

In New York begegnete ihr erneut Sir Thomas Beecham, der bereits vor Jahren seine Hilfe angeboten hatte. So kam es zu einer Absprache über eine Tätigkeit Berta Geissmars am Londoner Covent Garden ab April 1936. Nach einigen interessanten Funden für das Wiener Phonograph Archiv verließ Berta Geissmar Amerika, um ihre Stelle bei Sir Thomas Beecham anzutreten. Sie wurde dessen Generalsekretärin für seine gesamten musikalischen Angelegenheiten. Dies schloß die Organisation und Planung einer kontinentaleuropäischen Konzerttournee mit ein, so daß sie rasch wieder im selben Aufgabenfeld tätig war und mit denselben Personen wie zu Zeiten ihrer Anstellung bei Wilhelm Furtwängler Umgang pflegte.

Ihre Tätigkeit für Beecham brachte es auch mit sich, daß sie nach Deutschland reisen sollte, was Berta Geissmar aufgrund ihrer Erfahrungen allerdings mit großer Skepsis betrachtete. Auch Beteuerungen des deutschen Botschafters in London, Joachim von Ribbentrop, gegenüber Beecham über den Schutz Berta Geissmars während ihres Aufenthaltes in Deutschland konnten diese Zweifel zunächst nicht ausräumen. Dennoch reiste Berta Geissmar im Sommer 1936 mehrmals nach Deutschland, um Vorbereitungen für die Tournee der Londoner Symphoniker zu treffen, die im November 1936 stattfinden sollte.

Für die Zeit der Tournee war Berta Geissmar Gast der deutschen Regierung. Ihre unvermindert guten Verbindungen zu vielen ausländischen Pressevertretern, durch die Berta Geissmar noch vor zwei Jahren einmal mehr den Unmut des nationalsozialistischen Regimes auf sich gezogen hatte, wurden nun von den Regierungsbehörden ausdrücklich begrüßt und befürwortet. Bei den Aufführungen erhielt sie, auch bei Anwesenheit Adolf Hitlers, nach wie vor Logenplätze, Photos von ihr erschienen in der Tagespresse. Auch bei den offiziellen Zeremonien, die die Ankunft der Londoner Symphoniker in den Städten Berlin, Dresden, Leipzig, München, Stuttgart, Ludwigshafen und Köln begleiteten, wie bei den Empfängen nach den Konzerten legte Sir Thomas Beecham Wert darauf, sich einerseits als dankbarer und höflicher, aber auf der anderen Seite auch als freier Gast dieses Landes zu erkennen zu geben. Immer wieder kam es daher zu persönlichen Mitteilungen an ihn und Berta Geissmar, in denen anonym der Dissens mit dem herrschenden Regime zum Ausdruck gebracht wurde. Das Jahr 1937 war in England geprägt von der Krönung Georges VI., welche durch die zehnwöchige Coronation Season des Covent Garden bereichert wurde.

Einer der ersten Aufträge Berta Geissmars als Assistentin Sir Thomas Beechams war es 1936 gewesen, Furtwängler und die Berliner Philharmoniker für zwei Konzerte innerhalb der Coronation Season zu gewinnen. So kam es zu einem Wiedersehen mit Furtwängler, jedoch trübten ihre Vorahnungen das Wiedersehen. »Noch herrschte Freundschaft und Unbekümmertheit, aber mit unaufhaltsamer Tragik wurde die Kluft zwischen den Deutschen und der Welt immer breiter und damit immer schwerer zu überbrücken.« Im Hinblick auf Furtwängler enttäuschte es sie sehr zu sehen, in welchem Grad er sich konform mit dem nationalsozialistischen Regime erklärt hatte und »daß er sich nicht auch äußerlich nicht von einem System zu trennen vermochte, das unsere Heimat und ihr geistiges Leben verriet«. Zu einer Auswanderung vermochte sie ihn nicht zu überreden.

Noch immer wurden Konzertreisen von England aus auf den Kontintent geplant, und im Zuge der Vorbereitungen für die nächste Saison in Bayreuth besuchte Berta Geissmar 1937 auch Heidelberg. »Die Erinnerung an alte Zeiten und das tiefe Bedürfnis zu erfahren, wie die alte Universitätsstadt die Stürme der Nazijahre ertragen hatte, zogen mich unwiderstehlich nach Heidelberg.« Hier traf sie mit Bekannten und Lehrern ihrer Studienzeit zusammen: Alfred und Marianne Weber, Martin Dibelius und Karl Jaspers. Jeder von ihnen hatte seinen eigenen Weg gewählt, in dem veränderten Deutschland weiterleben zu können. Gerade das Wiedersehen mit Karl Jaspers hinterließ in dieser Hinsicht einen nachhaltigen Eindruck. »Noch immer war eine Stunde mit diesem wunderbaren Menschen, diesem lauteren und hochstehenden Geiste ein Erlebnis, von dem man lange zehren konnte. Aber diesmal verließ ich ihn nicht erhoben und voll neuer Kraft; ich verließ ihn voll Wehmut und Verzweiflung über das Schicksal, das großen Männern des ewigen Deutschland im Hitler-Reich bereitet wurde.«

So tiefe Trauer auch die 1935 erzwungene Auswanderung bei Berta Geissmar ausgelöst hatte, so erkannte sie durch ihre beruflichen Reisen nach Deutschland immer deutlicher, welches Glück sie gehabt hatte, als Jüdin in der Situation gewesen zu sein, das Land überhaupt noch verlassen zu können, bevor die kontinuierliche Entrechtung der Juden in die unentrinnbare Verfolgung und Vernichtung führte. Im Sommer 1938 sollte sie zum letzten Mal in ihrem Leben nach Deutschland reisen.

Von England aus beobachtete sie mit zunehmender Besorgnis die Entwicklungen im Deutschen Reich und die nationalsozialistische Außenpolitik der folgenden Jahre. Nach dem »Anschluß« Österreichs stellt sie sich die bange Frage: »Würde ich nun wieder die Ausgestoßene sein – in einem Land, das mich so freundlich aufgenommen hatte – und dieses Mal, weil ich ›deutsch‹ war? Wo gehöre ich eigentlich hin? Wohin durfte ich gehören?«

Doch Berta Geissmar erfuhr in dieser Zeit von den verschiedensten Seiten der englischen Gesellschaft Sympathie und Anerkennung für ihre Person. Tatkräftig war sie um die Londoner Symphoniker bemüht, die angesichts des Kriegszustands vor großen finanziellen Problemen standen: Sie organisierte weiterhin Konzerte, die angesichts des bombardierten London in den Vororten und ländlichen Gegenden unter vielerlei Schwierigkeiten stattfanden und ein großes Publikum anzogen. Zu den Festen anläßlich des »VE-Day« (Victory in Europe-Day) wurde sie, zu ihrer freudigen Überraschung, von englischen Freunden eingeladen, die ihren Zweifeln mit der Feststellung begegneten: »Sie gehören doch jetzt zu uns!«

Berta Geissmar schrieb in dieser Zeit ihre Memoiren, welche 1944 erstmals auf Englisch unter dem Titel » The Baton and the Jackboot« erschienen. Innerhalb kurzer Zeit kam es zu sechs Auflagen. Nach den Übersetzungen ins Holländische, Dänische und Französische wurden sie 1945 in der Schweiz als deutsche Ausgabe veröffentlicht.

Nach dem Krieg nahm Berta Geissmar die Beziehung zu Wilhelm Furtwängler wieder auf, denn die politischen Umstände hatten seit 1939 Besuche oder Briefwechsel unmöglich werden lassen. Sie besuchte 1947 die von ihm inszenierten Luzerner Festspiele und empfing ihn 1948 während der England-Tournee der Berliner Philharmoniker in London. Im November 1949 starb Berta Geissmar infolge eines Schlaganfalls im Alter von 57 Jahren.

Renate Liessem-Breinlinger

May Bellinghausen

1896–1985

Obwohl zeitlebens ledig und stets als Fräulein betitelt, erhielt May Bellinghausen 1951 Wohngeldzuschuß für Verheiratete, denn sie kam für den Unterhalt ihrer geschiedenen Schwester auf. Die Rolle als Haushaltsvorstand war ihr schon 1920 mit dem Tod ihres Vaters zugefallen. Damals lebten auch der 1918 geborene Neffe und dessen Vater, der durch den Krieg seine Stelle verloren hatte, von ihrem Lehrerinnengehalt. Soziales Engagement weit über die Familie hinaus wurde zu May Bellinghausens Markenzeichen, führte 1953 zu ihrer Wahl in den Freiburger Stadtrat und trug ihr 1963 das Bundesverdienstkreuz ein.

Als May am Nikolaustag 1896 als zweite Tochter von Wilhelm und Gladys Bellinghausen zur Welt kam, zählte die Familie zum gutsituierten Bürgertum. Der Vater hatte eine leitende Stelle im Verlagshaus Herder. Etwa zeitgleich mit der Geburt eines Sohnes 1901 bezog die Familie eine idyllisch im Grünen gelegene eigene kleine Villa im Stadtteil Herdern. 1904 trat May als Siebenjährige in die zehnklassige Höhere Mädchenschule ein, die als Katholisches Institut bezeichnete Schule der Freiburger Ursulinen. Sie sei damals sehr schüchtern gewesen und habe nur ungern geantwortet, erinnerte sie sich zum Amüsement der Zuhörer in ihrer Abschiedsrede 1963. Ein Grund der Sprachlosigkeit der Erstkläßlerin könnte darin gelegen haben, daß im Elternhaus nur Englisch gesprochen wurde. Die Mutter war Engländerin. Der Vater hatte sie unter nicht näher bekannten Umständen in den 1880er Jahren von einer Englandreise mitgebracht. Sie war Vollwaise, hatte ihre Eltern nicht gekannt und war bei Schwestern aufgewachsen.

May durchlief die Schule problemlos, fühlte sich im Kreis ihrer Mitschülerinnen wohl und kam im katholischen Milieu zurecht, da sie eine natürliche Begabung hatte, sich unter Einhaltung des Reglements persönliche Freiräume zu schaffen. In dieser Hinsicht wurde sie auch vom Vater unterstützt, der seine Tochter nicht durch die damals gängigen geschlechtsspezifischen Rollenbilder eingeschränkt sehen wollte.

Ob Mays lebenslange Ehelosigkeit durch die Erziehung oder durch die verantwortungsvolle Stellung in der Familie bedingt war, läßt sich aus der zeitlichen Distanz und vom Schreibtisch aus nicht klären. Fest steht, daß die Menschen, mit denen sie Umgang pflegte, überwiegend weiblichen Geschlechts waren, die Kollegen, die sie besonders förderte, ebenfalls. Man könnte sie eine Frauenfreundin im besten Sinne nennen. Das Etikett »Feministin« hätte sie vermutlich in barschem Ton, dessen sie fähig war zurückgewiesen. Es hätte ihr zu theoretisch und zu intellektuell geklungen.

Sie war entschieden eine Frau der Tat und des Tages. Ein Rat, den sie den letzten Entlaßschülern der von ihr zwischen 1947 und 1963 geleiteten Pestalozzischule in Freiburg-Haslach mitgab, beleuchtet das Thema von Freund und Freundin: »Ihr Buben, sucht euch einen guten

Freund, ihr Mädchen, pflegt Kameradschaft mit einer feinen Freundin. Ich zitiere ganz bewußt: Sage mir, mit wem du umgehst, und ich sage dir, wer du bist.«

Indes gibt es durchaus Anzeichen, daß Männer auf May Bellinghausen Eindruck machten. Wie viele Mädchen ihrer Generation schwärmte sie während des Ersten Weltkriegs – abhängig von der Propaganda in den Medien – für Helden wie Richthofen. Einen Jagdflieger, der aus Baden stammte, erwähnt sie in ihrem Merkbüchlein »Christliches Vergißmeinnicht«. Am 22. März 1916 wurde »Fritz Stiefvatter in Müllheim, seiner Heimat, begraben, nachdem er in Belgien von den Franzosen abgeschossen wurde, beweint von der Mutter, der 19jährigen Braut und allen, die ihn kannten«. 1919 deuten drei Einträge auf eine beginnende Liaison mit einem etwa gleichaltrigen Kollegen: ein Brief, ein Besuch im Elternhaus und ein Treffen in einem Ausflugslokal im Dreisamtal. Es wurde nichts Ernstes daraus. Ob die energische und unkonventionelle May den jungen Mann eingeschüchtert hat, muß offen bleiben.

1933 brachten es dann die nationalsozialistischen Machtergreifer in der örtlichen Schulpolitik fertig, May Bellinghausen ein aus damaliger Sicht ehrenrühriges Verhältnis mit einer Frau nachzusagen, als nämlich die von May hochverehrte, gut katholische Henriette Schatz ihren Rektorenposten an der Freiburger Hildaschule räumen sollte. Die städtischen Schulakten erwähnen das Gerücht nicht, sondern nennen unumwunden den politischen Hintergrund: »Die Übernahme der Regierungsgewalt durch Adolf Hitler hat verschiedene Veränderungen im Lehrkörper erforderlich gemacht.« Frau Schatz wurde noch im Spätjahr 1933 zur Ruhe gesetzt, da man ihr nicht zutraute, im Sinne des Kampfbundes für die deutsche Kultur zu handeln oder die gewünschten Treuekundgebungen für das Vaterland adäquat zu gestalten.

Das Katholische Lehr- und Erziehungsinstitut in Freiburg unterhielt seit 1894 auch ein Lehrerinnenseminar. Dieses besuchte May Bellinghausen von 1914 bis 1917. Die ältere ihrer im Staatsarchiv Freiburg erhaltenen Personalakten läßt auch den Schluß zu, die Ausbildung zur Lehrerin hätte an der öffentlichen Höheren Mädchenschule in Freiburg stattgefunden. Das Thema des Prüfungsaufsatzes »500 Jahre Hohenzollerntum« spricht dafür. 1916 legte May das Examen für den Volksschuldienst ab. Geprüft wurden die Fächer Religion, Deutsch, bürgerliches Rechnen, Geometrie und Algebra, Botanik, Zoologie, Physik, Chemie und Geographie. 1917 bestand sie die Zweite Lehrerprüfung, die zum Unterricht an sogenannten höheren Schulen bis zur Mittleren Reife berechtigte. Wieder war ein Aufsatz zu schreiben, weiter erwähnt sie Geschichte; das Schwergewicht lag aber auf den offensichtlich von ihr gewählten Fächern Englisch und Französisch. Ihre Personalakte datiert diese Prüfung auf 1918, die Angaben oben folgen den handschriftlichen Eintragungen in ihren privaten Merkbüchlein.

»August 1917: erste Verwendung im öffentlichen Dienst«, vermeldet lapidar ihre Personalakte. In Wolterdingen bei Bräunlingen leistete sie das erste praktische Halbjahr ab. 60 Schüler vom 2. bis 5. Schuljahr hatte sie mit einer Unterrichtsverpflichtung von 33 Wochenstunden zu betreuen. Als »Lehrerin sehr lebhafter Gemütsart« wird sie vom Schulaufsichtsbeamten charakterisiert. Die methodisch-didaktische Klarheit vermißte er noch. »An gutem Willen, an Tatkraft und anregender Lebendigkeit fehlt es ihr nicht.« Er hat in der Tat treffend beobachtet.

Neudingen bei Donaueschingen war für ein weiteres halbes Jahr ihr nächster Dienstort, ab April 1919 dann Gütenbach bei Furtwangen, wo sie sich schon so profilierte, daß Bürgermeister und Pfarrer sich in einer Zeitungsnotiz gegen ihre Versetzung nach Glottertal wehrten. 1920 tat sie in Neuershausen bei Freiburg Dienst, 1921 kurz in Waldkirch, dann an der Mädchen-Bürgerschule in Freiburg, wo sie ihre Qualifikation voll einbringen konnte wie erst 1927 wieder an der Mädchenrealschule, wo sie unter anderem in der Untersekunda, der zehnten Klasse, eingesetzt war. Die Versetzung nach Freiburg ist vor dem familiären Hintergrund zu sehen. 1920 war der Vater gestorben, der seine Witwe ohne Pensionsberechtigung zurückließ. May lebte jetzt wieder im Elternhaus in der Rosenau 8. Diese Adresse behielt sie bei bis zu ihrem Tod 1985.

In den zwanziger Jahren trat May Bellinghausen in den Katholischen Lehrerinnenverein ein, 1922 in die Marienkongregation. Sie lernte in jenem Jahrzehnt fast alle Freiburger Volksschulen von innen kennen: Karls-, Lessing-, Turnsee-, Stühlinger Mädchenschule, Hilda-, Adelhauser und Emil-Thoma-Schule. 1926 zog das Stadtschulamt sie als Schreiberin heran. Als Henriette Schatz 1927 zur Rektorin an der Hildaschule ernannt wurde, gehörte May Bellinghausen dort zum Kollegium. 1930 erhielt sie eine glänzende Beurteilung durch die Schulleiterin.

1933 traten dann – vermutlich nach Regie von interessierter Seite – die oben angedeuteten, »durch unkluges Verhalten geschaffenen mißlichen Verhältnisse« ein, die zur sofortigen Dienstbefreiung und Zurruhesetzung der Rektorin und zur Wegversetzung von May Bellinghausen führten. Für wenige Wochen kam sie nach Eschbach bei St. Peter, dann an die Volksschule Herden und im November 1933 an die Pestalozzischule in Freiburg-Haslach. Hier blieb sie bis 1938/39, und hierher kehrte sie nach dem Zweiten Weltkrieg zurück. Dieser Stadtteil, der als sozial schwierig galt, wo neben gutsituierten Handwerkern und Arbeitern Problemfamilien und Randgruppen wohnten, wurde ihr geliebtes Betätigungsfeld. Hier entfaltete sie ihr soziales Engagement, ganzheitliche Hilfeleistung, die über den Dienst in der Schule weit hinausging.

Als sie sich in den dreißiger Jahren um die planmäßige Anstellung und die Einstufung als Beamtin auf Lebenszeit bemühte, stellten sich unerwartet Hemmnisse ein. Sie konnte zwar versichern, keiner Freimaurerloge anzugehören, Mitglied im NS-Lehrerbund zu sein, wenn auch nur via Gleichschaltung des Katholischen Lehrerinnenvereins, sie hatte sich auch Verdienste erworben als Helferin der Abteilung Jugendfürsorge der NS-Volkswohlfahrt Ortsgruppe Haslach und 1937 dort auch auf dem Büro ausgeholfen, aber der Ariernachweis machte einen Strich durch die Rechnung. Trotz des lückenlosen ansehnlichen Stammbaums des aus dem Rheinland stammenden Vaters mit diversen adeligen Zweigen wurde ihr das Plazet verweigert, da die Angaben mütterlicherseits nicht beigebracht werden konnten.

Nach den Akten zu urteilen hatte May Bellinghausen bei der Schulbehörde durchaus ihre Fürsprecher, die sie vor Nachteilen zu bewahren suchten. 1938 erhielt sie eine sehr positive Beurteilung, auch bezüglich der nationalen und politischen Zuverlässigkeit: »Sehr tüchtige Lehrerin, die auch Knabenklassen betreuen kann. Äußerst unglückliche familiäre Verhältnisse, Mutter schwere Arterienverkalkung, versorgt geschiedene Schwester und deren Sohn auf höherer Schule, Wegversetzung aus Freiburg in gegenwärtiger Lage kaum möglich.«

Handschriftlich wurde an diesen Text jedoch angefügt: »Hat allerdings seit Januar 1938 kein Amt in einer Gliederung mehr inne.« Damit ist das Ende der Mitarbeit in der NSV Haslach gemeint.

Nun folgt eine schlecht dokumentierte Zeitspanne. Von Ostern 1938 bis Ostern 1939 Er-

Die Freiburger Pädagogin May Bellinghausen.

holungsurlaub, dann wieder etliche Monate Dienst an der Pestalozzischule in Haslach und im Oktober 1939 die Versetzung nach Erzingen am Hochrhein, immer noch als Hilfslehrerin. Hier handelte es sich eindeutig um eine Strafversetzung, die möglicherweise mit ihrer offen gezeigten Treue zur katholischen Kirche zusammenhing. 1940 wurde ihr die Planmäßigkeit zuerkannt, verbunden mit dem Hinweis, daß die ganze Last der Bestreitung eines großen Haushalts auf den Schultern der Lehrerin ruhe. Im selben Jahr, vielleicht auch erst 1941, kehrte sie nach Freiburg zurück. Sie unterrichtete jetzt an der Mittelschule. Im Herbst 1942 hatte sie einen Unfall: »Beim Verdunkeln gestürzt, ein Jahr Urlaub, fünf Monate im Diakonissenkrankenhaus« lautet ihre private Notiz. 1944 wird sie zur Hauptschullehrerin befördert. Dienstort ist nach der lückenhaften Akte, die nach Kriegsende vermutlich etwas verschlankt wurde, Molsheim im Elsaß. Der Zusatz »zur Dienstleistung in Freiburg« läßt aber darauf schließen, daß May Bellinghausen nicht wegziehen mußte.

1946 bei der »Politischen Reinigung der Verwaltung« erhielt May Bellinghausen umgehend den Vermerk »Verbleiben im Dienst«. Im Februar 1947 wurde sie zur Rektorin der Pestalozzi-Mädchenschule ernannt. Hier begann ihr glücklichster Lebensabschnitt, der 16 Jahre dauern sollte. Mit großer Frische und Energie leitete sie die »PM«, trockener Humor machte die über 50jährige Pädagogin beliebt. Es sprach sich herum, daß sie Probleme lösen konnte, korrekt, aber vor allem auf »wohltuende humane Art«. Sie gönnte sich auch selbst etwas und setzte entschlossen auf die Zukunft. Sie schaffte sich ein Fahrrad mit Hilfsmotor an und entschloß sich bald, einen Pkw-Führerschein zu machen und einen Volkswagen-Käfer zu erwerben. Dieses Stichwort löst bei den Zeitzeugen und Gewährspersonen lebhafte Reaktionen aus. Von diversen Kleinkarambolagen wird berichtet, von eigenwilligem Umgangston mit Verkehrspolizisten. Die Personalakte notiert auch einen Unfall mit größerem Sachschaden, wobei die Rektorin als unschuldig aus der nachfolgenden Verhandlung hervorging. Ihren legendären Käfer setzte May Bellinghausen auch ein, um säumige Schüler zum Unterricht zu holen.

1952 ist in May Bellinghausens Akten besonders üppig belegt: Eine ernste Mißbilligung wegen Überschreitung des Züchtigungsrechts und damit einer Verletzung der Dienstpflichten mußte sie hinnehmen. Sie hatte einen 18jährigen Berufsschüler geohrfeigt, der im Gebäude der Pestalozzischule Unterricht hatte. Er war

May Bellinghausen 1962 auf dem Hungerberg, der Freiburger Tagesschule im Grünen, mit ihrem legendären VW-Käfer.

ihr beim Lärmen und Fußballspielen auf dem Flur aufgefallen und hatte sie dann durch die herablassend höfliche Anrede »Gnädige Frau« gereizt. Der junge Mann war Abkömmling einer bekannten sächsischen Adelsfamilie. Im Gegensatz zu ihm als dem Betroffenen selbst ließen seine weiblichen Erziehungsberechtigten nicht locker, ehe das badische Kultusministerium die genannte Maßnahme getroffen hatte. May Bellinghausen brauchte jedoch nicht lange, um die Sache mit Humor zu sehen. Diese aktenkundige Ohrfeige sei nicht die letzte gewesen, die sie ausgeteilt hat. Schwer zu vermitteln, aber offenbar wahr, daß auch Opfer dieser Momente, wo ihr »der Gaul durchging«, sie als »grundgütige, charmante und tüchtige Pädagogin« in Erinnerung haben.

Den Ideenreichtum, der ihr schon als Junglehrerin attestiert wurde, konnte sie in ihrer Position als Schulleiterin voll ausleben. Schulfeste, stilvolle muntere Abschlußfeiern, Teilnahme an Spendenaktionen für Hochwassergeschädigte oder Opfer von Grubenunglücken, Geselligkeit im Kollegenkreis, Unterrichtswochen in stadtnahen Schulbaracken in freier Natur kennzeichnen ihre Arbeit. Eine musisch begabte Kollegin, ähnlich unkonventionell und unkompliziert wie May Bellinghausen selbst, half mit, diese fröhliche Atmosphäre zu schaffen. Eine tüchtige Kollegin, die später selbst langjährig in der Verantwortung als Schulleiterin stand, erinnert daran, daß Persönlichkeiten wie May Bellinghausen viele Wasserträger brauchen, die ruhig die Basisarbeit erledigen. Und auch diese murrten nicht, sondern freuten sich, daß die Popularität der Haslacher Rektorin über den schulischen Rahmen hinauswuchs, da sie nicht nur bei der Suche nach Lehrstellen half, sondern auch Rat- und Hilfesuchenden beistand, die nur entfernt mit der Schule zu tun hatten. Behördengänge, Abfassen von Briefen sind zwei Stichwörter.

»So ein Mann wie die Frau Bellinghausen gehört in den Stadtrat«, soll ein biederer Freiburger formuliert haben. 1953 kandidierte May Bellinghausen für die CDU zur Wahl in den Freiburger Stadtrat. Diese wurde erstmals nach dem neuen baden-württembergischen Kommunalwahlgesetz vorgenommen, das die Persönlichkeitswahl stark betont. May Bellinghausen erhielt auf Anhieb die dritthöchste Stimmenzahl unter den 168 Bewerbern. Mit Sicherheit wurde sie auch von vielen Haslachern, die traditionell mehrheitlich der SPD zuneigen, gewählt dank der Möglichkeit des Panaschierens. 1959 gelang ihr »ein einmaliger Erfolg in der Geschichte der Freiburger Kommunalwahl«, sie erhielt die höchste Stimmenzahl überhaupt mit 10000 Stimmen Abstand zum nächstgewählten Stadtrat. Überregional nahm die Presse von diesem »Wahlerfolg einer Frau« Notiz. Auch 1965, als sie sich im Alter von 69 Jahren letztmals der Wahl stellte, schnitt sie als Fraktionsbeste ab. Das Spitzenergebnis holte aber dieses Mal ein junger SPD-Kandidat.

Das schon genannte soziale Engagement dieser Jahre bestand zunächst in der Mitarbeit in zahlreichen Ausschüssen des Stadtrats: Jugendwohlfahrts-, Schul-, Personal-, Verwaltungs- und Finanz-, Wohlfahrts- und Wohnungsausschuß. Die Wohnungssuchenden sind den Weggefährten und ehemaligen Kollegen am deutlichsten in Erinnerung unter den Ratsuchenden, die zu May Bellinghausens Sprechstunden im kombinierten Rektorat und Lehrerzimmer der Pestalozzischule erschienen. Ein Gedicht von 1956 glossiert die Szene:

> »Denn klipp und klapp, so geht die Tür!
> Ist Fräulein Bellinghausen hier?
> Der bräuchte dringend eine Wohnung,
> Der eine Frau zu seiner Schonung,
> Die braucht ne gut bezahlte Stelle,
> Die ein paar Kleider, aber schnelle,
> Der zwanzig Mark in seiner Not,
> Und diese nur ein wenig Brot,
> Indessen aber bimmelt schon
> Ne halbe Stund' das Telefon.«

Diese Sprechtermine setzten sich oft fort in Behördengängen, bei denen May Bellinghausen ihre Petenten begleitete unter Einsatz des erwähnten Käfers. Unkonventionelle Methoden bei der Parkplatzsuche sind überliefert.

»English Miss« wurde May Bellinghausen, die zweisprachig aufgewachsen ist, oft genannt. Ihre Englischkurse an der Freiburger Volkshochschule waren gesucht.

Ehe die Sprechtage an der Schule Usus wurden, kamen viele Hilfesuchende zu May Bellinghausens Privathaus in der Rosenau. Man könne dieses als Freiburgs erstes Frauenhaus bezeichnen, erinnert sich die Nichte, Tochter des Bruders Harry. Oft suchten Mütter mit Kinder hier Zuflucht vor alkoholisierten Familienvätern. Wenn diese auftauchten und vor dem Haus pöbelten, war der männliche Beistand durch den Bruder und den Neffen recht willkommen. Als diese Klientel in die Schule umgeleitet wurde, fiel dem Hausmeister die Rolle des männlichen Beistands zu. Es soll nicht verschwiegen werden, daß May Bellinghausens Hilfsbereitschaft des öfteren ausgenutzt wurde. Den Sorgen ihrer Mitmenschen half sie auch mit privatem Geld ab, wodurch sie sich persönlich in Schwierigkeiten brachte.

»Auf eine originelle Art charmant, aktiv, energisch, temperamentvoll, geschätzt« – sol-

Hans Filbinger, damals Landtagsabgeordneter und baden-württembergischer Innenminister, bei der Verleihung des Bundesverdienstkreuzes an May Bellinghausen im Jahr 1963.

che Attribute legten ihr die jeweiligen Oberbürgermeister in ihren Geburtstagsglückwünschen bei. Auch die Presse wurde nicht müde, das unkomplizierte Wesen, die Nähe zu den Mitmenschen auf der Straße und die Popularität der Stadtmutter zu loben. Als 1963 ihre Pensionierung anstand, nach dem 66. Geburtstag, was damals nichts Außergewöhnliches war, beantragten das Regierungspräsidium und das Oberschulamt einen Verdienstorden der Bundesrepublik Deutschland für sie, und zwar das Verdienstkreuz erster Klasse wegen ihrer ganz ungewöhnlichen Erfolge als Lehrerin, ihrer kommunalpolitischen und sozialen Leistungen insbesondere bei der Betreuung der Wohnungsuchenden. »Entgegen allen Vorurteilen hat sie bewiesen, daß eine echte frauliche Leistung im politischen Leben honoriert werden kann.« Die Verleihung fand am Ende des Schuljahres 1962/63 – damals noch an Ostern – im Rahmen der Abschlußfeier der Pestalozzischule statt. Diese war inzwischen koedukativ, Knaben und Mädchen wurden zusammen unterrichtet, und verfügte über einen Mittelschulzug als Vorläufer der Realschule. Überbringer war der damalige baden-württembergische Innenminister und Freiburger Landtagsabgeordnete Dr. Hans Filbinger, dessen Wiederwahl in den Landtag May Bellinghausen 1964 unterstützte.

Ihre Verabschiedung aus dem aktiven Dienst nahm sie selbst vor: mit einem Rückblick auf 46 Dienstjahre, wobei sie die Haslacher Jahre als ihre glücklichsten bezeichnet. Von ihren Haslachern, deren Schicksale ihr so ans Herz gewachsen waren, wollte sie sich nicht trennen. Die Sprechstunden blieben noch eine ganze Weile erhalten, zweimal pro Woche. Auch ihre Nebentätigkeit als Englischdozentin an der Volkshochschule führte sie über die Pensionierung hinaus fort. 1971 endete ihr Stadtratsmandat. Als nun fast 75jährige stellte sie sich nicht wieder zur Wahl. In den letzten Lebensjahren lebte sie mit der Familie ihres Bruders im Elternhaus zusammen. Schwester und Neffe waren 1965 und 1966 verstorben.

1977 bekannte sie einem Zeitungsreporter, sie kenne keine Langeweile und immer noch verabrede sie sich mit Menschen, die Rat und Hilfe brauchen. Im übrigen freue sie sich über die wachsende Zahl von Frauen im öffentlichen Leben.

May Bellinghausen hat viel geleistet und viel bewegt, privat, beruflich und auf der politischen Ebene. Ihr Leben war jedoch kein Opfergang. Im unermüdlichen Dienst an den Mitmenschen prägte sich ihre Persönlichkeit. Wie eine gute und gerechte Königin habe sie gewaltet, formulierten die Haslacher Eltern bei ihrem Abschied. Daß sie froh sei, unverheiratet durchs Leben gegangen zu sein, wie sie als Greisin einem Reporter in die Feder diktierte, darf man bezweifeln, aber sie konnte es gut verkraften.

Alexander Schweickert

Marie Luise Kaschnitz

1901–1974

»Als eine ewige Autobiographin, eine im eigenen Umkreis befangene Schreiberin, werde ich, wenn überhaupt, in die Literaturgeschichte eingehen, und mit Recht. Denn meine Erfindungsgabe ist gering. Ich sehe und höre, reiße die Augen auf und spitze die Ohren, versuche, was ich sehe und höre, zu deuten, hänge es an die große Glocke, bim bam.« Und an anderer Stelle, weniger selbstironisch: »Aber auch aus meinen Gedichten kann man mein Leben eigentlich einfach ablesen.« Die unaufdringliche Selbstbeurteilung von Marie Luise Kaschnitz trifft zu. Sie hat die Entwicklungslinie ihres Daseins literarisch verarbeitet. Werden ihre Erinnerungstexte chronologisch geordnet, fügen sie sich zur Lebensgeschichte einer Schriftstellerin, die mit radikaler Redlichkeit und konzentrierter Strenge und vor allem mit »Teilnahme an der Welt und an den Menschen« ihr bleibendes Lebenswerk schuf.

Am 31. Januar 1901 wurde Marie Luise von Holzing-Berstett in Karlsruhe geboren. Der Vater, ein aufgeklärter Idealist, der Voltaire mehr verehrte als Bismarck, war Militär, zuerst in badischem, dann in preußischem Dienst. Er zog mit seiner Familie 1902 nach Potsdam, 1913 nach Berlin. Die Holzing-Berstetts waren von Adel, gerierten sich in ihren soliden materiellen Verhältnissen aber gut bürgerlich. Marie Luise genoß eine protestantisch-aufgeklärte, dogmenfreie, Erziehung und eine humanistische Bildung. Milieubedingt und emotionsarm hielten ihre Eltern sie auf Distanz, so daß sie als schüchternes »dickes Kind« von Ängsten geplagt war. Aber natürlich erfuhr sie nicht nur Kinderqualen wie den verbalen Erziehungsprügel »Nimm dich zusammen«. Sie hatte in den »recht angenehmen Umstände(n) meines Elternhauses« auch viele lebenslustige Stunden. Die schöne Mutter spielte herrlich Klavier und sang mit ihren Kindern Heines »Grenadiere« und, badisch-frankophil, die Marseillaise . Ihre beiden älteren Schwestern formten »eine Einheit«, sie ihrerseits bildete mit ihrem jüngeren Bruder Adolf Max auch »eine Einheit«.

Dennoch berichtete sie über ihre Kindheit aus der Tiefe der Trauer. Es ist jene Trauer, die auch aus den Kindergesichtern in den Gemälden ihres Landsmanns Hans Thoma spricht: Sie sind nicht vom Glanz der Heiterkeit erhellt, auch nicht bei fröhlichem Tun. Ihr Bruder gab ihr Halt – auch später, als er Hausherr des Familienbesitzes in Bollschweil bei Freiburg wurde, ihrer eigentlichen »alten Familienheimat« . Hierher zog sich die Familie 1917 zurück. »... das ganze Herz der Erde glüht, / je suis là-bas, béatitude –«, schrieb Marie Luise Kaschnitz im »Haus der Kindheit« ihren frühen Kindervers über Bollschweil nochmals auf. 1918 kam der Vater, der preußische Generalmajor, geschlagen und niedergedrückt aus dem Ersten Weltkrieg heim. Er schlug zunächst sein Zelt im Garten auf, wollte nicht zu Hause, sondern in Berlin bei seinen Kameraden begraben werden. Nur langsam kam er zur Raison.

Marie Luise ging nach Weimar. Sie wurde Buchhändlerin, die ihre »Kunden erziehen«, d. h. ihnen bessere Bücher verkaufen wollte als die zunächst erfragten. Über München gelangte sie 1924 nach Rom. »Man lernt dort Geschichte und lernt, sich gegen die Geschichte zu wehren.« Sie arbeitete in einem Buchantiquariat, dann als Sekretärin im Deutschen Archäologischen Institut. Der Wiener Archäologe Guido von Kaschnitz-Weinberg war hier Assistent. Die beiden heirateten 1925 (die ev.-kath. Mischehe war für sie problemlos). Die Tochter Iris Constanza wurde 1928 geboren. Wegen der Universitätskarriere von Guido zog die Familie mehrfach um: 1932 nach Freiburg, 1933 nach Königsberg, 1937 nach Marburg, 1941 nach Frankfurt, 1945 zurück nach Bollschweil, 1946 erneut nach Frankfurt, 1953 nach Rom.

Gefördert von Max Tau, erschienen 1930 zwei Erzählungen von Marie Luise Kaschnitz in einem Sammelwerk bei Bruno Cassirer, dem angesehenen Berliner Verleger. Zudem publizierte sie Gedichte in der *Frankfurter Zeitung*. 1933 und 1937 folgten zwei Romane, konventionell-typische Frauen- und Liebesromane (die man nicht mehr lesen muß). Bis 1941 arbeitete sie an der Biographie des genialen Franzosen »Gustave Courbet. Roman eines Malerlebens« (veröffentlicht 1949), dem bisher unterschätzten, wohl besten Werk der frühen Kaschnitz. Courbets Sehweise der Natur wurde für sie ebenso zur großen Kunsterfahrung wie achtzig Jahre vorher für Hans Thoma.

Ganz selbstverständlich nahm Marie Luise Kaschnitz, auch als Schriftstellerin, den Namen ihres Mannes an. Er zog sie, die nicht studiert hatte, in seine Universitätszirkel, er öffnete ihr auf ihren vielen Reisen – vor allem in der Mediterranea – die Welt. Die beiden waren sich Partner, ließen sich gegenseitig Freiraum. Ihr »Hauptberuf war, verheiratet zu sein... Trotzdem habe ich auch damals immer gearbeitet und meine eigene Gedanken- und Ideenwelt gehabt. Ich glaube, daß mein Mann eher froh darüber war. Eine Frau, die auf dem Diwan sitzt und auf den Mann wartet, hätte ihn verrückt gemacht.« Er war ihr erster und damit wichtigster Kritiker, und sie hat gewiß das nicht versäumt, was man »Emanzipation in der Ehe« nennt.

Das Ehepaar war gegen das Hitler-Regime. Aber Auseinandersetzungen mit den Nationalsozialisten hatte es nicht. Als Schriftstellerin lebte Marie Luise Kaschnitz auch nicht in der inneren Emigration. Dazu war sie literarisch noch nicht bedeutend genug. Ihre »Art von Widerstand« bestand darin, gelungene Verse zu schreiben »in dem glühenden Wunsche, eine Welt aufrechtzuerhalten«, die außerhalb ihrer selbst »nahezu untergegangen war«. Freilich lastete das »Bild dieses seltsamen tatenlosen Zuschauers« mit seiner »erschreckenden Passivität« wie ein Alp auf ihrer Brust. »Das einzige, was wir zu unseren Gunsten in die Waagschale legen können, ist unser Leiden und unsere Hoffnung auf den kommenden Tag«.

Nicht der Krieg, sondern das Kriegsende wurde die erste entscheidende Zäsur im schriftstellerischen Werk von Marie Luise Kaschnitz. Sie begriff ihr Schweigen bis 1945 als Schuld. Sie hatte viel erlebt, gesehen, gehört, ohne dar-

Das Gutshaus Bolschweil, seit Jahrhunderten im Familienbesitz, war für Marie Luise Kaschnitz »die eigentliche Heimat«.

über zu sprechen. Jetzt erfolgte ein radikaler Umschwung. Sie sah den Zusammenbruch von 1945 als Chance. Jetzt nahm sie teil. Diese Haltung nannte sie »Partizipation«. Sie beobachtete ihre Mit- und Umwelt mit aller Schärfe und antwortete literarisch darauf – mit »Kalkül und Spontaneität«. Damit wurde sie als Schriftstellerin eine Größe.

1946 erschienen die zwölf Essays »Menschen und Dinge«, 1947 die »Gedichte«, 1948 »Totentanz und Gedichte zur Zeit«, darin der Zyklus »Rückkehr nach Frankfurt«, mit dem sie sich in die erste Garnitur der »Trümmerdichtung« hineinschrieb. 1949 folgte der »Courbet«, 1952 »Das dicke Kind und andere Erzählungen« – und 1955 die »Engelsbrücke«.

Eine politisch aktive Intellektuelle, die gleich einem Volkstribun den anderen die Richtung wies, wurde Marie Luise Kaschnitz nicht. »... was den Inhalt anbetrifft,... kommt mir fast immer, wenn ich richtig zuschlagen will, mein Erbarmen mit den Menschen in die Quere. Auf die Gefahr hin, daß Sie mich verachten, möchte ich mich da auf die weibliche Position zurückziehen. Ich möchte sogar Sophokles zitieren. Nicht mitzuhassen, mitzulieben sind wir da.« An Kämpfen der Zeit über innere und äußere Emigration nahm sie nicht teil, die »Gruppe 47« beobachtete sie lieber aus der Ferne.

Das Angebot an Formen in der Nachkriegsliteratur war groß. Die beachtlichen Publikumserfolge, die die Epiker und die Dramatiker der Nachkriegszeit erzielten, blieben ihr versagt. Sie verfaßte keine Romane mehr und schrieb keine Theaterstücke. In schonungsloser Selbsterkenntnis erklärte sie das in »Die Schwierigkeit, unerbittlich zu sein«: sie fühle sich »zum Stückeschreiben nicht fähig«; ihr fehle »genug Stoff für einen ganzen Roman«. Sie bevorzugte die feinen, die stilleren Töne: Sie schrieb Gedichte, kleine Erzählungen und Hörspiele, in der Nachfolge von Wolfgang Borchert Kurzgeschichten und in der Nachfolge von Max Frisch Tagebücher. Freilich entwickelte Marie Luise Kaschnitz die Form des Tagebuchs zu ihren »Merkbüchern«: Vorratsspeichern an allgemeinen und an persönlichen Themen, an Tatsachen und an Erfindungen, an Tag- und echten Träumen. Das Tagebuch war ihr »Gedächtnis, Zuchtrute und Kunstform«: »Die Rute Tagebuch macht hell wach, aber auch hell träumerisch.«

Als wohl wichtigster Preis in ihrem Leben wurde Marie Luise Kaschnitz 1955 der Georg-Büchner-Preis zugesprochen. Frei gestand sie in ihrer Dankesrede, daß »ich, im Gegensatz zu Büchner, nie eine ganz bestimmte Vorstellung davon gehabt hatte, wie man die Weltordnung ändern müßte«. Deshalb würdigte sie an Büchner, am »Woyzeck«, insbesondere das, was sie auch sich selbst permanent auferlegte: »härteste innere Wahrheit« und »äußerste Bemühung um die Form. Es handelte sich vor allem um das Erbarmen, das ja nichts anderes als ein Mitlieben und Mitleiden, ein Offensein und Offenbleiben ist.« Damit formulierte sie wieder ihre weibliche Position, die sie an anderer Stelle – auch im Gegensatz zu Bertolt Brecht der verdeutlichte: nur wenig älter als sie, sei er wie sie in einem bürgerlich-wolhabenden Elternhaus groß geworden und habe »als Jüngling dieselben Eindrücke... wie ich als Kind... [erfahren]. Aber wo es bei mir nur zu einem ratlosen Mitgefühl reichte, war er sofort auf Kampf eingestellt, auf den Klassenkampf.«

Das erfreulichste an diesem Büchner-Preis: Marie Luise Kaschnitz steigerte nach der Preisverleihung ihre Qualität als Schriftstellerin ganz erheblich. Das fiktive Tagebuch »Das Haus der Kindheit« erschien 1956, von Vertreterinnen der Frauenliteratur oft als ihr bestes Werk gefeiert.

1956 erkrankte Guido, Leiter des Deutschen Archäologischen Instituts in Rom, an einem Gehirntumor. Marie Luise Kaschnitz kehrte mit ihm ins Frankfurter Westend zurück. Er starb 1958. Der Tod des Ehepartners bedeutete den tiefsten Einschnitt in ihrem Dasein. Von ihrer stoischen Grundhaltung her war ihr immer vertraut, daß der Tod der ständige Begleiter des Lebens ist. Jetzt war er Wirklichkeit. Sie mußte lernen, daß sie das Leben nicht nur wegen der Augenblicke des Eheglücks schätzen durfte, sondern auch wegen der Momente der Witwentrauer. Sie erfuhr, daß Trauer das Leben erhebt. Ihre Bände »Wohin denn ich«, 1963, und »Dein Schweigen – meine Stimme«, 1962, zählen zu den stärksten und ergreifendsten Liebes- und Todesklagen in der deutschen Literatur. Für Marie Luise Kaschnitz bedeuten beide Bände zugleich eine Katharsis.

Mit den Sammlungen »Überallnie« und »Ein Wort weiter«, beide 1965, begründete sie endgültig ihren Ruhm als Lyrikerin, mit »Lange Schatten«, 1960, und »Ferngespräche«, 1966, endgültig ihren bleibenden Rang als Erzählerin von Kurzgeschichten. Mit »Tage, Tage, Jahre«, 1968, gelang ihr der souveräne Wurf in der Tagebuchform, mit der »Beschreibung eines Dorfes«, 1966, ein einmaliger und unwiederholbarer, episch-lyrischer Text über ihren Heimatort Bollschweil. Der Mikrokosmos des alemannisch-badischen Dorfes wird hier zur Allgemeingültigkeit erhoben. Das erinnert in der Gesamtkomposition, und ästhetisch in seinem Ewigkeitszug, an das Werk von Johann Peter Hebel und ebenso auch in formalen Details – etwa die berühmte »Weltgeschichte im Zeitraffer« im 2. Kapitel an dessen Faluner Bergwerk-Erzählung »Unverhofftes Wiedersehen«. Mit den Prosa-Aufzeichnungen »Steht noch dahin«, 1970, und »Orte«, 1973, stand Marie Luise Kaschnitz dann auf dem Höhenkamm ihres Schaffens.

Kritik und Lesepublikum, die deutsche literarische Welt, schätzten und verehrten sie, die mit vielen Literaturpreisen und Ehrungen ausgezeichnete Schriftstellerin. Sie hörte es nicht gern, aber sie galt als »eine grand old lady der Literatur«. Ein Witwendasein in der Isolation des Alters wurde ihr erspart. Sie blieb in der Gesellschaft, war Gesprächspartnerin oder Freundin von Schriftstellern, Wissenschaftlern und Kritikern. Nur von vorlauten Vorkämpferinnen

Marie Luise Kaschnitz im Jahr 1968.

der Emanzipation wurde sie, die von der Pension ihres Mannes lebte, aber auch von den Honorarausschüttungen ihrer Verlage hätte leben können, nach 1968 etwas überrollt. »... ich war nie eine Vorkämpferin der Emanzipation gewesen,... und jetzt schämte ich mich, obwohl ich doch eigentlich keinen Grund dazu hatte. Denn es können dieselben Dinge in einer Generation Unschuld und bereits in der nächsten oder übernächsten Schuld bedeuten.« Ihr ging es in Wahrheit auch um Größeres: »Das Prinzip der Achtung vor dem Nebenmenschen, das ich in meinem persönlichen Leben anzuwenden versuche, ist meiner Ansicht nach das einzige, mit dem man der immer wachsenden Aggressionslust in der Welt begegnen kann.« Während ihrer letzten Reise nach Rom, wohin sie ihr Bruder begleitete, starb Marie Luise Kaschnitz am 10. Oktober 1974. Aufrechter Gang und »zahllose Arbeitsstunden, Bemühungen um die Form, Worte abgehorcht, Sätze gedreht, gewendet...« waren die Summe ihres Lebens.

Auf die literarhistorische Einordnung: ihr Werk stehe »in der Tradition, die in der Klassik wurzelt«, es vollziehe »den heute modischen Zwang zum Traditionsbruch nicht mit«, antwortete Marie Luise Kaschnitz in einem Interview: »Ich denke aber, wenn Sie mich nach Tradition fragen, daß meine Herkunft aus dem deutschen Südwesten daran schuld ist, daß meine jeweils ›modernsten‹ Arbeiten noch in der Tradition stehen, wie das zum Beispiel bei den Franzosen immer der Fall ist.« Mit zunehmender Entfernung von der Tradition, die ihr vor allem nach 1945 gelang, siedelte sie ihr Werk immer mehr zwischen Klassik und Moderne an. Es ist konservativ und fortschrittlich zugleich. Gültig bleibt es vor allem deshalb, weil Marie Luise Kaschnitz mit ihrer »Sprache von klassischer Schönheit« (Walter Jens) in ihren Erzählungen nicht nur die Realitätsebene beschreibt, sondern auch die Grenzzonen, die Schichten unter und über der Wirklichkeit, den Traum und die Phantasie, das Rätselhafte und das Verborgene, das Irreale und Surreale, kurz das, was sich der Rationalität entzieht.

Zudem nahm sie, auch wenn sie nie eine Kämpferin war, Anteil an der gesellschaftlichen und politischen Wirklichkeit. »Hiroshima«, 1951, und der Zyklus »Zoon Politikon«, 1964, ihre Auseinandersetzung mit dem Auschwitz-Prozeß, zählen zu ihren wichtigsten politischen Gedichten. Sie wußte von der Wolfsnatur des Menschen, erwartete aber nicht – wie etwa ihr katholischer Zeitgenosse Reinhold Schneider – Erlösung aus der Transzendenz. Sie suchte sie im Menschen selbst. Ihr großes Ziel war die Wahrhaftigkeit und der Versöhnungswille der humanen Mitte. Ihre Kernthemen kreisten um Kindheit und Liebe, um Alter und Tod, um die Natur und die Orte, wo sie gewesen war. Heimat bedeutete ihr keine Sache der Ideologie, sondern des angenehmen Aufgehobenseins. Immer nahm sie am Menschlichen teil. »So hat sich das Autobiographische«, sagt Werner Ross, »unwillkürlich zur Menschenwelt erweitert... Es spricht die Klugheit der Frau, die aus dem Herzen kommt und die den Kopf nicht verliert.«

Karin Kirsch

Mia Seeger

1903–1991

Maria Margarete, (»Mia«) Seeger wurde 1903 als erste von zwei Töchtern einer Offiziersfamilie in Bad Cannstatt geboren. Weil der Vater lieber einen Sohn gehabt hätte, nannte die Mutter sie »Mia, die Meinige«. Der Vater, erzählte sie, habe immer gesagt, aus ihr werde nie etwas, und sie habe es ihm nicht mehr beweisen können, daß es doch nicht so schlimm mit ihr ausgegangen sei. Wichtig war für sie die Großmutter Daimler, Lina, die zweite Frau von Gottlieb Daimler, aus deren erster Ehe Mias Mutter stammte.

In ihrem Garten beim Cannstatter Kurpark verbrachte sie, wohlbehütet und in großbürgerlicher Atmosphäre, einen Teil ihrer Kindheit. Die Großmutter schrieb Tagebuch von 1893 bis 1907. Mia taucht immer wieder zwischen Beschreibungen von Autorennen und gesellschaftlichen Ereignissen auf. Als sie zweieinhalb Jahre alt war, am 2. Weihnachtsfeiertag 1905, hielt Lina Daimler fest: »Unbeschreibliches Unglück durch Mia. Das arme Kind bekam auf ungeklärte Weise eine Nadel in die Herzgegend. Ihr Leben hängt an einem Faden.« Am 6. Februar konnte sie erst das Krankenhaus verlassen. Die Nadel blieb ihr Leben lang im Körper. Es war ihr erster von insgesamt neunzehn Krankenhausaufenthalten, von denen nicht wenige in die Weihnachtszeit fielen. Jedesmal, wenn die Ärzte sie geröntgt hätten, sagte sie, seien sie nur noch an der Nadel interessiert gewesen.

Das Leben der Offiziersfamilie brachte manchen Ortswechsel mit sich: Die Schulzeit absolvierte Mia an Höheren Mädchenschulen in Jüterbog, im damaligen preußischen Regierungsbezirk Potsdam, in Zabern im Elsaß und – nach der Scheidung der Eltern – an der Mädchenrealschule in Bad Cannstatt, die sie mit der Abschlußprüfung beendete.

Die Hinwendung zur bildenden und angewandten Kunst erfolgte sicher in der Schulzeit, denn im Anschluß daran nahm sie Privatunterricht bei Albert Müller, einem Maler aus dem Hoelzelkreis. Zusätzlich sah sie sich in Druckereien um und interessierte sich für Vervielfältigungsmethoden und Reproduktionen. 1921/22 studierte sie an der Württembergischen Kunstgewerbeschule Stuttgart in der Klasse für Buchgraphik bei Ernst Schneidler. Das Studium brach sie nach relativ kurzer Zeit ab, weil sie sich über die Inkonsequenz ihres Lehrers in der Beurteilung ihrer Arbeiten ärgerte. Es ergab sich anders: Sie arbeitete im »Haus der modernen Kunst«, einem etwas eigenartigen Unternehmen, das ein junger Architekt betrieb und ein Kohlehändler finanzierte. Als der Kohlehändler kein Geld mehr besaß – es war die Zeit der Inflation –, schloß die Firma.

Es war ein »Umweg«, dieses »Haus der Kunst«, der dadurch wichtig wurde, daß im selben Haus, auf derselben Etage, das Büro der Württembergischen Arbeitsgemeinschaft des Deutschen Werkbundes lag und der damalige Geschäftsführer, Gustaf Stotz, Mia Seeger um Mitarbeit bei seinen Ausstellungsprojekten bat. (Der Deutsche Werkbund, der nach einer Un-

Mia Seeger: Organisatorin, Jurorin, künstlerische Beraterin – ein Leben fürs Design.

Plakat von Karl Straub zur Werkbundausstellung 1927 mit Motiven der Weißenhofsiedlung.

terbrechung im Dritten Reich heute noch besteht, war 1907 von einer Gruppe Gleichgesinnter aus Kunst und Industrie gegründet worden, die das deutsche Kunstgewerbe und die »Gute Form« fördern wollten.) Sie bezeichnete Stotz als »Schlüsselfigur«. Er war eine Schlüsselfigur, sowohl für den Deutschen Werkbund und seine württembergische Gruppe als auch für das Leben Mia Segers und ihr Leben fürs Design.

Sie arbeitete mit Mies van der Rohe, Walter Gropius, Ludwig Hilberseimer und vielen anderen, später berühmten Architekten zusammen und war in den zwanziger und dreißiger Jahren an den wichtigsten Ausstellungs-Projekten der Architektur und des Design im In- und Ausland beteiligt. Es war ihre Lehrzeit.

Beim wichtigsten Ereignis der Zwischenkriegszeit, der Werkbundausstellung »*Die Wohnung* Stuttgart 1927«, deren Herzstück die auf der Welt einzigartige Weißenhofsiedlung war, sei sie Mädchen für alles gewesen, berichtete Mia Seeger. Sie habe Blumen gegossen, Briefe geschrieben, Leute durch die Siedlung und die Parallelausstellungen geführt. In einer der Parallelaustellungen wurden im Sinne des Werkbundes empfehlenswerte Produkte gezeigt: Küchen Haushaltsgeräte, Gardinen, Möbel, usw. Die kompromißlose Auswahl hatte Lilly Reich getroffen, die zuvor schon in Frankfurt Ausstellungen im »Haus Werkbund« zusammengestellt hatte. Lilly Reich, mit der Mia Seeger bis zu deren Tod in Verbindung stand, machte ihr vor, was sie später überzeugend selbst tat. Werner Graeff, der Pressechef, äußerte: »Ich muss hier betonen, dass ohne Frl. Seegers ausserordentliche Liebe zur Sache, ohne ihre Sprachkenntnisse und ohne ihre Zähigkeit und Energie es nicht entfernt möglich gewesen wäre, mit den vorhandenen Mitteln die geleistete Arbeit zu erledigen; eine Tatsache, die, wie ich glaube, selten die nötige Beachtung gefunden hat.«

Nach Abwicklung der Stuttgarter Ausstellung wechselte Mia Seeger in die Werkbund-Zentrale nach Berlin. Dort wurde sie – es war im Jahr 1930 – mit der Geschäftsführung der deutschen Abteilung bei der Ausstellung der Société des Artistes Décorateurs im Grand Palais in Paris unter der künstlerischen Leitung des ehemaligen Bauhaus-Direktors Walter Gropius betraut. Sie blieb ein halbes Jahr in Paris und richtete noch im gleichen Jahr mit Ludwig Hilberseimer den deutschen Triennale-Beitrag in Monza aus, wo erstmals Technische Produkte, wie Laborgläser, medizinische Geräte usw., als »Design« in einer Ausstellung gezeigt wurden. (Schon 1925 war sie mit Walter Riezler in Monza dabei gewesen, damals aber mit einer wirklichen Kunstgewerbeausstellung mit Käthe-Kruse-Puppen und anderem Schnickschnack. 1936, die Triennale war inzwischen von Monza nach Mailand verlegt worden, gestaltete sie mit Hermann Gretsch den deutschen Beitrag.) 1931 führte sie die Geschäfte für die Abteilung »Die Wohnung unserer Zeit« im Rahmen der Bauausstellung in Berlin – in Zusammenarbeit mit Ludwig Mies van der Rohe, der schon die künstlerische Leitung der Ausstellung um die Weißenhofsiedlung gehabt hatte. Viele dieser Namen sind in jedem Lexikon zu finden. Sie habe, sagte Mia Seeger, das große Glück gehabt, in sehr jungen Jahren mit sehr bedeutenden Menschen zusammenzutreffen. Besonders streng sei Hilberseimer mit ihr gewesen.

Im Dritten Reich, als der Deutsche Werkbund aufgelöst war, war sie zuerst arbeitslos, arbeitete mit Gretsch beim Landesgewerbeamt in Stuttgart und wurde dann Lektorin und Redakteurin im Julius Hoffmann-Verlag, einem bekannten Fachverlag für Architektur, Handwerk und Kunstgewerbe. Sie mußte dafür das Buchhändlerexamen ablegen, was sie immer geärgert hat, obwohl dies letztlich ihre einzige abgeschlossene Berufsausbildung war. Nach Kriegsende 1945, das sie wie alle Bürger Stuttgarts und anderer deutscher Städte erlebte, folgte eine Zeit äußerster Not und Schwäche durch Krankheit. 1948 schrieb sie an Ludwig Hilberseimer nach Chicago: »Wäre einem die Politik nicht von jeher zuwider gewesen – vielleicht ein großer Fehler – man müßte sich jetzt hineinstürzen und zu seinem Teil mit anpacken. Aber es ist fast hoffnungslos und wir sind nicht robust genug.«

Auf ihre Art stürzte sie sich doch hinein: Als Werkbund-erfahrene Frau wurde sie Mitbegründerin des Deutschen Werkbundes und Präsidiumsmitglied des »Rates für Formgebung« – beides Positionen, die durch Berufung und nicht durch Beitritt zu erlangen waren. Wie wichtig und einflußreich gerade der »Rat für Formgebung« für das Design der Nachkriegsjahre war, kann man nur ermessen, wenn man die volkstümelnden Verbiegungen im Dritten Reich und die Orientierungslosigkeit in einer Zeit verlorener Identität bedenkt. Auf einen Beschluß des Deutschen Bundestages vom 4. April 1951 hin konstituierte sich am 13. Oktober 1952 der »Rat für Formgebung« als dem Bundeswirtschaftsministerium unterstellte Institution mit der Aufgabe, durch das Zusammenbringen von »Herstellern, des Handels, der Gewerkschaften, der Künstler und Kunstgewerbler, vor allem auch der Verbraucher, der

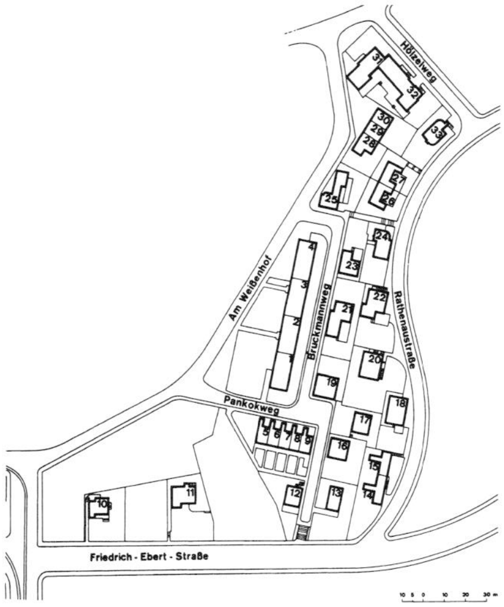

Werkbundsiedlung auf dem Weißenhof, 1927. Lageplan und Übersicht aus der Vogelschau.

Erzieher und der Publizisten ... alle Bestrebungen zu fördern, die geeignet erscheinen, die bestmögliche Form deutscher Erzeugnisse sicherzustellen«.

Der »Rat für Formgebung« – und maßgeblich auch Mia Seeger – stellte Kriterien für die Auswahl von Produkten der Industrie auf, sah und sieht sich als Zwischenglied zwischen Gestaltern und Industrie und beeinflußte vor allem das Bild, das man sich im Ausland von deutschem Design machen konnte. Bundeswirtschaftsminister Ludwig Erhard selbst berief Mia Seeger in den »Rat«, 1954 wurde sie Geschäftsführendes Vorstandsmitglied.

Mia Seeger, die sich nach dem Tode ihrer Mutter 1951 mit »Frau« und nicht mehr »Fräulein« anreden ließ, unterschied interne und externe Arbeitsbereiche: »Die interne laufende Tätigkeit bildet die Voraussetzung für das Wirken nach außen, setzt durch das Handwerkszeug – wie Bildarchiv, Bibliothek, Dia-Reihen, Adressen-Material usw. – die Geschäftsstelle erst in die Lage, nach außen beratend und aktiv tätig zu sein und an sie gelangende Anfragen und Aufträge zu erledigen.« Sie arbeitete als Kommissarin der deutschen Abteilung bei den Triennalen in Mailand von 1954 bis 1964 mit so bedeutenden Architekten wie Egon Eiermann (1954), Arnold Bode (1957), Karl Otto und Claus-Peter Groß (1960) und Paolo Nestler (1964) zusammen. »Die Triennalen geben den Rechenschaftsbericht über die Entwicklung und den Stand in den einzelnen Ländern. Künstler, Formgestalter, Graphiker, Industrielle, Handwerker, Händler suchen dort Unterrichtung, Anregung und kritische Auseinandersetzung mit Problemen der Form, des Geschmacks, der Qualität und der Marktfähigkeit neuer Modelle«, heißt es in dem Rechenschaftsbericht für das Jahr 1957/58. Mia Seeger war Mitglied der Inhaltskommission und Vorsitzender der Fachjury für die deutsche Beteiligung an der Weltausstellung Brüssel 1958, wählte also aus und empfahl, was als gutes deutsches Design zu gelten hatte. Bei einer solchen Gelegenheit soll es gewesen sein, daß ein Paket von Bundeskanzler Konrad Adenauer ankam mit einer Plastik darin, die dieser ausgestellt haben wollte. Mia Seeger habe die Kiste öffnen lassen, die Plastik betrachtet und mit dem Kommentar: »Der Herr Bundeskanzler hat andere Aufga-

Weißenhofsiedlung, Hölzelweg 1. Der Architekt Hans Scharoun gestaltete dieses Haus.

ben«, den Auftrag gegeben, sie wieder einzupacken und zurückzuschicken.

Was Politikern aus Bonn nicht gelang, erreichte sie durch die Ausstrahlung ihrer Persönlichkeit: Sie wurde nicht nur als deutsche Staatsbürgerin Secretary General von ICSID (International Council of Societies of Industrial Design), einer Vereinigung verschiedener nationaler Interessengruppen, sondern sie wurde auch aufgefordert, in Warschau deutsches Design zu präsentieren – nach den Erfahrungen der Polen mit den Deutschen im Zweiten Weltkrieg wahrlich eine Besonderheit. Sie habe, erzählte sie, bei einer Tagung des ICSID auf der Isola San Giorgio in Venedig ankommende Teilnehmer begrüßt – das sei ein selbstverständlicher Teil ihrer Aufgabe gewesen. Gruppen aus England, Frankreich, Deutschland, Italien und Spanien seien schon miteinander vertraut gewesen. Sie habe dann eine Gruppe ihr unbekannter Personen ein wenig verloren am Rande stehen sehen, sei auf sie zugegangen und habe sie willkommen geheißen und mit den anderen Delegierten der Designorganisationen bekannt gemacht. Das seien Polen gewesen, die zum ersten Mal auf internationalem Parkett aufgetreten seien. Sie habe sich nur normal verhalten. Es seien sehr interessante Leute gewesen, mit denen gleich ein Kontakt auf hohem Niveau zustande gekommen sei. Völlig unerwartet sei dann 1965/66 eine Einladung an sie, Mia Seeger, aus Warschau ergangen, eine deutsche Design-Ausstellung in Polen durchzuführen.

Ein Wohnzimmer in der Weißenhofsiedlung, zusammengestellt von Lilly Reich.

Vorausgegangen war eine weitere Episode bei der Planung der Triennale in Mailand 1960: Bei der Aufteilung des verfügbaren Raumes auf die einzelnen nationalen Abteilungen habe sie einen Plan erhalten, erzählte sie, aus dem zu ersehen war, daß zwischen dem Beitrag Polens und Deutschlands eine Wand sein sollte. Sie habe einen Brief an den Verantwortlichen in Polen geschrieben, in dem sie ausgeführt habe: »Wenn ich Ihren Plan richtig lesen kann, dann haben Sie gegen die deutsche Abteilung eine Wand errichtet, Ihre Abteilung gegen unsere. Das würde den Besucherstrom sehr stören. Aber unabhängig davon: wir brauchen keine Wand.« Von der Wand sei nie mehr die Rede gewesen. Mit besonderem Stolz berichtete Mia Seeger von diesen Ereignissen, die zwar im kleinen, aber doch wesentlich zur Völkerverständigung beitrugen. Mit der polnischen Vertreterin des Design verband sie eine lebenslange Freundschaft. 1967, als die erste deutsche, von Mia Seeger zusammengestellte Design-Ausstellung in Warschau und Krakau stattfand, gab man ihr zu Ehren ein Essen, zu dem auch der »deutsche Geschäftsträger« gebeten wurde, dem es bis dahin nicht gelungen war, empfangen zu werden.

Als sich im »Rat für Formgebung« eine grundlegende Änderung der Design-Politik abzeichnete, nahm Mia Seeger die übliche Pensionsgrenze wahr. Sie wirkte viele weitere Jahre in Jurys und Gremien des Design, als Beraterin junger Designer und Wissenschaftler, als wichtige Zeitzeugin. Als Mia Seeger alt war, nannte man sie »die große alte Dame des Deutschen Werkbundes« und auch die »große alte Dame des Design«. 1984 ernannte sie der damalige

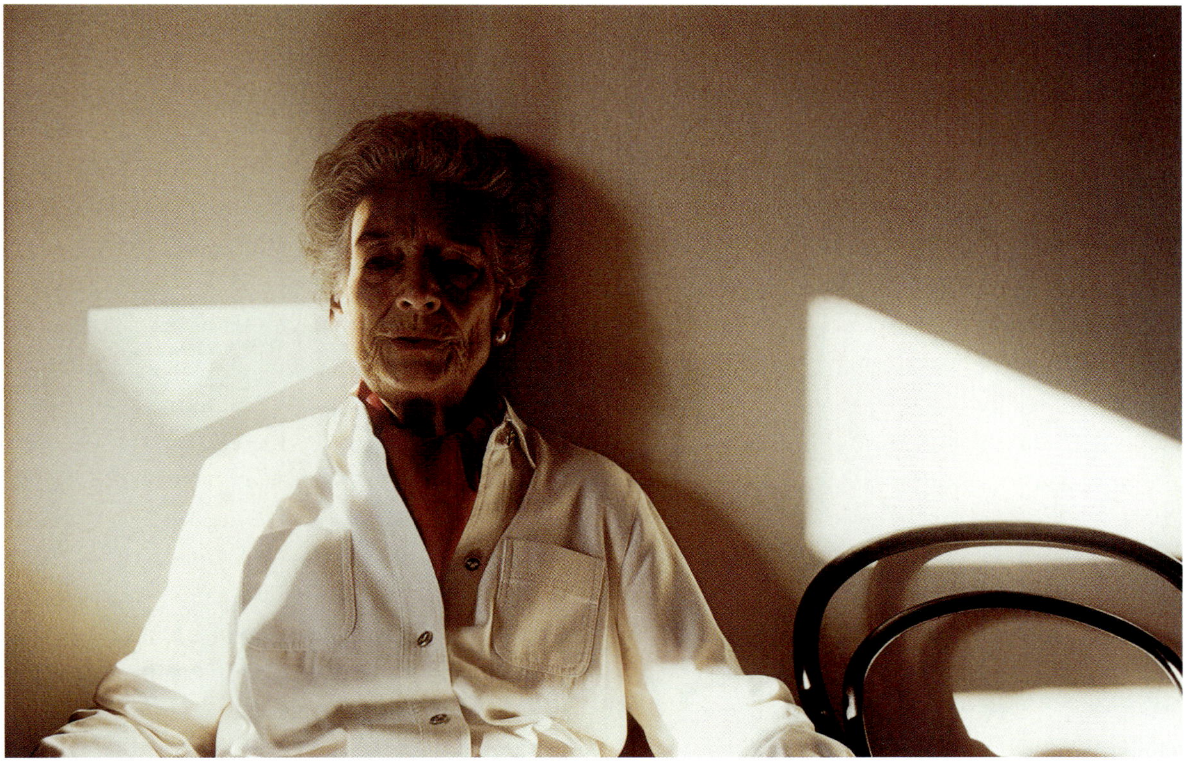

Mia Seeger im Alter von 85 Jahren.

baden-württembergische Ministerpräsident Lothar Späth zur Professorin.

Mia Seeger starb im Mia 1991 mit 88 Jahren, bis zuletzt wache Ratgeberin und weise Frau. Immer sachlich, immer engagiert und von großer Urteilskraft. Sie war zu so etwas wie einer umgänglichen Instanz in Fragen der »Guten Form« geworden. Mit Stotz habe sie unter den Werktischen der Firmen nach Dingen des täglichen Gebrauchs gesucht, die im Sinne des Werkbundes zweckentsprechend, rein in der Form, und deshalb schön waren. Mit Ludwig Hilberseimer, der auch in seiner Architektur ein Purist war, lernte sie die Schönheit technischer Produkte kennen. Eine Schönheit, an die wir uns gewöhnt haben, die in der damaligen Zeit nicht erkannt wurde.

Mit diesen Erfahrungen konnte sie nach dem Zweiten Weltkrieg, in einer Zeit tiefer geistiger und formaler Unsicherheit, eindeutig Stellung beziehen und entscheiden: Dies ist gut, jenes nicht. Ernsthafte Arbeit erkannte und unterstützte sie, oberflächliches, modisches Tändeln im Design verabscheute sie. Sie war hart gegenüber Unzulänglichem, mitreißende und warmherzige Streiterin für die, bei denen sie fühlte, daß sie »hungrig« waren. Nicht nach Ruhm und Geld, sondern nach der »richtigen« technischen und formalen Lösung eines formgestalterischen Problems.

Am 19. September 1986 stiftete sie den »Mia-Seeger-Preis« und gab als Zweck der Stiftung an: »Umfassende Förderung des Design als Teil von Wirtschaft und Kultur«. Als 1988 zum erstenmal dieser Preis verliehen wurde, erklärte sie ihre Motivation zur Einrichtung eines Förderpreises für Design damit, daß sie vor einer schweren Operation zu dem Entschluß gekommen sei, mit ihrem privaten Vermögen jungen Designern die Chance bieten zu wollen, sich für ihre berufliche Praxis zusätzlich zu qualifizieren. Mit dem Mia-Seeger-Preis solle »gebrauchstaugliches, sorgfältiges Design« ausgezeichnet und gefördert werden. Nicht gefördert wollte sie sehen: »modische, kurzlebige Dinge«. »Ich bin davon ausgegangen, daß... junge Leute einer Hilfe bedürfen (auch einer finanziellen), um ihren Blick zu erweitern. Mir geht es darum, daß sie ihren Standpunkt in einem breiter gefächerten Umfeld finden sollen. Viele der Jungen sind heute schon so fixiert auf den Platz, auf dem sie sind; sie wollen in möglichst kurzer Zeit ein Berufsziel erreichen, eine ›Sicherung‹«, erläuterte sie ihr Anliegen und faßte zusammen: »Stellt euch und eure Arbeit in größere Zusammenhänge!«

Immer wieder betonte sie im Gespräch, daß die »Umwege das Wichtige im Leben« seien und daß sie jungen Leuten die Unterstützung anbieten wolle, die sie selbst nicht gehabt habe. Für Designer, die in firmeneigenen Designabteilungen arbeiten, stiftete sie einen »Ehrenpreis«, weil sie fand, daß es nicht genüge, wenn ein Produkt als »Werksentwurf« bezeichnet werde. Immer stünden dahinter ja auch Menschen, und an diesen war ihr gelegen. Die Gremien der Mia-Seeger-Stiftung fühlen sich ihrem Vorbild verpflichtet. Die Stiftung wurde Alleinerbin Mia Seegers, das Design Center Stuttgart des Landesgewerbeamtes Baden-Württemberg stellte seine Nachwuchsförderung unter ihren Namen. Es können nun in jedem Jahr Preise und Stipendien vergeben werden.

Mia Seeger war ein besonderer Mensch. Eine besondere Frau in einer Männerwelt, die ihr nichts schenkte. Sie hatte Einfluß auf das deutsche Nachkriegsdesign, und sie nutzte ihn. Sie mußte kämpfen und tat es. In dem Brief einer Freundin vor einer Sitzung im »Rat« in Darmstadt heißt es, sie solle sich ein Regenmäntelchen anziehen und alles an sich ablaufen lassen, wie Gustaf Stotz es seinerzeit am Weißenhof auch habe machen müssen. Mia Seeger war eine anziehende und schöne Frau, gut gekleidet und sorgfältig frisiert – und dazu kompetent. So verwundert es nicht, wenn in einem der vielen Nachrufe anklingt, daß sie auch durch ihr Auftreten »vor allem männliche Diskussionsgegner zu wohlüberlegten Fragen oder Argumenten zwang«. Ludwig Hilberseimer habe sie gelehrt, nie ohne wirkliche Begründung, ohne Kenntnis von technischen Bedingungen und Abhängigkeiten etwas abzulehnen. Ihre Kenntnis des internationalen Design-Geschehens war gründlich. Die Lehren und Lehrer ihrer Jugend behielten ihre Gültigkeit. Mia Seeger zeichnete und entwarf nicht, sie war ihr Leben lang Organisatorin, Jurorin, »künstlerische Beraterin«, wie sie beim Finanzamt geführt wurde. Sie entschied in Abstimmung mit andern, was ausgestellt wurde, wer die Ausstellungsgestaltung übernehmen sollte. Sie führte die Geschäfte, wachte über die inhaltliche Qualität. Der Wegbegleiter und Mitstreiter im Deutschen Werkbund nach dem Kriege, Walter Rossow, sagte an ihrem Sarg: »Wir haben eine große Freundin verloren, zu der wir immer respektvoll aufblickten. Wir haben unsere Königin verloren.«

Anhang

Auswahlbibliographie

Badia, Gilbert: Clara Zetkin. Eine neue Biografie, Berlin 1994.

Baum, Marie: Rückblick auf mein Leben, Heidelberg 1950.

Berglar, P.: Annette von Droste-Hülshoff in Selbstzeugnissen und Bilddokumenten, 1967.

Borchmeyer, D.: Des Grauens Süße. Annette von Droste-Hülshoff, München/Wien 1997.

Cieslik, Jürgen und Marianne: Knopf im Ohr. Die Geschichte des Teddybären und seiner Freunde. Jülich 1989.

Fehrle, Eugen: Die Großherzöge Friedrich I. und Friedrich II. und das badische Volk, Karlsruhe 1930.

Ferdinand, Horst: Frieda Kwast-Hodapp. In: Badische Biographien. Neue Folge, Band 3, Stuttgart 1990.

Ferdinand, Horst: Pauline Mailhac. In: Badische Biographien, Neue Folge, Band 4, 1996.

Fiege, Gertrud: Ludovike Simanowiz. Eine schwäbische Malerin zwischen Revolution und Restauration, Marbacher Magazin 57, 1991. (Das abgebildete Portrait von Pahl ist nicht das von L. S. gemalte.)

Fischer, F. W.: Marie Ellenrieder. Leben und Werk der Konstanzer Malerin. Ein Beitrag zur Künstlergeschichte des 19. Jahrhunderts. Mit einem Werkverzeichnis von Sigrid von Blanckenhagen, Konstanz 1963.

Frauen im Aufbruch? Künstlerinnen im deutschen Südwesten 1800–1945. Ausstellungskatalog Städtische Galerie im Prinz-Max-Palais, Karlsruhe 1995.

Gödden, W.: Tag für Tag im Leben der Annette von Droste-Hülshoff, Paderborn 1996.

Die Grötzinger Malerkolonie. Die erste Generation 1890–1920. Ausstellungskatalog Staatliche Kunsthalle Karlsruhe 1975/76.

Heidecker, Manfred. Die Firmengeschichte der Margarete Steiff GmbH in Giengen an der Brenz, Nürtingen 1982.

Hindenlang, Friedrich: Großherzogin Luise von Baden. Der Lebenstag einer fürstlichen Menschenfreundin, Karlsruhe, 2. Auflage 1926.

Kaschnitz, Marie Luise: Gesammelte Werke. Herausgegeben von Christian Büttrich und Norbert Miller. Sieben Bände, Frankfurt am Main 1981-1989.

Kaschnitz, Marie Luise: Orte und Menschen. Aufzeichnungen. Mit einem Nachwort von Marcel Reich-Ranicki, Frankfurt 1986.

Kerner, J. / Wildermuth, O.: Briefwechsel 1853-1862. Herausgegeben von A. Wildermuth, Stuttgart 1960.

Klaiber, Friederike: Ludovike. Ein Lebensbild für christliche Mütter und Töchter von der Herausgeberin des Christbaums, Stuttgart 1847.

La Roche, Sophie von: Pomona für Deutschlands Töchter. Nachdruck der Original-Ausgabe Speyer 1783–1874. Herausgegeben mit einem Vorwort von Jürgen Vorderstemann, München 1987.

Le Beau, Louise Adolpha: Lebenserinnerungen einer Kronprinzessin, Baden-Baden 1910.

Lenz, Rudolf: Kaulla, Chaile. In: Neue Deutsche Biographie, Bd. 11, Berlin 1977.

Liessem-Breinlinger, Renate: May Bellinghausen. In: Baden-Württembergische Biographien, Band 1, Stuttgart 1994.

Lohner, Marlene (Hrsg.): Was willst du, du lebst. Trauer und Selbstfindung in Texten von Marie Luise Kaschnitz, Frankfurt 1991.

Maurer, Michael (Hrsg.): Ich bin mehr Herz als Kopf. Sophie von La Roche. Ein Lebensbild in Briefen, München 1983.

Merkle, J.: Katharina Pawlowna, Königin von Württemberg, Stuttgart 1889.

Müller, Hans: Badische Fürstenbildnisse, Band 2, Karlsruhe 1893.

Nehring-Knab, Gisela: Margarethe Hormuth-Kallmorgen. Lebensbild einer Blumenmalerin, Karlsruhe 1994.

Olga, Königin von Württemberg. Traum der Jugend, goldener Stern. Aus den Aufzeichnungen der Königin Olga von Württemberg, Pfullingen 1955.

Onodi, Marion: Isolde Kurz. Leben und Prosawerk als Ausdruck zeitgenössischer und menschlich-individueller Situation von der Mitte des 19. bis zur Mitte des 20. Jahrhunderts. Würzburg 1987.

Osterberg, Adolf (Hrsg.): Tagebuch der Gräfin Franziska von Hohenheim, späteren Herzogin von Württemberg, Stuttgart 1913.

Rehm, M.: Königin Katharina von Württemberg, Stuttgart 1968.

Sauer, Paul: Reformer auf dem Königsthron. Wilhelm I. von Württemberg, Stuttgart 1997.

Sauer, Paul: Regent mit mildem Zepter. König Karl von Württemberg, Stuttgart 1999.

Schlaffer, Hannelore: Luise Duttenhofer. Scherenschnitte, Frankfurt 1986.

Schneider, R.: Annette von Droste-Hülshoff, Stuttgart, 2. Auflage 1995.

Schumann, Hans: Königin Katharina von Württemberg, Stuttgart 1993.

Siebert, K.: Marie Ellenrieder als Künstlerin und Frau, Freiburg 1916.

Siebler, Clemens: Luise Marie Elisabeth von Baden geb. Prinzessin von Preußen. In: Badische Biographien. Neue Folge, Band 2, Stuttgart 1987.

Siebler, Clemens: Sophie Marie Victoria Königin von Schweden geb. Prinzessin von Baden. In: Badische Biographien, Neue Folge, Band 2, Stuttgart 1987.

Theilmann, Rudolf: Jenny Fikentscher. In: Badische Biographien, Neue Folge, Band 3, Stuttgart 1990.

Weissweiler, Eva: Komponistinnen aus 500 Jahren, Frankfurt 1981.

Wunder, Gerd: Die Bürger von Hall, 1980.

Zetkin, Clara: Ausgewählte Reden und Schriften. 3 Bände, Berlin (Ost) 1957-1960.

Zündorff, M.: Marie Ellenrieder. Ein deutsches Frauen- und Künstlerleben, Konstanz 1940.

Bildnachweis

Archiv DVA: 125

Archiv für Kunst und Geschichte, Berlin: 23, 27, 29, 35, 67, 76, 99, 105, 110, 113, 115 (2), 117, 122, 135, 168, 174, 175, 207, 208, 241

Badia, Gilbert: Clara Zetkin. Eine neue Biographie, Dietz Verlag Berlin 1994: 171, 172

Baum, Marie: Rückblick auf mein Leben, Heidelberg 1950: 204

Bildarchiv Preußischer Kulturbesitz, Berlin: 64, 75, 90, 117, 126, 137, 245

Feist, Joachim (Pliezhausen): 251

Ferdinand, Horst: 177

Frech, Lore und Karl-Heinz: 56

Freies Deutsches Hochstift, Frankfurt: 72

Friedrich I. und Friedrich II. Die letzten Großherzöge von Baden, Karlsruhe 1954: 188

Generallandesarchiv Karlsruhe: 95, 139, 180, 190

Gersdorff, Dagmar von: Marie Luise Kaschnitz, Insel Verlag Frankfurt: 243

Hauptstaatsarchiv Stuttgart: 40

Heimatmuseum Reutlingen: 165, 166

Heißenbüttel, Helmut (Hg.): Stuttgarter Kunst im 20. Jhdt. Malerei, Plastik, Architektur, Stuttgart 1979: 250

Karlsruher Theatergeschichte. Vom Hoftheater zum Staatstheater, Karlsruhe 1982: 183

Kirsch, Karin: Die Weißenhofsiedlung. Werkbund-Ausstellung »Die Wohnung« – Stuttgart 1927, Stuttgart 1987: 248, 252

Kirsch, Karin (Stuttgart): 253

Landesbildstelle Baden, Karlsruhe: 89, 93, 94, 101, 119, 141, 143, 225

Landesbildstelle Württemberg, Stuttgart: 31, 45, 46, 81, 82, 83, 85, 108, 128, 133

Lebensbilder aus Schwaben und Franken, herausgegeben von Max Miller und Robert Uhland, Band 9, Kohlhammer Verlag Stuttgart 1963: 39

Max-Reger-Institut, Karlsruhe: 217, 219, 221 (2)

Nachlaß May Bellinghausen/Barbara Endreß, Marga Fensterer, Freiburg: 237, 238, 239, 240

Paul-Hindemith-Institut, Frankfurt: 229

Schiller-Nationalmuseum/Deutsches Literaturarchiv, Marbach: 32, 33, 50, 55, 60, 62, 162

Staatliche Schlösser und Gärten, Schloßverwaltung Ludwigsburg: 131

Staatsgalerie Stuttgart: 53

Stadt Hanau: 70

Stadtarchiv Heidelberg: 203, 211

Stadtarchiv Karlsruhe: 179

Stadtarchiv Kirchheim unter Teck: 47

Stadtarchiv Schwäbisch Hall: 10, 13

Stadtarchiv Stuttgart: 163

Stadtarchiv Ulm: 19

Städtische Galerie Karlsruhe: 194, 195, 197, 199, 201

Städtisches Museum Ludwigsburg: 57

Stadtmuseum Baden-Baden: 150 (Holzstich 1886), 159

Steiff-Archiv Giengen: 145, 147, 148

Universität Hohenheim, Archiv: 44

Wessenberg-Gemäldegalerie, Konstanz: 107, 114

Württembergisches Landesmuseum Stuttgart: 42 (J. F. Weckherlin), 130

Quellennachweis

Wir danken dem Kohlhammer Verlag, Stuttgart, und der Landeszentrale für politische Bildung Baden-Württemberg für die Zustimmung zum Abdruck der Beiträge über Sophie von La Roche, Luise Duttenhofer, Margarete Steiff, Marie Luise Kaschnitz und Mia Seger aus:

Frauen im deutschen Südwesten, herausgegeben von Birgit Knorr und Rosemarie Wehling. Band 20 der Schriften zur politischen Landeskunde, herausgegeben von der Landeszentrale für politische Bildung Baden-Württemberg. Kohlhammer Verlag Stuttgart 1933.

Der Kommission für geschichtliche Landeskunde in Baden-Württemberg und dem Kohlhammer Verlag, Stuttgart, danken wir für die Zustimmung zum Abduck der Beiträge über Agatha Streicher, Sibilla Egen und Ottilie Wildermuth (Auszüge) aus:

Lebensbilder aus Schwaben und Franken. Herausgegeben im Auftrag der Kommission für geschichtliche Landeskunde in Baden-Württemberg von Robert Uhland und Gerhard Taddey, Kohlhammer Verlag Stuttgart. Band 7 (Agatha Streicher) 1960, Band 15 (Sibilla Egen) 1983.

Haering, H./Hohenstatt, O. (Hrsg.), Schwäbische Lebensbilder, Band 5, Kohlhammer Verlag Stuttgart 1950 (Ottilie Wildermuth).

Die Portraits von Liselotte von der Pfalz und Franziska von Hohenheim (Auszüge) sind zum erstenmal veröffentlicht in Band 1, der Beitrag über Karoline Kaulla in Band 2 Baden-Württembergische Portraits, hrsg. von Felix Berner bzw. Hans Schumann, DVA Stuttgart 1985 bzw. 1986

Der Beitrag über Katharina von Württemberg ist dem Band Königin Katharina von Württemberg von Hans Schumann (Engelhorn Verlag, Stuttgart 1993) entnommen.